Arkadien am Mittelrhein

Caspar und Georg Schneider

Arkadien am Mittelrhein

Caspar und Georg Schneider

Mit Beiträgen von
Marlene Landschulz, Matthias Lehmann,
Sabine Mertens, Sigrun Paas, Kirsten Simon
und Norbert Suhr

Landesmuseum Mainz
7. Juni bis 23. August 1998

Dr. Ludwig Reichert Verlag Wiesbaden 1998

Ausstellung

Ausstellungskonzeption und -organisation:
Sabine Mertens, Sigrun Paas, Norbert Suhr

Restauratorische Betreuung:
Joachim Banka, Manuela Fürstenau

Ausstellungstechnik:
Wolfgang Bullmann, Peter Gieseking,
Frank Härter, Helmut Windisch

Leihverkehr:
Carmen McCoy

Presse- und Öffentlichkeitsarbeit:
Uli Valnion

Fotoarbeiten:
Ursula Rudischer

Katalog

Katalogbearbeitung:
Marlene Landschulz – M. L.
Sabine Mertens – S. M.
Sigrun Paas – S. P.
Kirsten Simon – K. S.
Norbert Suhr – Su

Redaktion:
Sabine Mertens, Norbert Suhr

Register:
Irene Ceballos Messmacher

Die Ausstellung wurde gefördert mit einem
Zuschuß der Landesbank Rheinland-Pfalz

Herausgeber:
Landesmuseum Mainz 1998

Die Deutsche Bibliothek – CIP-Einheitsaufnahme

Arkadien am Mittelrhein : Caspar und Georg Schneider ;
Landesmuseum Mainz, 7. Juni bis 23. August 1998 / [Hrsg.:
Landesmuseum Mainz]. Mit Beitr. von Marlene Landschulz ...
[Red.: Sabine Mertens ; Norbert Suhr]. – Wiesbaden : Reichert,
1998
   ISBN 3-89500-069-8
   ISBN 3-932310-05-5 (Museumsausg.)

© Landesmuseum Mainz/
   Dr. Ludwig Reichert Verlag Wiesbaden 1998
   Alle Rechte vorbehalten.

Titelbild: C. Schneider, Landschaft mit Herde und ruhendem Hirt, 1806 (Kat. Nr. 28)

Inhaltsverzeichnis

Verzeichnis der Leihgeber	6
Vorwort	7
Biographie Caspar Schneider	9
Biographie Georg Schneider	13
Matthias Lehmann Der „Stephanstürmer" Hermann Caspar Schneider als Biograph	15
Marlene Landschulz Die Mainzer Malerei zur Goethezeit	19

Sabine Mertens
  Die Landschaftsmalerei im Werk der Brüder Caspar und
  Georg Schneider
	33

Sigrun Paas Caspar Schneider als Porträtmaler	45

Norbert Suhr
  Zeichnungen, Aquarelle und Gouachen Caspar und
  Georg Schneiders. Von der Naturstudie zum Gemälde
	49

Matthias Lehmann An der Clemenskirche. Eine Motivlandschaft am Mittelrhein	61
Katalog	73
Die Tradition	74
Caspar Schneider	84
Georg Schneider	140
Arbeiten auf Papier. Caspar Schneider	157
Arbeiten auf Papier. Georg Schneider	202
Druckgraphiken nach Caspar und Georg Schneider	236
Schüler Caspar Schneiders	252
Abgekürzt zitierte Literatur	263
Personenregister	265

Die Ausstellung wurde durch das freundliche Entgegenkommen der folgenden Leihgeber ermöglicht:

Aschaffenburg
Schloßmuseum der Stadt Aschaffenburg
  Dr. Ingrid Jenderko-Sichelschmidt

Geschichts- und Kunstverein Aschaffenburg e.V.

Bayerische Staatsgemäldesammlungen, München
Staatsgalerie Aschaffenburg
  Dr. J. G. Prinz von Hohenzollern, Dr. Helge Siefert

Berlin
Staatliche Museen zu Berlin –
Preußischer Kulturbesitz, Nationalgalerie
  Dr. Claude Keisch

Darmstadt
Hessisches Landesmuseum Darmstadt
  Dr. Peter Märker

Frankfurt a. M.
Historisches Museum Frankfurt a. M.
  Dr. Kurt Wettengl
Freies Deutsches Hochstift – Frankfurter Goethe-Museum
  Dr. Petra Maisak, Dr. Renate Moering

Mainz
Landesamt für Denkmalpflege
Verwaltung der staatlichen Schlösser Rheinland-Pfalz
  Dr. Joachim Glatz, Dr. Jan Meißner
Stadtarchiv, Bild- und Plansammlung
  Friedrich Schütz

München
  Magdalena Langenstein

Oldenburg
Landesmuseum Oldenburg
  Dr. Doris Weiler-Streichsbier

Wiesbaden
  Cecilia Müller-Gastell

Wir danken außerdem allen Privatbesitzern, die nicht genannt sein möchten.

Fotonachweis

Museen der Stadt Aschaffenburg; Städtische Kunstsammlungen, Augsburg; Staatliche Museen Preußischer Kulturbesitz, Berlin (Jörg P. Anders); Franz Toth, Bingen; Rheinisches Landesmuseum Bonn; Herzog Anton Ulrich-Museum Braunschweig (B. P. Keiser); Hessisches Landesmuseum, Darmstadt; Städelsches Kunstinstitut, Frankfurt a. M. (Elisabeth Heinemann); Freies Deutsches Hochstift, Frankfurter Goethe-Museum, Frankfurt a. M.; Historisches Museum, Frankfurt a. M. (Horst Ziegenfusz); Rheinisches Bildarchiv, Köln; O. Pilko, Mainz; Stadtarchiv, Bild- und Plansammlung, Mainz; Verwaltung der staatlichen Schlösser Rheinland-Pfalz, Mainz; Bayerische Staatsgemäldesammlungen, München; Germanisches Nationalmuseum, Nürnberg; Landesmuseum, Oldenburg (H. R. Wacker); Historisches Museum der Stadt Regensburg; Stefan Ernst, Sommerhausen; Graphische Sammlung Albertina, Wien; Museum Wiesbaden; Martin von Wagner-Museum, Würzburg; Privatbesitz; Repro aus S. Loire; alle übrigen: Landesmuseum Mainz (Ursula Rudischer).

Vorwort

Als vor über zweihundert Jahren der Rhein, genauer gesagt der Mittelrhein zwischen Bonn und Mainz, zum beliebten Reiseziel wurde, als man den Rhein nicht mehr nur als wichtige Verkehrsader sah, sondern auch seiner landschaftlichen Schönheit gewahr wurde, waren es die Künstler, die einen maßgeblichen Anteil an der Entdeckung dieser Region für den Tourismus hatten. Dichter und Musiker, Maler und Graphiker suchten und fanden ihre Themen am Rhein, in den Städten und Dörfern, Burgen und Schlössern, Kirchen und Kapellen, in den Sagen und Märchen aus alter Zeit und nicht zuletzt in der Landschaft selbst, in der sich neben der anheimelnd überschaubar gegliederten Idylle auch das Gegensätzliche fand, das Bedrohliche und Erhabene, die Felsen und Gebirge, die gefährlichen Klippen. Darüber hinaus ist diese Landschaft mit den Zeichen der Vergangenheit, den Ruinen, und dem in breiten Windungen fließenden Strom mit seinen ruhig dahinziehenden Schiffen von jenen Merkmalen geprägt, die dem romantischen Empfinden des Menschen entsprechen. Schon im 18. Jahrhundert zog es zahlreiche englische Reisende an den Rhein, noch bevor, beginnend mit den deutschen Romantikern, eine wahre Flut von Gedichten, Liedern, Erzählungen, Dramen und Opern sowie Gemälden, Zeichnungen und Druckgraphiken ihren Anfang nahm und dieses Stück Landschaft weltberühmt machte.

Im Juni 1802 fuhren und wanderten zwei junge Dichter, Achim von Arnim und Clemens Brentano, von Frankfurt kommend den Rhein stromabwärts bis Koblenz. Das Ergebnis dieser Reise war nicht nur die Liedersammlung „Des Knaben Wunderhorn", von diesem Zeitpunkt an gingen auch die Begriffe Rhein und Romantik eine Verbindung ein, die selbst patriotische und kriegerische Töne immer nur für kurze Zeit überschatten konnten. Die „Germania auf der Wacht am Rhein" war, verglichen mit der langen Tradition romantischer Malerei und Dichtung am Rhein, nur ein Zwischenspiel.

Wie die romantischen Dichter kamen auch die Maler an den Rhein, wie jene auf der Suche nach ihrem „Arkadien", nach der idealen Landschaft, jener Idylle, die Vergil in seinen Bucolica schildert. Dieses ferne Arkadien, die zentrale Landschaft der Peloponnes, Heimat des Hirtengottes Pan, Schauplatz antiker und barocker Schäferszenen, fanden die Künstler am Mittelrhein mit seinen malerischen Städtchen, den sonnigen Rebhängen und pittoresken Felsen. Weltberühmte Maler wie William Turner oder Dichter und Zeichner wie Victor Hugo wurden vom „Zauber des Rheins" ergriffen und trugen zur Verbreitung seines Ruhmes bei. Der überwiegende Teil der Rheinlandschaften stammt jedoch von Künstlern, die in der Region lebten. Sie hatten ihre Motive ständig vor Augen, sie suchten die markantesten Stellen auf und malten manchen schönen Blick immer wieder, wohl auch, weil sich Käufer dafür finden ließen. Christian Georg Schütz d.Ä. aus Frankfurt z. B. kann mit seinen noch in der Tradition des Barock stehenden, idealisierten und komponierten Landschaften als ein Vorläufer der romantischen Landschaftsmalerei angesehen werden, während Caspar Scheuren aus Köln, schon ganz Romantiker, dem Natureindruck weitgehend folgt. Caspar und Georg Schneider aus Mainz stehen zwischen diesen Positionen, sie finden von der klassizistischen Auffassung ihrer ersten Rheinlandschaften aus den 80er Jahren des 18. Jahrhunderts zu den durchaus vom romantischen Geist beseelten Veduten der 30er Jahre des 19. Jahrhunderts. Keine italienische Reise hat sie aus ihrer Heimat weggeführt in den internationalen Künstlerkreis nach Rom, ihr Arkadien war und blieb der Mittelrhein mit seinen Menschen. Zu überregionalem Ruf kamen sie nicht, aber unter den Malern der Region gehörten sie sicherlich zu den bemerkenswertesten Künstlern. Ihr Werk zu sichten und zu bearbeiten war daher eine längst fällige Aufgabe, derer sich das Landesmuseum mit dieser Ausstellung annimmt, hatte es doch schon 1926 in einem Aufsatz des damaligen Mainzer Galeriedirektors, Dr. Rudolf Busch, geheißen: „Hoffentlich zeigt man bald einmal in einer Sonderausstellung das Gesamtwerk Caspars Schneiders, von dem Goethe sagt: 'Die Gemälde des Landschaftsmalers Caspar Schneider vergnügen mit Recht die Liebhaber'."

Die schwierige Aufgabe der Recherche, der Auswahl und wissenschaftlichen Bearbeitung dieses umfangreichen Kapitels Mainzer Kunstgeschichte haben drei WissenschaftlerInnen des Landesmuseums in Teamarbeit geleistet, Frau Dr. Sabine Mertens, Frau Dr. Sigrun Paas und Herr Dr. Norbert Suhr. Ihnen ist zu danken für die vorbildliche Arbeit an der Ausstellung und dem umfangreichen Katalog. Danken möchten wir auch den Autoren und allen, die die Arbeit an diesem Projekt wesentlich unterstützt haben. Und nicht zuletzt gilt unser Dank den Leihgebern, die bereit waren, ihre Werke für diese Ausstellung zur Verfügung zu stellen.

Gisela Fiedler-Bender

Biographie Caspar Schneider

1753
Am 19. April 1753 wird Johann Caspar Schneider als Sohn des Simon Schneider und seiner Ehefrau Agnes, geb. Mann, in Mainz geboren (Eintrag im Taufregister von St. Emmeran in Mainz). Der Vater ist Stalldiener bei der kurfürstlichen Leibgarde. Caspar ist der älteste von drei Brüdern, von denen der mittlere, Georg Schneider, ebenfalls als Maler tätig ist. Der jüngste Bruder, Hermann Caspar, ist Stephanstürmer in Mainz.

1764
Caspar zeigt „schon als Knabe seine natürliche Anlage zur Malerei dadurch, daß ihn das bunte Farbenspiel von Bildern und gemalten Geräthschaften ungemein ergötzte, und daß er ein besonderes Vergnügen daran fand, geringe Kupferstiche oder Bilder, dergleichen die Geistlichen damals den Kindern zu schenken pflegten, mit Farben zu übermalen."[1]

Um einen Beitrag zum Lebensunterhalt der Familie zu leisten, arbeitet der 10jährige Caspar zunächst bei einem Seiler, kommt dann zu dem Maler Joseph Heideloff d. J., Mitglied einer berühmten Malerdynastie, in die Lehre. Als Heideloff vom Kurfürsten den Auftrag bekommt, das Komödienhaus auszumalen, muß der Lehrjunge Caspar Schneider „Farbe reiben und anstreichen".[2] Heideloff, Kammerdiener beim Dompropst zu Eltz, führt die Aufsicht über dessen umfangreiche Gemäldesammlung. So hat auch der junge Schneider Gelegenheit, große Werke der Malerei kennenzulernen; zum ersten Mal wird er mit den niederländischen Malern des 17. Jahrhunderts konfrontiert, die später seine Landschaftsmalerei nachhaltig geprägt haben. Gleichzeitig besucht er auch die Mainzer Akademie, wo der Freskomaler Giuseppe Appiani und der Bildnismaler Joseph Kaufmann lehren.[3] Als Heideloff einem Ruf nach Wien folgt, wird Schneider sein Nachfolger als Kustos der Eltzschen Gemäldesammlung. Mit einem Jahresgehalt von 100 Gulden verpflichtet er sich, die Gemälde zu restaurieren und zu kopieren.

1775
Schneider bezieht in einem Haus in der Altmünstergasse, der späteren Bilhildisstr. 13, zwei Mansardenzimmer. In diesen beiden Dachstuben lebt er bis zu seinem Lebensende (Abb. 1).

1778
Tod des Dompropstes Hugo Franz Graf zu Eltz.

1779
Schneider verliert seine Anstellung und arbeitet nun als selbständiger Porträtmaler.

Um 1780
Der Würzburger Hofmaler Christoph Fesel (1737–1805) lernt bei einem Besuch in Mainz Caspar Schneider kennen „und bezeigte ihm bei der Betrachtung seiner Gemälde dergestalt Beifall, daß er (...) seine Verwunderung nicht bergen konnte, als er hörte, daß derselbe nie aus Mainz heraus gekommen. Noch mehr erstaunte er, daß der Kurfürst sich eines so talentvollen Künstlers nicht angenommen habe."[4] Ebenfalls in den 80er Jahren macht er die Bekanntschaft von Philipp de Loutherbourg und den Brüdern Joseph und Anton Hickel aus Wien.[5]

1783
Freundschaft mit dem Mainzer Bildhauer Johann Sebastian Barnabas Pfaff (1747–1794) (Abb. 2), dessen Ehefrau Apollonia er porträtiert (Kat. Nr. 8). Pfaff lobt besonders „den Effekt einiger Landschaften, welche er im Geschmacke Rembrandts verfertiget hatte."[6]

Abb. 1
Wohnhaus in der Bilhildisstraße, in dem Caspar Schneider im Dachgeschoß zwei Zimmer bewohnte.

Abb. 2
Heinrich Foelix, Bildnis des kurfürstlichen Hofbildhauers Johann Sebastian Barnabas Pfaff, 1786, Öl/Lwd., Landesmuseum Mainz, Inv. Nr. 309

1784
Schneider malt das Porträt der Gräfin Sophie von Coudenhoven, Ehefrau des Kurmainzer Generals Georg Ludwig von Coudenhoven und Nichte zweiten Grades des Kurfürsten Friedrich Carl Joseph von Erthal (Kat. Nr. 12); außerdem entsteht das repräsentative Bildnis des als Page dargestellten 7jährigen Grafen Friedrich Carl Josef von Ingelheim (Kat. Nr. 11).

1785
Aus dem Jahr 1785 stammt das erste datierte Landschaftsbild Caspar Schneiders, das die Favorite und den Blick auf die Mainmündung wiedergibt (Kat. Nr. 14).

1786
Ab 1786 beginnt die Serie der Mondscheinlandschaften (Kat. Nrn. 15–18).

1787
Im Juni 1787 bezeugt Schneider mit einem Stammbucheintrag („Das ich stets bin Ihr Freund") und einer aquarellierten Mondscheinlandschaft seine Freundschaft zu der Malerin Marianne Kraus (1765–1858), einer Schülerin von Christian Georg Schütz d. Ä. und Wilhelm Hirt (Kat. Nr. 61).

1788
Schneider malt ein Bildnis des Kurfürsten von Erthal, das heute nur noch in einem Stich im Historischen Taschenbuch von Mainz von 1790 bekannt ist.[7]

1790
Ab 1790 entstehen die zumeist als Pendants angelegten „Ideallandschaften".

1791
Caspar malt den Kurfürsten von Erthal im Staatsornat zu Pferd.[8] Das Bild ist heute verschollen (Abb. 3).

1792
Beim Herannahen der französischen Truppen unter General Custine verlassen der kurfürstliche Hofstaat und nahezu der gesamte Adel Mainz. Auch Schneider flieht aus seiner Heimatstadt und geht nach Düsseldorf.

1793
Als Mainz bombardiert wird, flüchtet Caspar am 1. März nach Mannheim. In der dortigen Galerie findet er Gelegenheit, niederländische Gemälde zu kopieren, darunter auch „einige Landschaften nach Saftleben."[9] Unter anderem kopiert er Elsheimers berühmtes Gemälde „Flucht nach Ägypten" (Kat. Nr. 18). Im Sommer desselben Jahres ist er dann wieder in Mainz nachweisbar. Weitere Arbeiten, die unter dem Eindruck der Belagerung entstanden sind, zeigen die zerstörten Mainzer Kirchen, wie z.B. die Ruinen von Dom, Liebfrauenkirche und Dominikanerkirche (vgl. Kat. Nr. 64–68). Die Ruinen von Mainz läßt er nachstechen, und nach Aussage seines Bruders sind innerhalb weniger Wochen bereits 1000 Exemplare davon verkauft.[10]

1794
Im Oktober 1794 geht Schneider nach Frankfurt und verbringt den Winter 1795 dort „unthätig", wie sein Bruder Hermann schreibt.[11] In Frankfurt kommt er wahrscheinlich mit der Landschaftsmalerei von Schütz d. Ä. in Berührung, die einen nachhaltigen Einfluß auf sein Schaffen ausübt (Abb. 4).

1795
Den Sommer verbringt Schneider in Aschaffenburg. Von dem aus Mainz vertriebenen Kurfürsten und Erzbischof Friedrich Carl Joseph von Erthal (Abb. 5) erhält er den Auftrag, Veduten von Mainz und Umgebung zu malen. Der Kurfürst läßt eine Ansicht von Mainz von Stieler auf Münzen reproduzieren.[12]

Abb. 3
Kurfürst Friedrich Carl Joseph von Erthal zu Pferde, 1791, Öl/Lwd., ehemals Aschaffenburg, Hofbibliothek (verschollen)

Abb. 4
Christian Georg Schütz d. Ä., Ansicht von Rüdesheim, 1774, Öl/Holz, Museum Wiesbaden, Inv. Nr. M 277

Als die Franzosen auch hier näherrücken, flieht Schneider nach Erfurt, wo er das Bildnis des Kurfürsten Friedrich Carl malt. Von Erfurt führt ihn der Weg nach Weimar. Der Herzog von Sachsen-Weimar will ihn am Hof behalten.¹³ Auch die Herzoginmutter Anna Amalia soll sich wohlwollend für ihn interessiert haben.

1797
Im Juli endgültige Rückkehr nach Mainz. Schneider ist inzwischen ein bekannter und vielgefragter Landschafts- und Porträtmaler. Er wird mit Aufträgen überhäuft und nimmt regelmäßig an Kunstausstellungen teil. Doch trotz des wachsenden Ruhms führt er ein sehr zurückgezogenes Leben.

Abb. 7
Caspar Schneider, Selbstbildnis, um 1810, Öl/Pappe, ehemals Privatbesitz (abgebildet im Werkverzeichnis von Neugarten 1922, Abb. 1)

Abb. 5
Unbekannter Maler, Bildnis des Kurfürsten Friedrich Carl Joseph von Erthal, um 1775, Öl/Lwd., Landesmuseum Mainz, Inv. Nr. 885

1802
Schneider wird die Stelle als Galeriedirektor in Aschaffenburg angeboten, doch er lehnt ab und zieht es vor, in Mainz zu bleiben. Der Geschichtsschreiber Anton Schaab führt den General Andreossi durch Mainz und besucht mit ihm das Schneidersche Atelier. Der General hatte bereits in Frankfurt an den Bildern von Schneider Gefallen gefunden und kauft dem Künstler für nur 15 Louis d'or zwei Landschaften ab, „welche eben die Staffelei verlassen hatten".¹⁴

1803
Nach dem Eintreffen der Gemälde der sog. „napoleonischen Schenkung" bestellt man die Maler Nikolaus Müller und Caspar Schneider als Experten, um den Zustand der Bilder festzustellen.

1807
Für den sog. „Schweißtuchaltar" in St. Emmeran in Mainz malt Schneider als Mittelbild einen Christus am Kreuz (Abb. 6), das zu den wenigen religiösen Werken des Künstlers gehört.

Um 1810
Selbstporträt Caspar Schneiders (Abb. 7).

1811
Schneider erhält das Mainzer Bürgerrecht.

Abb. 6
Schweißtuchaltar, Mittelbild „Christus am Kreuz" von Caspar Schneider, 1807, Öl/Lwd., ehemals St. Emmeran, heute Bischöfliches Dom- und Diözesanmuseum, Mainz (Reproduktion einer alten Aufnahme)

1815
Schneider malt einige Mainzansichten in Gouache und in Öl. Nach diesen Bildvorlagen schuf sein Schüler Franz Graf von Kesselstatt 1817 zwei nahezu mit den Schneiderschen Veduten identische Stadtansichten.¹⁵

Im August besucht Goethe zusammen mit Sulpiz Boisserée und Prof. Friedrich Lehne die Mainzer Gemäldegalerie sowie die Privatsammlungen des Grafen Kesselstatt und des Kaufmanns Memminger. Goethe äußert sich lobend über Caspar Schneider: „Die Gemälde des Landschaftsmalers Caspar Schneider vergnügen mit Recht die Liebhaber."¹⁶

1825
Auf der großen Kunstausstellung in Mainz ist Schneider mit einer Reihe von Bildern vertreten, u.a. mit dem Bildnis der Apollonia Pfaff.

1831/33
Es entstehen die beiden letzten datierten Landschaftsbilder: „Blick auf Lorch" und die „Pfalz bei Kaub" (Kat. Nr. 44 und 45).

1839
Johann Casapar Schneider stirbt am 24. Februar in Mainz. Im Sterberegister des städtischen Standesamtes von 1839 heißt es: „(...) und haben erklärt, daß Johann Caspar Schneider, Kunstmaler, fünf und achtzig Jahr zehn Monate alt, ledigen Standes, geboren und wohnhaft zu Mainz, Sohn der verlebten Eheleute Simon Schneider und Agnese Mann, bei Lebzeiten zu Mainz wohnhaft, gestern, den vier und zwanzigsten Februar um sechs Uhr des Abends in dem Hause Lit. E. No. 234, Altmünstergasse gestorben ist."[17]

Wie es in einem Nekrolog heißt, sei er „an einer gänzlichen Entkräftung verstorben."[18] In der Mainzer Zeitung 1839, Nr. 151 wird die Versteigerung seines Nachlasses angekündigt. Es werden 503 Ölgemälde und über 4000 Stiche aufgezählt. Demnach besaß er eine ganze Reihe niederländischer Gemälde und auch Werke zeitgenössischer Künstler, wie Schütz, Seekatz, Juncker, Querfurt oder Tischbein. Außerdem verzeichnet der Versteigerungskatalog neben einer reichhaltigen Bibliothek eine Sammlung altrömischer Kupfer- und Silbermünzen, einige Bildhauerarbeiten sowie alte Waffen und Gefäße.[19]

Schneider wird auf dem Alten Mainzer Friedhof beigesetzt. Über seinem Grab erhebt sich ein schlichtes Steinkreuz mit Christusfigur. (Abb. 8) Zahlreiche Nekrologe in Mainzer Blättern zeugen von seiner Beliebtheit und Anerkennung.

S.M.

Abb. 8
Grabstein Caspar Schneiders auf dem Alten Friedhof in Mainz

1 Klein 1825, S. 75.
2 Neugarten 1922, S. 5.
3 Neugarten 1922, S. 5.
4 Klein 1825, S. 75.
5 Klein 1825, S. 75.
6 Klein 1825, S. 75.
7 Coudenhove-Erthal 1935, S. 80.
8 Coudenhove-Erthal 1935, S. 80.
9 Nachlaß Nikolaus Müller, Stadtarchiv Mainz, Faszikel XIV.
10 Nachlaß Nikolaus Müller, Stadtarchiv Mainz, Faszikel XIV.
11 Nachlaß Nikolaus Müller, Stadtarchiv Mainz, Faszikel XIV.
12 Nachlaß Nikolaus Müller, Stadtarchiv Mainz, Faszikel XIV.
13 Nachlaß Nikolaus Müller, Stadtarchiv Mainz, Faszikel XIV.
14 Schaab 1839.
15 Ausst. Kat. Mainz 1993, S. 399, Kat. Nr. 210.
16 Goethe 1816, S. 48.
17 Sterberegister 1839, Stadtarchiv Mainz 50/198, No. 221.
18 Nekrolog von Caspar Schneider, in: Mainzer Unterhaltungsblätter, Nr. 79/80, 20./21. März 1839.
19 Der Versteigerungskatalog ist nicht mehr vorhanden. Zitiert nach Neugarten 1922, S. 5.

Biographie Georg Schneider

1759
Am 16. Juli wird Georg Schneider in Mainz als zweiter Sohn von Simon Schneider und seiner Frau Agnes, geb. Mann, geboren (Eintrag im Taufregister von St. Emmeran).

Georg nimmt ersten Unterricht bei seinem älteren Bruder Johann Caspar Schneider, ansonsten ist er Autodidakt.

Zum Bestreiten seines Lebensunterhaltes wird Georg Gehilfe bei einem Dekorationsmaler. Für einen Stundenlohn von 6 Kreuzern arbeitet er für den Kunstsammler Winterheld, dessen Gemälde er durch Hinzufügen von Staffagefiguren oder anderen Bildteilen ergänzt.

Ab 1778
In Mainz ist Graf Kesselstatt nachweisbar, zu dessen Freundeskreis Georg wie auch sein Bruder Johann Caspar zählen.

1784
Georg malt einen „Blick vom Niederwald rheinaufwärts" (Kat. Nr. 46).

1788
Georg Schneider malt eines seiner wenigen Porträts: Friedrich Karl Joseph Frhr. von Erthal (als Kupferstich vervielfältigt).

In der Folgezeit widmet sich Georg ausschließlich dem Landschaftsfach, vor allem der Rheinlandschaft, aber auch den Gegenden von Lahn und Nahe. Er malt dabei wie sein Bruder Johann Caspar ganz im Stil der „Saftleven-Renaissance".

Um 1790
Wahrscheinlich pflegt Georg Schneider auch Freundschaft mit Joseph Schlemmer. Dieser war Vizedom-Amtspraktikant, Kommissar am Gericht sowie Klubist und besaß einige frühe Arbeiten von Georg.

1792/93
Es entstehen ein Klebeband (ehemals im Besitz des Grafen Kesselstatt) und ein Skizzenbuch; in beiden finden sich vor allem Ansichten vom Rhein (von Oppenheim bis Bonn) sowie von Tauber, Main und Nahe.

1797/98
Georg Schneider besitzt ein Haus im Kirschgarten in Mainz.

1799
Entstehungsjahr einer „Ansicht von Bingen mit Blick ins Nahetal" (Kat. Nr. 47).

1800
Aus diesem Jahr datieren zwei „Ansichten von Kostheim und Hochheim von Weisenau aus", davon eine mit dem „brennenden Kostheim während der Belagerung von Mainz 1793" (Kat.Nr. 51) (vgl. auch Abb. 1).

1801
Georg Schneider wohnt in der Betzelsgasse 131 in Mainz.

1802
Er übersiedelt nach Aschaffenburg, von dessen Umgebung er einige Landschaften malt (Abb. 2). Zur Bestreitung seines Lebensunterhaltes ist Georg auch als Zeichenlehrer tätig. Auch nach seiner Übersiedlung nach Aschaffenburg widmet er sich überwiegend der Rheinlandschaft. Seine Werke werden häufig im Mainzer Kunstverein ausgestellt.

1839
Eine „Ideallandschaft" – Georgs letztes Gemälde – entsteht (Kat. Nr. 58).

1843
Am 24. April stirbt Georg Schneider in Aschaffenburg; er hinterläßt Frau und drei Kinder. M.L.

Abb. 1
Georg Schneider, Brand von Kostheim, Aquarell, Landesmuseum Mainz, Graphische Sammlung, Inv. Nr. GS 1894/1

Abb. 2
Georg Schneider, Ansicht von Aschaffenburg, um 1800, Öl/Lwd., Schloßmuseum der Stadt Aschaffenburg, Inv. Nr. 292/67

Anekdoten

Aus dem Leben Caspar Schneiders[1]

In seinen alten Mansardenzimmern hat er aufs neue Wohnung genommen, ganz jener einsame Mensch wie früher, ein Sonderling im wahrsten Sinn des Wortes. Heftig, aber gut, wohltätig, wo es ohne Aufsehen geschehen kann, weil fromm, in allen Kirchen anzutreffen, kerngesund, niemals verliebt und ein großer Gegner von Trunk und Spiel, der er ist, muß er wohl notwendig seinen teilweise verständnislosen Mitbürgern, die wenig oder nichts von den geheimen Verästelungen seiner schönen Seele ahnen, als närrischer Kauz erscheinen, den man verspotten kann. Und als es auch noch bekannt geworden ist, daß er keinen Menschen, am allerwenigsten aber Damen den Eintritt in seine Wohnung gestattet, da macht sich die vornehme Welt der Stadt sofort ein Vergnügen daraus, ihn täglich mit ihrem Besuch zu überlaufen.

„Porträtieren Sie uns, Meister!" ruft man ihm durch die Türe zu, die fest verschlossen ist.

„Ich bin nit dehääm", antwortet Johann Kaspar Schneider stets.

„Wir sehen Sie aber durch das Schlüsselloch!" ruft man, nur mühsam das Lachen verbeißend.

„Ich bin nit dehääm. Ich bin nit dehääm."

Bedient wird er von niemandem; er wäscht und putzt und kocht sich selbst, soweit man überhaupt bei ihm von Wäschen, Putzen und Kochen reden kann. Des Abends legt er sich mit den Kleidern ins ungemachte Bett, um anderen Tages das Anziehen zu ersparen. Jeden Morgen begibt er sich schon früh zur hl. Messe; dann holt er sich Brot beim Bäcker und Wasser vom Neuen Brunnen, worauf er langsam nach Hause geht, sich einschließt und nicht mehr zu sprechen ist für die Menschen. Nur Kinder, so scheint es, sind keine Menschen für ihn; wenn solche ihm nämlich zuweilen einen kleinen Gang besorgen oder manchmal das Geschenkpäckchen irgendeines Verehrers überbringen, dann bittet er sie freundlich zu sich ins Zimmer herein und kratzt mit farbenbeschmierten Händen kleine Zuckerkrumen aus seiner Speiseschublade, die seinen ganzen Mundvorrat enthält. Diese tut er dann in ein schmutziges Glas mit Wasser und rührt das Ganze mit dem Finger höchst sorgfältig herum. Zuckerwasser! nennt er das so entstandene Getränk und – einen reichen Lohn!, nämlich für die Besorgung.

Hin und wieder jedoch überkommt auch ihn einmal die Lust nach menschlicher Unterhaltung. Dann verfügt er sich in irgendwelche Gesellschaft, sich irgendwelcher Einladung erinnernd, deren ja täglich mehrere bei ihm einzulaufen pflegen. Und sonderbarer Weise zeigt es sich dabei, daß er mitunter auch mal ein Feinschmecker und zugleich ein spaßhaft rücksichtsloser Tischgenosse sein kann. So nimmt er einmal während einer großen Gesellschaft im Hause Lauteren bei Tisch dem servierenden Diener den ganzen Gurkensalat aus der Schüssel, der für alle bestimmt und in der damaligen Jahreszeit noch eine große Seltenheit gewesen ist.

„Was schadt's?" beschwichtigte er kühl das ihm zugeraunte Entsetzen des Dieners. „Dem Salat ist's egal, wer ihn ißt."

Beim Herumreichen eines Fleischgerichtes kommt es des öfteren vor, daß er sich ein besonders großes und saftiges Stück ins Auge faßt. Fällt es nun einem ahnungslosen Gaste ein, dasselbe vor ihm an sich zu nehmen, dann sticht er es ruhig mit seiner Gabel von dem fremden Teller mit der lakonischen Entschuldigung: „Des hab ich grad gewollt."

(...)

Mit zunehmendem Alter wächst seine Launenhaftigkeit und vermehren sich noch seine zahlreichen Schrullen. So zieht es ihn stets erneut zum Stephansstürmer, seinem Bruder, hin, um sich mit ihm auf hitzigste Art und Weise zu streiten. Oft hört man die beiden, hoch oben auf dem Turm, sich laut und unbeherrscht die Wahrheit sagen. So nennen sie nämlich ihren Streit.

Eines Tages will der Hausbesitzer die Mansardenwohnung des Meisters erneuern lassen. Aber Johann Kaspar Schneider wehrt sich zunächst wie ein Löwe dagegen. Als jedoch alles nichts hilft, zieht er, entgegen seiner Drohung, nicht aus, sondern rückt mit seinem Bett den Handwerkern von Stube zu Stube voran. Dabei stellt es sich jetzt heraus, daß das Dach an vielen Stellen schadhaft gewesen ist und ihm in absehbarer Zeit ganz sicher auf den Kopf gefallen wäre. Er hatte zuletzt, der eindringenden Nässe wegen, unter dem Regenschirm geschlafen und sich zweifellos wohl dabei gefühlt. Wie er nun in der Folge allmählich zu kränkeln beginnt, muß er sich freilich bedienen lassen. Doch er leidet nicht allzu lange unter diesem ihm so verhaßten Zustand, denn er stirbt ganz schnell, man weiß nicht recht, ob an Altersschwäche oder an irgendeiner Krankheit. Fast 64 Jahre lang hat er in seinen beiden Mansardenstübchen gewohnt, nun müssen diese Abschied von ihm nehmen.

Aus dem Leben Georg Schneiders[2]

Es kam nun ein Jubiläumstag des Kurfürsten mit großen Festlichkeiten, u. A. wurde im Theater ein Ballet aufgeführt, und Schneider mußte zur Verherrlichung Blumen, Opferaltäre etc. transparent malen. Der hohe Herr fand Wohlgefallen daran und befahl, daß der Maler zu ihm ins Schloß kommen solle. Schneider war dabei in großen Sorgen, denn er stand noch nie vor einem hohen Herrn. Man gab ihm anständige Kleidung, der Theaterfriseur belockte und puderte ihn gehörig, der Tanzmeister lehrte ihn gründlich, wie er seine Komplimente zu machen habe. Er kam in das Schloß, die Flügeltüren öffneten sich schnell, der Kurfürst stand vor ihm, er wollte die gehörige Reverenz anbringen, allein die Distanz war zu kurz, er stieß mit dem gepuderten Kopf dem hohen Herrn auf den Bauch, so daß das weiße Toupet auf der schwarzen Samtweste abgeklatscht war. Im Schrecken war Schneider besinnungslos und wußte nicht mehr, wie er hinausgekommen; als er wieder zu sich kam, schwebte er in großer Angst, er werde wegen seines Verbrechens von der Polizei abgeholt, jedoch statt dessen kam ein Röllchen mit Dukaten, und Georg war überglücklich, denn so viel Geld hatte er noch nie gesehen.

---

[1] Zitiert nach Hans Klier, Johann Caspar Schneider. Ein Mainzer Maler und Sonderling, in: Mainzer Journal 1934, Nr. 52/54. Kliers Angaben fußen auf der Biographie Elsa Neugartens (Neugarten 1922, S. 3 ff.); Neugarten wiederum gibt als Quelle die mündliche Überlieferung von Frau J. W. Kölsch, Mainz an.

[2] Hefner-Alteneck 1899, S. 17; zitiert nach Landschulz 1977, S. 79, Anm. 4.

Matthias Lehmann

Der „Stephanstürmer" Hermann Caspar Schneider als Biograph

Der jüngste der drei Brüder war nicht Maler, sondern Turmwächter auf St. Stephan in Mainz. Mit diesem Amt führte er ein in jeder Hinsicht beschauliches Leben. Ihm verdanken wir biographische Notizen zu Mainzer Künstlern, die bislang nicht ausgewertet wurden.

Der Vater der drei Brüder, Simon Schneider, stammte aus Groß-Ostheim nahe Aschaffenburg und war Stalldiener bei der Kurfürstlichen Leibgarde in Mainz. Am 24.4.1753 heiratete er Agnes Maria Mann, nachdem sie ihm am 19.4.1753 einen Sohn geboren hatte. Auf Johann Caspar getauft, wurde er später ein anerkannter Maler und starb als stadtbekanntes Original in Mainz am 24.2.1839. Über sein Leben und Werk schrieb Elsa Neugarten 1918 ihre Dissertation.

Dem jüngeren Bruder (Johann) Georg Schneider, gleichfalls Maler, sind darin nur wenige Zeilen gewidmet.[1] Dieser war ebenfalls in Mainz und am 16.7.1759 geboren[2] und starb am 24.4.1843 in Aschaffenburg.

Der jüngste Bruder Hermann Caspar Schneider[3] (5.3.1764 – Mainz – 10.6.1846) hatte das Amt des Turmwächters durch die Eheschließung 1796 mit Anna Maria Engelhardt von seinem Schwiegervater übernommen. Kinderlos geblieben und früh verwitwet, hauste er jahrzehntelang nur in Gesellschaft eines Katers und einer Gans auf dem Turm.[4]

In einem lesenswerten Vorwort hat Ludwig Lindenschmit dieses Original beschrieben[5], und 1828 fertigte Georg Köbel[6] seine Lithographie (vgl. Abb.) an.[7] Wir sehen den Stephanstürmer mit der geschätzten frischen Leberwurst zum Weißbrot; beides mußten Besucher auf den Turm mitbringen, wenn der Türmer ihnen Sichtbares und Unsichtbares erklären sollte.

Über der Flasche mit der Aufschrift „Kümmel" sind Aufzeichnungen an die Wand gehängt: „Wetterbeobachtungen von Caspar Schneider Thürmer zu St. Stephan in Mainz von Anno 1779–1828. Es gilt selten ein Doctor, noch seltener ein Künstler und niemals ein Prophet in seiner Vaterstadt". Ob er letzteres auf sich bezog, wissen wir nicht, anerkennenswert hingegen ist die Berücksichtigung der Künstler.

Die Zimmerecke im Hintergrund ist eine aufschlußreiche Portraitsammlung in Schattenrissen, für die sich noch niemand interessiert hat. Kombiniert man die Namen und Daten unter den einzelnen Portraits mit des Türmers eigenen Aufzeichnungen[8] und weiteren Hilfsmitteln[9], so gewinnt die Portraitecke ein überraschendes Leben: Zumeist sind es Künstler und künstlerisch Interessierte oder sonst aus der Mainzer Geschichte bekannte Zeitgenossen. Ob der Stephanstürmer nur seinen Bekanntenkreis an der Wand versammelt hat oder darüber hinaus etwas Glanz durch bekannte Namen in seine Turmstube bringen wollte, läßt sich nicht entscheiden. Immerhin hatte er ja Zeit, sich seine Gedanken zu machen, und er schrieb nicht nur seine „Erzählungen des Wundervollen aus dem Menschenleben, als angenehme Unterhaltung an Winterabenden in

Der Stephanstürmer Hermann Kaspar Schneider (1764–1846), Lithographie von Georg Köbel, 1828

warmer Stub", sondern auch eine bis 1812 reichende „Chronik" und die nachfolgend ausgewertete Zusammenstellung „Über Mainzer Künstler des 18. und beginnenden 19. Jahrhunderts". Wenn auch davon – wohl infolge seiner Faulheit – nichts zur Veröffentlichung zu seinen Lebzeiten kam, so erweist er sich doch mit seinen Aufzeichnungen dem Kreis der Portraitierten würdig.

Von den Portraits auf der linken Wandseite sind drei Personen unbekannt; links unten sehen wir das Bildnis seines Bruders „George Schneider geb. 1759" mit Mozartzopf.

Zählen wir auf der rechten Wandseite die Reihen (mit römischen Zahlen) von oben nach unten und jeweils von links (mit arabischen Zahlen von 1 bis 8), dann haben wir:

I/1 Jacob Friedrich Stieler (1772 – Mainz – 1799), Münzgraveur, der ältere Bruder des berühmten Portraitmalers Joseph Stieler; Klubist.

I/2 Johann Lindenschmit (1771–1845 Mainz), Medailleur und Münzgraveur in Mainz, Vater der Historienmaler Wilhelm und Ludwig Lindenschmit.[10]

I/3 Christian Arbeiter (1764–1825 Mainz), Kunsthändler und Restaurator.

I/4 Niklas Vogt (Mainz 1756–1836 Frankfurt)[11], Professor der Geschichte; Klubist.

I/5 Wischen, geb. 1768 (gest. vor 1828), nicht feststellbar.

I/6 Peter Joseph Alois Melzer, geb. 1769 (der Bruder Johann Gerhard M., geb. 1766, war Klubist).

I/7 Caspar Schneider senior (1753 – Mainz – 1839), der Maler und Bruder des Stephanstürmers.

I/8 Daniel Klaubrecht (Glaubrecht), geb. 1767, „auch geschickter Zeichner in Historien aus der Vorzeit" (nicht bei Thieme/Becker).

II/9 Joseph Schlemmer (1767 – Mainz – 1850), Vizedom-Amtspraktikant, Kommissar am Gericht; Klubist. Sein auf 1791 datiertes Portrait in der Turmstube entstand im gleichen Jahr wie sein Besitzervermerk auf einigen Zeichnungen von Georg Schneider.[12]

II/10 Jacob Braj ..., geb. 1773 (gest. vor 1828), nicht zu identifizieren.

II/11 Johann Alois Becker (1769–1850), Klubist.

II/12 Stebert, unbekannt.

II/13 Nikolaus Müller (1770 – Mainz – 1851), Dichter, Maler, Zeichenlehrer; Klubist. Sein Portrait in der Turmstube von ihm selbst gezeichnet (laut Aufschrift: huius tabulae pictor 1828). Müller seinerseits besaß ein Portrait des Stephanstürmers[13] und erwarb später dessen schriftstellerischen Nachlaß.

II/14 Gerhard Beusing, geb. 1768, gest. 1805, „ein guter Miniaturmaler und Kupferstecher, starb 1806 in seiner besten Zeit" (nicht bei Thieme/Becker).

II/15 Friedrich Lehne (Gernsheim 1771–1836 Mainz), Lehrer für Literaturgeschichte, später Bibliothekar; Klubist.

II/16 Caspar Müller, geb. 1772, identisch mit dem Leinenweber lt. Adressbuch für 1801?

III/17 Johann Joseph Schwachhofer (Mainz 1772 – bis 1828 in Amsterdam nachweisbar), Bildnis- und Historienmaler.

III/18 bis III/5 sind verdeckt.

III/6 Ferdinand Seitz (Seiz), geb. 1770, gest. 1803 in Nijmegen, „war auch ein guter Kupferstecher, starb in seiner besten Zeit 1803 in Nimwegen" (nicht bei Thieme/Becker).

III/7 Franz Löhr (Löcher), geb. 1768, „ein guter Zeichner ... in alten Geschichten" (nicht bei Thieme/Becker).

III/8 Nikolaus Lindner, geb. 1763, gest. 1807, „Lindner malte auch artig, gestorben" (nicht bei Thieme/Becker).

IV/1 bis IV/6 sind verdeckt.

IV/7 Franz Joseph Falciola (1770 – 1811 Mainz), Jurist, Klubist. Sohn des Holzhändlers Georg Karl F. (1740–1799 Mainz), der seit 1781 Bürger in Mainz war. Er und sein Bruder, der Kanonikus Johann Karl F., waren ebenfalls Klubisten.

IV/8 Peter Wolf (1770 – Mainz – 1853), Kunst- und Landschaftsgärtner, schuf 1819 „Die neue Anlage" auf dem Gelände der zerstörten Favorite.

Rechts unten schließt eine Erinnerung an den Kater „Minsch" die Portraitsammlung ab.

Insgesamt konnten wir 18 Portraits identifizieren. Davon sind 7 Personen als Jakobiner in den bewegten Jahren 1792/1793 nachgewiesen. 12 der 18 Namen gehören dem künstlerischen Fach an, davon sind 5 nicht im Künstlerlexikon von Thieme und Becker angeführt. Diese zunächst überraschende Feststellung erklärt sich daraus, daß Mainz bis 1792 ein blühendes Kunst- und Kulturzentrum war. Von den zahlreichen Malern verließen vor allem jüngere Künstler die Stadt, nachdem mit der Flucht des Kurfürsten und der Adligen die Möglichkeiten des Broterwerbs weitgehend verloren waren. Erst 100 Jahre später hat Heinrich Schrohe[14] die Mainzer Künstler des 18. Jahrhunderts zusammengestellt, aber dabei nicht mehr die um 1770 und später geborenen erfaßt. Weniger bedeutende Künstler, die entweder nach 1800 nicht nach Mainz zurückkehrten oder dort vor 1820[15] starben, wurden in der kunstgeschichtlichen Literatur nicht erfaßt. Aus diesem Grund fügen wir die Notizen des Stephanstürmers hier an, soweit sie bisher nicht nachgewiesene Künstler betreffen: „Unzal zeichnete artig, ward Vikar zu Stephan, starb sehr jung ... Kirchner und sein Bruder, welche beide tot sind ... Birke (?)[16] ... eine langwierige Krankheit setzte ihn außer Stand, für etwas zu dienen. Er verlegte sich aufs Landschaftsmalen, verfertigte seine Arbeiten mit einem erstaunlichen Fleiß. Da aber alles in Wasser war (= Aquarelle), so fand er wenig Liebhaber, es ging ihm wirklich elend. In dem kalten Winter 1795 mußte er mit anderen Bürgern Wache tun, das konnte er nicht aushalten. Er starb im März (1796). In seinem Leben ließ man ihn hungern, nach seinem Tod wurden seine Arbeiten gesucht. Von Charakter war er schmeichelnd demütig, Folgen seiner Armut. Grad das Gegenteil von Paff (= Sebastian Pfaff, 1747–1794 Mainz) ...

Gottlieb Malte[17] war ein gesuchter Maler, aber stolz (und) eigensinnig auf seine Kunst; ging aus Mangel nach Rußland, wo er auch gestorben ist ... Anton Unterheiß (?) malte meist Heiligengesichter, wäre gut geworden, starb aber sehr jung 1776. Auch Bollermann[18] – Schmitt – Bogel malte Portraits in Pastell, starb 1793[19], in seiner besten Zeit.[20] Kohlhaus war ein guter Portraitmaler, aber sehr phlegmatisch; starb in dem sehr kalten Winter aus Mangel, Folgen seiner Faulheit ... (3 weitere Namen nicht lesbar). Graf ein guter Staffiermaler ...

.....ack (Hack?)[21] ein geschickter Zeichner ... durchreiste Italien, Frankreich, England. Ward für 1799 Lehrer an der Zeichenschule; nach deren Aufhebung 1806 ging er nach Rußland mit seiner Frau und Kind; war eine zeitlang in Moskau, lebt dermalen in München. War ein guter, aber wunderlicher Mensch. Außer der Kunst hatte er für nichts Gefühl.

Bittrich[22] und Schall[23] sind gute Bildhauer ... Christoph Horix malt in Wasser und sonstige Landschaften nach der Natur".[24]

Das sind etwa 10 weitere Namen bisher unbekannter Mainzer Künstler. Nachrichten darüber und über die Portraitsammlung des Hermann Kaspar Schneider waren aber nicht der einzige Anlaß für unseren Besuch in der Turmstube von St. Stephan, sondern auch die reichlich unbekümmerten Aufzeichnungen des Stephanstürmers über seinen Bruder und Maler Georg Schneider.[25]

„Georg Schneider wurde anno 1759 im Juli geboren. Es ging ihm sehr elend. Bekam oft als Bezahlung gar wirklich für Landschaften kaum einen Gulden. Dies machte ihn melancholisch. Seine beste Zeit war 1788 bis 1792, wo er bekannt und seine Arbeit geschätzt wurde. Es sind mehrere Sachen von ihm da sowohl in Wasser als Öl. Er hat die Natur versucht zu kopieren, seine Figuren aber sind nichts. 1792 wurde er verliebt in eine armes, häßliches, einfältiges Mädchen, die brachte ihn dazu, daß er sich ein Häuschen im Kirschgarten für 1800 Gulden kaufte 1797, verwandte so seine sauer erworbenen Gulden. Den 1. Januar 1798 besetzten die Franken Mainz, die Bürger mußten die Soldaten verköstigen, dem General Lefebvre [26] seine Leute waren die ungenügsamsten. Schneider bekam 6 Mann, welche er täglich mußte verköstigen. Da er das aus Mangel an Verdienst nicht auftreiben konnte, so verkaufte er sein Haus mit 800 Gulden Verlust wieder, brach mit seiner Liebsten auf einige Wochen, vereinigte sich wieder mit ihr, ging zu Ende Oktober 1802 nach Aschaffenburg, heiratete, lebt noch da meist vom Malen, womit er sich, seine Frau, 3 Kinder kümmerlich durchbringt. Er hat erstaunlich viel gearbeitet, war sehr tätig, von Charakter fromm, bißchen abergläubisch, gutmütig, liebt ein Gläschen Wein, gesellig. Abends kamen im Winter viele junge Kunstliebhaber bei ihm zusammen."

Bevor wir diesem Lebensbericht z. T. ebenso unfreundliche Bemerkungen der Zeitgenossen über die Malerei hinzufügen, sei ergänzt, daß eines der drei erwähnten Kinder ebenfalls künstlerisches Talent besaß. Im Mainzer Museum befindet sich ein Aquarell in Deckfarben, das (in lateinischer Schrift) mit „Kaspar Schneider junior 1824" bezeichnet ist und eine Nahsicht der Burg von Miltenberg mit dem Blick in das Maintal verbindet. In künstlerischer Hinsicht steht es den Arbeiten von Vater und Onkel nicht nach.[27] Aus der Aschaffenburger Zeit und im Rückblick von sieben Jahrzehnten erfahren wir: „Mein erster Lehrer im Zeichnen war Georg Schneider. Ein gründlicher Unterricht konnte von demselben nicht erwartet werden, er war ein Talent von Natur, besaß aber nicht die nötige Vorbildung; doch erhielt ich manche nützliche Anregung durch ihn."[28]

„Üblicherweise werden Georg Schneider die minderwertigen Arbeiten seines Bruders zugeschrieben"[29], und nicht anders verfährt Neugarten[30], wenn sie das Zeichenbuch der Zeit nach 1813 mit den qualitätsvollen Landschaftsstudien dem Georg ab- und dem Johann Caspar Schneider zuspricht. Und schon 1823 spitzt Nikolaus Müller (1770–1851) die Feder anläßlich der ersten Kunstausstellung in Mainz: „Diese Ausstellung bietet uns zehn Stücke von Georg Schneiders Pinsel dar. Dieser Künstler zeigt viel Genie, eine sorgsame Naturtreue, er idealisiert und schminkt nicht; die Ferne, die meteorischen Lufttinten gibt er vortrefflich; aber seine Ausführung ist unfleißig, seine Staffage gewöhnlich unter aller Kritik. Freunde der beiden Brüder haben schon vor dreißig und selbst vor vierzig Jahren den Wunsch offenbart, beide Brüder sollten vereint malen, weil dann diese Gemälde auch die hervorstechenden Tugenden der Beiden zur Mitgift erhielten. ... Trotz der technischen Versudelungen, welche diese Gemälde beschädigen, kann man doch die Genialität nicht verkennen, welche sich hier neben großer Naturtreue ausspricht. Die Fernen sind besonders vorzüglich und bezeugen eine strenge Beobachtung der Natur, ihrer Perspektive und ihrer Gesetze."[31]

Dieser Kritiker Nikolaus Müller[32] besaß hingegen eine ganze Reihe von Gemälden von Georg Schneider, darunter vier als „Landschaftsskizze" bezeichnete Bilder. Möglicherweise handelte es sich dabei um staffagelose, vor der Natur gemalte Ölstudien. Solche Arbeiten wurden vor 1850 zwar von anderen Künstlern, nicht aber vom Publikum erworben, und sie sind bei einem weitgehend autodidaktischen Maler wie Georg Schneider nicht unwahrscheinlich, wenn wir vergleichsweise an Dillis[33] oder Issel[34] denken.

Die Formulierungen „unfleißige Ausführung" und „technische Versudelungen" folgen aus den Maßstäben des Kritikers, der die Erwartungen des bürgerlichen Kunstliebhabers um 1820 übernommen hat. Damit ist die rasch gearbeitete Ölstudie vor der Natur nicht zu vereinbaren, so daß die Landschaftsmalerei im 19. Jahrhundert zwischen den offiziellen Ateliergemälden für den Markt und den Freilicht-Ölstudien nur für den Künstler unterscheiden muß.[35] Aus der Sicht des künstlerisch gestalteten und sorgfältig gemalten Landschaftsbildes ist die damalige Kritik verständlich, während die rasche Malweise und selbst die Mängel in der technisch-handwerklichen Ausführung heute zugunsten von Georg Schneider gesehen werden können.

ANMERKUNGEN

1. Neugarten 1922, S. 5 und S. 21, ausführlich Landschulz 1977, S. 78–110.
2. Pate Johann Georg Atzener.
3. Drei weitere Geschwister, nämlich Juliana (1756), Wolpert (1758) und Maria Magdalena (1761) starben als Kinder.
4. Sein Ende werden wir uns mit dem Holzschnitt „Der Tod als Freund" von Alfred Rethel vorstellen dürfen. Nachfolger auf dem Turm wurde Richard Metzger, der Vater der „Stephansdrillinge" (geb. 8.3.1873).
5. Ludwig Lindenschmit, Erzählungen des alten Stephanstürmers Hermann Caspar Schneider, 1. Aufl. Mainz 1906, 2. Aufl. 1922, S. 1–8, mit einer Portraitabbildung. L. Lindenschmit (1850–1922) war der Enkel des nachfolgend unter I/2 aufgeführten Johann Lindenschmit.
6. Georg Köbel, geb. 1807 in Worms, Ausbildung in Mainz – die Familie stammte von hier – zumindest bei Georg Schneider, vgl. Landschulz 1977, S. 84, Fn. 26, ab 1829 an den Akademien in Dresden und München; 1836–1839 in Italien, gest. 1894 in Fürstenfeldbruck.
7. Lithographie, Bildformat 401 x 335 mm, bez.: „auf Stein gezeichnet durch Georg Köbel 1828", Mainz, Stadtarchiv, Inv.Nr. V Sch 55, Foto: O. Pilko, Mainz.
8. Stadtarchiv Mainz, Nachlaß Nikolaus Müller, Fasz. XIV No. 1, enthaltend: (1) Kaspar Schneider „Stephanstürmer", Über Mainzer Künstler des 18. und beginnenden 19. Jahrhunderts, 4 Bogen in 4o, unterteilt in (a) Nachrichten über Johann Caspar Schneider, von E. Neugarten (1922) verwertet, (b) Nachrichten über Georg Schneider, hier nachfolgend wiedergegeben, und c) Nachrichten über andere Mainzer Künstler, hier nachfolgend die Namen angeführt, soweit sie nicht im Künstlerlexikon von Thieme/Becker erwähnt sind. Die Aufzeichnungen entstanden 1812/1813, da der Maler Georg Friedrich Hoch (1751–1812) bereits als verstorben, der Porzellan- und Miniaturmaler Heinrich Usinger (1745 – Mainz – 1813) noch als lebend notiert werden.
(2) Chronik von K. Schneider, Stephanstürmer, 14 Blatt in 4o, das Deckblatt davon, über die Maler Heideloff und Appiani berichtend, gehört zu (1).
9. Neben dem Künsterlexikon von Thieme/Becker sind zu nennen Heinrich Scheel, Die Mainzer Republik I, Protokolle des Jakobinerklubs, Berlin 1975 und Johannes Augel, Italienische Einwanderung und Wirtschaftstätigkeit in rheinischen Städten des 17. und 18. Jahrhunderts, Bonn 1971; ferner die Mainzer Adressbücher von 1801 und 1825.
10. Vgl. Ausst. Kat. Die Künstlerfamilien Lindenschmit, Mittelrheinisches Landesmuseum Mainz 1985, S. 8 und S. 36.
11. Ausführlich Hermann Josef Peters, Niklas Vogt und das rheinische Geistesleben 1792-1836, Ein Beitrag zur Geschichte des politischen und historischen Denkens am Mittelrhein, Mainz 1962.
12. Kat. Nrn. 97, 98, 100 – 102.
13. Katalog der Sammlung des Nikolaus Müller, zwecks Verkauf von ihm im Januar 1840 gedruckt, No. 96: „Bildnis von C. Schneider, Stephanstürmer, gem. von N. Müller 2 Fuß 9 Zoll x 2 Fuß 2 Zoll" (88 x 75 cm für Pariser Fuß).
14. Schrohe 1912.
15. 1822 beginnen die Kunstausstellungen in Mainz und damit die Ausstellungskataloge und -besprechungen in den Tageszeitungen.
16. Identisch mit „Maler Birgi, Landschaften in Deckfarben", erwähnt bei Jakob Heinrich von Hefner-Alteneck, Lebens-Erinnerungen, München 1899, S. 13?
17. Zu lesen als Gottlieb Welte, geb. um 1745 in Mainz, Maler und Radierer in Frankfurt, gest. nach 1790 bei Reval; vgl. Thieme/Becker und von Hefner-Alteneck 1899, S. 13.
18. Entweder Anton Bollermann, geb. um 1758, 1792 Klubist, oder (lt. Adressbuch der Stadt Mainz von 1801) Johann Baptist Bollermann, Rentier. Die Kunstsammlung eines Jean Baptist Bollermann wurde 1853 als sein bzw. 1877 als Nachlaß seiner Witwe versteigert.
19. Das Todesjahr 1793 kann sich nur auf Schmitt beziehen, da Joseph Bogel noch 1801 als Maler im Adressbuch aufgeführt ist.
20. Joseph Bogel (auch: Bogen) ist erwähnt bei Schrohe 1912, S. 117: Er bewarb sich 1786 (erfolglos) um die Stelle des Wappenmalers des Domkapitels. Seine Arbeit „Die Ruine im fürstlichen Garten bei Darmstadt", Aquarell über Blei, 257 x 309 mm, ist abgebildet bei Hans Georg Nessel, Deutsche Handzeichnungen der Goethezeit in der Sammlung Emmerling in Ingelheim, in: Mainz und der Mittelrhein in der europäischen Kunstgeschichte. Studien für Wolfgang Fritz Volbach zu seinem 70. Geburtstag, Wiesbaden 1966, S. 705-756, S. 725 (Kat. No. 44).
21. Vielleicht der bei Landschulz 1977, S. 319 erwähnte Köck. Vermutlich Bernhard Köck, geb. um 1750; vgl. Schrohe 1912, S. 211.
22. Entweder der Vater Johann Georg Bitterich (1724–1789) oder der Sohn Johann Balthasar Wilhelm Bitterich (1760 in Mainz); vgl. Schrohe 1912, S. 92 f.
23. Georg Schall (geb. 1765), lt. Adressbuch von 1801 Bildhauer.
24. Christoph Horix, lt. Adressbuch von 1801 Rentier.
25. Frau Schmelig vom Stadtarchiv Mainz danke ich für die mühsame Entzifferung.
26. Pierre Franc Lefebvre (1755–1820), später Marschall.
27. Gouache, 270 x 337 mm, Landesmuseum Mainz, Graphische Sammlung, Inv. Nr. GS 1932/32. In einer kleinen Schrift von Walter Hotz über Miltenberg wird diese Arbeit farbig abgebildet und kurzerhand dem bekannten Johann Caspar Schneider unterstellt..
28. Hefner-Alteneck 1899, S. 61, bzw. Landschulz 1977, S. 80. Hefner-Alteneck (Aschaffenburg 1811 – München 1903) studierte Kunstgeschichte und wurde später Direktor des Bayerischen Nationalmuseums.
29. Unbekannter Verfasser, Ein drittes Skizzenbuch Georg Schneiders, Mainzer Journal No. 161 vom 15.7.1891, S. 1.
30. Neugarten 1922, S. 21.
31. Müller 1825, S. 28 f.
32. Zu N. Müller (1770–1851) vgl. Landschulz 1977, S. 111–118. 1840 gab er einen Katalog seiner Kunstsammlung mit der Absicht ihres Verkaufs heraus. Mit der Position „Georg und Caspar Schneider: Zigeuner beim Feuer im Mondschein" erhalten wir einen konkreten Hinweis auf die Zusammenarbeit der beiden Maler-Brüder. Weitere Beispiele bei Landschulz 1977, S. 81, S. 82 Fn. 13, S. 85 Nr. 10, S. 90. H. Biehn vermutet die Zusammenarbeit dahingehend, daß Johann Caspar Schneider Landschaftszeichnungen des Bruders für seine Ölgemälde verwendet habe; vgl. Biehn 1975, S. 15. Eine solche „Zuarbeit" kennen wir von Wilhelm Kobell für seinen Vater und von Christian Georg Schütz für seinen gleichnamigen Onkel.
33. Ausst. Kat. Johann Georg von Dillis (1759–1841), hrsg. von Christoph Heilmann, München 1991, S. 20–37.
34. Vgl. Almuth Heidegger, Georg Wilhelm Issel (1785–1870), München 1993, S. 52–67.
35. Vgl. dazu Matthias Lehmann/Vera Leuschner, Das Morgenbachtal in der Malerei des 19. Jahrhunderts. Eine mittelrheinische Kleinlandschaft bei Trechtingshausen am Rhein in Naturstudie und Ateliergemälde, in: Kunst in Hessen und am Mittelrhein, Darmstadt 1977, S. 37-60. Ausführlich dazu Peter Galassi, Corot in Italien. Freilichtmalerei und klassische Landschaftstradition, München 1991. Die Ölstudien eines Landschaftsmalers sind stets erst mit seinem Nachlaß bekannt geworden. Im Grenzfall tragen sie ausschließlich die heutige künstlerische Wertung, vgl. z. B. Ausst. Kat. Christian Friedrich Gille (1805–1899), hrsg. von Gerd Spitzer, Leipzig 1994.

Marlene Landschulz

Die Mainzer Malerei zur Goethezeit

Die Maler

Johann Caspar Schneider (1753–1839) war zu seiner Zeit der in seiner Vaterstadt Mainz bekannteste und von den Mainzer Bürgern am meisten geschätzte Maler. Abgesehen von einigen Unterbrechungen, die in die Revolutionsjahre 1792–1797 fallen, war Johann Caspar bis zu seinem Tode stets in Mainz ansässig. Auch sein Bruder Georg (1759–1843), der von 1802 bis zu seinem Lebensende mit seiner Familie in Aschaffenburg lebte, war ein anerkannter Künstler.[1] Doch wer darüber hinaus auf dem Gebiet der Mainzer Malerei der Goethezeit nachforscht, wird erstaunt sein, daß hier außer den beiden Brüdern Schneider noch eine beachtliche Anzahl weiterer Maler tätig war. Dies überrascht um so mehr, als es zu Lebzeiten der Maler Schneider keine nennenswerte oder bedeutende KUNST-AKADEMIE IN MAINZ gab. Im Jahre 1758 – Johann Caspar war gerade fünf Jahre alt, und sein Bruder Georg war noch nicht geboren – wurde zwar durch die Initiative des seit 1745 in Mainz tätigen Hofmalers Giuseppe Appiani (1706–1785) eine vom Kurfürsten Johann Friedrich Karl von Ostein genehmigte „Maler- und Bildhauerakademie" gegründet.[2] Diese konnte aber nach erfolgreichen Anfängen wegen der so häufigen beruflich bedingten Abwesenheit des Gründers (1764–1770 Ausmalung von Vierzehnheiligen) nicht recht gedeihen. Deswegen wurde diese Akademie 1769, wiederum unter der Leitung Appianis, in eine mehr handwerklich orientierte „Bau- und Zeichnungsakademie" umgewandelt, deren Bestand nur bis 1779 durch Akten dokumentiert ist.[3] Der Unterricht dieser Akademie fand in den Räumen des Schulhauses der Jesuiten statt. Appiani selbst lehrte Freskomalerei, Zeichnen und Komposition. Lehrer für Bildnismalerei waren der stellvertretende Direktor, Hofmaler F. Joseph Kaufmann[4], und der Maler Johann Gustav Hoch. Baukunst unterrichteten die Architekten Litzendorff und Johann Peter Jäger, Bildhauerei die Künstler Peter Heinrich Henke, Johann Georg Bitterich und Nikolaus Binterim. Nach dem Tode Appianis 1785 wurde Georg Friedrich Hoch dessen Nachfolger als Direktor der Akademie; er blieb es bis 1797. Bedingt durch die politischen und sozialen Veränderungen im ausgehenden 18. Jahrhundert, wurde die Akademie in napoleonischer Zeit schließlich aufgelöst.[5]

Erst am 24.10.1825 wurde durch den vielseitig interessierten und regen Nikolaus Müller wieder eine Zeichnungsakademie in Mainz ins Leben gerufen, über deren Tätigkeitsfeld und Dauer aber bis jetzt keine Einzelheiten bekannt sind.[6] Dies trifft auch auf eine 1831 durch G. Joseph Schuck angekündigte „Sonntagsschule für Künstler und Handwerker" zu.[7]

Bis heute sind 25 zeitgenössische MAINZER MALER DER SCHNEIDER-ZEIT (das sind Malerkollegen, die zwischen 1750 und 1818 geboren wurden) bekannt:[8]
Johann Jakob Hoch (1750–1829)
Georg Friedrich Hoch (1751–1812)
Franz Ludwig Hyazinth Xaver Willibald Maria Reichsgraf von Kesselstatt (1753–1841)
Johann Ludwig Ernst Schulz (1759–1826)
Nikolaus Müller (1770–1851)
Philipp Jakob Xaver Kieffer (1774–1843)
Johann Georg Schlesinger (1775–1841)
Adelheid Friederike Braun geb. von Cychansky (1778–1836)
Jakob Orth d. Ä. (1780–1861)
Johann Adam Ackermann (1781–1853)
Georg Friedrich Ackermann (1787–1843)
Heinrich Franz Schalck (1791–1852)
Johann Caspar Anton Dillenius (1791–1869)
Louis Catoir (1792–1841)
Georg Kneipp (1793–1862)
Karl August Frhr. von Klein (1794–1870)
Anton Knapp (1798–1839)
Jakob Friedrich Orth d. J. (1801–1839)
Benjamin Heinrich Orth (1803–1875)
Ignaz Schmidt (1804–1880)
Ludwig Lindenschmit d. Ä. (1809–1893)
Heinrich Kempf (1814–1852)
Rosa Achenbach verh. Müller (1815– um 1870)
Adolf Schlesinger (1817–1870)
Johann Kneipp (1818–1868)

Die Maler führten in Mainz kein isoliertes Künstlerleben. Einige waren durch Geburt oder Heirat miteinander verwandt oder verschwägert. So gab es außer dem Brüderpaar Schneider die Maler-Brüder Johann Jakob und Georg Friedrich Hoch, deren Vater Johann (Job) Gustav Heinrich Hoch (1716–1779) ebenfalls schon Maler in Mainz war[9]; desweiteren die Brüder Johann Adam und Georg Friedrich Ackermann, Vater Georg Kneipp und Sohn Johann sowie die Malerfamilie Orth: Jakob Orth d. Ä. und seine Söhne Jakob Friedrich d. J. und Benjamin. Auch Ludwig Lindenschmit d. Ä. entstammte einer Künstlerfamilie; sein Vater Johann Lindenschmit (1771–1845) war Münzgraveur, sein Bruder Wilhelm d. Ä. (1806–1848) ein bekannter Münchner Historienmaler.[10] Philipp Kieffer, der 1830 die Witwe des ein Jahr zuvor verstorbenen Johann Jakob Hoch heiratete, hatte 1821 als Trauzeuge bei der Eheschließung zwischen Louis Catoir und der Wormserin Justina Friederike Linse fungiert.

Ein sogar zweifach verwandtschaftliches Verhältnis bestand zwischen Nikolaus Müller und seiner Schülerin Rosa Achenbach, die

1837 durch Müllers zweite Ehe mit Rosas Tante Anna Maria Achenbach seine Nichte und 1839 durch ihre eigene Heirat mit Müllers Sohn aus erster Ehe, Johann Baptist Eduard, außerdem seine Schwiegertochter wurde.

Die Künstler pflegten untereinander Kontakte, sie tauschten sich aus, beeinflußten sich gegenseitig, und die jüngeren nahmen in Ermangelung einer Kunstakademie zeitweise Unterricht bei den älteren. So sind folgende Maler Schüler von Johann Caspar Schneider gewesen: sein Bruder Georg Schneider, Johann Caspar Dillenius, Karl August von Klein, Johann Adam Ackermann und Graf Franz von Kesselstatt. Zu den Schülern von Nikolaus Müller zählten u. a. Rosa Achenbach und der junge Franz Eduard von Heuß (1808–1880), der nach bestandener Matura in München Medizin und Malerei studierte. Jakob Friedrich Orth d. J. und sein Bruder Benjamin wurden von ihrem Vater Jakob Orth d. Ä. unterrichtet. Friedrich Karl Joseph Simmler (1801–1872) aus Hanau nahm während seiner kaufmännischen Lehre in Mainz Malunterricht bei Johann Caspar Schneider und Louis Catoir, verließ aber schon 1822 die Stadt, um sich in München weiterzubilden. Auch Gustav Jacob Canton (1813–1885), der seine Anfangsstudien bei Nikolaus Müller und Louis Catoir absolvierte, begab sich schon 19jährig zu weiteren Studien nach München.

Weitere künstlerische Kontakte wurden durch den schon 1824 gegründeten Mainzer Kunstverein gefördert; er zählte zu den ältesten Kunstvereinen Deutschlands. Fast alle o. g. Maler waren Mitglieder des Vereins und hatten dadurch die Möglichkeit, ihre Werke auf den regelmäßig allwöchentlich stattfindenden Kunstausstellungen sowohl den Kollegen als auch den Mainzer Kunstinteressenten, die auch potentielle Käufer oder Auftraggeber waren, vorzustellen.[11]

Über diese „beruflichen" Beziehungen hinaus verband einige der Künstler auch ein enges freundschaftliches Verhältnis, wobei Herkunft aus unterschiedlichen sozialen Schichten sowie konträre Charaktere kein Hindernis für eine Künstlerfreundschaft bedeuteten: Als Söhne eines Stalldieners bei der kurfürstlichen Leibgarde waren Johann Caspar Schneider, der in seiner Vaterstadt als Sonderling und seltsamer Kauz galt, und sein Bruder Georg mit dem lebenslustigen Johann Jakob Hoch und dessen Bruder Friedrich – beide stammten aus einer akademisch gebildeten Familie – freundschaftlich verbunden. Zu diesem Freundeskreis zählte außerdem der aus einem alten Trierer Adelsgeschlecht stammende Reichsgraf von Kesselstatt, der – wie oben erwähnt – Schüler von Johann Caspar Schneider war. Auch Louis Catoir, in einem Nachruf als „humoristischer Kauz" tituliert, pflegte freundschaftliche Kontakte mit Johann Caspar Schneider. Nahe standen sich die Familien Lindenschmit und Schneider, denn Johann Lindenschmit, der Vater von Wilhelm d. Ä. und Ludwig d. Ä., war mit Johann Caspar Schneider und dessen Bruder Hermann Caspar, dem Stephansstürmer von Mainz, befreundet. Den beiden Söhnen Johann Lindenschmits mag durch diese Freundschaft mancherlei an Anregungen für ihr künstlerisches Schaffen vermittelt worden sein. Die Gespenstergeschichten, die der Stephansstürmer – alias „Thorn" oder „Wammes" (wegen seiner Lieblingskleidung) – zu erzählen wußte, lebten noch in der folgenden Generation weiter. Sie wurden 1906 schließlich von Ludwig Lindenschmit d. J., dem Sohn Ludwigs d. Ä., in den „Erzählungen des alten Stephansstürmers" niedergeschrieben.

Nicht nur freundschaftliches Verhalten einschließlich Toleranz für eine andere Kunstauffassung, sondern auch Neid und Streitigkeiten gab es im Leben einzelner Mainzer Maler dieser Zeit. Hier ist hauptsächlich der Maler und Schriftsteller Nikolaus Müller zu nennen. Als ehemaliger Anhänger revolutionären Gedankengutes und Mainzer Klubist konnte er seinen Kampfgeist nie verleugnen. Wenn er es für nötig erachtete, wich er keinem Streit mit anderen Künstlern oder Mitgliedern des Mainzer Kunstvereins aus – ohne Rücksicht auf menschliches oder kollegiales Miteinander. In derartigen Situationen schreckte er selbst vor einer Polemisierung gegenüber Malerkollegen nicht zurück. So z. B. geschehen, als die Stadt Mainz 1850 die am Wiesbadener Theater tätige Künstlerfamilie Orth als Kulissenmaler für das von Moller neu erbaute Theater engagieren wollte. Die Mainzer Künstlerschaft wandte sich gegen die Berufung der „Ausländer Orth". Allen voran der auch zum Dekorationsmaler ausgebildete Nikolaus Müller, der selbst gern für das Mainzer Theater tätig geworden wäre. In einem Brief an den Mainzer Bürgermeister Franz Konrad Macké bezeichnete er den Vater Orth als „brauchbaren Stubenmaler" und schrieb in disqualifizierender Weise über den jüngeren Sohn: „Er war auf der Bühne so fremd, daß er schon ein volles Jahr in Wiesbaden gemalt hatte, bevor er wußte, daß es Kabinett-Türen geben muß, damit die Schauspieler nicht durch die Wände rennen."[12] Nach anfänglichem Zögern und Beilegung der Differenzen nahmen Jakob Orth und Söhne 1852 aber doch ihre Tätigkeit in Mainz auf.

Die wirtschaftliche Situation der Maler zur Zeit der Gebrüder Schneider steht in engem Zusammenhang mit dem historischen Geschehen: Beim Herannahen der französischen Truppen im Oktober 1792 flüchtete nicht nur der Kurfürst Friedrich Karl Joseph von Erthal nach Aschaffenburg, auch fast der ganze Adel und die Mainzer Oberschicht verließen die Stadt; die kurfürstliche Ära ging ihrem Ende zu. Dadurch fehlte es in der darauffolgenden Zeit in Mainz weitgehend an adligen Auftraggebern und Mäzenen.

Die Brüder Johann Jakob und Georg Friedrich Hoch hatten in dem letzten Mainzer Kurfürsten Friedrich Karl von Erthal noch einen Förderer gefunden, der – nachdem er einige Arbeiten der beiden gesehen hatte – jedem der beiden Brüder 1778 mehr als 100 Gulden pro Jahr als Auslandsstipendium für Wien bewilligte, wo die beiden aus familiären Gründen unterschiedlich lang blieben.[13]

Johann Adam Ackermann fand im Laufe seines Künstlerlebens mehrere Förderer, die ihm jeweils einen Auslandsaufenthalt ermöglichten: 1801 begab er sich auf Anraten von Carl Theodor von Dalberg, der 1802 Erthals Nachfolger als Erzbischof in Mainz wurde, nach Paris. Nachdem Ackermann 1804 nach Frankfurt a. M. umgezogen war, ging er für ein Jahr nach Rom, auch dieses Mal auf Kosten von Dalbergs, des Fürstprimas' des Rheinbundes und späteren Großherzogs von Frankfurt a. M. Im Jahre 1818 kam Ackermann ein weiteres Mal nach Italien. Er begleitete den Frankfurter Kunstsammler Esaias Philipp von Schneider, um ihn beim Erwerb von Werken der in Rom lebenden Künstler zu beraten.[14]

Anton Knapp konnte von 1825 bis 1827 dank der Förderung durch den Staatskanzler von Metternich an der Wiener Akademie studieren (Abb. 1). 1828 ging er nach Paris, ob mit Hilfe eines Stipendiums oder auf eigene Kosten ließ sich nicht ermitteln.[15]

Kaum ein Mainzer Künstler konnte damals mit einer dotierten, festen Anstellung rechnen. Ein festes Jahresgehalt war einige Zeit lang unserem Maler Johann Caspar Schneider sicher, konnte er doch – nachdem sein Lehrer Joseph Heideloff d. J. an den Wiener Hof gewechselt hatte – dessen Stelle als Verwalter der Gemäldesammlung des Dompropstes Graf Eltz übernehmen. Für ein Gehalt

Abb. 1
Anton Knapp,
Landschaft mit
Wäscherinnen an der
Quelle, um 1830,
Öl/Lwd.,
Landesmuseum
Mainz,
Inv. Nr. 29

von 300 Gulden pro Jahr verpflichtete sich Schneider, die Gemälde – wenn erforderlich – zu restaurieren und einige zu kopieren.[16] Mit dem Tod des Dompropstes 1779 verlor Schneider seine Stelle und war fortan auf Aufträge von Privatleuten und auf eventuelle Honorierung durch seine Schüler angewiesen.

Zur Sicherung ihres Lebensunterhaltes unterrichteten etliche Maler nicht nur einzelne private Schüler (wie bereits erwähnt), sondern übten zeitweise auch eine Lehrtätigkeit an Schulen aus: Nikolaus Müller und Ludwig Lindenschmit in Mainz, Adelheid Friederike Braun vor ihrer Mainzer Zeit in Hannover und Johann Adam Ackermann in Frankfurt a. M. nach seiner Übersiedlung dorthin.

Finanziell unabhängig, da vermögend, waren der Freiherr von Klein, Johann Dillenius, Johann Jakob Hoch und Graf von Kesselstatt, der zudem nach Aussagen von Zeitzeugen arme Künstler unterstützte. Bei den Malern Klein, Dillenius und Kesselstatt begegnen wir zudem auch in Mainz dem Phänomen des malenden und zeichnenden Dilettanten, derer es gerade zur Goethezeit eine beträchtliche Anzahl gab. Denn der private Zeichenunterricht war wie das Erlernen eines Musikinstrumentes Bestandteil der Erziehung sowohl in Adelskreisen als auch im gehobenen Bürgertum.

Auch dem kunstinteressierten Mainzer Bürgertum, das eine große Anzahl von Malern beschäftigen konnte, verdankten die Künstler ihre Existenzsicherung. In der 1816 hessisch gewordenen Stadt Mainz waren sogar mehr Maler als im benachbarten Darmstadt ansässig, woraus die künstlerische Bedeutung von Mainz innerhalb des Großherzogtums Hessen ersichtlich ist. Wie sehr die Mainzer Malerei bei den Bürgern gefragt war, zeigen uns noch heute die zahlreich erhaltenen Gemälde, Gouachen, Skizzenbücher und etliche in Aquatinta, Kupferstich und Lithographie vervielfältigte Werke, die von besonderem Interesse waren.

Nicht zuletzt trugen auch die Aktivitäten des 1824 zur Förderung des Kunstsinnes gegründeten Mainzer Kunstvereins zur finanziellen Unterstützung der Künstlerschaft bei. Zum einen stieg durch die regelmäßig stattfindenden Ausstellungen des Vereins die Popularität der Künstler und ihrer Werke, zum anderen unterstützte der Verein selbst die Künstler durch Ankauf von Kunstwerken. Wie bei den deutschen Kunstvereinen im 19. Jahrhundert allgemein üblich, gelangte auch hier ein Teil der angekauften Werke durch anschließende Verlosungen – nach dem Zufallsprinzip und nicht etwa nach persönlicher Wahl – in den Besitz der Mitglieder.[17] Ein Teil der durch den Mainzer Kunstverein erworbenen Gemälde – über 50 an der Zahl – wurde später, wie in den Vereinsstatuten ursprünglich vorgesehen, der Mainzer Gemäldegalerie überlassen.[18] Diese verdankt ihre Anfänge Napoleon, dessen Innenminister Chaptal 1803 aus Paris mehr als 30 Gemälde an die Stadt überwies, die zu dieser Zeit die Hauptstadt des französischen Départements du Mont Tonnerre war; ihre eigentliche Gründung erfolgte erst im Jahre 1814.[19]

Erwähnenswert ist auch, daß sich ab 1836 in Deutschland mehrere Kunstvereine zu Ringen zusammenschlossen mit dem Ziel, mit Hilfe von Wanderausstellungen in den beteiligten Städten ein noch größeres Publikum zu erreichen. Auf diese Weise entstand 1836 auch der „Rheinische Kunstverein" mit den Mitgliedern Mainz, Darmstadt, Mannheim, Karlsruhe und der französischen Grenzstadt Straßburg. Wanderausstellungen des „Rheinischen Kunstvereins" fanden von 1837 an statt; seine Ausstellungskataloge verzeichneten oft mehrere Hunderte von Kunstwerken. Im Jahre 1846 – die Brüder Schneider waren inzwischen verstorben – vergrößerte sich der „Rheinische Kunstverein" durch den Beitritt von Stuttgart und Freiburg.[20]

Die Bildthemen

Das zu Ende gehende „ancien régime" und das damit verbundene Fehlen von höfischen und kirchlichen Auftraggebern in Mainz wirkten sich nicht nur auf die wirtschaftliche Situation der Künstler, sondern auch auf deren Kunst aus. Es bedeutete für die Künstler die Suche nach neuen Auftraggebern, die sie im aufstrebenden Bürgertum fanden. Die beginnende Epoche des Kunstindividualismus, in der in Deutschland die Malerei die Vorherrschaft über die Kunst erlangte, bot den Künstlern zudem die Chance zu individueller Freiheit und zu einer Vielzahl persönlicher Ausdrucksmöglichkeiten. Auch in der Mainzer Malerei finden sich die in der Kunstgeschichte üblicherweise als klassizistisch, romantisch bzw. realistisch definierten Kunstrichtungen dieser Epoche wieder. Sie können durchaus zeitgleich bei verschiedenen Künstlern oder sogar einem einzelnen Künstler nebeneinander auftreten – ein Zeichen der Individualität der einzelnen Künstlerpersönlichkeit.

Sucht man nach Vorbildern der Mainzer Maler der Goethezeit, so wird eine deutliche Schulung an niederländischen Meistern des 17. Jahrhunderts erkennbar. Vorbildcharakter hatten vor allem der Landschaftsmaler Herman Saftleven (1609–1685), aber auch andere wie z. B. der Schlachtenmaler Philip Wouwerman (1619–1668). Auch in den benachbarten Städten Frankfurt a. M. und Mannheim, in denen im 18. Jahrhundert noch ein reges Kunstleben geherrscht hatte, fanden einige der Mainzer Maler ihre Vorbilder, an denen sie sich orientieren konnten. Dies waren in Frankfurt der für seine Darstellungen nächtlicher Feuersbrünste berühmte Johann Georg Trautmann (1713–1769) und der Landschaftsmaler Christian Georg Schütz d. Ä. (1718–1791), die beide selbst schon durch niederländische Vorbilder geprägt waren.[21]

Was die Stillebenmalerei in Mainz betrifft, so fand sie in Werken der Frankfurter Georg Flegel (1566–1638) sowie Justus Juncker (1703–1767) ihre Vorläufer. Die Tierstaffagen innerhalb der Landschaftsbilder, besonders in den Ideallandschaften des älteren Schneider, scheinen von den Pastoralen des ebenfalls in Frankfurt tätigen Malers und Radierers Johann Heinrich Roos (1631–1685), laut Hüsgen der „Raffael aller Viehmaler", inspiriert zu sein.[22]

Auch Stilmerkmale des Mannheimers Ferdinand Kobell (1740–1799) und seines in Paris als Kupferstecher tätigen Freundes und Lehrers Johann Georg Wille (1715–1808) sind innerhalb der Mainzer Malerei der Schneider-Zeit spürbar.

Goethes Freund Jakob Philipp Hackert (1737–1807), dessen Werke (insbesondere seine Veduten) schon zu seinen Lebzeiten begehrt und durch Stiche in ganz Europa verbreitet waren, hatte ebenfalls Nachahmer in Mainz.

Mitunter finden sich innerhalb der Mainzer Malerei auch Stilelemente von Claude Lorrain (1600–1682), dessen Ideallandschaften für viele deutsche Maler, wie auch schon für Hackert, richtungsweisend waren.

Auch vor Ort fanden die Mainzer Maler ihre Vorbilder (vor allem – wie im benachbarten Frankfurt – in den Niederländern), und zwar in den zahlreichen Privatsammlungen. Häufig kopierten sie hier die Werke der alten Meister, sei es zu eigenen Studienzwecken, sei es als Broterwerb im Auftrag von Kunstsammlern, für die eine Kopie häufig den gleichen Wert wie das Original besaß. Bedeutend waren folgende Sammlungen des 18. Jahrhunderts: die Gemäldesammlungen des Dompropstes Graf Eltz, des Domkantors Freiherr von Frankenstein, des Grafen von Stadion und des Kanonikus Dreimühlen sowie die Graphische Sammlung des Lothar Franz von Erthal, aus deren Beständen jedoch zahlreiche Werke 1793 vor dem Einzug der Franzosen in einer Rettungsaktion auf rechtsrheinisches Gebiet gelangten.[23] Zugang zur Eltzschen Sammlung hatte gerade noch Johann Caspar Schneider als deren Konservator und durch ihn sicherlich auch sein Bruder Georg. Vom Grafen Kesselstatt ist bekannt, daß er seine umfangreiche Kunstgalerie den Malerkollegen zu Studienzwecken zur Verfügung stellte. Es muß für den Grafen eine große Ehre gewesen sein, als Goethe im August 1815 mit Sulpiz Boisserée seine Gemäldesammlung besichtigte. Mindestens zweimal ließ er sich als Kunstsammler porträtieren, um 1823 von Georg Kneipp und 1830 von Victor Chailly.[24]

Auch das nach Bildung strebende Bürgertum interessierte sich zunehmend für die bildende Kunst, die Musik und die Literatur. Um ein besseres Kunstverständnis zu erlangen, gründete man vielerorts wie in Mainz Kunst- und Literaturvereine, in denen man sich regelmäßig traf, um wissenschaftliche Vorträge zu hören und Werke früherer oder zeitgenössischer Künstler gemeinsam zu studieren. Auch durch diese Veranstaltungen wurde das Interesse der Bürger an Kunst intensiviert und der Wunsch nach eigenen Privat-Kunstsammlungen geweckt.[25]

In diesem Zusammenhang sind die Vereinsberichte des Mainzer Kunstvereins sehr aufschlußreich. Diese unter verschiedenen Titeln von 1823 bis 1835 erschienenen Schriften sind dank ihrer regelmäßigen Aufzeichnungen sämtlicher Vereinsaktivitäten von kunst- und stadtgeschichtlicher Bedeutung. In ihnen sind alle im erwähnten Zeitraum im Vereinslokal ausgestellten Kunstobjekte aufgelistet, die überwiegend aus dem Besitz der Vereinsmitglieder stammten.

Man sammelte vor allem deutsche, niederländische und flämische Malerei, aber auch Werke der italienischen und französischen Schulen waren in den Sammlungen vertreten, sei es im Original, sei es als Kopie oder als Druckgraphik.[26]

Man besaß, um nur einige zu nennen, Werke von Brueghel, Savery, Hals, Honthorst, van Dyck, Rembrandt, Teniers, Wouwerman, Kalf, Steen, van Ruysdael, Rubens, Cranach, Roos, Juncker, Trautmann, Schütz, Seekatz, Hirt, Zick, Füger, Reni, Maratti, Murillo und Tiepolo.

Landschaft

Galt um 1800 die Historienmalerei offiziell noch als vornehmste Gattung innerhalb der deutschen Malerei, so verlor sie allmählich diese Vorrangstellung an die Landschaftsmalerei. Analog zur Malerei im gesamten Deutschland wurde auch in Mainz die Landschaftsmalerei die führende Bildgattung.

Beeinflußt durch die romantische Bewegung, begannen die Künstler, sich der Geschichte und Landschaft ihrer Heimat bewußt zu werden; Dichter und Maler widmeten sich ihr mit Begeisterung. Bedingt durch die günstige geographische Lage der Stadt, war Mainz für die Landschaftsmaler der ideale Ausgangspunkt zu Rhein, Main, Nahe, Lahn, Mosel, dem Rheingau und dem Taunus. Auch Ansichten der Stadt Mainz mit ihren historischen Baudenkmälern fanden Beachtung. Man skizzierte und aquarellierte vor Ort, was zahlreiche Skizzenbücher der Maler belegen; im Atelier wurden die „Entwürfe" dann oft weiter ausgeführt. Auch Koblenz war durch

Abb. 2
Benjamin Orth, Ansicht von Sonnenberg, um 1830, Bleistift, Landesmuseum Mainz, Inv. Nr. GS 1950/5039 f

seine Mainz ähnliche geographische Lage für die dort ansässigen Maler ein Zentrum der Landschaftsmalerei.[27] Insgesamt konnte somit der ganze Mittelrhein, d. h. die Landschaft von Oppenheim bis Koblenz, in zahlreichen Motiven festgehalten werden.

Johann Caspar Schneider war in seiner Vaterstadt der Hauptvertreter der Rheinlandschaften. Für die zeitgenössischen Mainzer Landschaftsmaler war er Wegbereiter und Vorbild. Die Rheinlandschaften Schneiders sind weitgehend in der Manier der Rheinansichten des niederländischen Malers Herman Saftleven (1609–1685) ausgeführt. Die in den vierziger Jahren des 17. Jahrhunderts entstandenen Rhein- und Moselansichten Saftlevens waren – wie auch die seines Nachahmers Jan Griffier d. Ä. (1652–1718) – durch Reproduktionsstiche bekannt. Durch die im 18. Jahrhundert in ganz Europa verbreitete Vorliebe für die holländische Malerei des 17. Jahrhunderts hatte man ein besonderes Interesse an diesen idealisierenden und phantastischen Flußlandschaften. Durch den in Frankfurt a. M. lebenden Maler Christian Georg Schütz d. Ä. (1718–1791), der sich als erster Landschaftsmaler an das Vorbild des Niederländers anlehnte, wurde eine „Saftleven-Renaissance" eingeleitet. In der nahe gelegenen Stadt Mainz führten die Maler im Kreis um Johann Caspar Schneider diesen Typus der Rheinlandschaft bis etwa zur Mitte des 19. Jahrhunderts. Doch diese Maler lösten sich von den Vorstellungen einer dem Barock verpflichteten „Ideallandschaft", einer noch im Sinne von Schütz komponierten „Weltlandschaft", und orientierten sich mehr an der „realen" Landschaft. Saftlevens Kompositionsschema, eine in die Tiefe führende Diagonale sowie die Staffelung und Überhöhung der Berge, behielten sie weitgehend bei, ebenso eine die Landschaft hoch überragende, seitliche Baumgruppe, die dem Betrachter als Fixpunkt dient. Auch im Kolorit schloß man sich den holländischen Vorbildern an. Man bevorzugte als Grundton vor allem die Mischfarben Grün und Braun, die einen warmen Ton erzeugen und dadurch die heitere Stimmung der rheinischen Mittelgebirge treffend widerspiegeln. Akzente setzten mitunter die Farben Rot und Blau bei der Kleidung der Staffagefiguren. Selbstverständlich fand dieses Kompositionsschema seine Anwendung auch bei den Landschaften der rheinischen Nebenflüsse.

Auf ihren Stadtansichten und Landschaftsdarstellungen schildern die Mainzer Maler der Schneider-Zeit den Menschen vorwiegend in seiner alltäglichen Situation – auch dies ein Sichanlehnen an niederländische Vorbilder. Es herrscht meist ein reges Treiben: Städter befinden sich, ihrem Tagewerk nachgehend, auf Straßen und Plätzen oder als Spaziergänger vor den Toren der Stadt; die Landbevölkerung, Bauern, Winzer, Schäfer, Hirten, Fischer und Schiffer verrichten ihre Arbeit in der Natur. Oft haben diese sogenannten Staffagefiguren auch die Funktion von romantischen Stimmungsträgern. Sie treten innerhalb der Mainzer Malerei etwa von 1780 bis in die Mitte des 19. Jahrhunderts in Erscheinung.

Als ein typisches romantisches Motiv findet man zuweilen Einsiedler oder Mönche inmitten der Natur in beschaulicher Einsamkeit. Sie wurden innerhalb der deutschen Romantik zu Symbolträgern der neuen Einsamkeit, in der Kunst und Künstler in nachbarocker Zeit stehen. Der Sehnsucht des Romantikers nach der Ferne entsprechen die Staffagefiguren des Wanderers. Zuweilen wird der Künstler, den es mit seinen Malutensilien in die Ferne zieht, selbst zur Staffagefigur. Ähnlich dem Motiv des Wanderers ist die Darstellung des Pilgers, dessen Symbolik sich von dem auf das Jenseits gerichteten Menschen ableitet. Das Motiv des Beters vor einem Bildstock in der Landschaft oder einer Waldkapelle, entstanden in der zweiten Hälfte des 18. Jahrhunderts und von der Romantik zu einem eigenen Thema erhoben, vermischt sich zuweilen mit dem Motiv des Reisenden, der vor einer Betsäule zum Gebet innehält.

Das in Dichtung und Malerei der Romantik gleichermaßen bedeutende und zentrale Motiv des Fensterbildes im Sinne des sich nach der Ferne sehnenden Menschen wurde nur von Johann Adam Ackermann ausgeführt, in Anlehnung an die Dresdner Romantik. Die übrigen Fensterbilder seiner Malerkollegen sind eher der Gattung Bildnis zuzuordnen, porträtierten sie doch einzelne Mainzer Persönlichkeiten vor einem Fenster mit Blick auf Mainzer Baulichkeiten.

Auch die Landschaft selbst in den verschiedenen Tages- und Jahreszeiten, besonders bei nächtlichem Mondschein, wurde zum Stimmungsträger. Die Mittelgebirge am Rhein und seinen Nebenflüssen sind nicht ohne das romantische Motiv der Burgruine denkbar, das sich seit der Mitte des 18. Jahrhunderts von England aus auch auf dem Kontinent verbreitete. Durch die begeisterte Rückwendung der deutschen Romantik zum Mittelalter wurde die Ruine als Darstellungsmotiv ein bedeutender Bestandteil der romantischen Landschaftsmalerei. Neben den Burgruinen können auch Kirchenruinen oder Friedhöfe als Symbolträger auf die Vergänglichkeit hinweisen.

In den realistisch geprägten Landschaften ohne romantische Stimmungsträger sind auch vereinzelt Wassermühlen wiedergegeben, von denen im 19. Jahrhundert noch zahlreiche am Rhein und seinen Nebenflüssen in Betrieb waren.

Auf Landschaftsbildern, die nicht die unmittelbare Umgebung von Mainz thematisieren, finden sich mitunter Felsenhöhlen, Grotten und Wasserfälle – Schönheiten und Besonderheiten der Natur, für die der Mensch im frühen 19. Jahrhundert eine besondere Vorliebe entwickelte.

Den durch die „Saftleven-Renaissance" hervorgerufenen Typus der Rheinlandschaften übernahmen zahlreiche von Johann Caspar Schneider beeinflußte Mainzer Maler. Dies gilt in besonderem Maße für Georg Schneider, der eng mit seinem Bruder zusammenarbeitete.[28] Er widmete sich fast ausschließlich dem Gebiet der Landschaftsmalerei; seine Werke sind von recht unterschiedlicher Qualität.

Franz Ludwig Graf von Kesselstatt, ein Freund und Schüler Johann Caspar Schneiders, widmete sich vor allem Mainzer Stadtansichten und Landschaftsdarstellungen verschiedener Gegenden, in denen er sich dem Stil Schneiders angleicht. Seine frühesten Gouachen zeigen Einflüsse der französischen Landschaftsmalerei des späten 18. Jahrhunderts.[29]

Bei den Rheinansichten von Johann Caspar Anton Dillenius, der ansonsten vor allem Blumen- und Früchtedarstellungen malte, ist eine enge Anlehnung an die beiden Brüder Schneider deutlich. Überhaupt scheinen viele seiner Werke Kopien zu sein.

Johann Adam Ackermann war zu Beginn seiner künstlerischen Tätigkeit durch die Landschaften von Johann Caspar Schneider inspiriert. Nach einer klassizistischen Stilphase malte er – übrigens als einziger Mainzer Maler – im Stil der Dresdner Romantiker.

Bei einigen Landschaftsbildern Johann Jakob Hochs lassen sich prägnante Stilmerkmale der niederländischen Malerei nachweisen. Diesen Stil dürfte der Maler durch seinen Vater Johann Gustav Heinrich Hoch erlernt haben.[30] Andere Landschaften Hochs, zumal die Rheinansichten, sind durch Johann Caspar Schneider beeinflußt.

Zum Teil realistischer als die Landschaften des älteren Schneider, aber erkennbar von seinem Landschaftsstil geprägt, sind die Werke seines Schülers Karl August von Klein.

Der Landschaftsmaler Louis Catoir bevorzugte Mainzer Stadtansichten, Rhein- und Nahelandschaften, Darstellungen mit Wasserfällen, Mühlen- und Mondscheinstimmungen. Seine wenigen erhaltenen Ansichten weisen keine zwingende Prägung durch Johann Caspar Schneider auf; sie sind von realistischer Kunstauffassung in Anlehnung an niederländische Meister des 17. Jahrhunderts. Die Berichte des Mainzer Kunstvereins vergleichen zudem seine „erfundenen" Landschaften mit Ideallandschaften von Claude Lorrain.

Auch die wenigen erhaltenen Landschaften von Anton Knapp sind von Claude Lorrain beeinflußt. Die Vereinsberichte verzeichnen von ihm Landschaftsmotive mit Gebirgen, Felsenschluchten, Wasserfällen, Quellen, Gewitterstimmungen und Mondscheinatmosphäre.

Realistisch, ohne romantische Stimmungsträger wiedergegeben, sind die Stadtansichten und Architekturstudien Benjamin Orths. Es

Abb 3
Heinrich Kempf, Ansicht des Mainzer Fischturms, um 1840, Öl/Lwd., Landesmuseum Mainz, Inv. Nr. 297

sind in klaren Linien präzise ausgeführte Bleistiftzeichnungen, die sich in den Skizzenbüchern des Malers befinden; eines davon weist eine Datierung in das Jahr 1835 auf. Die Zeichnungen zeigen u. a. Stadtansichten von Mainz, Würzburg, Augsburg, Kiedrich, Eltville und Sonnenberg (Abb. 2) sowie detailgetreue Architekturstudien von Gebäuden in Frankfurt a. M. und von den rheinischen Domen Mainz, Worms und Speyer. Oft verzichtete Orth auf eine genaue Wiedergabe des Vordergrundes, indem er ihn nur andeutete und dadurch das Wesentliche des Objektes hervorhob. Diese in der Romantik übliche Vorgehensweise war auch dem burgbegeisterten Ludwig Lindenschmit d. Ä. zu eigen. Viele seiner zahlreich vorhandenen Aquarelle mit Schlösser- und Burgendarstellungen sind in dieser Weise ausgeführt. Das Motiv der Burg und Burgruine war für Ludwig Lindenschmit d. Ä., der 1841 den Mainzer Altertumsverein mitbegründete, über einen Zeitraum von mehreren Jahrzehnten von besonderem Interesse. Nachweislich entstanden seine Burgen- und Schlösserdarstellungen von Rheingau und Pfalz bis in die 50er Jahre.[31]

Als Maler des Mainzer Biedermeier gibt sich Heinrich Kempf in seinen beiden „Ansichten des Mainzer Fischturms"[32] (Abb. 3) zu erkennen. Diese in den frühen 40er Jahren entstandenen Veduten entstammen dem Ende der Schneider-Ära. Die Staffagefiguren sind hier keine Stimmungsträger im Sinne der Romantik; vielmehr fügt sich die Darstellung der Personen, die sich alle wie zufällig am Ort des Geschehens aufhalten, aus Porträts von Mainzer stadtbekannten Originalen zusammen. Allerdings ist Kempf nicht der „Erfinder" dieses speziellen Bildmotivs der Darstellung von Mainzer Persönlichkeiten in Zusammenhang mit einer Stadtvedute. Dieses Thema führte nachweislich zuerst Heinrich Schalck 1829 in seiner „Ansicht des Marktplatzes mit Dom und bekannten Persönlichkeiten" aus.[33] Im Januar des folgenden Jahres 1830 übertrug Georg Kneipp diese Idee auf sein Winterbild „Ansicht der Stadt Mainz vom Kasteler Ufer"[34], auf dem wie bei dem Schalckschen Gemälde zahlreiche Stadtpersönlichkeiten im Vordergrund posieren. Das fröhliche Treiben auf dem zugefrorenen Rhein wiederum erinnert an ein undatiertes Gemälde des schon 1829 verstorbenen Johann Jakob Hoch „Eisvergnügen auf dem Rhein mit der Stadt Mainz im Hintergrund"[35] (Abb. 4). Zahlreiche Menschen (allerdings ohne Porträtierungsabsichten des Malers) tummeln sich hier in einer unüberschaubaren Menge vor der Mainzer Stadtsilhouette auf dem zugefrorenen Rhein, ganz in Anlehnung an niederländische Winterszenen des 17. Jahrhunderts. Letztgenannte Werke sind interessante Beispiele für die gegenseitige Beeinflussung der Mainzer Maler während der Schaffensperiode der Gebrüder Schneider. Außer dem Gemälde von Hoch sind diese Werke nicht eindeutig einer der beiden Gattungen „Stadtvedute" bzw. „Gruppenbildnis" zuzuordnen, sie stellen eher eine Synthese beider dar.

Bildnis

Die Gattungen Porträtmalerei und Landschaftsmalerei waren im frühen 19. Jahrhundert in Mainz fast gleichbedeutend, denn es widmeten sich ihnen jeweils annähernd gleich viele Künstler. In seiner Vaterstadt galt Johann Caspar Schneider wiederum als Hauptvertreter dieser Bildgattung. Seine Bildnisse waren ebenso begehrt wie seine Landschaften – und dies sicherlich nicht nur wegen seiner nach Aussagen von Zeitgenossen bescheidenen Honorarforderungen.[36] Nach dem Tode Schneiders konnte der etwa 40 Jahre jüngere Benjamin Orth den ersten Rang unter den Mainzer Porträtmalern beanspruchen. Wichtige Porträtmaler der Schneider-Zeit waren außerdem: Philipp Kieffer, Heinrich Schalck, Georg Kneipp, Heinrich Kempf und Rosa Achenbach.[37]

Schneider konnte die Porträtmalerei der ansässigen Künstler nicht in dem gleichen Ausmaß wie die Landschaftsmalerei beeinflussen. Denn seine Schüler, die aus privilegierten Schichten stammten, waren überwiegend eher „Kunstdilettanten" denn Berufsmaler. Sie übten sich vorwiegend in der Landschaftsmalerei, dabei die Figurenmalerei vernachlässigend. Selbst von Johann Caspars Bruder Georg sind nur einige wenige Porträts bekannt.[38]

Obgleich Johann Caspar Schneider noch Ende des 18. Jahrhunderts seine ersten Bildnisse – z. B. „Apollonia Pfaff" (1783)[39] (Kat. Nr. 8) und „Frau von Coudenhoven" (1784)[40] (Kat. Nr. 12) – in der Barock- und Rokoko-Tradition schuf, setzte eine umfangreiche Bildnismalerei der übrigen Mainzer Maler erst um 1815 ein, zu der Zeit also, die üblicherweise als Beginn des Biedermeier gilt.[41] Dies deckt sich zudem mit der damaligen allgemeinen Tendenz in Deutschland, sich wieder porträtieren zu lassen. Nachdem die

Abb. 4
Johann Jakob Hoch, Eisvergnügen auf dem Rhein, 1792, Öl/Lwd., Landesmuseum Mainz, Inv. Nr. 291

Abb. 5
Heinrich Schalck, Porträt des Bürgermeisters Franz Konrad Macké, Aquarell, Landesmuseum Mainz, Inv. Nr. GS 1921/1

napoleonischen Kriege und die damit verbundenen Notzeiten überwunden waren, stieg ab 1815 bei dem Bürger der Wunsch nach einem Porträt, auf Grund des gestiegenen Selbstbewußtseins und des größeren Wohlstands der bürgerlichen Schichten.[42]

Das Porträtieren diente den Künstlern vorrangig zur Finanzierung des Lebensunterhaltes, waren die Porträts doch – abgesehen von den Selbstbildnissen der Maler[43] – durchweg Auftragsarbeiten. Die Auftraggeber waren außer einigen Adligen[44], die 1792 in der Stadt verblieben waren, Angehörige des Bürgerstandes, die in der ehemaligen kurfürstlichen Residenzstadt Mainz die führende Rolle übernehmen mußten. Wie in anderen Städten richteten sich auch hier die Maler nach den Wünschen und Vorstellungen ihrer Auftraggeber, die zum Teil noch konventionelle Bildnistypen mit formelhaften Versatzstücken wie Säule, Vorhang und Prunkmöbel verlangten. Die von den Malern geschaffenen Bildnisse sind Zeugnisse des Menschen des Biedermeier, den man mit seinen charakteristischen Zügen und Eigenschaften wiederzugeben versuchte. Obgleich sich die Mainzer Künstler auch gegenseitig porträtierten[45], entstanden hier keine eigentlichen Freundschaftsbilder im Sinne der Romantik wie z. B. bei Philipp Otto Runge, Carl Philipp Fohr, Franz Pforr und Friedrich Overbeck.

Vor allem wohlhabende Mainzer Bürger und diejenigen, die ein öffentliches Amt innehatten, ließen sich oder ihre Familienangehörigen porträtieren.[46] Sie wünschten primär Einzelporträts – bei Eheleuten auch Pendants –, weniger Doppel- oder Familienporträts. Etliche, nur durch die Literatur überlieferte Porträts dürften sich auch heute noch in Familienbesitz befinden, haben sie doch auch für die Nachfahren der ehemaligen Auftraggeber noch immer einen hohen Erinnerungswert.

Zur Ausführung gelangten die Einzelporträts in verschiedenen im frühen 19. Jahrhundert bevorzugten Bildnisformen und -typen. Da die Persönlichkeit des Porträtierten mit seinen individuellen Gesichtszügen und nicht mehr die imposante Pose von Interesse war, wurde das Brustbild bevorzugt. Das Brustbild in Oval diente häufig zur Ausschmückung privater Räume. Einige Künstler beherrschten auch die Miniaturmalerei. Aber auch das repräsentative Kniestück und das Porträt in Lebensgröße wurden nicht ganz aufgegeben. Für die Bildnisse einiger Mainzer Stadtpersönlichkeiten bot sich das schon erwähnte Motiv mit Fensterausblick an, das auf das Mittelalter zurückgeht: Eine Person wird neben einem Fenster wiedergegeben, das die Aussicht auf eine Stadtansicht freigibt. Der Blick des Betrachters wird auf Baulichkeiten gelenkt, die in engem Zusammenhang mit der Tätigkeit des Porträtierten stehen. Die Mainzer Maler Philipp Kieffer, Heinrich Franz Schalck und Heinrich Kempf wandten dieses Motiv an. Kieffer malte den Pfarrer von St. Quintin, Joseph Amor Klemm, neben einem Fenster mit Blick auf seine Pfarrkirche.[47] Der Blick auf den Mainzer Dom als dem Wahrzeichen der Stadt erscheint im Fensterausschnitt auf dem von Schalck aquarellierten Porträt des Bürgermeisters Franz Konrad Macké[48] (Abb. 5) und ebenso auf dem Bildnis des Regierungspräsidenten Ludwig Christian Christoph Freiherr von Lichtenberg (porträtiert von Kempf).[49]

Ähnlich zu interpretieren, wenn auch als Gruppenbildnisse konzipiert, sind die schon erwähnte Winter-„Ansicht der Stadt Mainz vom Kasteler Ufer" von Georg Kneipp sowie die „Ansicht des Marktplatzes mit Dom und bekannten Persönlichkeiten" von Heinrich Schalck. Es zeugt vom Selbstbewußtsein der Maler, daß beide sich auf diesen Werken in Form ihrer Selbstporträts als gleichrangige Bürger in die Reihe der Mainzer Stadtpersönlichkeiten einordneten, wenn auch etwas bescheiden am Bildrand.[50]

Ein Anliegen der Bildnismaler der Biedermeierzeit war es, das Individuelle eines Gelehrten oder Künstlers im Porträt widerzuspiegeln. In Mainz malte hauptsächlich die Künstlerin Rosa Achenbach Bildnisse von Angehörigen dieser Berufsstände. Von ihren entweder in Miniatur oder Großformat ausgeführten Werken, die nachweislich von 1833 bis 1850 entstanden, sind bislang nur einige aufgefunden; die meisten sind nur literarisch überliefert.[51] Sie porträtierte, um nur einige der damaligen Mainzer Persönlichkeiten zu nennen, Kunstvereinspräsident Professor Dr. Georg Christian Braun[52], Hofrat Wilhelm Jung, Nikolaus Müller, die Mainzer Sängerin Sabina Heinefetter und die Mainzer Dichterin Kathinka Halein. Oft hob Achenbach den Stand ihres Modells durch berufsspezifische Attribute hervor, so z. B. Bücher auf dem Porträt von Prof. Braun, einem Gelehrten[53], oder die Büste der griechischen Dichterin Sappho auf dem nur durch die Literatur überlieferten Bildnis der Dichterin Halein[54]. Die biedermeierliche Freude der Künstlerin am

Abb. 6
Benjamin Orth, Selbstbildnis, um 1850, Öl/Pappe, Landesmuseum Mainz, Inv. Nr. 316

vorzugsweise im Kniestück oder Brustbild wiedergegeben. Der Zeit entsprechend wählte der Maler als Hintergrund entweder eine neutrale Fläche oder eine Parklandschaft im Stil der englischen Bildnismalerei des 18. Jahrhunderts. Orths Selbstbildnis[37] (Abb. 6), ein um 1850 entstandenes Brustbild, zeigt den jungen Maler in Schrägansicht vor einer Staffelei mit Pinsel und Palette. Der Künstler, in seiner Tätigkeit innehaltend, blickt nachdenklich aus dem Bild heraus. Benjamin Orth verstand es bei diesem wie bei den übrigen Bildnissen, die charakteristischen Züge des Porträtierten im Geiste des biedermeierlichen Realismus hervorzuheben. Der realistische Stil und die Feinheit in der Ausführung seiner Werke verdeutlichen die Vorrangstellung Orths unter den übrigen Mainzer Bildnismalern seiner Zeit. Ausgehend von den frühen Porträts Johann Caspar Schneiders, die noch dem Stil des Rokoko verpflichtet waren, erreichte die Bildnismalerei in Mainz durch Benjamin Orths spätere Werke (z. B. je ein Damen- und Herrenbildnis aus der Familie Aleiter-Sieglitz von 1865)[38] einen nach Repräsentation strebenden Porträtstil, der durchaus an die Kunst des badischen Porträtmalers Franz Xaver Winterhalter (1805–1873) erinnert.[39]

Gegenständlichen, an Kleidung und Mobiliar wird auf den wenigen von ihr erhaltenen Werken offenkundig. Weitere Charakteristika ihrer Porträtkunst sind die häufige Wiedergabe von antiken Büsten sowie die erzählerische Komponente, durch die das Bildnis häufig genrehafte Züge annimmt.

Die Familie, im Biedermeier als Idylle und Hort privater Zurückgezogenheit im Familienbildnis manifestiert, wurde in Mainz selten dargestellt. Ebenso selten war das Kinderbildnis, das sich im 19. Jahrhundert grundlegend änderte, indem man dem Kind durch Spiel oder Lernen eine von der Erwachsenenwelt losgelöste, eigene Lebenssphäre zuerkannte. Die wenigen existierenden Familien- und Kinderporträts stammen von der Hand Johann Caspar Schneiders. Literarisch überlieferte Familienbildnisse von Philipp Kieffer (eine Familie Klein mit vier Kindern und eine Familie Diehl mit drei Kindern[55]) sowie einige Kinderbildnisse, von Rosa Achenbach gemalt, sind bis dato nicht aufgefunden[56].

Die Reihe der Porträtmaler der Biedermeierzeit klingt aus mit Benjamin Orth, der die Brüder Schneider um viele Jahre überlebte. Von ihm existieren z. B. zahlreiche Porträts von Mitgliedern der Familien Krätzer, Lauteren, Usinger und Schott. Die gut situierten Bürger und Bürgerinnen sind in vornehmer Kleidung und Haltung

Abb. 7
Friederike Braun, Blumenstück mit Madonnenstatue, 1852/53, Öl/Lwd., Landesmuseum Mainz, Inv. Nr. 479

Stilleben

"Nicht nur Landschaften und Portraite sah ich von ihm meisterhaft ausgeführt ..., sondern auch Blumen- und Fruchtstücke mit einer Wahrheit und Delikatesse, die man nur in den vorzüglichsten Niederländern bewundert."[60] Verzeichnet die Dissertation von Elsa Neugarten als Besonderheit zwar nur ein einziges Stilleben von Johann Caspar Schneider, einen „toten Specht" aus dem Jahre 1779[61], so belegt dieses Zitat, daß der Maler noch weitere Stilleben malte. Doch als eigentliche zur Goethezeit in Mainz tätige Vertreter dieses Genres gelten die von Zeitzeugen als „die neue Merian und Reusch" bezeichnete Künstlerin Adelheid Braun sowie der Arzt und Kunstfreund Dillenius. Das Stilleben, das im frühen 19. Jahrhundert eine sehr untergeordnete Rolle spielte, galt primär als Betätigungsfeld für Anfänger und Dilettanten, was durch die beiden vorgenannten Maler bestätigt ist. Die Blumen-, Früchte- und Insektenmalerei wurde zudem als Domäne der Malerinnen erachtet, eine Tradition, die zurückgeht auf Maria Sibylla Merian (1647–1717).[62]

Von Friederike Braun, die zeitweise in Frankfurt a. M. lebte, sind nur wenige Werke bekannt. Einige als Aquarell ausgeführte Blumenstudien zeigen eine deutliche Beeinflussung durch entsprechende Studien des Frankfurter Malers Georg Flegel, dessen Werke im 18. und frühen 19. Jahrhundert hoch geschätzt waren und der als erster Stillebenmaler in Deutschland gilt. Von etwa einem Dutzend ehemals im Mainzer Kunstverein ausgestellter Blumen- und Früchtestücke der Malerin befindet sich als einziges das Ölgemälde „Blumenstück mit Madonnenstatue" von 1832/33[63] (Abb. 7) im Landesmuseum Mainz. Dieses Werk, ein religiöses Blumenstück, zeigt eine thronende Madonna mit Kind in einer neugotischen Nische mit einem Blumenstück im Vordergrund. Die Malerin folgt mit diesem Bildtypus der Tradition der flämischen Maler des 17. Jahrhunderts in Anlehnung an ähnliche Werke von Daniel Seghers (1590–1661), Cornelius Schut (1597–1655) und Jean Philipp van Thielen (1618–1667). Denn diese besondere Form des Blumenstillebens wurde von dem Antwerpener Künstler Seghers entwickelt, der mariologische Themen und eucharistische Motive bevorzugte.

Der Autodidakt Dillenius übte sich vorrangig in der Blumen- und Stillebenmalerei. In seinen wenigen in Öl ausgeführten Werken lehnte er sich im Geschmack der Zeit an niederländische Vorbilder wie z. B. Jan van Huysum (1682–1749) an. Er verzichtet hier nicht auf symbolische Attribute; bei einem „Stilleben mit Blumen und Brief" von 1822[64] finden sich sowohl das Vanitas-Symbol, ausgedrückt durch eine zerbrochene Vase, als auch das Symbol der Auferstehung, versinnbildlicht durch einen davonfliegenden Schmetterling. Die aquarellierten Pflanzen-, Blumen- und Früchtestudien des Arztes und Malers, von denen sich 160 im Besitz der Graphischen Sammlung des Landesmuseums Mainz befinden, sind mit großem Fleiß und fast schon wissenschaftlicher Akribie ausgeführt. Ähnliche Studien wurden von Franz Theobald Horny (1798–1824) wie auch Porzellanmalern, z. B. den Wienern Josef Nigg (1782–1863) und Sebastian Wegmayr (1776–1857), entworfen.

Die Stillebenmalerei konzentrierte sich in der ersten Hälfte des 19. Jahrhunderts fast ausschließlich auf Blumen- und Früchtedarstellungen. Daneben existierte noch das Jagdstück, das sich seit den 30er Jahren auch auf Jagdstilleben mit lebenden jagdbaren Tieren

Abb. 8
Georg Kneipp, Jagdstilleben mit Wildkatze, 1834, Öl/Lwd., Landesmuseum Mainz, Inv. Nr. 1059

ausdehnte. Das Jagdstilleben, das vormals Symbolfunktion für die feudale Herrschaft hatte, wurde infolge der Restauration zum Statussymbol für den Jagdsport, eine Sportart, deren Privileg jetzt auf die bürgerliche Oberschicht übertragen wurde.[65] Dieses spezielle Stillebenmotiv wurde in Mainz von Georg Kneipp eingeführt, der den Kunstvereinsberichten zufolge zwischen 1835 und 1843 mehrere Jagdstücke im Verein präsentierte. Das Motiv auf dem Gemälde „Jagdstilleben mit Wildkatze" von 1834 (Abb. 8) kann ohne entsprechende niederländische Vorbilder wie Jan Weenix (1640–1719) nicht entstanden sein. Die hier angewandte Gliederung des Bildes in einen Vordergrund mit kopfüber herabhängender Jagdbeute und Wildkatze sowie einen Hintergrund mit Baumlandschaft ist ein typisches Gestaltungsprinzip dieses niederländischen Künstlers.[66]

Figurenmalerei

Die Figurenmalerei, die im späten 18. Jahrhundert in eine Krise geraten war, konnte trotz der Versuche der Weimarer Kunstfreunde Goethe und Heinrich Meyer, die durch ihre jährlichen

Abb. 9
Johann Jakob Hoch,
Mainzer Clubistensitzung
im Kurfürstlichen Schloß
im November 1792,
Pinsel und Feder in Graubraun,
Landesmuseum Mainz,
Inv. Nr. GS 1938/2

Preisaufgaben zwischen 1799 und 1805 praktischen Kunstunterricht erteilen wollten, nicht zur früheren Bedeutung zurückfinden. Die Historienmalerei, zwar offiziell innerhalb der deutschen Malerei um 1800 noch als die „vornehmste Aufgabe der Maler" klassifiziert, verlor de facto immer mehr an Bedeutung zugunsten der Landschafts- und Genremalerei.

Charakteristisch für die Mainzer Malerei der Goethezeit ist die Bevorzugung der Gattungen Landschaft, Bildnis und Stilleben. Themen aus der Figurenmalerei, d. h. Darstellungen aus Historie (einschließlich Religion und Mythologie), Genre sowie aus den Gebieten der Karikatur oder der Tiermalerei wurden in Mainz zwar nicht gänzlich ausgespart, gelangten aber in weit geringerer Anzahl zur Ausführung als die der drei bevorzugten Gattungen.

Dies gilt auch für das Gesamtwerk der Brüder Schneider. Außer Landschaften, Porträts und Stilleben beinhaltet das Œuvre von Johann Caspar nur einzelne WERKE RELIGIÖSEN INHALTS. Einige dieser konventionellen Altarbilder, die der Künstler noch in Anlehnung an die barocke Tradition ausführte, sind als Auftragsarbeiten für Mainzer Kirchen entstanden, wie z. B. „Christus am Kreuz" (St. Emmeran 1807)[67] (Vergleichsabb. 2 zu Kat. Nr. 38).

Spätestens nach dem Reichsdeputationshauptschluß von 1802/03 fehlte es in Mainz weitgehend an kirchlichen Auftraggebern.[68] Dies konnte nicht ohne Auswirkungen auf die Künstler in Mainz bleiben und begründet ihre seltenere Beschäftigung mit religiösen Bildinhalten.

Die als Zeichnungen ausgeführten religiösen Darstellungen von Johann Jakob Hoch – überwiegend in der Graphischen Sammlung des Mainzer Landesmuseums befindlich – stellen Szenen aus dem Leben Christi und Mariens dar. Es könnten Entwürfe zu oder Studien nach Altarbildern sein. Sowohl thematisch als auch stilistisch sind sie noch dem 18. Jahrhundert verpflichtet und sicherlich vor 1800 zu datieren.[69]

Die Berichte des Mainzer Kunstvereins verzeichnen von den ortsansässigen Malern nur vereinzelte, in den 20er Jahren des 19. Jahrhunderts entstandene Gemälde religiösen Inhalts, die als verschollen gelten müssen.[70]

Inzwischen war mit dem Einsetzen der Romantik die Religiosität in Deutschland neu erwacht, und es begann eine Rückwendung zur christlichen Kunst. In Mainz jedoch blieb es vorerst fast ausschließlich beim Kopieren nach alten Meistern. Eine Beeinflussung durch Johann Caspar Schneider ist nicht festzustellen. Erst in der zweiten Hälfte des 19. Jahrhunderts setzte durch die Tätigkeit des Nazareners Philipp Veit und Maler seines Umfeldes wieder verstärkt eine Hinwendung zur religiösen Malerei ein.[71]

Insgesamt beschäftigten sich nur wenige Mainzer Maler mit HISTORIENMALEREI. Es sind dies vor allem Georg Friedrich Hoch, Nikolaus Müller und Ludwig Lindenschmit d. Ä., allesamt Maler, die an auswärtigen Kunstakademien studiert hatten, wenn auch nur für kurze Zeit.

Georg Friedrich Hoch, der älteste unter ihnen, studierte in Wien, Rom und Dresden. Er widmete sich fast ausschließlich der Schlachtenmalerei und führte deshalb die Berufsbezeichnung „Bataillenmaler". Seine dem barocken Schema entsprechenden Werke, die überwiegend in den 80er Jahren des 18. Jahrhunderts entstanden sind, orientieren sich häufig an Werken des niederländischen Schlachtenmalers Philip Wouwerman, dessen Stil für die Schlachtenmalerei seiner Zeit richtungsweisend war.

Bei den Historienbildern von Nikolaus Müller, der 1793 in Paris für kurze Zeit Schüler von Jacques Louis David (1748–1825)[72] war, ist die kunsthistorische Forschung auf schriftliche Überlieferungen

Abb. 10
Caspar Anton Dillenius, Blatt 7 aus „Das Vater Unser eines Unterwaldners", 1813, Pinsel in Braun, Landesmuseum Mainz, Inv. Nr. GS 0/4328

Schloß im November 1792"[74] (Abb. 9) und in seiner Gouache von 1813/14 „Typhus-Opfer in Mainz".[75]

Von den Brüdern Schneider malte nur Georg sogenannte „Ereignisbilder". Er dokumentierte in zwei Nachtstücken die Beschiessungen von Mainz und Kostheim im Jahre 1793[76] (Kat. Nrn. 51, 52).

Die Mainzer Malerei der Goethezeit weist relativ wenige Werke der ansonsten in Deutschland sehr favorisierten GENREMALEREI auf. Das Genrebild ist nicht immer eindeutig zu definieren; die Übergänge zu anderen Bildgattungen sind oft fließend.

Georg Friedrich Hochs Werk umfaßt nicht nur Schlachtenbilder, sondern auch Motive aus dem Bereich des Soldatengenres, wie z. B. „Marschkolonne mit Kapelle" (1784)[77] oder „Feierabend im Manöver" (1785).[78]

Die Bildnismalerin Rosa Achenbach versah ihre Werke vorzugsweise mit genrehaften Komponenten. Exemplarisch ist ihr oben erwähntes Gemälde „Porträtsitzung im Atelier".[79] Das Doppelbildnis zeigt die Künstlerin selbst, wie sie Nikolaus Müller malt, und tendiert durch seinen erzählerischen Charakter zu einem Genrebild.

Ein Genrestück besonderer Art diente dem Malerdilettanten Johann Caspar Anton Dillenius als Vorlage. Er kopierte sieben Illustrationen zum „Vater Unser", einer im frühen 19. Jahrhundert recht populären Bilderfolge. Die in Sepia ausgeführten Originalzeichnungen des Züricher Künstlers Johann Martin Usteri (1763–1827) waren 1801 in Zürich ausgestellt und wegen ihrer großen

angewiesen, da seine dort erwähnten Werke verschollen sind. Seine Gemälde stellten u. a. Episoden aus dem Leben Johannes Gutenbergs und Heinrich Frauenlobs dar. Über Müllers Gemälde „Blücher und Wellington nach der Schlacht von Belle-Alliance" von 1815 äußerten sich zeitgenössische Kritiker mit Anerkennung.

Das umfangreiche Œuvre von Ludwig Lindenschmit d. Ä., der zeitweise mit seinem Bruder Wilhelm d. Ä. an der Münchner Akademie als Schüler von Peter von Cornelius (1783–1867) studierte, ist teilweise noch unerforscht. Auf Grund der engen Zusammenarbeit der Brüder Lindenschmit (vergleichbar jener der Brüder Schneider) und ihrer gemeinsamen Stilprägung durch Cornelius stehen sich ihre Werke stilistisch oft sehr nahe. Dies erschwert bei ihren unsignierten Werken häufig die Zuordnung zu dem Einen oder dem Anderen. Ludwig Lindenschmit d. Ä., der auch als Altertumsforscher tätig war, weist sich durch sein verstärktes Interesse am Mittelalter als „Romantiker" aus. Davon zeugen seine zahlreichen Illustrationen des Ritterlebens. Für das Mainzer Gutenberg-Denkmal des dänischen Bildhauers Bertel Thorvaldsen (um 1768/70–1844) hat er Entwurfsskizzen gefertigt.[75]

Dem Mainzer Zeitgeschehen widmete sich Johann Jakob Hoch in seiner Zeichnung „Mainzer Clubistensitzung im Kurfürstlichen

Abb. 11
Ludwig Lindenschmit d. Ä., Reitender Araber, Aquarell, Landesmuseum Mainz, Inv. Nr. GS 0/935

Resonanz beim kunstinteressierten Publikum um 1805 durch Aquatintaradierungen von Marquard Wocher (1760–1830) verbreitet worden. Bilderläuterungen des Künstlers interpretieren die einzelnen Szenen, die sich auf die verschiedenen Gebetsteile des Vater Unsers beziehen. Geschildert wird das erschütternde Schicksal eines alten Schweizer Bauern und seines Enkels, die während der Revolution ihr gesamtes Hab und Gut verlieren (Abb. 10). Herrscht in der ersten Szene noch eine friedliche Stimmung vor, so wird diese mit fortschreitenden Kriegsereignissen zunehmend düsterer. Die Idealisierung des Bauerntums zu Beginn dieser szenischen Erzählung wird in den darauf folgenden Szenen von einer kritischen Haltung gegenüber der Revolution abgelöst. Die positiven Aspekte des Bauernstandes hervorzuheben, jedoch keinesfalls seine Schattenseiten zu tangieren, war übliches Vorgehen innerhalb der deutschen Genremalerei im frühen 19. Jahrhundert. Begebenheiten aus der Revolution wurden selten thematisiert. Insofern nimmt dieses Werk innerhalb der Genremalerei der Goethezeit eine Sonderstellung ein. Dies mag Dillenius zum Kopieren dieser Bilderfolge veranlaßt haben. Seine mit dem Pinsel in brauner Farbe ausgeführten Zeichnungen aus dem Jahre 1813 sind zu einem Buch gebunden.[80]

Was die KARIKATUREN der Goethezeit in Mainz anbelangt, so sind hier die Werke des vielseitig talentierten Ludwig Lindenschmit d. Ä. zu nennen. Er karikierte mit Vorliebe wissenschaftliche Gegner und Mitstreiter wie auch politische Kontrahenten. Von letzteren war Nikolaus Müller als ehemaliger Klubist geradezu prädestiniert, wiederholt als Hauptfigur auf Lindenschmits Karikaturen zu erscheinen.[81]

Auch in der TIERMALEREI verdient Ludwig Lindenschmit d. Ä. Beachtung. Das Tierbild, d. h. das Tier als Individuum gesehen, losgelöst von der Staffagerolle, war innerhalb der zeitgenössischen Mainzer Malerei von geringer Bedeutung; es existieren nur sehr wenige Tierstudien. Das Tierbild galt primär als Staffage innerhalb der Landschafts- oder Schlachtenmalerei. Als Historienmaler beherrschte Lindenschmit auch exzellent die Darstellung von Pferden[82] (Abb. 11).

Johann Caspar Schneider starb am 24.02.1839 in Mainz; sein Bruder Georg am 24.04.1843 in Aschaffenburg. Von den zu Beginn aufgelisteten Mainzer Malern überlebten dreizehn die Brüder Schneider; davon waren 1843, im Todesjahr Georgs, neun vorerst in Mainz verblieben, sieben verstarben auch hier. Von der künstlerischen Tätigkeit dieser Maler über die 50er Jahre hinaus ist wenig bekannt. Ausnahmen sind Benjamin Orth, der auch in der Folgezeit der Porträtist des Mainzer Großbürgertums blieb, und Ludwig Lindenschmit d. Ä., der allerdings seine vielfältigen künstlerischen Ambitionen zugunsten der wissenschaftlichen immer mehr zurücknahm.

Das Lebensende Johann Caspar Schneiders (1839) und seines Bruders Georg (1843) fiel in die ausklingende Goethezeit, eine bedeutende Epoche des Umbruchs, in der sich der Wechsel vom höfisch bestimmten 18. zum bürgerlichen 19. Jahrhundert vollzog. Der Künstler arbeitete von nun an nicht mehr für kirchliche oder adlige Auftraggeber, sondern für das Bürgertum und den Kunstmarkt.

Die Mainzer Bürger hatten schicksalhafte Jahre vom Ende der kurfürstlichen Zeit bis zur Anbindung der Stadt an das Großherzogtum Darmstadt erlebt. Dazwischen lagen Jahre, die durch die Eroberung der Stadt und ihre Besetzung durch die Franzosen geprägt waren. Am Ende dieser Epoche war Mainz nicht, wie Hegel vorgeschlagen haben soll, ein „Centralort des Reiches für auswärtige Angelegenheiten", sondern ab 1816 eine Provinzstadt geworden; das Heilige Römische Reich selbst gab es ab 1806 nicht mehr.

ANMERKUNGEN

1 Über die beiden Maler siehe die Beiträge von S. Mertens, S. Paas und N. Suhr in diesem Katalog.
2 Die betreffende kurfürstliche Verordnung war im Dezember 1757 aufgesetzt und am 20.02.1758 von Joh. Franz Freiherrn von Hoheneck, Dechant und Kapitular des Erzdomstifts Mainz, unterzeichnet worden.
3 Die neue gedruckte Verordnung wurde von dem Regierungssekretär J. M. Hauck ausgefertigt und von dem Kurfürsten Friedrich Karl von Erthal unterzeichnet.
4 Kauf(f)mann, der außer Hofmaler auch Kammerdiener des Mainzer Kurfürsten war, soll der Halbbruder von Angelika Kauffmann (1741–1807) gewesen sein und aus der ersten Ehe des Vaters Johann Joseph Kauffmann (1707–1782) stammen. In der Familie Angelikas, in der er ab 1750 lebte, wurde er „Vetter Joseph" genannt. Wie die Künstlerin selbst, wurde er vom Vater im Malen unterrichtet. (Siehe: W. Maierhofer, Angelika Kauffmann, Hamburg 1997, S. 12 u. S. 150.)
5 H. Leitermann, Joseph Appiani. Kurfürstlich Mainzischer Hofmaler und Akademiedirektor, in: Mz. Zs. 30, 1935, S. 3 f. – H. Leitermann, Eine Mainzer Kunstakademie im 18. Jahrhundert, in: Mainzer Anzeiger 1952, Nr. 134 u. 135, 11. u. 13. Juni.
6 (Karl) Klein, Geschichte des Vereins für Kunst und Literatur zu Mainz, Mainz 1870, S. 10.
7 H. Leitermann, Die Mainzer Kunstschulen vom 18. Jahrhundert bis zur Gegenwart, in: Mainzer Kalender. 1947, S. 46–52.
8 Zu den Malern und deren Werkkatalogen siehe: Landschulz 1977.
9 Ihr Halbbruder Johann Peter (geb. 1741) war in Koblenz als kurtrierischer Hofmaler tätig.
10 Eine Generation später folgten ihren Vätern als Maler die jeweiligen Söhne von Georg Friedrich Hoch, Johann Ludwig Ernst Schulz, Heinrich Franz Schalck, Louis Catoir, Nikolaus Müller und Ludwig Lindenschmit d. Ä.
11 Frauen wurden allerdings erst nach 1847 als Mitglieder aufgenommen. Doch beide Mainzer Malerinnen, Rosa Achenbach und Adelheid Friederike Braun, hatten durch verwandtschaftliche Beziehungen Zugang zum Kunstverein. Waren doch Achenbachs Schwiegervater Nikolaus Müller und Brauns Gatte Dr. Georg Christian Braun Mitglieder und sogar Mitbegründer des Mainzer Kunstvereins.
12 P. A. Merbach, Festschrift zum 100jährigen Bestehen des Mainzer Stadttheaters 1833–1933, Mainz 1933, S. 21 f. – Landschulz 1977, S. 113 u. S. 145 f.
13 K. A. Schaab, Johann Jakob Hoch's Leben, in: Verein der Freunde für Litteratur und Kunst, Mainz 1829, Jg. 6, Nr. 7–9, Mai/Juni/Juli. – Schrohe 1912, S. 215. – Landschulz 1977, S. 23 f. u. S. 43.
14 Gwinner 1862, S. 452 f. – Landschulz 1977, S. 147 f.
15 Landschulz 1977, S. 259.
16 Neugarten 1922, S. 3.
17 Der Nachteil dieses Systems ist offensichtlich: Ein Gremium war für den Ankauf der Werke zuständig; das einzelne Mitglied hatte keinerlei Möglichkeiten mitzubestimmen.
18 Busch 1935, S. 11.
19 Busch 1935, S. 8 f. – Ausst. Kat. Mainz 1982, S. 47 f.
20 Landschulz 1977, S. 20 f.
21 In Frankfurt a. M. gab es zur Goethezeit über 80 Kunstsammlungen, deren Schwerpunkt eindeutig bei der niederländischen Malerei des 17. Jahrhunderts lag; sie waren der Ursprung von Goethes lebenslanger Begeisterung für diese Kunst.
22 Die Maler Trautmann, Juncker, Schütz u. a. waren dem jungen Goethe durch sein Elternhaus am Großen Hirschgraben in Frankfurt bekannt (Goethe, Dichtung und Wahrheit).
23 Busch 1935, S. 7 f. – Ausst. Kat. Schätze aus dem Graphischen Kabinett des Mittelrheinischen Landesmuseums Mainz, 1979, S. 12 f.
24 Landschulz 1977, S. 58.

25 Als Mainzer Privatsammler sind zu nennen die Familien Bollermann (Stadtrat), Kellermann, Schaab (Richter), Mosdorf, Diefenbach (Konditor), Kindlinger, Memminger (Kaufmann), Stubenrauch, Prof. Klein, Müller-Hardy, Krätzer, Arbeiter (Kunsthändler), Pitschaft (Oberrichter) und Pater Konrad sowie die Maler Johann Jakob Hoch, Johann Caspar Schneider, Graf Franz von Kesselstatt, Nikolaus Müller, Johann Caspar Dillenius, Louis Catoir und Frhr. Karl August von Klein.

26 Der Kunsthandel florierte. Nach dem Tode des Mainzer Kunsthändlers Johann Christian Arbeiter im August 1829 wurde sein Vermögen auf 20.000 fl. veranschlagt, inklusive 1575 Bildern: Verein der Freunde für Litteratur und Kunst, Mainz 1829, Jg. 6, Nr. 11 u. 12, August/September.

27 Zu den Malern und deren Werkkatalogen siehe: E. Heitger, Die Koblenzer Maler und ihre Werke in der ersten Hälfte des 19. Jahrhunderts, Diss. Bonn 1978.

28 Landschulz 1977, S. 85 u. 90.

29 Ausst. Kat. Mainz 1995/96, S. 8.

30 Der Maler Johann Gustav Heinrich Hoch hatte während eines Aufenthaltes in Holland Unterricht bei van der Schlichten genommen.

31 M. Klein und N. Suhr, Ausgrabungen und Sammlungen des Mainzer Altertumsvereins. Eine Ausstellung zum 150jährigen Bestehen des Mainzer Altertumsvereins, in: Mz. Zs. 89, 1994, S. 111 f.

32 LM Inv. Nr. 297 u. 298.

33 LM Inv. Nr. 296. – Landschulz 1977, S. 175 f.

34 LM Inv. Nr. 750. – Landschulz 1977, S. 220 f.

35 LM Inv. Nr. 291. – Landschulz 1977, S. 51 f.

36 Nekrolog von Caspar Schneider, in: Mainzer Unterhaltungsblätter, 20./21.3.1859, Nr. 79/80.

37 Zeitweise, unterbrochen von zahlreichen Aufenthalten im In- und Ausland, lebte Eduard von Heuß (1808–1880) in Mainz, wo er u. a. Mitglieder der Mainzer Familien Gröser, Mayer und Kraetzer porträtierte. – Aus der frühen Mainzer Schaffensperiode von Carl Johann Nepomuk Hemerlein (1807–1884), der 1838 nach Wien übersiedelte, sind einige Porträts literarisch überliefert.

38 Landschulz 1977, S. 108.

39 LM Inv. Nr. 310.

40 LM Inv. Nr. 1312.

41 Bis dato müssen neben Schneiders Werken einige Bildnisse von Philipp Kieffer aus dem Jahre 1810 als die frühesten Zeugnisse der Mainzer Bildnismalerei jener Epoche angesehen werden; sie sind überwiegend als Miniaturen ausgeführt und noch dem 18. Jahrhundert verpflichtet (siehe Landschulz 1977, S. 119 f.).

42 Börsch-Supan 1988, S. 308.

43 Selbstbildnisse existieren außer von Johann Caspar Schneider auch von Nikolaus Müller, Johann Adam Ackermann, Heinrich Kempf, Benjamin Orth und Ludwig Lindenschmit d. Ä. Verschollen sind ein Selbstporträt von Kesselstatt und das von Johann Jakob Hoch in seinem Atelier. Bis dato nur literarisch überliefert ist ein Selbstbildnis von Rosa Achenbach; dagegen existiert von der Hand der Künstlerin ein Doppelbildnis: sie selbst, Nikolaus Müller malend (siehe C. Jöckle, Rosa Achenbach: Portraitsitzung im Atelier, in: Pfälzer Heimat 4, 1996, S. 135–140).

44 Von Graf von Kesselstatt z. B., der sich gern porträtieren ließ, sind zehn Bildnisse überliefert (siehe Landschulz 1977, S. 57 f.).

45 Kesselstatt wurde jeweils von seinen Malerkollegen Caspar Schneider, Schalck und Kneipp porträtiert, Johann Caspar Schneider ebenfalls von Schalck. Ein Porträt des Freiherrn Karl August von Klein im Nachen, von Caspar Schneider gemalt, befindet sich in Privatbesitz. Zwei von Schalck gemalte Doppelbildnisse sind nur durch die Literatur überliefert: eine Aquarellskizze, Caspar Schneider mit Graf Kesselstatt, sowie ein Miniaturgemälde, Karl von Klein als Maler mit seinem Onkel Prof. Klein. Ebenfalls nur literarisch überliefert sind folgende Bildnisse: Jakob Friedrich Orth d. J., Dillenius und Catoir (alle drei von Benjamin Orth gemalt), ein Bildnis Nikolaus Müllers im Schlafrock (von Rosa Achenbach), Friedrich Karl Joseph Simmler in jungen Jahren und Anton Knapp (Aquarell), beide von Carl Hemerlein porträtiert.

46 Erhalten sind z. B. Porträts von: Franz Graf von Kesselstatt und Angehörigen seiner Familie, Prof. Joh. Pet. Weidmann, Franz Konrad Macké, Carl und Anna Maria Wallau, Joseph und Margarethe Laské, Frhr. von Lichtenberg, Dr. Christian Georg Braun, Stephan Metz, Wilhelm Jung u. a. m.

47 Stadtarchiv Mainz, Inv. Nr. VK 56. – Landschulz 1977, S. 126 f.

48 LM Inv. Nr. GS 1921/1. – Landschulz 1977, S. 176 f.

49 LM Inv. Nr. 522. – Landschulz 1977, S. 278.

50 Schalck malte sich selbst am rechten Bildrand stehend, links von ihm, mehr zur Mitte hin, den Maler Kneipp. Dieser erscheint auf seinem eigenen Gemälde malend am linken Bildrand sitzend.

51 Landschulz 1977, S. 282 f. – C. Jöckle 1996, S. 135 f.

52 LM Inv. Nr. 319.

53 Ausst. Kat. Mainz, 1980, Kat. Nr. 1.

54 Landschulz 1977, S. 282.

55 Landschulz 1977, S. 121 f.

56 Landschulz 1977, S. 282 f.

57 LM Inv. Nr. 316.

58 LM Inv. Nr. 1574 (Damenbildnis) u. 1575 (Herrenbildnis).

59 Ausst. Kat. Mainz 1980, S. 8.

60 Klein 1825, Nr. 2.

61 Neugarten 1922, S. 20, S. 52 Kat. 164; dieses Bild wurde 1990 im Kunsthandel angeboten.

62 Börsch-Supan 1988, S. 333.

63 LM Inv. Nr. 479. – Landschulz 1977, S. 141 f.

64 LM Inv. Nr. 33. – Landschulz 1977, S. 186 f.

65 Börsch-Supan 1988, S. 334.

66 LM Inv. Nr. 1059. – Landschulz 1977, S. 219 f.

67 Neugarten 1922, S. 20, S. 52, WV-Nr. 161.

68 Schon 1773 war nach der Aufhebung des Jesuitenordens die Jesuitenkirche der Mainzer Universität zugewiesen worden. 1781 wurden die Kartause und die Nonnenklöster Reichklara und Altmünster zugunsten des Universitätsfonds säkularisiert. Zwischen 1793 und 1815 wurden zehn Kirchen abgerissen, u. a. die Karthause und die Liebfrauenkirche, 1855 auch die Welschnonnenklosterkirche.

69 Dies gilt auch für Hochs mythologische Szenen, die stilistisch zwischen Rokoko und Klassizismus einzuordnen sind. – Siehe: Landschulz 1977, S. 54 f.

70 Die Berichte erwähnen von Adolf Schlesinger einen „St. Christophorus" nach Hemmerling und einen „Madonnakopf" nach Raffael, von Georg Kneipp eine „Madonna mit Kind", wahrscheinlich nach Lorenzo da Credi, eine „Kreuzigung Christi" nach Frank, „Die heiligen Frauen am Grab" nach Frank, „Christus den Aposteln erscheinend" und eine Illustration zur „Echternacher Springprozession".

71 Siehe: N. Suhr, Philipp Veit (1793–1877). Leben und Werk eines Nazareners, Weinheim 1991.

72 Müller und David waren Klubisten, letzterer 1795 auch Präsident des Jakobinerklubs in Paris.

73 H. J. Imiela, Das Gutenberg-Denkmal von Bertel Thorvaldsen. Untersuchungen zu seinem Werk und zur Kunst seiner Zeit, Köln 1977, S. 367–397.

74 LM Inv. Nr. GS 1958/2.

75 LM Inv. Nr. GS 1982/98.

76 LM Inv. Nr. 287 u. 288. – Landschulz 1977, S. 97 f. – Ausst. Kat. Mainz 1993, S. 272, Kat. Nr. 157 u. S. 275, Kat. Nr. 158.

77 LM Inv. Nr. GS 0/571. – Landschulz 1977, S. 49.

78 LM Inv. Nr. GS 0/569. – Landschulz 1977, S. 49.

79 C. Jöckle 1996, S. 136 Abb. 1.

80 LM, Graphische Sammlung.

81 M. Klein und N. Suhr 1994, S. 114 f.

82 Ausst. Kat. Die Künstlerfamilien Lindenschmit aus Mainz, Mittelrheinisches Landesmuseum Mainz 1985, S. 15.

Sabine Mertens
Die Landschaftsmalerei im Werk der Brüder Caspar und Georg Schneider

I Prolog – Die Tradition der Landschaftsmalerei um 1800

Caspar und Georg Schneider gehörten zu den deutschen Malern der Goethezeit, in deren umfangreichem malerischen und zeichnerischen Œuvre die Landschaft eine große Rolle spielt. Zwar hatte die Landschaftskunst gegen Ende des 18. Jahrhunderts nach traditioneller akademischer Auffassung nicht den hohen Stellenwert, der anderen Bildgattungen zukam, doch waren landschaftliche Veduten, vor allem wenn sie die heimatliche Gegend wiedergaben, beim bürgerlichen Publikum sehr geschätzt. Die Nachfrage nach den, gerade wegen ihrer lokalen Prägung außerordentlich beliebten mittelrheinischen Ansichten war so groß, daß die Brüder Schneider zahlreiche, oftmals nur in geringfügigen Details voneinander abweichende Varianten eines Motivs schufen.

In kaum einer anderen Epoche war das Kompilieren so stark ausgeprägt wie im späten 18. Jahrhundert. Beide Maler blieben traditionellen Mustern vergangener Jahrhunderte verhaftet und schöpften ihre Bildideen nicht nur aus eigenen Naturerfahrungen, sondern aus einem bereits vorhandenen breiten Motivangebot. Die Vervielfältigung durch Reproduktionsstiche trug zu der Verfügbarkeit von Landschaftsmotiven vergangener Epochen und verschiedener Provenienzen bei. So adaptiert Caspar Schneider in seinen Landschaftsbildern nicht nur das Bildrepertoire des 18. Jahrhunderts, z. B. eines Christian Georg Schütz d. Ä., der als unmittelbarer Vorläufer Schneiderscher Kompositionen gilt, sondern er verarbeitet auch vielfältige Anregungen der Malerei des 17. Jahrhunderts.

Gemeinsamer Ausgangspunkt der Landschaften Caspar und Georg Schneiders sind zum einen die idealen Landschaften Claude Lorrains und seiner Nachfolger, der sog. „Lorrainisten", zum anderen die realistischen Landschaften der Niederländer des 17. Jahrhunderts. Trotz ihrer Polarität werden beide Strömungen als Vorbilder ausgeschöpft und fließen in das Werk der Schneider-Brüder ein. So reicht bei Caspar Schneider die Spanne der Landschaften von topographisch getreuen Ansichten bis hin zu idealisierten Landschaftsphantasien. Treffend charakterisiert Nikolaus Müller in einer Ausstellungsbesprechung von 1823 seine Landschaften: „Sie haben vollen Antheil an der Natur, und sind doch idealisirt".[1]

Claude Lorrain (um 1600–1682) und Nicolas Poussin (1594–1665) gelten als Hauptvertreter der klassischen Ideallandschaft in Italien (Abb. 1). Für nachfolgende Künstlergenerationen prägten sie das

Abb. 1
Claude Gellée, gen. Lorrain,
Landschaft mit Titusbogen,
Öl/Lwd., Landesmuseum
Mainz, Inv. Nr. MP 1997/2

Abb. 2
Matthäus Merian
nach Wenzel Hollar,
Ansicht von St. Goar,
Kupferstich, aus
Merians Topographie
von Hessen,
Stadtbibliothek Mainz

Vorstellungsbild von Arkadien.² Ihr Ziel hieß nicht Naturnachahmung, sondern Naturschöpfung: sie wählten keinen realen Landschaftsausschnitt, sondern setzten einzelne fiktive Bildelemente zu einem ausgewogenen, harmonischen Ganzen zusammen.

Zur gleichen Zeit gaben die Niederländer in ihren Landschaften ihre Alltagserfahrung wieder. Sie entdeckten den Reiz der eigenen heimatlichen Landschaft und schufen Porträts der Natur mit dem charakteristischen niedrig liegenden Horizont und der unendlichen Himmelszone. Die Wirklichkeitsnachahmung gründete sich auf das unmittelbare Naturerlebnis, wobei mit dem willkürlich gewählten Ausschnitt das Zufällige betont wurde.

Eine Verknüpfung der realistischen mit der idealistischen Kunstauffassung geschah durch diejenigen Niederländer, die sich in Italien mit südlicher Atmosphäre auseinandergesetzt hatten, die sog. niederländischen „Italianisten".³ Der Eindruck Italiens prägte die Sujets ihrer Bilder: arkadische Landschaften mit Hirtenstaffage. Caspar Schneider hat in seiner Hauptschaffensphase diesen Bildtypus aufgegriffen. Nachweislich hat er nach Nicolas Berchem, dem wohl bekanntesten Vertreter italianisanter Pastoralen, kopiert (vgl. Kat. Nr. 92, fol. 88 v.).

Caspar Schneiders Landschaften sind aber noch auf eine weitere historische Wurzel zurückzuführen. Gemeint sind die Rheinlandschaften, für die es gleich mehrere Entwicklungsstränge gibt. Da sind zum einen Künstler wie Matthäus Merian d. Ä. (1593–1650) und sein Schüler Wenzel Hollar (1607–1667), die bestrebt waren, möglichst topographisch genaue Ansichten der Städte entlang des Rheins wiederzugeben (Abb. 2). Die Topographie rheinischer Städte und Landschaften wird in ihren Darstellungen stets auf nur wenige typische Erkennungsmerkmale reduziert. Hollar trat als Begleiter des englischen Diplomaten Sir Thomas Earl von Arundel 1636 eine Reise nach Wien an und hatte den Auftrag, auf dieser Fahrt Illustrationen für das Reisetagebuch des Schriftstellers William Crowne anzufertigen. Zwar hielt er sich mit seinen Skizzen exakt an die vorgefundene Topographie, doch bekundete er zugleich Interesse an der Darstellung landschaftlicher Besonderheiten und an der Erfassung atmosphärischer Stimmungen.⁴

Eine zweite Entwicklungslinie der Rheinlandschaft weist auf die niederländischen Künstler des späten 16. Jahrhunderts zurück,⁵ die in ihren aus wilden Gebirgszügen, schroffen Felsen, unwegsamen Waldgegenden und Flußläufen komponierten phantastischen Landschaftsprospekten in zunehmendem Maße eigene, durch Reisen gewonnene Naturerlebnisse verarbeitet hatten. Erstmals interpretierte Roelant Savery (1576–1639) um 1617/20 die Landschaft am Mittelrhein, indem er Motive, wie z. B. den Mäuseturm bei Bingen, in eine Phantasielandschaft einbezog.⁶ Charakteristisch für diese Überschaulandschaften ist der dunkle, nahsichtige Vordergrund mit rahmenden Repoussoirmotiven, der hellere Mittelgrund und das lichtbeschienene Flußtal im Hintergrund, das die Tiefenwirkung unterstreicht. Die Staffage ist oftmals verschwindend klein gehalten und dient als erzählerisches Beiwerk und zur Belebung der Natur.

Mit Herman Saftleven (1609–1685), den man „als den Schöpfer und Begründer der typischen Rheinlandschaft"⁷ ansprechen darf, begann das Erfassen spezifischer landschaftlicher Eigenheiten (Kat. Nr. 1). In seine Formulierungen flossen die Vorbilder der flämischen Weltlandschaften ein. Kennzeichnend für seine Flußlandschaften mit „rheinischen Motiven" ist der hohe Betrachterstandpunkt, von dem sich der Blick in ein weites, kulissenartig durch Felsmassive verengtes Flußtal öffnet. Zumeist handelt es sich um nicht lokalisierbare Landschaftspanoramen, in die phantasievolle, oft aber auch eindeutig zu identifizierende Architekturen, wie Schlösser, Burgen, Kirchen, Städte und Gehöfte, eingefügt werden. In Verbindung mit der erzählenden Staffage gelang es Saftleven, das Rheinmotiv „gültig und idealtypisch zu formulieren"⁸ (Abb. 3). Der Einfluß auf Caspar Schneider ist nicht zu übersehen, hat er doch, wie sein Bruder Hermann in seiner Biografie vermerkt, 1793 in Mannheim „einige Landschaften nach Saftleben" kopiert.⁹

Zu den wichtigsten Nachahmern der Saftlevenschen Rheinansichten gehört Jan Griffier d. Ä. (1652–1718). Seine Landschaften haben jedoch jeden Anspruch auf topographische Genauigkeit verloren. Es sind eher Visionen von Flußlandschaften, in denen er, wie Saftleven, mit Versatzstücken arbeitet. Er verfremdet den Charakter des Rheintals durch zahlreiche Flußwindungen, zu fast alpiner Höhe ansteigende Berge und verfallene Burgen, die dem Ganzen einen phantastischen Zug verleihen. In seinen zwischen Phantasie und realistischer Landschaftserfahrung schwankenden Bildern greift auch Griffier auf die flämischen Weltlandschaften des 16. Jahrhunderts zurück. Die verwirrende Fülle und ungeordnete Vielfalt einzelner Bildelemente lassen seine Rheinansichten, im Vergleich mit Saftleven, noch unwirklicher und pittoresker wirken (Abb. 4).

Ungeniert bedienen sich auch noch im 18. Jahrhundert die Maler aus diesem reichhaltigen Motivvorrat. Bis in die zweite Hälfte des 18. Jahrhunderts hinein galt die frei komponierte Ideallandschaft –

Abb. 3
Herman Saftleven,
Ideale Rheinland-
schaft, 1650,
Öl/Lwd., Privatbesitz

Abb. 4
Jan Griffier d. Ä.,
Rheinische
Phantasielandschaft,
Öl/Holz,
Bonn, Rheinisches
Landesmuseum,
Inv. Nr. 54.17

Abb. 5
Franz Kobell,
Gebirgslandschaft mit
Hirten, 1809 (?),
Pinselzeichnung,
Landesmuseum
Mainz, Graphische
Sammlung,
Inv. Nr. GS 1905/90

im Gegensatz zur bloßen Wirklichkeitsnachahmung der holländischen Malerei – als eigentliche künstlerische Leistung und Aufgabe. Doch zunehmend trat die Kontroverse zwischen Ideal und Wirklichkeit in den Vordergrund. Die Verbindung von exakter Naturnachahmung und idealisierter Naturdarstellung reflektiert die Diskussion in der zeitgenössischen Kunsttheorie, z.B. bei Christian Ludwig von Hagedorn und Johann Georg Sulzer. Der Kunstschriftsteller Christian Ludwig von Hagedorn (1712–1780) gibt in seinen 1762 erschienenen „Betrachtungen über die Mahlerey" einen Überblick über Geschichte, Gattungen und Aufgaben der Malerei. Er fordert die Künstler auf, sich nicht mit der bloßen Naturimitation zu begnügen, sondern aus ausgewählten Bestandteilen eine neue, ideale Landschaft zu komponieren: „(...) und aus dieser vereinigten feinen Wahl und treuen Nachahmung entsteht allererst das zusammengesetzte und vollkommene Wahre, dasjenige Kleinod, um welches jeder Künstler ringen sollte."[10]

Auch Johann Georg Sulzer (1720–1779) definiert den Unterschied zwischen der realistischen Naturschilderung und einer aus idealen Elementen zusammengesetzten Landschaft: „Der gemeine Zeichner stellt uns einen sichtbaren Gegenstand in der völligen Richtigkeit vor Augen; der Mahler aber so, wie er unsere äußern und innern Sinnen auf das kräftigste reizt (...)". Und Sulzer führt weiter aus: „Zur (...) höchsten Classe gehören die (Künstler), denen die Natur nicht mehr Genüge leistet; die deßwegen ihr Genie anstrengen, in den Gegenständen der Natur das, was zu ihrem Zweck nicht dienet, wegzulassen, das, was ihnen dienet, allein herauszusuchen, und aus diesen Elementen durch die schöpferische Kraft ihres Genies eigene idealische Formen zu bilden."[11]

Der Einfluß Nicolas Poussins und Claude Lorrains ist für die nachfolgenden Künstlergenerationen stilprägend. Philipp Hackert (1737–1807) sowie die Brüder Ferdinand (1740–1799) und Franz (1749–1822) Kobell, von denen Caspar Schneider wichtige Anregungen empfing, setzten in der zweiten Hälfte des 18. Jahrhunderts die Tradition der idealen Landschaftsmalerei fort (Abb. 5). Hackert, der 1768 nach Italien ging, in Neapel mit Goethe zusammentraf und diesem zeit seines Lebens freundschaftlich verbunden blieb, lernte in den römischen Sammlungen die Werke von Poussin und Lorrain kennen. Seine italienischen Landschaften mit antiken Ruinen, Wasserfällen, üppiger Vegetation und bizarren Felsen, weiten Ausblicken und der Belebung durch bukolische Szenen folgen dem Vorbild arkadischer Landschaften, in denen Mensch und Natur in harmonischem Einklang stehen (Abb. 6). Doch Hackert genügten diese an Lorrain orientierten idyllisch-pastoralen Landschaften nicht. Er hatte zugleich auch die Niederländer studiert und aus dieser Erfahrung heraus immer wieder topographisch getreue Versatzstücke in seine Ideallandschaften eingebunden. Die Vermischung von Ideallandschaft und realistischer Vedute ist das eigentlich Neue in Hackerts Bildern. Topographische Dokumentation und Idealisierung der Natur sollten nicht miteinander konkurrieren, sondern sich zu einem „Idealrealismus" vereinen.[12] Gerade die getreuen Abbilder italienischer Landstriche waren bei seinen Zeitgenossen als Erinnerungsbilder geschätzt und begehrt. Der Zeitgeschmack entsprang einem geänderten Verhältnis zur Natur: Als Bewertungsmaßstab wurden nun auch botanische und naturwissenschaftliche Kriterien herangezogen.[13] In einer Abhandlung „über Landschaftsmalerei" verlangte Hackert, daß Bäume so dargestellt werden sollten, „daß ein jeder Botanikus den Baum sogleich erkenne",[14] eine Forderung, die dem Zeitgeist der Aufklärung entsprach.

Der hauptsächlich in Mannheim tätige Ferdinand Kobell dokumentiert ebenfalls den fortdauernden Einfluß der von Lorrain begründeten Bildtradition auf die deutsche Malerei des 18. Jahrhun-

Abb. 6
Jacob Philipp Hackert, Italienische Ideallandschaft, 1793,
Öl/Lwd., Braunschweig, Herzog Anton Ulrich-Museum, Inv. Nr. 780

derts (Kat. Nrn. 2 und 3). Zwar blieb Kobell den frei komponierten Ideallandschaften verhaftet, plädierte jedoch gleichzeitig für eine realitätsbezogene Naturwiedergabe. So schuf er 1786 im Auftrag des Kurfürsten und Mainzer Erzbischofs Friedrich Carl Joseph von Erthal Veduten von Aschaffenburg, die sich durch ihre exakte Topographie auszeichnen. Oftmals sah er in seinen Bildern zu viele „künstliche" Elemente, wie er selbstkritisch in einem Brief an seinen Sohn schrieb: „Es ist viel Wissenschaft und Kenntnis darinnen (...) und viel zu wenig Wahrheit von dem, wie die Natur aussieht, wenn man sie als Mahler studiert."[15]

Das Spannungsverhältnis zwischen Phantasieschilderung und topographischer Bestandsaufnahme wurde zunehmend durch das Bemühen ergänzt, die spezifischen Besonderheiten einzelner Landstriche zu erfassen – eine Neuerung, die dem bürgerlichen Kunstgeschmack der Zeit entsprach. Hatte schon Saftleven den Rhein mit seinen charakteristischen Motiven als Kunstlandschaft entdeckt, so begann in Deutschland nach der Mitte des 18. Jahrhunderts eine „Saftleven-Renaissance",[16] die mit dem Frankfurter Maler Christian Georg Schütz d. Ä. (1718–1791) ihren Höhepunkt erreichte (vgl. Kat. Nrn. 4–6). Der Kunsttheoretiker Christian Ludwig von Hagedorn hatte schon 1762 Schütz als einen „neuen Saftleven" angesprochen und in seinen „Betrachtungen über die Mahlerey" angemerkt „(...) Sachtlevens Gaben erhielt Schütz aufs neue von der Natur".[17] Goethe sah Werke von Schütz in der Gemäldesammlung seines Vaters und stellte die Analogie zu Saftleven fest: „(...) der auf dem Wege des Sachtleben die Rheingegenden fleißig bearbeitete".[18] Lobend erwähnte er ihn auch in seinem Bericht über Frankfurt: „Schüz (...) setzt die landschaftlichen Arbeiten fort, welche seit Sachtleben sich ununterbrochen mit Nachbildung der Rheingegenden beschäftigen. Seine Zeichnungen in sepia sind von bewundernswürdiger Reinheit und Fleiß, die Klarheit des Wassers und des Himmels unübertrefflich. Die Darstellung der Ufer an beiden Seiten, der Auen und

Abb. 7
Christian Georg Schütz d. Ä., Ideale Flußlandschaft, 1766, Öl/Lwd., Landesmuseum Mainz, Inv. Nr. 340

Felsen und des Stromes selbst, ist so treu und anmuthig, und das Gefühl das den Rheinfahrenden ergreift, wird uns bey Betrachtung dieser Blätter mitgetheilt oder wieder erweckt".[19]

Einige Flußlandschaften von Christian Georg Schütz d. Ä. zeigen eine so große Ähnlichkeit zu den Landschaften Saftlevens, daß man sie mitunter nicht voneinander unterscheiden konnte (Abb. 7). So verwundert es nicht, daß der Frankfurter Sammler Sebastian Hüsgen bei Schütz ein Pendant zu einem Saftleven-Bild in Auftrag gab.[20] Die Vervielfältigung durch Reproduktionsstiche erleichterte Schütz den Zugang zu den Werken von Saftleven und Griffier. Außerdem mangelte es ihm nicht an Gelegenheit, Originale von Saftleven in fürstlichen Galerien zu studieren. Auch in bürgerlichen Kunstsammlungen, wie in der Sammlung seines Freundes und Gönners Baron Heinrich Jacob von Häckel, stieß Schütz immer wieder auf Arbeiten des Utrechter Malers. In der berühmten Sammlung des Frankfurter Konditormeisters Johann Valentin Prehn war Schütz mit ca. 30 Arbeiten vertreten, darunter auch einigen „Rheinlandschaften in Saftlevens Manier".[21] Wie seine Vorgänger, so sah sich Schütz ebenfalls mit dem Konflikt zwischen realem Naturabbild und idealer Imagination konfrontiert. Er übernahm das Saftlevensche Bildschema mit dem überhöhten Standort und dem panoramaartigen Ausblick und fügte versatzstückartig sowohl Phantasie- als auch reale Elemente in das Bildganze ein, während er sich z. B. in seinen Mainzansichten zu topographischer Genauigkeit bekannte.

Schon sein Freund und Förderer Hagedorn hatte sich bereits mit der Topographie des Rheins beschäftigt und schrieb 1741: „Der Rheinstrom hat mich hier die Natur mahlen gelehrt".[22] 1750 unternahm Schütz selbst eine Rheinreise, um diese Gegend kennenzulernen und „seine mannigfaltige, sehr nutzbare Gegenstände zu studieren"[23] und um dann aus den vor Ort angefertigten Skizzen und aus der Summe zahlreicher pittoresker Einzelmotive im Atelier ein Bildganzes zu komponieren. Diese Rheinlandschaften erfreuten sich großer Beliebtheit und wurden oftmals in vielfachen Varianten wiederholt. An diese Entwicklung schließen die Landschaften Caspar Schneiders unmittelbar an.

II Caspar Schneider – Landschaften zwischen Ideal und Wirklichkeit

Die erste datierte Landschaft Caspar Schneiders stammt aus dem Jahre 1784 und zeigt den Blick von der Favorite über den Rhein auf Kostheim und Hochheim (Kat. Nr. 14). In den 80er Jahren malte er Rheinansichten, die topographisch eindeutig zu identifizieren sind. Dazu gehört der Blick auf die Mainmündung ebenso wie der Blick auf die Hartenmühlen und das Biebricher Schloß (Kat. Nr. 20) oder eine Ansicht von Rüdesheim als Supraporte (Kat. Nr. 19).

Seine frühen Landschaftsbilder zeigen noch deutlich den Einfluß der niederländischen Malerei des 17. Jahrhunderts. Durch seinen Lehrer Heideloff, der die Aufsicht über die Gemäldesammlung des Dompropstes Graf von Eltz führte, kam er frühzeitig mit Meisterwerken der niederländischen Malerei in Berührung. Heideloff, der selbst Gemälde zum Kopieren mit nach Hause nahm, hatte seinem Schüler das Kopieren untersagt, doch Schneider hielt sich nicht an dieses Verbot, „(…) und als es der Meister merkte, so konnte er, ob er ihm gleich seines Ungehorsams wegen Vorwürfe machte, doch nicht umhin, die Arbeit nach Verdienst zu loben".[24] Durch seinen Lehrer wurde Schneider mit dem Dompropst selbst bekannt, der ihm die Erlaubnis erteilte, mit dem Kopieren fortzufahren. Nach dem Wegzug Heideloffs nach Wien übernahm er dessen Amt als Kustos und verpflichtete sich bei einem Jahresgehalt von 100 Gulden, schadhafte Gemälde der Sammlung zu restaurieren.[25] Nach dem Tod des Grafen von Eltz wurde dessen Sammlung am 17. Mai

1785 versteigert. Ein umfangreiches Verzeichnis gibt den Gemäldebestand des Dompropstes mit 1131 Nummern an.[26] Vor allem Werke niederländischer Maler des 16. und 17. Jahrhunderts waren in großer Anzahl vertreten. Dazu gehörten Landschaften von van Ruysdael, van Uden, van Goyen, Savery, Wouwerman, Saftleven, Bril und anderen. Durch das Kopieren machte sich Schneider eingehend mit den Bildmustern und stilistischen Mitteln der niederländischen Landschaftsmaler vertraut. In seinen ersten Bildern wird diese Niederländer-Rezeption greifbar. So übernimmt er bestimmte Prinzipien der Grundkomposition, wie z. B. das traditionelle Drei-Gründe-Schema mit dem schattigen Vorder-, dem aufgehellten Mittel- und dem lichten Hintergrund. Ebenso wie die Niederländer gliedert er seine Bilder in waagerechte Landschaftsstreifen, die sich ohne Randbegrenzung von Bildrand zu Bildrand ziehen, wobei Wege und Flüsse die einzelnen Zonen durchziehen. Der sehr tief gesetzte Horizont läßt Raum für eine weite Himmelszone mit bewegter Wolkenbildung, die den Bildern über die rein topographische Dokumentation hinaus einen atmosphärischen Charakter verleiht. Auch solche Wolkenformationen folgen der Tradition barocker Landschaftsmalerei. Besonders die weiten Landschaften Jacob van Ruysdaels oder Jan van Goyens waren hier vorbildlich.

Mit dem Rückgriff auf Stilmittel der niederländischen Malerei des 17. Jahrhunderts steht Schneider nicht allein in seiner Zeit. Die schulbildende Wirkung der niederländischen Landschaftsmalerei ist typisch für die deutsche Landschaftskunst des ausgehenden 18. Jahrhunderts. Mit einem neuerwachten Naturverständnis verband sich die Vorstellung von „Naturwahrheit", die zugleich eine Abkehr von den erstarrten höfischen Formen des Barock und Rokoko bedeutete. Schneider hat Einflüsse, Traditionen und Anregungen in seinen Bildern aufgenommen, was Paul Schmidt dazu veranlaßte, von einem „trägen Übernehmen geprägter Floskeln" zu sprechen.[27] Mit einem hat Schmidt recht: Schneider konnte sich nie von der Macht der Vorbilder lösen. Doch wird man dem Künstler nicht gerecht, will man ihn auf das bloße Nachempfinden vorgegebener Bildmuster festlegen. Es ist ein freier Umgang mit den Vorbildern, den Schneider pflegt. Gerade seine vor der Natur gefertigten Landschaftsskizzen sprechen dafür, daß er ohne die Vermittlung aus zweiter und dritter Hand durchaus ein eigenes Verhältnis zur Natur entwickelt hatte und zu selbständigen Bildentwürfen fand.

Bereits ab der Mitte der 80er Jahre hatte sich Schneider mit dem Thema der Mondscheinlandschaft auseinandergesetzt (Kat. Nrn. 15 ff.). Diese Landschaften sind ganz anders als die streng bildparallelen und horizontal geschichteten Landschaftsveduten aufgebaut. Hier liegt das Hauptaugenmerk nicht auf topographischer Naturtreue, sondern hier werden bereits „romantisch" anmutende Elemente aufgenommen. Durch ein lebhaftes Wechselspiel von Licht und Schatten, durch die Polarität unterschiedlicher Lichtquellen und durch die unruhige Staffage verschleifen sich die Raumteile, das Erfassen der Atmosphäre steht im Vordergrund. Das Thema der Nachtstücke hat eine lange, bis zu den Niederländern (z. B. Aert van der Neer) zurückreichende Tradition. Solche Nachtstücke waren Schneider sowohl aus eigener Anschauung als auch durch Kupferstiche bekannt, die eine wichtige Inspirationsquelle boten. In Schneiders Nachlaß werden 24 Mappen und 3 Sammelbänden mit insgesamt weit über 4000 Blättern genannt.[28] Bereits in der Eltzschen Gemäldesammlung, in der mehrere Bilder von Adam Elsheimer, dem berühmten Maler von Nachtlandschaften, vertreten waren, konnte Schneider Nachtstücke studieren. Elsheimers „Flucht nach Ägypten" von 1609 hat Schneider 1793 eigenhändig in Mannheim kopiert (Kat. Nr. 18). Darüber hinaus kopierte er in der Mannheimer Gemäldegalerie niederländische Gemälde „so täuschend, daß sie wahrscheinlich jetzt schon für Originale gelten", schrieb Schaab in einem Nachruf auf Caspar Schneider 1839.[29] Aber auch Zeitgenossen von Schneider wie Franz Josef Manskirsch oder Christian Georg Schütz d. Ä. haben sich vielfach mit Mondscheinlandschaften auseinandergesetzt und für weitreichende Impulse gesorgt. Für seine nächtlichen Lagerszenen könnte er auch Anregungen von Frankfurter Malern wie Trautmann und Seekatz empfangen haben, bei denen allerdings die Figuren eine stärkere Bedeutung besitzen.[30]

Ab etwa 1790 beschäftigt sich Caspar Schneider mit Landschaften, die der topographisch getreuen Vedute und der an Claude Lorrain orientierten Ideallandschaft gleichermaßen verpflichtet sind. Seine Ideallandschaften stehen in der Tradition von Claude Lorrain und Nicolas Poussin und ihrer Nachfolger Ferdinand Kobell und Philipp Hackert. Allein 16 Werke „in Poussins Manier" sind in dem Eltzschen Versteigerungs-Verzeichnis aufgeführt.[31] Offensichtlich hat Schneider, als er 1793 nach Mannheim flüchtete, dort auch Bilder des in Mannheim tätigen Ferdinand Kobell gesehen. Werke von Philipp Hackert waren durch Druckgraphik weit verbreitet, und es ist nicht auszuschließen, daß Schneider in seinem reichen Stichvorrat Vorlagen von ihm besessen hat. Im Gegensatz zu Hackert sind die Schneiderschen Landschaften jedoch weicher in den Übergängen und nicht so hart und linear in der Ausführung.

Die Ideallandschaften Caspar Schneiders sind weiträumige Phantasielandschaften, die Elemente einer Gebirgs- und einer Flußlandschaft in sich vereinen. Der optische Zugang erfolgt, wie bei seinen Bildern der Frühzeit, von einer imaginären Anhöhe im Vordergrund und einer als Repoussoir im Gegenlicht gezeigten Baumgruppe. Der niedrig liegende Horizont seiner früheren Bilder ist geblieben. Der weite Blick in die Ferne kontrastiert mit dem Nahblick auf eine Hirtenidylle. Dem am Ufer stiller Gewässer lagernden Vieh korrespondieren schlafende oder Flöte spielende Hirten. Menschen und Tiere stehen in harmonischem Einklang mit der Natur und erwecken Erinnerungen an Arkadien. Schneider verwendet in seinen Bildern keine bedeutungsvolle Staffage aus Mythologie oder biblischer Historie, sondern aus der Welt der Hirten und Landarbeiter. In der Tierstaffage hat er sich an dem Vorbild der niederländischen „Italianisten" orientiert. In der Eltzschen Gemäldesammlung befanden sich auch mehrere Gemälde von Heinrich Roos, einem der bedeutendsten deutschen Landschafts- und Tiermaler des späteren 17. Jahrhunderts.[32] Schon Schneiders Biograph erkannte 1825, daß seine „Thiere und Figuren die Natur und richtige Zeichnung eines Heinrich Roos, Berghem's (...) und andere großer Thiermaler (haben)"[33] (Abb. 8). Hinzu kommt bei Schneider die Lichtführung, die zusammen mit dem heiteren Himmel und dem milden Sonnenlicht eine friedliche Atmosphäre verbreitet und den Eindruck eines „mittelrheinischen Arkadiens" erweckt.

Mit dem Begriff Arkadien ist seit den Hirtenidyllen Vergils eine verlorene pastorale Traumwelt verbunden, der Inbegriff vergänglichen Glücks. Vergil prägte den Begriff Arkadien, bei dem es sich ursprünglich um ein in der Peloponnes gelegenes Bergland handelt.[34] Seit Lorrain und Poussin wurde Italien zur arkadischen Traumlandschaft erhoben, zu dem Sinnbild einer paradiesischen Welt, in der die Menschen mit der Natur in Einklang stehen. In der durch stille Gewässer, sprudelnde Quellen und üppige Vegetation charakterisierten Natur beaufsichtigen Hirten und Schäfer ihre Herden, tanzen, feiern oder spielen Instrumente. Diese Formulierung des Arkadiengedankens blieb bis ins 19. Jahrhundert hinein bestehen.[35] Der Topos „Et in arcadia ego", den Goethe seiner Erstausgabe der Italienischen Reise von 1816 voranstellte, bezieht sich auf sein Italienerlebnis, wobei er Italien – das Land seiner Sehnsucht – mit dem antiken Arkadien synonym setzt. Nachträglich betrauert er die Vergänglichkeit des dort empfundenen Glücks, das für immer unerreicht blieb.[36]

Auch in Schneiders Landschaften verklärt sich die Wirklichkeit zu einem schönen, idyllisch überhöhten Abbild. Eine Landschaft nicht nur nach der Natur zu malen, sondern idealistisch zu überhöhen, war ein Postulat der Theoretiker der Zeit (Hagedorn, Sulzer). In diesem Sinne gestaltet Caspar Schneider die heimatliche Landschaft als einen Ort des Friedens, als heitere Idylle, in die auch immer wieder ein Stück Realität eingestreut wird. Er komponiert aus lokalisierbaren und imaginären Motiven Landschaften, die dem Charakter der Rheingegend entsprechen. In dem Nekrolog von 1859 wird dieser Art des Landschaftsbildes höchstes Lob gezollt: „Alles in seinen Landschaften ist Natur in ihrem freundlichen Erscheinen (...) Alles lebt und bewegt sich darin ruhig und still, seine klaren Wölkchen schwimmen und wogen am heitern Himmel, wie sie vor seinen Fenstern erschienen und verschwanden. Er wollte nur das Anmutliche, das Liebliche, das Sanfte der Natur nachbilden und vermied jedes Schroffe, jedes Wilde. Immer der Natur getreu ist die Anordnung des Ganzen, transparent sind alle Luft- und Wasserpartien, harmonisch ist die Silberfärbung, in einem Duft, einem Schmelz und einer Zartheit, die einen magischen Effekt über das Ganze verbreitet und das Auge ergötzt. Seine Fernen, seine Vor- und Mittelgründe sind reine Natur, und Schatten und Licht so verteilt und wirkend, daß sie jeden überraschen. Seine Staffage in kleinen Figürchen, in Rind- und Wollenvieh, ist schön gezeichnet, und meistens im Vordergrund an einem Wasserfall, an einem Bache, einer Brücke oder vorspringendem Felsen so gruppiert, daß sie die Natur in ihren kleinsten Details darstellen und das Ganze beleben. Wie bei Claude Lorrain ist in seinen Landschaften alles Naturkopie, zusammengestellt durch die den Grundsätzen des Verstandes untergeordnete Einbildungskraft. Diese Landschaften werden jetzt schon zu 40 bis 50 Louis d'or das Paar bezahlt und wenige sind noch in Mainz. Der bescheidene Mann verlangte nie diesen Preis."[37]

Caspar Schneiders Werkphase von 1790 bis 1820 zerfällt in zwei Richtungen, die parallel nebeneinander verlaufen: die beschriebene idealisierende Richtung und die „topographisch-klassizistische",[38] d.h. neben den Ideallandschaften hat er auch immer wieder Veduten gemalt, zumeist von Mainzer Honoratioren in Auftrag gegebene Werke, die als Supraporten vorgesehen waren (Kat. Nrn. 29, 30, 35). Mehrfach, von unterschiedlichen Standorten aus gesehen, gestaltet er den Blick auf die Mainmündung mit Kostheim, Gustavsburg und Hochheim. Auch mit dem Blick von Mainz auf das Kasteler Ufer mit der alten Schiffbrücke und den im Fluß verankerten Mühlen erweist sich Schneider als exakter Schilderer topographischer Gegebenheiten. Dieses beliebte Bildmotiv hat er vielfach in verschiedenen Techniken und Ausführungen festgehalten. Die Mainzansicht von Süden zeigt die charakteristischen Bauten der Stadt mit ihren architektonischen Details. Der Standort des Betrachters befindet sich auf dem Gelände der ehemaligen Favorite.

Abb. 8
Johann Heinrich Roos, Landschaft mit Herde, um 1678, Öl/Lwd., Landesmuseum Mainz, Inv. Nr. 568

Die Silhouette der Stadt ist an den Rand gerückt, während Fluß und Landschaft stärker in Szene gesetzt werden. Das gewählte Panoramaformat erinnert an Veduten des frühen 18. Jahrhunderts.

Solche Stadtansichten lassen sich bis zu den Niederländern des 17. Jahrhunderts zurückführen. Das Stadtbild hatte sich in der holländischen Malerei zu einem selbständigen Kunstzweig entwickelt. Die in Haarlem tätigen Architekturmaler Gerrit Adriaensz. und Job Adriaensz. Berckheyde gehörten zu den bedeutendsten holländischen Vertretern der Vedutenmalerei, die die Plätze und Straßen ihrer Heimatstadt detailgetreu wiederzugeben wußten.

In Venedig war es dann im 18. Jahrhundert Antonio Canal, genannt Canaletto, der als Begründer der venezianischen Vedute galt. Canaletto gab Stadtansichten von Venedig, Rom oder London in sachlicher Detailtreue wieder. Doch trotz der angestrebten topographischen Dokumentation ging er in der Wiedergabe atmosphärischer Stimmungen weit über eine bloße Prospektmalerei hinaus. Zu Canalettos zahlreichen Nachfolgern gehörte sein Neffe Bernardo Bellotto, der in mehreren Serien porträthafte Ansichten von Dresden schuf und sich von Canaletto durch einen größeren Realismus unterschied. So wurde er, etwa mit der Darstellung der in Trümmern liegenden Kreuzkirche in Dresden, zum bedeutendsten Chronisten seiner Zeit.

Der Frankfurter Maler Christian Georg Schütz d. Ä. führte die Tradition der Vedutenmalerei fort und setzte seiner Heimatstadt in zahlreichen Prospekten ein Denkmal. Die Stadtvedute war neben den idealisierenden Rheinlandschaften ein Themenschwerpunkt im Œuvre von Schütz. Charakteristisch für seine Frankfurtpanoramen ist die Verbindung von Phantasielandschaft und exakter Topographie. So weicht er z.B. in der Wiedergabe der nahe an die Stadt gerückten Taunusberge von den realen Verhältnissen ab und „verschleift die Trennung von Stadt und Land".[39] Da sich Caspar Schneider 1794 in Frankfurt aufhielt, ist anzunehmen, daß er dort mit Werken von Schütz in Berührung kam. Schon in der Sammlung des Grafen Eltz hatte er Gelegenheit, sich mit Bildern von Schütz vertraut zu machen: Acht als Pendants konzipierte Landschaften werden im Versteigerungskatalog aufgeführt. Daß Schneider den 1791 gestorbenen Künstler sehr geschätzt haben muß, zeigt der Tatbestand, daß sich allein 14 Bilder von Schütz in seinem Nachlaß befanden.[40]

Schneider übernimmt in seinen Stadtansichten die von Schütz entwickelten kompositionellen Möglichkeiten der Raumdarstellung und wählt als Einstieg den erhöhten Betrachterstandort und die raumgreifende Diagonale, die ihm die panoramaartige Ausbreitung der Landschaft ermöglichen. Der Fluß bildet eine in die Tiefe führende Gasse (Kat. Nr. 35), die die einzelnen Bildgründe miteinander verbindet. Auf diese Weise verknüpft Schneider Vedute und Landschaft, Topographie und Idealisierung, wobei er eine kontrastreiche Lichtführung und bewegte Wolkenbildung als Stimmungsfaktoren in die prospekthaften Landschaften einbezieht.

Dieses Einfangen spezifischer Stimmungen zeichnet besonders seine letzten Bilder aus (Kat. Nrn. 44 und 45), die sich auf eindeutig lokalisierbare Orte (Lorch und die Pfalz bei Kaub) beziehen und gleichzeitig Interesse an der optischen Erfassung von Luft, Licht und Atmosphäre bekunden. „Seine Spätwerke besitzen unbestreitbar romantischen Gehalt, weil sich die Elemente der rheinischen Landschaft (...) zum Gesamteindruck einer Stimmung zusammenschließen."[41] Mit der Einbeziehung atmosphärischer Phänomene greift Schneider Motive der Romantik auf. In dem Nekrolog von 1839 werden seine Spätwerke so charakterisiert: „Alle seine Landschaften schmückt eine duftige Silberfärbung und eine optische Nebelferne, die das reine ästhetische Gefühl der Schönheiten der Natur in allen ihren Teilen sichtbar macht."[42]

III Georg Schneider – Topographische Ansichten „nach der Natur"

Georg Schneider war, wie sein Bruder Caspar, schon zu Lebzeiten ein vom Publikum hoch geschätzter Landschaftsmaler.[43] Oftmals sind die Werke der Brüder Schneider, sofern nicht eindeutige Signaturen vorliegen, verwechselt worden. Eine differenzierte Unterscheidung erweist sich deshalb als so schwierig, weil beide Brüder in engem künstlerischen Austausch standen und oftmals identische Motive in ihr Repertoire aufnahmen. Vermutlich sind einige ihrer Landschaften in Gemeinschaftsarbeit entstanden, wobei eine Händescheidung nicht immer möglich ist. So gibt es einige unsignierte Werke, bei denen die Autorschaft nicht eindeutig zu bestimmen ist, wie z. B. die Ruine der Liebfrauenkirche in Mainz (Kat. Nr. 56). Obwohl das Gemälde bisher immer für Georg in Anspruch genommen wurde, existiert von Caspar Schneider eine nahezu identische Federzeichnung. Auch bei einer Ansicht von Kostheim und Mainz von Hochheim aus (Kat. Nr. 55), die bisher als Werk Georgs galt, könnte es sich um eine Arbeit von Caspar handeln, da ein Stich von Johann Peter Rücker nach dieser Vorlage ihn als Künstler angibt. Es ist nicht eindeutig zu klären, wer als erster für den Bildentwurf verantwortlich war und wer die endgültige Ausführung übernahm.

Georg Schneider war, im Gegensatz zu Caspar, Autodidakt und lernte die Malerei bei seinem älteren Bruder. Aufgrund seiner fehlenden Ausbildung offenbaren seine Gemälde doch manche technischen Mängel, die von den Zeitgenossen durchaus kritisch beurteilt wurden. So schreibt Nikolaus Müller in der bereits zitierten Besprechung der Mainzer Kunstausstellung von 1825: „Dieser Künstler zeigt viel Genie, eine sorgsame Naturtreue, er idealisiert und schminkt nicht; (...) aber seine Ausführung ist unflüssig, unrein, seine Staffage gewöhnlich unter aller Kritik. Freunde der beiden Brüder haben schon vor 30/40 Jahren den Wunsch offenbart, beide Brüder sollten vereint malen."[44]

Georg hat sehr viel gezeichnet, und Heinz Biehn hatte sicher mit seiner Vermutung nicht ganz Unrecht, wenn er in ihm den „Motivzulieferer" für seinen Bruder sah.[45] In der Besprechung der Ausstellung des Kunstvereins heißt es, daß seine Werke „oft nicht mehr sind als geniale Entwürfe und Naturtreue in den Lokaltinten".[46] Gemeinschaftsarbeiten der Brüder werden expressis verbis im Vereinsblatt des „Vereins der Freunde für Litteratur und Kunst" vom August 1825 erwähnt: „Diese Landschaft ist von beiden Brüdern Kaspar und Georg Schneider gemeinschaftlich gearbeitet, und zwar hat Letzterer den Entwurf und die erste Anlage der Lokaltinten geliefert, Ersterer aber hat diese glückliche Unterlage kunstgerecht ausgearbeitet, und die Staffage davon geliefert (....) Es war schon vor dreissig Jahren der Wunsch vieler Kenner, beide Brüder möchten sich zu ähnlichen Schöpfungen vereint halten, ein Wunsch, der jedoch unerfüllt blieb".[47]

Läßt sich bei Caspar Schneider eindeutig eine Entwicklungslinie innerhalb seiner Landschaften verfolgen, so ist eine Chronologie bei den zumeist unsignierten und undatierten Landschaften Georg Schneiders kaum möglich. Ein erstes datiertes Landschaftsbild Georgs stammt aus dem Jahr 1784 und zeigt den Blick vom Niederwald auf Rüdesheim. Auffallend ist die korrekte Wiedergabe topographischer und architektonischer Details. Deutlich lassen sich die charakteristischen Bauwerke von Rüdesheim erkennen. Auch in seinen folgenden Bildern, z. B. dem Blick vom Niederwald auf Bingen und das Nahetal, ist die Topographie bis in alle Einzelheiten nachvollziehbar. Georg Schneider hat den identischen Ausblick häufig in geringfügigen Variationen wiederholt. Ein von ihm bevorzugtes Bildmotiv war der Blick von Weisenau auf Kostheim und Hochheim oder umgekehrt der Blick von Hochheim auf Kostheim und Mainz, den er jeweils in verschiedenen Techniken ausgeführt hat. Auch Caspar hat diese Ansicht mehrfach gemalt.

Georg Schneider bedient sich in seinen Rheinlandschaften traditioneller, von seinem Bruder übernommener Kompositionskriterien: als schattige Diagonale angelegte Vordergrundzonen, die noch ganz dem barocken Schema verhaftet sind, lichte Fernen, locker eingestreute Staffage. Innerhalb seines Œuvres wiederholen sich bestimmte Landschaftsausschnitte in stereotypem Muster, wobei immer wieder betont wird, daß Georg „nach der Natur" gemalt habe. Mehrfach verwendet er in seinen Bildern das Motiv des vor der Landschaft zeichnenden Künstlers, ein Hinweis darauf, daß er tatsächlich vor der Natur gearbeitet hat. Das Zeichnen vor der Natur war für die Landschaftsmaler um 1800 eine selbstverständliche Übung, die in der Erkenntnis gipfelte, daß auch die eigene, heimatliche Landschaft darstellenswert sei.

Daß er direkt vor der Natur gezeichnet hat, beweisen seine Skizzenbücher, in denen zahlreiche Landschaftsstudien von Rhein, Main, Nahe und Tauber wiedergeben sind. Sie haben eine besondere künstlerische Bedeutung, da er in ihnen einen unmittelbar empfangenen Eindruck zu Papier gebracht hat. Viele dieser Skizzen sind erstaunlich frei komponiert (vgl. Aufsatz von N. Suhr, S. 49 ff.).

Doch obwohl in der Topographie realistischer und weniger der Ideallandschaft verpflichtet als sein Bruder, ist Georg in der

Ausführung seiner Gemälde oft ungenauer. Offenbar maß er auch der Staffage nicht die Bedeutung zu, die ihr bei Caspar zukam. Während er sich im Vordergrund noch um Detailtreue bemüht, legt er die Fernen außerordentlich flüchtig, mit unpräzisen Pinselstrichen an. Doch trotz dieser summarischen, auf schnelle Effekte angelegten Malweise teilt sich auf Georgs Bildern zumeist die tageszeitliche Stimmung unmittelbar mit. Georg entfaltet, im Gegensatz zu seinem Bruder, mehr Sinn für die natürliche Luftbewegung in der Landschaft und mehr Gefühl für Licht- und Schattenwirkung. Das Interesse an atmosphärischen Phänomenen, wie Sonnen- und Mondlicht, zeigt sich in kleinen, seinen Skizzen beigefügten Notizen: „Gewitter" oder „Abend", „im Nebel", „Mondaufgang" etc.[48] Es sind Erinnerungsstützen dafür, daß er bei der späteren Umsetzung in Gemälde Beleuchtungseffekte und atmosphärische Vorgänge berücksichtigen wollte.

Georg hat zeitlebens im Schatten seines Bruders gestanden, und es war allgemein üblich, die qualitativ weniger anspruchsvollen Bilder stereotyp Georg und nicht Caspar zuzuweisen. Auf der anderen Seite schrieb man Landschaften dem bekannteren Caspar zu, obwohl aufgrund ihrer Malweise eine Autorschaft Georg Schneiders außer Zweifel stand. Im Mainzer Journal vom Juli 1891 heißt es: „(...) daß man sehr irrig und ungerecht handelt, wenn man ihm (gemeint ist Georg) kurzweg die minderwertigen Werke in der Art seines älteren Bruders Kaspar zuschreibt – wie dies landläufig ist. Georg war nicht nur kein geringerer Künstler als Kaspar, sondern ihm in manchem überlegen. (....) sehen wir, wie sich Georg Schneider bereits in diesem Skizzenbuch energisch aus der alten Manier loszuringen sucht, wie er sich der Natur unbefangen gegenüberstellt und sie treu und ehrlich und ohne Schönrednerei wiedergibt. Er hat deshalb gerade als Zeichner und Maler unserer heimischen Gegenden eine weit größere Bedeutung als sein mehr gepriesener Bruder Kaspar."[49] Nach Kenntnis des Œuvres beider Brüder kann dieser Bewertung heute allerdings nicht mehr zugestimmt werden.

IV Bürgerlicher Kunstgeschmack – Landschaften „vergnügen mit Recht die Liebhaber" (Goethe)[50]

Seit den 8oer Jahren des 18. Jahrhunderts entstand in einem Zeitraum von mehr als 50 Jahren in den Werkstätten von Caspar und Georg Schneider eine große Anzahl von Gemälden, hauptsächlich mit Stadtansichten und idealen Landschaften. 1922 nennt E. Neugarten in ihrem Werkverzeichnis Caspar Schneiders 164 Ölgemälde, Gouachen und Aquarelle,[51] wobei viele der angeführten Bilder als Kriegsverluste zu verzeichnen sind. Der 1977 von M. Landschulz erstellte Werkkatalog Georg Schneiders weist insgesamt 104 Nummern auf.[52] In der Zwischenzeit hat sich unser Kenntnisstand über den Umfang des Œuvres beider Künstler jedoch erheblich erweitert. Eine Fülle von Bildern befindet sich in Privatbesitz, und immer wieder tauchen neue Werke auf oder werden im Kunsthandel angeboten: Die Brüder Schneider haben ein unübersehbares Œuvre hinterlassen.

Bei einer derartigen „Massenproduktion" konnte das künstlerische Niveau nicht konstant bleiben. Während Caspar Schneider mit seinen Porträts zum Teil weit über das Mittelmaß hinausging, bezeugt er in seinen Landschaften einen oft nicht allzu großen Erfindungsreichtum, der durch handwerkliche Routine kompensiert wird. In einer Beurteilung im Mainzer Almanach für das Jahr 1926 bezeichnet Rudolf Busch Caspar Schneiders Gemälde als „saubere brave Kunst, die bei seinen Stimmungsbildern vom Rhein nicht über dieses Niveau hinausgeht, aber im Porträt wohl eine andere Beurteilung verdient".[53] Auch von Georg, der „in Massen komponiert" hat,[54] ist ein qualitativ sehr heterogenes Œuvre überliefert. Doch trotz den bei dieser hohen Produktion nicht ausbleibenden erheblichen Qualitätsunterschieden trafen die Brüder mit ihren Landschaftsgemälden offenbar den Geschmack des Publikums.

Caspar und Georg haben sowohl für private Auftraggeber als auch für den anonymen Markt gearbeitet, wobei der private Geschmack des Einzelnen die Themenwahl und Ausführung maßgeblich beeinflußt hat. Der Vorliebe der Zeit für Pendants trugen die Brüder Rechnung, indem sie zu ihren ausgeführten Ideallandschaften fast immer Gegenstücke schufen. In Mainzer Bürgerkreisen herrschte großer Kunstsinn, und daß viel gesammelt wurde, beweisen die zahlreichen privaten Bildergalerien der Stadt. Auch Caspar Schneider besaß eine umfangreiche Sammlung – insgesamt werden in seinem Nachlaß 505 Ölgemälde genannt.[55]

Obwohl Caspar Schneider die meiste Zeit seines Lebens in Mainz blieb, mangelte es ihm nicht an Gelegenheit, mit berühmten Zeitgenossen zusammenzutreffen und deren Werke kennenzulernen. So wurde er noch während seiner Tätigkeit in der Gemäldesammlung des Grafen von Eltz mit dem Hofmaler Christoph Fesel aus Würzburg, mit Philipp de Loutherbourg und den Brüdern Joseph und Anton Hickel aus Wien bekannt. Nach Einmarsch der französischen Truppen ging Schneider nach Düsseldorf, Mannheim, Frankfurt, Aschaffenburg, Erfurt und Weimar.[56] Die Aufenthalte aber waren immer nur von kurzer Dauer, und bis auf diese Unterbrechungen hat Schneider seine Heimatstadt nie verlassen. Loutherbourg, der sein Talent erkannte, wollte ihn mit nach London nehmen, und der Bruder des damaligen Kurfürsten von Erthal empfahl ihn nach Mannheim. Auch Goethe zog, auf Vorschlag von Charles Gore, in Erwägung, „durch einen gewissen Schneider in Mainz, einen Mann, der ganz geschickt ist, ein paar Claude in Cassel copiren zu lassen."[57] Es handelte sich um jene Bilder, die Napoleon konfiszieren ließ und seiner im Deutschhaus zu Mainz residierenden Josephine schenkte. Schließlich war es Carlo Ranucci, der die Kopien nach Claude Lorrain anfertigte,[58] da Schneider alle Angebote ablehnte und in Mainz blieb.[59] Obwohl er keine weiteren Studienreisen unternahm, hatte er doch in den 9oer Jahren viele Kontakte geknüpft, Galerien und Ateliers anderer Künstler besucht und fleißig kopiert. In der Zeit von ca. 1790 bis 1820 wurde Caspar Schneider mit Aufträgen überhäuft. Er war zu seiner Zeit ein geachteter und ein in Mainzer Hof- und Bürgerkreisen als Porträtist geschätzter Künstler. Trotz seiner von seinem Bruder Hermann überlieferten charakterlichen Sonderheiten wurde er von den Honoratioren der Stadt eingeladen; viele Damen wollten von ihm porträtiert werden, obwohl er sich ihnen gegenüber besonders abweisend verhielt.[60] Er wurde von den Bürgern seiner Heimatstadt hofiert und mußte nie wegen Aufträgen antichambrieren. Immer wieder wurde er als Kunstsachverständiger herangezogen, z. B. 1803, als die Gemälde der sog. „napoleonischen Schenkung" nach Mainz gelangten und ein Zustandsbericht erstellt werden mußte.[61] Auch als ein Heidelberger Kunsthändler Gemälde aus der Mainzer Galerie erwerben wollte, war er als Gutachter gefragt.[62]

In Mainz wurden seine Arbeiten auf allen Kunstausstellungen präsentiert, und seine Gemälde waren in vielen Privatsammlungen zu finden. Geradezu euphorisch beschreibt Caspar Schneiders Biograph J. Klein 1825 die Qualität seiner Landschaften, und Schaab nennt ihn in seinem Nachruf „eine Zierde der Stadt."[63]

Auch noch im späteren 19. Jahrhundert erfreuten sich seine Landschaften großer Beliebtheit. In dem Ausstellungskatalog „Darstellungen der Stadt Mainz und ihrer Denkmäler" von 1879 sind viele Werke von Caspar und Georg Schneider verzeichnet.[64] Der Katalog einer Ausstellung über „Bilder aus Mainzer Privatbesitz" von 1887 nennt allein 19 Gemälde von Caspar Schneider.[65]

Das bürgerliche Publikum der Goethezeit hatte eine Vorliebe für Kunstgattungen, die im Kanon der Akademien nicht vorgesehen waren. Die Bildthemen aus Mythologie, Religion und Historie entsprachen nicht dem allgemeinen Geschmack. Dagegen zeigte man eine Vorliebe für Sujets, die den Blick auf die vertraute Umgebung des bürgerlichen Betrachters richteten. Gerade die von der zeitgenössischen Kunstkritik abgelehnte Vedutenmalerei war außerordentlich beliebt. Mit neu erwachtem Nationalbewußtsein besann man sich auf die eigene Kultur, Geschichte und Heimat. Daher trafen Caspar und Georg Schneider mit ihren Veduten von Mainz und Umgebung sowie den topographischen Ansichten von Aschaffenburg den Geschmack des Mainzer Bürgertums. In seinen „Mainzer Geschichtsbildern" schrieb A. Börckel 1890 zu Caspar Schneider: „Besonders gefielen seine Landschaften, meistens Ansichten von Mainz und Rheingegenden, die er mit großer Wahrheit und Anmuth darstellte und schön staffirte."[66]

Auf der Suche nach Motiven mußten die beiden Schneider nicht weit reisen; sie wandten sich der heimatlichen Landschaft zu, die sie als „Lokalpatrioten" in ihrem Eigenwert zu erfassen suchten. Am Mittelrhein war die Tradition der niederländischen Landschaftsmalerei besonders ausgeprägt. In vielen Mainzer Privatgalerien, z.B. in der Sammlung von Elise Stöhr, bildeten die niederländischen Meister einen Hauptbestandteil; die Vorbildlichkeit der niederländischen Landschaftsmalerei des 17. Jahrhunderts war, wie dargelegt, gerade für die Schneider-Brüder wirksam. Sie nahmen die Landschaft am Mittelrhein durch die Optik der Niederländer wahr. Diese Symbiose aus detailfreudigem Naturalismus der Niederländer und idealer Landschaftsauffassung wurde das Erfolgsrezept der Schneider-Brüder.

Die Zeit um 1800 war eine Zeit des Umbruchs und der kriegerischen Auseinandersetzungen, und doch spiegeln sich die Unruhen dieser Jahre kaum in ihren Bildern wider. Goethe hatte als Augenzeuge das Bombardement von Mainz geschildert,[67] und Künstler wie Georg Melchior Kraus oder Christian Georg Schütz haben auf das Ereignis in ihren Darstellungen Bezug genommen.[68] Auch Georg Schneider hielt 1793 als Chronist die Beschießung von Mainz und von Kostheim in mehreren Versionen fest (Kat. Nrn. 51 und 52), doch wird bei ihm das grauenerregende Geschehen zu künstlich komponierten nächtlichen Effektstücken umgestaltet. Diese Nachtstücke besitzen durchaus einen eigenen ästhetischen Reiz, und eine Anklage ist aus ihnen nicht unmittelbar herauszulesen.[69] Ähnlich wie die von Zeitgenossen gemalten Vesuvausbrüche gelten diese Bilder weniger als Zeitdokumente, sondern sind vielmehr Ausdruck einer künstlerischen Auseinandersetzung mit Nachtszenen und Feuersbrünsten. Daß Georg Schneider zwar den Brand der Kostheimer Kirche bei der Belagerung von 1793 mehrfach festgehalten hat, auf späteren Bildern ebendiese Kirche dann aber doch wieder „in situ" gemalt hat, zeigt, daß es ihm weniger um historische Treue, sondern mehr um die Erfüllung von Publikumswünschen ging. Die von K. Wettengl in Bezug auf Christian Georg Schütz d.Ä. gemachte Feststellung, daß man eher nach Kunstschönheit als nach Wahrheit strebte („man verlangte schöne Erinnerung")[70], läßt sich in Analogie zu den Schneiderschen Ansichten sehen. Die brennende Stadt, die zerstörten Kirchen waren für die Mainzer Bürger furchtbare Realität, und doch war es gerade die Zeit nach der Belagerung, in der, nach der hohen Produktion zu urteilen, die Nachfrage nach idealisierten Landschaften am größten war: „Die harmonischen Landschaften (dienen) leicht als Projektionsfläche auf der Suche nach Idylle und der verlorenen Einheit des Menschen mit der Natur."[71] Die Ideallandschaften boten den Menschen des ausgehenden 18. Jahrhunderts die Möglichkeit zur Rückbesinnung auf eine nicht zerstörte Natur. Schon Gérard de Lairesse hatte zu Beginn des 18. Jahrhunderts in den fiktiven Landschaftsräumen eine Aufforderung an den Betrachter gesehen, sich erheitern und von Schwermut befreien zu lassen: „Was kan einem Menschen mehr angenehm seyn, als wenn er, ohne einen Fuß aus seinem Zimmer zu setzen, die ganze Welt durchwandert. (...) Was ist ergötzender als ein schattichtes Wäldchen/dicke Thier-Gärten, und klare Wasser Bäche, Stein-Felsen, Fontainen, Himmel-hohe Berge, und jähe tieffe Thäler/welches man alles auf einmahl besichtigen kan, und bey deren Beschauung die schwermüthigsten Sinnen hinlänglich Materie finden, ihren Kummer zu vertreiben?"[72]

Die Brüder wußten sich also auf den Geschmack der Käufer einzustellen. Daß sie dabei eklektizistisch gearbeitet haben, war durchaus zeittypisch. Caspar Schneider hatte zu Beginn seiner künstlerischen Laufbahn durch Kopieren gelernt und dadurch unzählige Einflüsse aufnehmen und verarbeiten können. Er entwickelte bei der Gestaltung seiner Ideallandschaften ein kompositionelles Grundschema, das er jeweils den Wünschen seiner Auftraggeber anpassen und ohne Aufwand verändern konnte. Die Austauschbarkeit der Motive offenbart den kompilierenden Charakter seiner Arbeitsweise. Und wenn sich auch Caspar Schneider zu „einem eigenen künstlerischen Wollen nicht emporrafft",[73] so tragen seine Bilder doch unverkennbar eine eigene Handschrift: „Wenn Schneider also auch kein Bahnbrecher ist, ja wenn er selbst in der Bewegung der deutschen Malerei, in den wechselvollen Phasen von 1770 bis 1850, nicht tätigen Anteil hat, so ist doch deutlich seine eigene Fortentwicklung zu spüren. Mit dem künstlerischen Fortschritt innerhalb Mainz hält er Schritt. Er ist jener Zeit für die Gebiete der Malerei, die er pflegte, der tüchtigste Vertreter."[74]

1815 hatte Goethe die Mainzer Gemäldegalerie sowie Privatsammlungen, in denen die Bilder der Schneider-Brüder hingen, besucht. Seine Beurteilung galt damals und gilt auch heute noch: „Die Gemälde des Landschaftsmalers Caspar Schneider vergnügen mit Recht die Liebhaber."[75]

ANMERKUNGEN

1. Müller 1825, S. 27.
2. Über Ursprung und Entwicklung der idealen Landschaftsmalerei vgl. Kurt Gerstenberg, Die ideale Landschaftsmalerei. Ihre Begründung und Vollendung in Rom, Halle 1923.
3. Vgl. Ausst. Kat. Wien 1982.
4. Vgl. Ausst. Kat. Mainz 1986/87; K. Weschenfelder in: Ausst. Kat. Koblenz 1992, S. 16 ff.
5. Vgl. auch Biehn 1975, S. 9.
6. Abb. in Ausst. Kat. Koblenz 1992, S. 14, Abb. 1.
7. Ausst. Kat. Bonn 1960/61, S. 14.
8. K. Weschenfelder in: Ausst. Kat. Koblenz 1992, S. 25.
9. Stadtarchiv Mainz, Nachlaß Nikolaus Müller, Faszikel XIV.
10. Christian Ludwig von Hagedorn, Betrachtungen über die Mahlerey, Leipzig 1762, zitiert nach Ausst. Kat. Köln 1984, S. 165.
11. Johann Georg Sulzer, Allgemeine Theorie der schönen Künste, Leipzig 1771–1774, 4 Bde., zitiert nach Ausst. Kat. Köln 1984, S. 165 f.
12. E. Mai in: Ausst. Kat. Köln 1984, S. 47.
13. Vgl. W. König in: Ausst. Kat. Köln 1984, S. 15.
14. Goethe, Philipp Hackert, Nachträge: Über Landschaftsmalerei, in: Sämtliche Werke Bd. 15, Zürich 1977 (unveränderter Nachdruck der Artemis-Gedenkausgabe), S. 616.
15. Zitiert nach Ausst. Kat. Frankfurt 1994, S. 245, Kat. Nr. 173.
16. Patricia Stahl, Die „Saftleven-Renaissance". Bürgerlicher Kunstgeschmack des 18. Jahrhunderts in Deutschland, in: Ausst. Kat. Koblenz 1992, S. 195 ff.
17. Christian Ludwig von Hagedorn, Betrachtungen über die Mahlerey. Erster Theil, Leipzig 1762, S. 584 f.
18. Johann Wolfgang von Goethe, Dichtung und Wahrheit, Weimarer Ausgabe I, Bd. 26, S. 40.
19. Goethe 1816, S. 75.
20. P. Stahl a.a.O., in: Ausst. Kat. Koblenz 1992, S. 196.
21. zitiert nach P. Stahl a.a.O., in: Ausst. Kat. Koblenz 1992, S. 198.
22. zitiert nach P. Stahl a.a.O., in: Ausst. Kat. Koblenz 1992, S. 202.
23. zitiert nach P. Stahl a.a.O., in: Ausst. Kat. Koblenz 1992, S. 202.
24. Klein 1825, S. 74.
25. a.a.O. S. 75.
26. Verzeichnis der Gemälde-Sammlung Sr. Exzellenz des verstorbenen Herrn Grafen von Eltz, in: Veit 1924, S. 145 ff.
27. P. F. Schmidt in: Neugarten 1922, S. 2.
28. Neugarten 1922, S. 5. Leider ist der Katalog der Versteigerung des Schneiderschen Nachlasses nicht mehr auffindbar.
29. In: Mainzer Unterhaltungsblätter, Nr. 79/80; vgl. auch Klein 1825.
30. Ludwig 1997, S. 169.
31. Verzeichnis der Gemälde-Sammlung Sr. Exzellenz des verstorbenen Herrn Grafen von Eltz, in: Veit 1924, S. 169, Nr. 517.
32. Vgl. Ausst. Kat. Kaiserslautern 1985, S. 13 ff.
33. Klein 1825, S.76.
34. Aus der Fülle der Literatur sei als grundlegendes Werk genannt P. Maisak, Arkadien. Genese und Typologie einer idyllischen Wunschwelt, Frankfurt/M., Bern 1981; zur Definition der „Arkadischen Landschaft" siehe Ausst. Kat. Köln 1984, S. 166 f.; vgl. auch „Et in Arcadia ego. Das Motto der „Italienischen Reise", in: Ausst. Kat. Düsseldorf 1986, S. 331 ff.
35. Ausst. Kat. Köln 1984, S. 166.
36. Ausst. Kat. Düsseldorf 1986, S. 332, Kat. Nr. 301.
37. Schaab 1839.
38. Neugarten 1922, S. 11.
39. K. Wettengl in: Ausst. Kat. Frankfurt 1992, S. 11.
40. Neugarten 1922, S. 5.
41. Biehn 1975, S.13.
42. Schaab 1839.
43. Allgemein zu Georg Schneider vgl. Landschulz 1977, S. 78 ff.
44. Müller 1825, S. 28.
45. Biehn 1975, S. 15.
46. Landschulz 1977, S. 82.
47. Zitiert nach Landschulz 1977, S. 81 f.
48. Mainzer Journal Nr. 155, 5. Juli 1890.
49. Mainzer Journal Nr. 160/161, 13. Juli 1891.
50. Goethe 1816, S. 48.
51. Neugarten 1922, S. 23 ff.
52. Landschulz 1977, S. 105 ff.
53. R. Busch, Caspar Schneider als Porträtist, in: Kurmainzer Bilder, Almanach für das Jahr 1926.
54. Schmidt 1922, S. 14.
55. Neugarten 1922, S. 5.
56. Klein 1825, S. 75.
57. Zitiert nach Neugarten 1922, S. 4; Charles Gore war ein wohlhabender englischer Kaufmann, der in Weimar freundschaftlichen Kontakt zu Goethe pflegte.
58. Die Kopien befinden sich heute im Landesmuseum Mainz.
59. Klein 1825, S. 75.
60. Neugarten 1922, S. 4.
61. Busch 1933, S. 8.
62. Busch 1933, S. 10.
63. Schaab 1839.
64. Schneider 1879.
65. Verzeichniss Mainz 1887.
66. A. Börckel, Mainzer Geschichtsbilder. Von 1816 bis zur Gegenwart, Mainz 1890, S. 80.
67. Johann Wolfgang von Goethe, Belagerung von Maynz, Druck der Eggebrecht-Presse, Mainz 1961 (nach dem Originaltext von 1829), S. 19.
68. Landschulz 1977, S. 98.
69. Vgl. H. Reber, Künstlerische Kriegsberichterstattung in: Ausst. Kat. Mainz 1993, S. 207 ff.
70. K. Wettengl in: Ausst. Kat. Frankfurt a. M. 1992, S. 5.
71. a. a. O.
72. Zitiert nach O. Bätschmann, Entfernung der Natur. Landschaftsmalerei 1750–1920, Köln 1989, S. 242 ff.
73. Neugarten 1922, S. 14.
74. Neugarten 1922, S. 22.
75. Vgl. Anm. 50.

Sigrun Paas

Caspar Schneider als Porträtmaler

„Es steht ihm an der Stirn geschrieben, daß er nicht mag eine Seele lieben" – mit diesem Urteil Gretchens über Mephisto im „Faust I"[1] brachte Goethe das den meisten Menschen unbewußte, instinktiv-archaische Verhalten beim Einschätzen eines unbekannten Gegenübers in weltliterarisches Versmaß.

Seine eigenen naturwissenschaftlichen Forschungen hatten den Dichter 1774 dazu geführt, mit dem Züricher Theologen, Prediger und Physiognomen Johann Caspar Lavater[2] eine Rheinreise zu unternehmen und sich an dessen Projekt einer Deutung der menschlichen Gestalt auf wissenschaftlicher Basis zu beteiligen. Als 1775 Lavaters erster Band der bis 1778 auf vier Bände anwachsenden Untersuchung „Physiognomische Fragmente zur Beförderung der Menschenkenntnis und Menschenliebe" herauskam, erregten die darin publizierten Erkenntnisse großes Aufsehen.[3] Lavater, Pfarrer und Seelenhirte, kam es im Zeitalter der Aufklärung darauf an, den Ausdruck der Seele in Gestalt und Mimik einer Person mit rationalistischen Methoden zu erklären. Vor allem aber hob er den Unterschied zwischen Mensch und Tier hervor, der in vorangegangenen „Physiognomica" von der Renaissance bis zum Barock – von Giambattista Della Porta[4] bis zu Charles Le Brun[5] – fast aufgehoben schien, denn dort betonte man gerade das Gegenteil, nämlich die Analogien zwischen menschlichem und tierischem Ausdruck von Gemütsverfassungen.

Als wichtigstes Studienmaterial für vergleichende Gesichtsstudien dienten, neben den Beobachtungen des Alltages, Werke der bildenden Kunst, vor allem Stiche nach Gemälden und Skulpturen. Lavater meinte sogar, die „Mahlerkunst" sei die „Mutter und Tochter der Physiognomik"[6]. Für seine Abhandlung ließ er sich die zur Anschauung nötigen Illustrationen von dem Berliner Kupferstecher Daniel Chodowiecki[7] anfertigen. Wie weit die allgemeine Diskussion um die „Lesbarkeit" des menschlichen Charakters aus seinem Äußeren verbreitet war, zeigte Frau Rath Goethe, wenn sie meinte: „Physiognomick ohne Kupper was wäre das!"[8] Natürlich nahm die aufgeweckte, alte Dame lebhaft am Tun ihres berühmten Sohnes Anteil.

Es ist zu vermuten, daß diese Diskussion, wenn sie von der Frau Rath in Frankfurter Bürgerhäusern oder am Hofe in Darmstadt geführt wurde, auch unseren Caspar Schneider in Mainz erreichte. Die Kontakte zwischen beiden Städten waren eng genug, so daß sich Neuigkeiten schnell herumsprachen.

Zumindest Nikolaus Müller, stadtbekannter Mainzer Maler und Schriftsteller jener Jahre, äußerte sich in einem Brief an Fr. Müller 1792 über Chodowieckis Bilderzyklen, und so kann man davon ausgehen, daß das Thema in Künstlerkreisen bekannt war.

Schneider mußte just zu jenem Zeitpunkt seinen Lebensunterhalt auf den „Broterwerb" des Porträtmalens verlagern, das von vielen Künstlern abschätzig beurteilt wurde, da als die „eigentliche" Kunst das vielfigurige Historienbild galt. Denn 1779 verlor er seine Stelle als Verwalter der Gemäldesammlung des Dompropstes Graf Eltz, als dieser starb. Ihm fehlte somit ein festes Jahresgehalt von 100 Gulden, das es nun irgendwie zu ersetzen galt.

Schneider muß schon relativ früh die Segnungen des „Kuppers" zu schätzen gewußt haben, das man gut zu Hause in Schubladen verwahren und bei Bedarf zu Rate ziehen konnte. Dies dürfte aus seinem Nachlaß hervorgehen, der bei seinem Tode 1839 versteigert wurde. Neben einer Vielzahl von Ölgemälden (503 Stück) gab es 24 Mappen und über 4000 Blätter Graphik![9]

Jedenfalls trat Schneider in die Geschichte der Kunst zunächst als Bildnismaler mit dem 1779 datierten Porträt eines „Domherrn" (Abb. 1).[10] Rat auf dem Weg der Neuorientierung mag ihm von einem befreundeten Maler in Würzburg, Christoph Fesel[11] gekommen sein, der selbst in Wien studiert hatte. In der römischen Werkstatt Anton Raffael Mengs' hatte er sich weitergebildet und 1792 in Würzburg ein theoretisches Werk, einen Leitfaden zur historischen Malerei für Anfänger veröffentlicht. Wie profund Schneiders eigene Ausbildung in Mainz als Lehrling des Malers Joseph Heideloff war, und ob er überhaupt an der damals in Mainz von dem Mailänder Freskomaler Giuseppe Appiani und dem Bildnismaler Joseph Kaufmann abgehaltenen Unterricht teilnahm, wissen wir nicht.[12] Fesel, sein Würzburger Kollege, malte Porträts, in welchen der traditionell auf Repräsentation angelegte Bildnischarakter im glatten und eleganten Malstil das modernere Psychologisieren noch nicht kennt, das in Schneiders „Domherrn" bereits sichtbar wird. Zwar wurde Schneider für sein erstes bekanntes Bildnis noch mangelndes anatomisches Empfinden attestiert[13], doch kam es ihm offenbar von Anfang an mehr auf eine lebendige Direktheit der Darstellung als auf akademische Korrektheit des Vortrages an. Mit letzterem dürfte er durch seine langjährige Kopistentätigkeit in der Galerie des Grafen Eltz genügend vertraut gewesen sein. Einem Bericht von Nikolaus Müller zufolge muß er sich seiner Fähigkeiten so sicher gewesen sein, daß er für einen Spottpreis seine Kopisten-Dienste anbot, als 1780 die Wiener Maler Anton Hickel[14] und Heinrich Füger[15] in Mainz den Kurfürsten und alle Adligen porträtierten und die Nachfrage nach ihren Bildern nicht aufhörte.[16]

Schneider hatte, mit oder ohne Fesels Anregungen, spätestens um 1779 den Mut gefaßt, mit eigenen Werken eigene Bahnen zu beschreiten. Möglicherweise sind die beiden kleinen Konterfeis der Görtz'schen Kinder (Kat. Nrn. 22, 23) nach dem Bildnis des lustig dreinblickenden Domherrn die nächsten Zeugnisse seiner zukünftigen Karriere als gesuchter Porträtist. Bald darauf wagte er sich vom leichten, harmlosen, weil ungeprägten Kindergesicht im Schutze des Künstler-Milieus an den nächsten Schwierigkeitsgrad: Er malte die Ehefrau des Bildhauerfreundes Sebastian Pfaff[17], Apollonia Pfaff (Kat. Nr. 8), und interpretierte, ganz, als ob er die Lehren der

Abb. 1
C. Schneider, Mainzer Domherr, 1779, Öl/Lwd.,
80 x 62 cm, Landesmuseum Mainz, Inv. Nr. 768

Abb. 2
C. Schneider, Unbekannte Dame, 1817, Öl/Lwd.,
60 x 50 cm, Verbleib unbekannt

Abb. 3
C. Schneider, Herr Lennig, 65 x 50 cm,
Verbleib unbekannt

Lavater'schen Physiognomik bereits kenne, ihre äußere Erscheinung als Abbild des Inneren. Zwar verzichtete er, vielleicht als Konzession an die Künstler-Gattin, hier noch nicht auf allegorisches Beiwerk, doch verliert sich dieses gegenüber der Nähe und Intimität des Antlitzes absolut im Hintergrund. Schneider trat damit den Beweis an, die „unterhaltsamste Fläche auf Erden"[18], das Gesicht, für Modell und Betrachter mehr als zufriedenstellend in Farbe umsetzen und auf Leinwand bannen zu können. Das Bildnis der Apollonia Pfaff, deren Gatte als kurfürstlich Mainzischer Hofbildhauer über glänzende gesellschaftliche Kontakte verfügte, verhalf Schneider zu Folgeaufträgen und zu Schülern.

Gemäß der Hochschätzung, die die Porträtmalerei im Verlaufe der gesellschaftlichen Umwälzungen mit der Französischen Revolution für das nach Macht strebende, selbstbewußte Bürgertum erfahren sollte, verbreitete sich auch in Mainz das Verlangen, der Nachwelt ein verläßliches Bild zu hinterlassen. Hier war Schneider mit seiner Fähigkeit, individuelle, physiognomische Eigenschaften am Rande des Häßlichen durch die Betonung der seelischen Ausstrahlung des Dargestellten zu mildern, der geeignete Künstler (Abb. 2, 3). Fast sollte man meinen, er hätte in den meisten seiner Porträts Lavaters menschenfreundliche Mahnung berücksichtigt: „O Mensch – sieh auf das, was da ist – und nicht auf das, was mangelt – Menschheit in allen Verzerrungen ist immer noch bewunderungswürdige Menschheit."[19]

Physiognomischer Realismus war eine wichtige Begleiterscheinung der Aufklärung. Er sollte die höfisch geprägte, an strengen Regeln orientierte Bildwelt der aristokratischen Gesellschaft durchbrechen und diese in Frage stellen. Als einer der ersten Porträtisten hatte Anton Graff[20] sich bemüht, neue bürgerliche Werte wie Natürlichkeit, Schlichtheit oder geistige Beweglichkeit im Ausdruck einer Persönlichkeit festzuhalten. Das brachte die Notwendigkeit mit sich, in den Bildnissen eine Konzentration auf das Antlitz der Modelle zu versuchen. Als Kupferstecher war Graff lange Jahre zunächst mit Bildniskopien beschäftigt gewesen, hatte sich dann aber zum gesuchten, reisenden Porträtisten entwickelt. Neben ihm war Friedrich August Tischbein[21], der in Paris bei Jacques-Louis David (1748–1825) und Elisabeth Vigée-Lebrun (1755–1842) studiert hatte, ein Porträtist, der Individualität und Ideal miteinander auszusöhnen wußte. Ob Schneider jemals mit Graff oder Tischbein bekannt wurde, ist unerforscht, aber wahrscheinlich, denn in seinem Nachlaß befand sich zumindest ein Gemälde eines „Tischbein"[22]. Daß die Bezugnahmen und Einflüsse, die die Künstler damals aufnahmen und verarbeiteten, gar nicht vielfältig genug gedacht werden können, geht aus ihren Wanderungs- und Reisebewegungen quer durch Europa hervor. Die wichtigsten Ziele für deutsche Künstler waren München und Wien, Rom und Paris und natürlich auch Holland.

Caspar Schneiders Mobilität war, verglichen mit der vieler seiner Kollegen, gering. Ihn hatte es, soviel ist überliefert, auf der Flucht vor den Franzosen 1792 zunächst nach Norden, nach Düsseldorf getrieben. Als er 1793 zum zweiten Mal auswich, ging er nach Mannheim, wo er wahrscheinlich mit Ferdinand Kobell[23] zusammentraf. Dieses Exil hatte er jedoch sicherlich nicht aus Zufall gewählt. Er verband mit dem Unumgänglichen das Nützliche. Kobell war eng mit dem in Paris wirkenden Kupferstecher Johann Georg Wille[24] befreundet, und Schneider maß – als Kopist – den Reproduktionsmethoden allergrößten Wert bei. Dies ist nicht nur aus seiner bis zum Ende seines Lebens zusammengetragenen Kollektion von Stichen ersichtlich, er ließ auch die eigenen Arbeiten reproduzieren, so z. B. in Mannheim seine Ansichten des zerstörten Mainz, wovon er innerhalb weniger Wochen 1000 Exemplare verkaufen konnte. Weitere Reisen führten Schneider über Frankfurt bis nach Erfurt und Weimar. Mit wem und mit was er dabei in Berührung kam, ist wohl nicht mehr abzuklären. Ab 1797 blieb er dann endgültig in Mainz, doch war er hier trotz seines zurückgezogenen Lebens künstlerisch keineswegs isoliert, dafür sorgten seine Auftraggeber, seine Käufer und seine Schüler.

Obgleich die Mainzer Künstlerkontakte eher für Wien, Rom oder Paris zu belegen sind, wäre zu fragen, ob der bei Schneider auffällige physiognomische Realismus, mit dem seine Bildnisse sofort einsetzen, nicht auf englische Einflüsse zurückzuführen ist. Wenn schon keine Kenntnis an Original-Porträts von Malern wie Hogarth oder Reynolds und Gainsborough[25], den beiden Nachfahren des eleganten van Dyck-Stiles, für Schneider nachzuweisen ist, so kann man aufgrund seiner Kontakte und der weitverbreiteten Mode, Stiche zu sammeln, wohl davon ausgehen, daß er Reproduktionen ihrer Werke kannte. In seinem Bildnis des kleinen Reichsgrafen von Ingelheim (Kat. Nr. 11) ist sicherlich nicht nur in der Eleganz des Stofflichen eine Anspielung auf van Dyck zu sehen, sondern in der Frontalität und Schrittstellung des Knaben ein Hinweis auf den berühmten „Blue Boy" (1770) Gainsboroughs.[26]

Während der französischen Besetzung und der „Mainzer Republik" wurde der künstlerische Austausch mit Frankreich, vor allem Paris, so eng, daß in Mainz wohl kein Künstler davon unberührt blieb. Schneiders Freunde und Malerkollegen Johann Jakob Hoch[27] und dessen Bruder Georg Friedrich[28] hatten in Wien und dann in Rom und schon vor der Französischen Revolution in Paris studiert. Nikolaus Müller[29], Theatermaler, Schriftsteller und Kunstsammler, dessen kritischer Blick manche von Schneiders Gemälden später hart beurteilte, war in seiner glühend-revolutionären Einstellung als Soldat mit den französischen Truppen 1793 nach Paris gezogen und Schüler von David geworden. Ihm nach tat es später ein Schüler von Schneider, Johann Adam Ackermann[30], allerdings versehen mit Empfehlungen des letzten Mainzer Kurfürsten Karl Theodor von Dalberg[31]. Freiherr Karl August von Klein[32], der ebenfalls von Schneider unterrichtet wurde, hatte als begabter Dilettant bei seinem Lehrer Perfektion im Zeichnen gesucht, um seine Erfindung der „Chorographimetrie", der Vereinigung von Zeichenkunst und Geometrie, zu vervollkommnen. 1817 war er in Paris. Französische Künstler wurden aber nicht nur in Paris aufgesucht, sie kamen als künstlerisch Gebende auch in die Rhein-Main-Region. So beschäftigte z. B. von Dalberg als Hofmaler in Frankfurt den Regnault-Schüler Joseph Chabord[33].

Auffällig ist, daß aus Schneiders Bildnissen nach 1800 alles Teigige, Pudrige und Weiche, alle Merkmale des Rokoko verschwunden sind. Dies rührt nicht von der modisch angepaßten Kleidung und Aufmachung der Dargestellten her, sondern ist auf Schneiders veränderte Malweise zurückzuführen. Von der präzisen Kühle des Klassizismus David'scher Prägung angehaucht, zeichnen sich Schneiders Porträts mehr und mehr durch genaue Unterscheidung des Materiellen, dessen stofflicher Qualität und seiner haptischen Eigenschaften aus. Eines der wunderbarsten Beispiele hierfür ist das Bildnis der Ottilie Margarete Lennig als Braut, die später den Kaufmann Johann Friedrich Memminger heiratete und Mutter von neun Kindern wurde (Abb. 1, Kat. Nr. 43). Hier ist Schneider ein einziges Mal dem Geheimnis Davids auf der Spur, in dessen Bildnissen sich die vitale und die psychische Natur der Modelle zu einer stillebenhaften Feinheit verdichtet. Die Charakterisierung auf einen Blick umfaßt das Individuelle und das Dekorative und scheint ein Lehrstück für Goethes Behauptung, daß „die Gestalt des Menschen der beste Text zu allem…, was sich über ihn empfinden und sagen läßt", sei.[34] Fräulein Lennigs Blick aus halbgesenkten Lidern, ihr zum Lächeln gefrorenes kleines Mündchen, das runde, mollige Gesicht, das trotz ihrer Jugend bereits den Ansatz eines Doppelkinns zeigt, ihre sorgsam drapierten Löckchen, der Pelzbesatz ihres Kleides und die feinen, langgliedrigen und zugleich fleischigen Finger zeigen uns, trotz fehlender weiterer Attribute, eine Dame der Mainzer Gesellschaft, die ihren Reichtum selbstbewußt, wenn auch nicht ganz selbstverständlich, gerade noch der gebotenen bürgerlichen Zurückhaltung angepaßt, sichtbar macht. Bedenkt man, zu welcher Beseelung der Augen Schneider in anderen Porträts fähig war, erkennt man hier die Barriere des Psychischen, an der er anhält. „L'oeil est la face de la face" – „das Auge ist das Gesicht des Gesichtes", das Credo der Physiognomiker wird hier als negatives Exempel statuiert. Schneider beweist mit diesem Porträt, daß er das Einmaleins des Abbildens, das „protrahere", das „Hervorziehen" der Charaktermerkmale seines Gegenübers, seiner Erkenntnis und seinem Willen dienstbar machen konnte.

Die mit der Aufklärung eingetretene Tendenz zur Nüchternheit in der Darstellung von Personen nahm mit der fortlaufenden Verweltlichung und dem Schwinden des Glaubens an die Macht der Symbole zu. So finden sich in den Bildnissen, die Schneider von seinen meist bürgerlichen Auftraggebern malte, kaum noch Attribute ihres Standes, meist sind sie vor einen dunklen, leer bleibenden Hintergrund gesetzt. Selbst das Porträt des Grafen Eltz (Kat. Nr. 13) kommt ohne jedes äußere Machtsymbol aus, man sieht weder eine herrschaftsbetonende Säule, noch kostbare Draperien, noch eine heroische Landschaft im Hintergrund. Allein im Porträt des Mainzer Historikers Schaab spielt das Beiwerk als Stilleben aus Briefen und den von ihm verfaßten Büchern eine Rolle, vielleicht auf Wunsch des Dargestellten selbst, dem man eine gewisse Eitelkeit bescheinigte (Kat. Nr. 40). Bücher und Dokumente sind hier aber auch Zeichen des Geistes, mit dessen Hervorhebung sich das Bürgertum über die alten Standesgrenzen hinweg legitimieren wollte.

Schneider malte seine Porträts in einer Epoche, in der die klassischen Werke der Anthropologie als Grundlagen der wissenschaftlichen Erforschung des Menschen publiziert wurden. Kant, Herder, Reinhold, Forster und von Humboldt veröffentlichten zwischen 1755 und 1810 ihre Schriften. Ob Schneider sie nun kannte oder nicht, dürfte nur insofern interessant zu wissen sein, als man dem Künstler keine allzu große Geistestiefe nachsagte.[35] Viele Maler, und wohl auch Schneider, nahmen die Bedeutung der menschlichen Züge eher intuitiv auf, ohne sich theoretisch mit der Physiognomik zu beschäftigen. Wie Gretchen in Goethes Faust sog die Mehrheit der Künstler ihre Menschenkenntnis wohl bereits mit der Muttermilch ein und beurteilte das menschliche Gegenüber im natürlichen Verlangen, eine Einheit zwischen Äußerem und Innerem, zwischen Form und Inhalt, zwischen Körper und Seele herzustellen. Daß in übertreibenden Grenzfällen Häßlichkeit mit Laster und Schönheit mit Tugend gleichgesetzt wurde, – wie Hogarth dies in seinen berühmten Stichfolgen vorführte – dagegen wehrte sich einer der schärfsten Kritiker der dogmatischen Physiognomik, der Göttinger Physiker Lichtenberg.[36]

Betrachtet man Schneiders Porträts, so kann man nicht bestätigen, daß er die Lehrmeinung Lavaters, wonach die körperliche und moralische Schönheit eins seien, durchweg illustrierte. Wenigstens in den Porträts seiner männlichen Modelle macht sich jedoch bemerkbar, daß ihm die Diskussion um die Form des geistigen und seelischen Ausdruckes bewußt war, denn er brachte von Anfang an die Stirn seiner Modelle ins rechte Licht. Das anthropologische Forschungsfeld wurde zu Schneiders Zeit von vielen Aspekten her angegangen. So hatte der Arzt Franz Joseph Gall (1758–1828) 1798 in einem Artikel im „Neuen Teutschen Merkur" seine Erkenntnisse zu Grundsätzen einer Schädellehre zusammengefaßt.[37] Demnach hatten die Fähigkeiten und Neigungen eines Menschen ihren Sitz im Gehirn, sie waren ihm angeboren, im Gehirn topographisch lokalisierbar, und die relative Größe dieser einzelnen „Gehirnorgane" war verantwortlich für die Leistungsstärke der jeweiligen Fähigkeit – je größer, desto besser. Infolge solcher Lehren machte sich bei den Porträtisten die Gewohnheit breit, bedeutende Männer mit großen Köpfen und hoher, gewaltiger, idealisierter Stirn darzustellen. Dem menschlichen Haupt und vor allem der Stirn, unter der sich die „Steuerungszentrale" befindet, kam als topographischem Ort der Gedanken und Empfindungen im Porträt mehr und mehr Bedeutung zu. Das Herausschälen der inneren Werte des Menschen war ein Wesenszug des deutschen Idealismus, der sich vor allem im Porträt offenbarte, auch in seinen bescheidensten Ausformungen. Auge und Stirnpartie galten als Ausdruck von Geist und Seele, und auch Schneider hat sie so aufgefaßt. Der Glanz des Geistigen liegt als Licht auf den Schädeln seiner Männerporträts, und so gibt er ihnen, am deutlichsten im Bildnis des Historikers Schaab, einen Anflug der „auffälligen Familienähnlichkeit aller Hochbegabten", die Schopenhauer in den großen Köpfen und Stirnen der Genies feststellte: „...so gibt dies ihren hohen Stirnen und ihrem klaren, schauenden Blick, als welche dem Dienste des Willens und seiner Not nicht untertan sind, jenen Anstrich großer, gleichsam überirdischer Heiterkeit, welcher zu Zeiten durchbricht...".[38]

Die von Schopenhauer konstatierte „überirdische Heiterkeit" ist in Schneiders Bildnissen bestenfalls in dem Porträt Schaabs zu entdecken, sonst lächeln seine Auftraggeber eher diesseitig. In Schneiders Selbstbildnis, das wegen der Überbetonung der hohen Stirnpartie wohl auch unter dem Aspekt der Deutung des Künstlergenies angesehen werden muß, zeigt der Künstler sich mit verkniffenem griesgrämigen Mund (Kat. Nr. 41). Die kahle Schädelfront findet sich übrigens auch auf anderen seiner Bildnisse, ist dort aber eher als Ansatz einer Glatze zu interpretieren. Nichts ist hier spürbar vom Losgelöstsein aus den irdischen Zwängen. Keine Heiterkeit verklärt dieses Antlitz. Doch zeigt sich in seiner Mimik auch nicht der Misanthrop, der Menschenfeind, von dessen teuflischer Ausformung Gretchen sagte, es stünde ihm „an der Stirn geschrieben, daß er nicht mag eine Seele lieben." Der um die 70 Jahre alte Künstler gibt sich auf diesem Bildnis in nichts, auch nicht in einem einzigen Attribut, als Künstler zu erkennen. Wäre nicht die hohe gefurchte Stirn mit den grüblerisch geformten Brauen und dem wachen hellen Blick darunter, würden wir hier lediglich einen biederen, braven Bürger sehen. Als solcher, aber kauzig und schrullig, wird Schneider auch von seinen Zeitgenossen beschrieben. Sein „Testament – ein Jahr vor seinem Tod gefertigt – zeigt ihn als überlegten Menschen, aber auch als gutmütige, dankbare Natur, die die Arbeit und Mühen nicht vergißt, die an ihm ... geleistet wurden."[39]

In Kenntnis der Bilderwelt, die Caspar Schneider seit dem Farbenreiben seiner Lehrjahre umgab, hätte er sich, wie manche seiner Kollegen, in dramatischer oder theatralischer Pose, vor der Staffelei oder wenigstens vor dem Hintergrund seiner geliebten Rheinlandschaften darstellen können – man hätte ihm eine solche Geste der Selbsteinschätzung nicht übel genommen, ja sie vielleicht von ihm erwartet. Schließlich war er in seiner Zeit und in seiner Generation unter den Bildnismalern seiner Heimatstadt wohl der Beste. Statt dessen kein Hinweis auf all dieses. In der Bescheidenheit, die Schneider in seiner Selbstdarstellung äußerte, mag deshalb vielleicht auch die Einschätzung seiner eigenen Kunst im Verhältnis zu den großen Meistern, die er sehr wohl kannte, studiert und kopiert hatte, mitschwingen. Die „große Welt" hatte ihn nicht verlocken können, er war im Lande geblieben, das ihn redlich ernährt hatte.

ANMERKUNGEN

1 Johann Wolfgang von Goethe (1749–1832), Faust. Der Tragödie erster Teil, in: Werke, 1806–1808, Bd. 8.
2 Johann Caspar Lavater (1741–1801).
3 Johann Caspar Lavater, Physiognomische Fragmente zur Beförderung der Menschenkenntnis und Menschenliebe, Bd. I–IV, Leipzig/Winterthur 1775–78.
4 Giambattista Della Porta, De Humana Physiognomia, Vico Equense/Neapel 1586.
5 Charles Le Brun (1619–1690), Conférence sur l'expression générale et particulière des passions, Paris 1687.
6 op. cit. Bd. I, 1775, S. 54.
7 Daniel Chodowiecki (1726–1801), seine Stiche in: op. cit., Bd. II, 1776.
8 Albert Köster (Hrsg.), Briefe der Frau Rath Goethe, Leipzig 1904, Brief Nr. 25 vom 26.6.1778.
9 Hans Klier, J. K. Schneider, Ein Mainzer Maler und Sonderling, Mainzer Zeitung, März 1934.
10 Landesmuseum Mainz, Inv. Nr. 768, Neugarten 1922, WV-Nr. 125, bez. „C. Schneider pinx. 1779".
11 Christoph Fesel (1737–1805).
12 Neugarten 1922, S. 3 f.
13 Neugarten 1922, S. 16.
14 Anton Hickel (1750–1798).
15 Heinrich Füger (1751–1818).
16 Neugarten 1922, S. 3.
17 Sebastian Pfaff (1747–1794).
18 Georg Christoph Lichtenberg (1742–1799).
19 Lavater, op. cit., Bd. I, 1775, S. 166.
20 Anton Graff (1736–1815).
21 Friedrich August Tischbein (1750–1812).
22 Neugarten 1922, S. 5. Von welchem der drei malenden Tischbeins das Bild war, ist nicht auszumachen.
23 Ferdinand Kobell (1740–1790).
24 Johann Georg Wille (1715–1808).
25 William Hogarth (1697–1764), Sir Joshua Reynolds (1723–1792), Thomas Gainsborough (1727–1788).
26 San Marino, Kalifornien.
27 Johann Jakob Hoch (1750–1829).
28 Georg Friedrich Hoch (1751–1812).
29 Nikolaus Müller (1770–1851).
30 Johann Adam Ackermann (1781–1853).
31 Landschulz 1977, S. 147.
32 Freiherr Karl August von Klein (1794–1870).
33 Joseph Chabord (1786–1848); Ausst. Kat. Mainz 1982, S. 46.
34 Zit. nach Paul Ortwin Rave, Das geistige Deutschland im Bildnis. Das Jahrhundert Goethes, Berlin 1949, S. XII.
35 Neugarten 1922.
36 Georg Christoph Lichtenberg (1742–1799); auch von ihm gehen Wege nach Mainz, die Tochter seines Assistenten, die Blumenmalerin Friederike Braun, verheiratete sich nach Mainz.
37 Franz Joseph Gall, Des Herrn Dr. F. J. Gall Schreiben über seinen bereits geendigten Prodomus über die Verrichtungen des Gehirns der Menschen und Thiere an Herrn Joseph Freiherr von Retzer, in: Der Neue Teutsche Merkur, 12. Stück, Dezember 1798, S. 311–332.
38 Arthur Schopenhauer (1788–1860), Die Welt als Wille und Vorstellung, 1819, zit. nach Norbert Borrmann, Kunst und Physiognomik. Menschendeutung und Menschendarstellung im Abendland, Köln 1994, S. 95.
39 Neugarten 1922, S. 5.

Norbert Suhr

Zeichnungen, Aquarelle und Gouachen Caspar und Georg Schneiders

Von der Naturstudie zum Gemälde

Die Trennung der Œuvres der beiden Brüder Caspar und Georg Schneider in Ölgemälde und Arbeiten auf Papier ist eine äußerliche, von neuzeitlichen museologischen Gesichtspunkten geleitete.[1] Sie läuft Gefahr, die unterschiedlichen Funktionen der Aquarelle und Gouachen einerseits, der lavierten oder leicht aquarellierten Zeichnungen sowie der Skizzen andererseits zu nivellieren. Tatsächlich haben wir es bei den graphischen Arbeiten der beiden Brüder mit drei Gruppen zu tun. Die Funktion der Aquarelle und Gouachen als Gemäldeersatz wird dort deutlich, wo Landschaften oder Veduten von Anfang an als Pendants konzipiert wurden, wo sie von den Künstlern selbst mit einer einen Rahmen imitierenden Einfassung versehen wurden oder wo sie die Dimensionen von Gemälden annehmen. Die Ausbildung der Gouache zum Gemälde ist ein Zeitphänomen, dem wir bei Christian Georg Schütz d. Ä., Jakob Philipp Hackert, Johann Ludwig Aberli und vielen anderen gleichzeitigen Malern begegnen.[2] Gleichwohl gibt es einen, über das Äußerliche der Malmittel hinausgehenden und die Trennung rechtfertigenden Unterschied: Die Arbeiten auf Papier sind durchweg von größerer topographischer Treue als die oft nicht näher lokalisierbaren Gemälde, d. h. sie hängen enger mit dem Entstehungsprozeß, der Bestandsaufnahme an Ort und Stelle, zusammen und gehörten damit einem niedrigeren Rang an als die idealisierten Landschaften. Ausnahmen mögen einige, vielleicht frühe Aquarelle und Pinselzeichnungen Caspar Schneiders bilden, die thematisch von Johann Georg Wille und seinem Kreis, wohl über den Weg der Druckgraphik, beeinflußt sind. Aber anders als in den Ölgemälden begegnen uns in Zeichnung, Aquarell und Gouache phantastische Rheinlandschaften in der Nachfolge des älteren Christian Georg Schütz nur ausnahmsweise.

In Ausführungsgrad und Technik von diesen für die Wand bestimmten Gouachen und Aquarellen zu unterscheiden ist eine zweite, möglicherweise zufallsbedingt kleinere Gruppe von Feder- und Pinsel- oder reinen Pinselzeichnungen und leicht aquarellierten Federzeichnungen Caspar Schneiders. Sie stehen im Grad ihrer Durchbildung zwischen Bleistift- und Federskizze und den Gouachen und dienten wohl der Vorbereitung von Gemälden mit idealen Landschaften und bukolischer Staffage. Die dritte Gruppe, diejenige der Skizzen, ist in größerem Umfang erhalten, kaum in Einzelblättern, vielmehr in Skizzenbüchern beider Brüder. Diese an Ort und Stelle gefertigten Zeichnungen von Landschaften, Städten und Bauten sind in Technik und Ausführungsgrad selbst wiederum sehr unterschiedlich. Bleistift, Feder und Pinsel werden verwendet, und das Spektrum reicht von der schnell notierten Umrißzeichnung bis zur bildhaft wirkenden Pinselzeichnung. Allerdings ist das höchst aufschlußreiche Skizzenmaterial chronologisch ungleichmäßig verteilt. Während wir von Caspar Skizzenbücher wohl erst aus seiner späteren Schaffensphase besitzen, sind von Georg zwei aus den Jahren 1792/93 bekannt.

Die Problematik der Händescheidung zwischen beiden derart eng zusammenarbeitenden und stilistisch ähnlichen Künstlern betrifft auch ihr graphisches Werk. Dies gilt vor allem für ihre Gouachen, für die in einigen Fällen nur Zuschreibungsvorschläge gemacht werden konnten. Um so wichtiger sind ihre Skizzen, in denen sie ihre individuelle Handschrift und ihre Intentionen deutlicher ausprägten.

Im ganzen ist die Chronologie des zeichnerischen Werkes Georg Schneiders besser abgesichert als im Falle Caspar Schneiders. Das mag, wie bei den Skizzenbüchern, Zufällen der Erhaltung geschuldet sein. Während wir, auch bei den autonomen Arbeiten auf Papier, über Georgs Anfänge sehr viel besser informiert sind und seine „Entwicklung" weiterverfolgen können, ist dies bei Caspar Schneider nur lückenhaft und hypothetisch möglich.

Abb. 1
C. Schneider, Der
Drususstein in Mainz,
Aquarell, verschollen

Abb. 2
C. oder G. Schneider, Bauernhaus am
Gewässer mit Staffage und Booten, Aquarell

Caspar Schneider

Nur wenige Arbeiten Caspar Schneiders auf Papier sind datiert. Auch dürfen bauliche Zustände von ihm festgehaltener Architekturen nicht zu vorschnellen Schlüssen verleiten und können nur mit Vorsicht als Datierungshilfen herangezogen werden. Wiederholt haben er und auch sein Bruder das Stadtbild von Mainz und einzelne Bauten in einem Zustand wiedergegeben, der mitunter Jahrzehnte zurücklag. Auch wenn man Elsa Neugartens, mit Stilbegriffen verbundener Periodisierung nicht folgen mag, so bilden doch die von ihr beschriebenen stilistischen Wandlungen ein tragfähiges Gerüst. Wie oft bei derartigen veralteten Œuvreverzeichnissen, sind viele Werke inzwischen vernichtet oder verschollen, während andere hinzugekommen sind, die Elsa Neugarten nicht kannte. Dazu gehört auch das erstmals hier publizierte Aquarell von 1787 im Stammbuch der Marianne Kraus (Kat. Nr. 61). Es ist die früheste datierte, uns bekanntgewordene Arbeit auf Papier, und sie legt den Schluß nahe, daß sich Malerei in Öl und in Aquarell anfangs parallel entwickelten. Denn in dieser Zeit suchte Caspar Schneider auch in Ölgemälden, das Naturgefühl der Empfindsamkeit mit den gleichen nächtlichen Beleuchtungseffekten zu inszenieren. Aber im Gegensatz zu den gleichzeitigen Mondscheinlandschaften (Kat. Nrn. 15–17), die die Kulisse für eine figurenreiche Staffage bilden, fließen in das Aquarell mit seiner Beschränkung auf eine Hirtengestalt elegisch-bedeutungsvolle Bezüge ein. Das Stammbuchblatt setzt bereits eine gefestigte Beherrschung der Zeichnung voraus. Sie scheint Schneider zunächst in der Vedute erprobt zu haben. 1780 schuf er eine nicht mehr nachweisbare Ansicht des Dalheimer Klosters bei Mainz.[3] Mit Elsa Neugarten ist auch ein kleines Aquarell des Mainzer Drusussteines früh, vielleicht ebenfalls um 1780, anzusetzen (Abb. 1).[4] Die dunkle Vordergrundzone links, der schüttere Randbaum und die puppenhaft-steifen Staffagefiguren verraten anfängerhafte Züge. Naturbeobachtung und vereinheitlichte Räumlichkeit sind vollkommen zugunsten des dekorativen Aspekts zurückgedrängt.

Diesen frühen Jahren könnte auch das Aquarell „Bauernhaus am Gewässer mit Staffage und Booten" angehören (Abb. 2).[5] Seine dilettantischen und von bestimmten Mustern abhängigen Züge erschweren eine Zuschreibung. Es könnte auch eine Arbeit Georg Schneiders sein. Wichtiger als diese offene Frage ist die Tatsache, daß das Aquarell die Kenntnis von Graphiken eines Künstlerkreises belegt, der bisher nicht für das Frühwerk der beiden Brüder berücksichtigt wurde: Es greift, möglicherweise durch Druckgraphiken vermittelt, ein Motiv auf, das im Pariser Kreis um Johann Georg Wille (1715–1808) immer wieder bearbeitet wurde. Pittoreske Bauernhäuser oder Hütten wie auf diesem Aquarell wurden auf Exkursionen Willes mit seinen Schülern im weiteren Umkreis von Paris, in der Normandie und Picardie, vor der Natur studiert. Über ihre Funktion als reine Studien hinaus wurden diese halbverfallenen Architekturen zu Metaphern des Natürlichen, Unverdorbenen, Arkadisch-Idyllischen, nachdem sie schon im Barock die Gegenwelt zum Palast gebildet hatten.[6] Die Methodik Willes und seiner Schüler, darunter Johann Ludwig Aberli, Jakob Philipp Hackert, Ferdinand Kobell, Franz Edmund Weirotter und Adrian Zingg, derartige holländisierende Motive in der eigenen Umgebung, mit Ferdinand Kobells Worten: „Wouwermanns Hütten"[7], aufzusuchen, dürfte auch für die Brüder Schneider modellhaft gewesen sein. Das Sujet könnten sie über Radierungen Ferdinand Kobells und Franz Edmund Weirotters kennengelernt haben, die sich möglicherweise in Caspar Schneiders umfangreicher Graphiksammlung befanden.

Die mit dem Bauernhaus- und Hütten-Motiv verbundenen Konnotationen kamen in der idyllisierenden und leuchtend farbigen Behandlung des Themas zum Ausdruck. Dies charakterisiert auch unser Aquarell, bei dem Natur und Gebäude eine Einheit bilden, Mensch und Tier friedlich zusammenleben, der Mensch das für seinen Unterhalt Notwendige in der Natur findet.

Neben diesem, auf die Anfänge der Brüder Schneider ein Licht werfenden, künstlerisch allerdings weniger bedeutenden Aquarell, gibt es Hinweise auf andere Quellen: In den Skizzenbüchern Caspar Schneiders (Kat. Nrn. 91, 92) finden sich Kopien nach Radierungen Nicolaes Berchems, Karel Dujardins, Salvator Rosas und Anthonie Waterloos. Dies entsprach den Gepflogenheiten an Zeichenschulen und Akademien und wohl auch an der Mainzer Zeichenakademie, über die wir so wenig wissen. Die Namen der Vorbilder und das Vorgehen Schneiders überhaupt erinnern an Salomon Geßner, der 1770 in seinem an Johann Kaspar Füßli gerichteten Brief über die Landschaftsmalerei schrieb: „Ich wagte mich zuerst an die Bäume; und da wählte ich mir vorzüglich den Waterloo ... Ich übte mich in seiner Manier so lange, bis ich in eigenen Entwürfen mit Leichtigkeit mich ausdrückte. Indessen versäumte ich nicht, nach andern zu arbeiten, deren Manier nicht des Waterloo, aber nichtsdestoweniger glückliche Nachahmung der Natur war; ich übte mich darum auch nach Swanefeld und Berghem."[8] Noch Schneiders Schüler Johann Caspar Anton Dillenius (1791–1869, vergl. Kat. Nr. 157) kopierte u. a. nach Radierungen Ferdinand Kobells[9] und Anthonie Waterloos, was auch einen Hinweis auf Caspar Schneiders Orientierung gibt. Die frühe, in das Jahr 1786 datierte Supraporte mit der Rüdesheim-Vedute (Kat. Nr. 19) macht deutlich, daß er geradezu eklektizistisch verfuhr. In ihrer Komposition ist sie Christian Wilhelm Ernst Dietrichs (Dietricys) (1712–1774) „Flußlandschaft mit Ruine" und Christian Georg Schütz'd. Ä. (1718–1791) gleichnamigem Gemälde verpflichtet.[10] Dieser Landschaftstypus der „Flußlandschaft mit Ruine" geht auf die niederländischen Italianisanten des 17. Jahrhunderts zurück.[11] Doch die Rüdesheim-Vedute verdeutlicht auch, daß dieses Aufgreifen der Vorbilder nicht Ziel sondern Methode war. Mit ihren Kompositionsformeln und den hollandisierenden malerischen und zeichnerischen Mitteln hielt man eine Landschaft fest, die es tatsächlich vor den Mauern von Mainz gab, die man nicht zu erfinden, sondern in den Bildern nur mehr oder weniger zu verändern, der man eine Wendung ins „Pittoreske" zu geben brauchte. Damit waren die an ein Landschaftsbild gestellten fortschrittlichen zeitgenössischen Kriterien von „Wahrheit" und ästhetischer Wirkung erfüllt. Die Situation erinnert an diejenige in Mannheim, in dessen Umgebung Ferdinand Kobell „Schwanefelds Landschaften" fand. Daneben bestand im Werk Caspar Schneiders stets die ideale Landschaft fort, wie noch zu zeigen sein wird von intensivem Naturstudium begleitet, für das uns allerdings Belege aus seinen frühen Jahren fehlen.

Eine weitere Voraussetzung bildete offensichtlich die um die Mitte des 18. Jahrhunderts in Städten wie Frankfurt a. M., hier mit Christian Georg Schütz d. Ä., aufkommende Gattung der mehr oder weniger realistischen Architekturvedute. In Mainz war Johann Jakob Hoch (1750–1829) für Caspar Schneider hierin wohl beispielgebend, wenn man sein frühes Aquarell des Peterstores von 1770

Abb. 3
Johann Jakob Hoch,
Das Peterstor in
Mainz, 1770, Aquarell

Abb. 4
Christian Georg Schütz d. Ä., Blick auf die Hl. Kreuz-Kirche und Mainz, Öl/Lwd., Bayerische Staatsgemäldesammlungen, Staatsgalerie Schloß Johannisburg, Aschaffenburg, Inv. Nr. 6565

(Abb. 3)¹² berücksichtigt. Streng planparallel gebaut, gibt es einen nüchtern-realistischen Blick auf einen vergleichsweise unspektakulären Abschnitt der nördlichen Stadtmauer von Mainz.

Caspar Schneiders großes Aquarell der beschädigten Dominikanerkirche in Mainz von 1793 (Kat. Nr. 64) ist schon derart entwickelt, daß ein umfangreiches zeichnerisches Werk vorausgegangen sein muß, zumal, wenn man berücksichtigt, daß er damals bereits 40 Jahre zählte. Zugleich eröffnet das Aquarell thematisch einen Bereich, dem sich der Künstler mindestens zwei Jahrzehnte lang widmete – die Darstellung einzelner, meist ruinöser Bauten. Das noch relativ unkompliziert und bildparallel komponierte Aquarell ist von aufgehellter Farbigkeit, berücksichtigt die Lichtführung und versucht, den Bau in seiner Räumlichkeit zu erfassen. Feine Federstriche arbeiten Details wie Maßwerkfenster und Steine heraus. Den „Realismus" der Sichtweise unterstützt die hier noch sparsame, aber sicher gezeichnete Staffage. Ihr wird in einigen späteren Aquarellen dieses Themenbereichs zunehmend mehr Raum gewährt. Trotz realistischer Züge ist sie nicht ohne inhaltliche Bedeutsamkeit: Die vor der Kreuzigungsgruppe kniende Familie mag Dankbarkeit über die gerade überstandene Kriegsnot ausdrücken. Perspektivische Schwächen hat Caspar Schneider nie völlig überwunden. Sie werden hier deutlich in dem weitwinkelartig wiedergegebenen Kirchenschiff, das an der Stelle zwischen Bresche und erhaltenem Gewölbejoch umzubiegen scheint, um den Blick in das Innere zu ermöglichen. Das heißt, daß es der Künstler nicht verstand, die möglicherweise auf mehreren Einzelstudien aus unterschiedlichen Richtungen basierende Komposition zu einer perspektivischen Einheit werden zu lassen. Jedenfalls weist diese nüchterne Vedute nicht mehr jene Elemente auf, die Caspars Anfänge als Landschaftsmaler in den achtziger Jahren prägten: Dunkeltonigkeit, verschwimmende Übergänge, spätbarocke Kompositionsschemata und phantastische oder zumindest frei wiedergegebene Architekturen.

Noch vor dem Aquarell der Dominikanerkirche könnte Schneider die Vedute mit der unzerstörten Hl. Kreuz-Kirche und der Stadt Mainz im Hintergrund gemalt haben (Kat. Nr. 62). Christian Georg Schütz d. Ä. hatte 1786 exakt diesen Blick in einem Ölgemälde festgehalten, doch noch von einem fiktiven, erhöhten Augenpunkt aus (Abb. 4). Er ist in Schneiders Aquarell deutlich abgesenkt, daran zu ermessen, daß die Kirche bei ihm den Horizont überragt, und dem Himmel ist dadurch mehr Fläche eingeräumt. Doch damit nicht genug: Das Aquarell erscheint streng rational und zugleich raffiniert komponiert. Im Gegensatz zum Gemälde Schütz' liegt die Kirche am äußersten linken Rand, aber alle Linien des Vorder- und Mittelgrundes – Wege, Feldraine und Baumreihen – fluchten in ihr; der Blick schweift vom Randbaum rechts zu dem Sakralbau links, der somit doch zum Hauptmotiv wird. In Schützens Gemälde gilt dem Vordergrund besondere Aufmerksamkeit, betont durch die Staffage. Doch ist er durch geschwungene Wege, Terrainerhebungen und Hohlwege phantastisch überhöht und sehr viel stärker bewegt als in Schneiders Aquarell. Sein Randbaum wirkt allerdings wie eine Paraphrase des Baumes im Gemälde des Vorgängers, so daß die Annahme naheliegt, Schneider habe Schützens Gemälde gekannt. Über diesen Einzelfall hinaus wirft das Detail ein Licht auf die kunsthistorische Stellung der beiden Maler zueinander: Schneider ging einerseits über Schütz hinaus, übernahm andererseits aber einzelne Bildelemente von ihm. Auch ist, der Topographie entsprechend, die Stadtsilhouette im Gemälde Schneiders weiterweggerückt und in ihren Konturen aufgelöst und damit der Einwirkung des Lichtes Rechnung getragen. Klarere, ruhigere Konstruktion der Landschaft, Berücksichtigung atmosphärischer Qualitäten und deutlichere Naturnähe unterscheiden Schneider von seinem Vorgänger, was bei einem Motiv besonders deutlich wird, das beide bearbeiteten. Es scheint, als suchten Caspar und Georg Schneider mit ihren Stadtveduten geradezu die Auseinandersetzung mit dem einer älteren Generation angehörenden Vorgänger. Wenn sie Mainz von Weisenau, also von Süden aus, von Hochheim, also von Osten aus, oder von Norden, wenn sie Kloster Rupertsberg oder Oppenheim malten, so wandelten sie auf den Spuren Christian Georg Schütz' d. Ä. Aber indem sie den Augenpunkt niedriger legten, auf die barocke „Kavalierperspektive" verzichteten, die Landschaft klarer gliederten, sie unter einem blauen Himmel in hellere Farben tauchten und sie mit sparsamerer Staffage versahen, brachen sie zugleich mit der Schützschen Tradition. Die Veduten, die Schütz noch im Auftrag des Hofes ausführte, wandelten sich bei den Schneiders in „bürgerlich-idealistische".

Das prachtvolle Aquarell der Mainzer Liebfrauenkirche (Kat. Nr. 65) dürfte bald nach 1793 entstanden sein, denn mit ihm setzen sich die Tendenzen des Aquarells der Dominikanerkirche fort und verstärken sich. Die Komposition stellte höhere Anforderungen an Perspektive und Detailgenauigkeit; die Farbigkeit ist noch klarer, bunter, die Räumlichkeit geklärter, die Konturen sind äußerst präzise und die Staffage reicher. Sie bestätigt auch mit ihren Uniformen eine Datierung kurz nach 1793, vielleicht sogar in das Jahr 1794, denn in der von Hermann Schneider verfaßten kurzen Biographie des Bruders heißt es: „Das Jahr 1794 brachte er damit zu, die Ruinen in Mainz zu malen, wovon der Malerey Händler Adria (gemeint Artaria) ein Dom, Liebfrau, Dominicaner abkaufte welche er zu Mannheim von Verhels(t) stechen ließ, sie fanden so viel Beifall, daß in einigen Wochen 1000 Exemplare abgingen."[13] Da Schneider im Oktober 1794 nach Frankfurt übersiedelte, wo er den Winter „untätig" verbrachte, im Sommer 1795 für den Kurfürsten in Aschaffenburg an Mainz-Veduten arbeitete, danach nach Erfurt zog und erst 1797 wieder in seine Heimatstadt zurückkehrte, kommt nur das Jahr 1794 in Betracht. Derartige Veduten reich staffierter städtischer Platzräume finden sich bereits im Werk Christian Georg Schütz' d. Ä.[14], das Schneider spätestens 1794/95 während eines Aufenthaltes in Frankfurt kennengelernt haben kann. Es muß in dem von den schweren Zerstörungen der Belagerung heimgesuchten Mainz eine rege Nachfrage nach Veduten ruinöser Kirchen und der gesamten Stadt aufgekommen sein. Dafür sprechen die eigenhändigen Repliken der Brüder Schneider bis in die Zeit nach 1815, dafür sprechen die Stiche Carl Kuntz' (Kat. Nrn. 130, 131) und zahlreiche ähnliche Arbeiten Johann Jakob Hochs, Johann Adam Ackermanns, Johann Caspar Dillenius' und des Grafen Kesselstatt. Vielleicht empfahl sich Schneider mit derartigen Veduten dem Kurfürsten Friedrich Carl von Erthal, der ihn 1795 mit Mainz-Ansichten beauftragte.[15] Doch hatte der Künstler künftig vor allem für den (bürgerlichen) Markt zu arbeiten. Bei ihm ging die ältere, höfische Form der Vedute, „die denkwürdigsten Plätze des fürstlichen Territoriums darzustellen und – im Sinne eines kameralistischen Inventars – sachlich zu erfassen", in die jüngere über, die Ausdruck der künstlerischen und touristischen „Entdeckung der Reize der eigenen Landschaft"[16] war.

Daß die pittoresken Ruinen, die mit einem weitreichenden historischen Ereignis verbunden waren, nicht nur für Mainzer Künstler anziehend wirkten, belegt ein Aquarell des Goethe-Freundes Georg Melchior Kraus (1737–1806), in dem er die Liebfrauenkirche festhielt, aus leicht nach Norden verschobenem Blickwinkel und skizzenhafter, aber mit ähnlicher Aufhellung der Palette wie bei Caspar Schneider (Abb. 5). Diese leichtere Farbigkeit und Berücksichtigung des Lichtes verdankte Kraus dem wohlhabenden englischen Handelsmann und dilettierenden Aquarellisten Charles Gore (1726–1807).[17] Geschult durch Philipp Hackert, war er aus Italien mit vollen Mappen zurückgekehrt, die aquarellierte Veduten von Seehäfen, Städten und antiken Bauwerken enthielten. 1791 ließ er sich in Weimar nieder, von Goethe nicht nur wegen seiner Kunst, sondern auch wegen seines einnehmenden Wesens geschätzt. Wie Goethes „Belagerung von Mainz" zu entnehmen ist, wurde der Dichter nicht nur von Kraus, sondern auch von Gore begleitet. Es gilt als wahrscheinlich, daß Schneider mit Gore bekannt wurde[18], der Goethe 1796 vorschlug, „durch einen gewissen Schneider von Mainz, einen Mann der ganz geschickt ist, ein paar Claude in Cassel copiren zu lassen..."[19] Daß Gore mit dem „reichen Engländer" identisch ist, der Schneider „mit in seine Heimath nehmen und sein Glück machen wollte"[20], geht aus den biographischen Notizen Hermann

Abb. 5.
Georg Melchior Kraus, Die Mainzer Liebfrauenkirche, 1795, Aquarell, Städelsches Kunstinstitut, Frankfurt a. M., Graphische Sammlung, Inv. Nr. 6021

Schneiders hervor, in denen es heißt, daß „Lord Goar" ihn mit nach England nehmen wollte. J. Klein überliefert außerdem, daß Schneider für Charles Gore „mehrere von ihm nach der Natur verfertigte Skizzen in aquarell" ausführte. „Die Mutter Herzogin (Anna Amalia, d. Verf.) interessirte sich so sehr für diese Arbeiten, daß sie sich solche stets von ihm vorlegen ließ."[21] Darüber hinaus ist bisher nichts über Beziehungen Caspar Schneiders zum Goethe-Kreis bekannt. Somit muß es vorerst Vermutung bleiben, ob unser Maler Kenntnis von Gores Aquarellen oder gar von dessen Benutzung der Camera obscura hatte und ob er mit dem Œuvre Georg Melchior Kraus' vertraut war, an dessen Pinselzeichnungen seine eigenen erinnern.

So sehr derartige Ruinenbilder Tendenzen der Zeit entgegenkamen, so daß zum Beispiel Caspar David Friedrich selbst intakte Kirchen wie den Dom von Meißen in eine Ruine verwandelte, – in eine Ruinen-Romantik mündeten sie bei Schneider nicht. Sein Blick ist nicht visionär, ohne die gedanklichen Implikationen Friedrichs, sondern nüchtern-registrierend, oder, wie im Falle der Kirchenruine Hl. Kreuz (Kat. Nrn. 67, 68), noch der Empfindsamkeit verpflichtet. Da die Kirche weit vor den Mauern der Stadt lag, versah Schneider ihre Veduten mit der angemessenen Hirtenstaffage oder mit Wandernden und Rastenden. Die bukolische Staffage erscheint hier erneut und wird auch künftig, mitunter zusammen mit bürgerlichem Personal, die Vordergründe seiner Aquarelle und Gouachen beleben. Aus dem ehemaligen Kriegsschauplatz wurde auf dem Weg von der Skizze „d'après la nature" zum autonomen Bild ein „Locus amoenus", eine Idylle. Die adäquate Staffage erfüllte die höheren Bedingungen eines „poetischen" Landschaftsbildes, ohne daß die tatsächliche Situation im Bild eingreifend verändert werden mußte. Das Problem der Staffage dominierte die Theorie-Diskussion der Landschaftsmalerei in der zweiten Hälfte des 18. Jahrhunderts: Christian Ludwig Hagedorn widmete in seinen „Betrachtungen über die Malerey" (1762) ein Kapitel dem Thema „Wasserfälle und Hirten=Scenen", also dem arkadischen Typus der Landschaft; Goethe mit seinem Beitrag „Etwas über Staffage landschaftlicher Darstellungen"[22], Jakob Philipp Hackert, Carl Ludwig Fernow und August Wilhelm Schlegel wären hier zu nennen. Die Staffage konstituierte den Modus einer Landschaft, sie erreichte erst die Aussage und hob die „Wertigkeit" des Bildes.[23] August Wilhelm Schlegel empfahl für den einfachen ländlichen Modus im Gegensatz zu südlichen Landschaften „auf klassischem Boden": „Bei einfachen Darstellungen sind die angemessensten ländlichen Figuren die besten, ein angelnder Fischer, um die Ruhe einer stillen Flußgegend zu bezeichnen, Wanderer auf Mauleseln u. dgl. auf Gebirgen, ein Hirt, der seine Herde zusammentreibt bei einem Sturm u. dgl. mehr."[24] Damit folgte er immer noch Hagedorns Unterscheidung zwischen dem „heroischen" und dem „landmäßigen" Stil. In Schneiders Aquarell Kat. Nr. 67 sitzt ein Hirte nachdenklich, als reflektiere er über Natur und Vergänglichkeit des von Menschen Geschaffenen, bei seiner Herde vor der Ruine. Solcherart Staffage des Zeitalters der Empfindsamkeit war Identifikations-Subjekt für den zeitgenössischen Betrachter, der in der Regel der von der Natur entfremdete Stadtbürger war. Und so betonten auch Theoretiker der Landschaftsmalerei wie die genannten den wirkungsästhetischen Aspekt der Bilder, der zu einer ethischen Läuterung führen sollte. Schneiders Idyllen gehören in die Gruppe der „realistischen Idylle" mit realer Kulisse (Architekturvedute) und realer Staffage, die mit dem Sturm und Drang aufkam[25] und deren prominentester Vertreter Friedrich gen. „Maler" Müller (1749–1825) war. Mit der konkreten Örtlichkeit gewann die Idylle an Wahrscheinlichkeit.[26] So trat sie auch bei Caspar Schneider in Zusammenhang mit dem Stadtprospekt auf. Wie Friedrich Müllers Idyllen gehören auch Schneiders, obwohl deutlich weniger drastisch, der „einsinnigen Hirtenlandschaft" an, die eine Ausdrucksform der niedrigen Stillage ist.[27]

Ähnlich überlegt aufgebaut wie die Vedute der Hl. Kreuz-Kirche mit Mainz im Hintergrund ist das Aquarell, das ein Motiv aus dem vorderen Rheingau frei variiert (Kat. Nr. 69). Die Biegung des Rheins wird eingefaßt von Binnen-Dreiecken, deren Schenkel Baumreihen bilden, besonders deutlich in Vorder- und Mittelgrund. Auch die großen Landschaftslinien von Fluß und Bergen sind gegeneinanderlaufende Schrägen, die den Blick leiten: am rechten Rheinufer entlang zu dem Dorf und von dort wieder nach links und in den Hintergrund. Durch die Wahl seines Standortes und Veränderungen der Situation, die klassischen Optionen des „Prospektmalers", gelangte Schneider zu der klaren Bildarchitektur, die die Ruhe seiner Landschaften konstituiert.

Die Chronologie der folgenden Landschaftsbilder, überwiegend Gouachen, ist unsicher. Das ist um so bedauerlicher, als jene Blätter zum Besten gehören, was Caspar Schneider in dieser Technik geleistet hat. Auch bestehen zu datierten Gemälden kaum Verbindungen. Folgt man Elsa Neugartens Kriterien für die Entwicklung des Künstlers, so könnten die Graphiken um 1800 anzusetzen sein, als es ihm gelang, die einzelnen Landschaftselemente in ein Raumkontinuum zu binden und Kulissenhaftes zu überwinden. Ein prägnantes Beispiel ist die Pinselzeichnung „Felslandschaft mit Wasserfall und Staffage" (Kat. Nr. 71). Raumtiefe und lebendigen Wechsel zwischen Licht und Schatten erreichte Schneider ohne die begrenzende Federkontur nur mit dem Pinsel und dem Aussparen des hellen Papiergrundes. Hier berührt er sich mit Pinselzeichnungen der Brüder Kobell in Mannheim, während der große Aufbau der Landschaft mit ihrer von rechts oben nach links unten abfallenden Diagonale auch bei anderen Künstlern des späten 18. Jahrhunderts begegnet. Deswegen dürfen diese Pinselzeichnung und die ihr anzuschließende Gouache Kat. Nr. 72 nicht zu weit von der Jahrhundertwende abgerückt werden. Auch entspricht der Typus der Ideallandschaft mit Idylle Gemälden Schneiders um 1800. Die lockere Strukturierung mit dem monochromen Tuschepinsel darf nicht dazu verleiten, in dem Blatt eine Skizze zu sehen. Vielmehr dürfte es sich um ein autonomes Bild handeln, was der Künstler mit seiner Signatur bekräftigte.

Eine verwandte Bildarchitektur verbindet die Pinselzeichnung mit der Gouache „Bergige Landschaft mit Brunnentrog und Staffage" (Kat. Nr. 72). Idyllische Natur wird hier durch die Eingriffe des Menschen – Mühle und Wasserrinne statt Wasserfall – zur nutzbar gemachten Landschaft. Die anderen, sich durch ihren spitzpinseligen Farbauftrag und den Dreiklang Braun, Grün und Blau auszeichnenden Gouachen sind sicher ohne die Kenntnis niederländischer Malerei nicht denkbar. Daß derartige Gouachen die Funktion von Ölgemälden übernahmen und auch als Pendants konzipiert waren, belegen die beiden Landschaften Kat. Nrn. 75 und 76. Dies gilt vor allem für die „Ideallandschaft" von 1809 (Kat. Nr. 78), die durch ihre Dimensionen und ihre Konzeption Gemälderang beansprucht – eine herausragende Leistung unter Caspar Schneiders Arbeiten auf

Papier. Inhaltlich und formal entspricht sie einerseits den gleichzeitigen Gemälden Kat. Nrn. 31 und 32, andererseits geht sie über sie sogar hinaus. Das von der tiefstehenden Sonne ausgehende Licht in der Art Claude Lorrains wird hier viel stärker als in den Gemälden zum Träger einer Idealisierung im Sinne einer klassischen Landschaft. Ihre Weite in der linken Bildhälfte und die Zypressen sind zusätzliche Komponenten, die einer heimatlichen Gegend südlichen, aber nicht zeitlos-heroischen Charakter verleihen. Denn die Landschaft ist kultiviert, mit Gehöften und Dörfern besiedelt und mit ländlicher Staffage belebt. Zu dieser heiter-idyllischen Bildhälfte kontrastiert die rechte mit dem abrupt aufsteigenden Felsmassiv und dem Wasserfall. Um es in den zeitgenössischen ästhetischen Kategorien auszudrücken: Schönheit und Erhabenheit gehen in diesem Bild eine Verbindung ein. Die Gouache ist zudem wegen ihrer Datierung ein zentraler Orientierungspunkt. In Farbigkeit und sich ins Detail versenkender Pinselführung ist sie der Gruppe der kleineren Gouachen nahe. Andererseits ragt sie so sehr über alle anderen graphischen Arbeiten hinaus, daß sie nur bedingt mit ihnen vergleichbar ist.

Die Gouachetechnik wurde nun auch von Schneider für seine bildhaft durchgearbeiteten Veduten angewandt; das Aquarell mit seinen spezifischen Möglichkeiten verlor anscheinend an Bedeutung für ihn, ganz im Gegensatz zu seinem Bruder. Anders verhält es sich mit Skizzen, wie der aquarellierten Federzeichnung von 1805 (Kat. Nr. 77), die der Künstler an Ort und Stelle ausführte. Hier ist die Transparenz des Pigments genutzt, um das helle Licht, Wasserspiegelungen und Weite des Rheintales nördlich von Mainz wiederzugeben. Die Federkontur ist sparsam und differenziert eingesetzt und vor allem im Hintergrund zu Häkchen, Kringeln und Punkten aufgelöst, um das die Konturen aufzehrende Licht einzufangen. Wie die späteren Skizzenbücher belegen, wandte sich Schneider verstärkt derartigen optischen Phänomenen zu und nutzte sie auch für seine letzten Gemälde.

Eine von beiden Brüdern bevorzugt dargestellte Landschaft war der großartige und auch Dichter der Romantik wie Clemens Brentano inspirierende Blick vom Niederwald oberhalb Rüdesheims auf den Rhein. Ohne großen Aufwand konnte ein Landschaftsmaler durch von dort aus gemachte, den sich je nach Himmelsrichtung verändernden Charakter des Flusses festhaltende Studien zu unterschiedlichen Konzeptionen gelangen: Nach Osten und Süden, über Rüdesheim und den vorderen Rheingau bis nach Mainz einerseits, über Bingen und in das Nahetal bis zum pfälzischen Donnersberg andererseits öffnete sich eine weite, heitere, „angenehme" Landschaft, nach Norden mit dem Blick in das enge Rheintal mit seinen Burgen ihre eher schaurig-erhabene Variante. Die Wahl dieses Standortes durch die Brüder Schneider für zahlreiche ihrer Skizzen, Gouachen und Ölbilder war aber auch durch seine Gestaltung im Sinne des Zeitalters der Empfindsamkeit begründet: Ein hier durch Carl Maximilian von Ostein angelegter Naturpark trug mit seinen Pflanzungen und vor allem seinen Bauten, darunter einer Eremitage, dem „Rittersaal", einem Monopteros und einer künstlichen Ruine, der „Rossel", diesen unterschiedlichen Ausblicken Rechnung, griff sie auf. Ob Georg vor seinem Bruder diesen Ort „entdeckt" hat, wie sein Gemälde von 1784 (Kat. Nr. 46) und Skizzen aus den Jahren 1792/93 nahezulegen scheinen, sei dahingestellt. Beide Brüder nutzten jedenfalls diesen Aussichtspunkt immer wieder. Caspar suchte ihn nach 1813 auf jeden Fall auf, und seine Skizze im Skizzenbuch Kat. Nr. 92, fol. 20r. könnte ihm für seine in das Jahr 1815 datierte Gouache Kat. Nr. 81 gedient haben. Im Winter entstanden, taucht sie die ruhige, weite Landschaft in sommerliches Licht. Auf einer zweiten Gouache (Kat. Nr. 82), deren Zuschreibung nicht gesichert ist, ist die Eremitage mit zwei Einsiedlern als Vordergrund genutzt. Der Blick wird durch Bäume zu beiden Seiten trichterartig verengt und in die Tiefe gezogen, wo Bingen und die Nahe zu sehen sind. Die Wirkung des englischen Gartens auf die Landschaftsmalerei der Brüder Schneider ist hier zu greifen. Daß die Staffage und damit auch der Landschaftsmodus austauschbar waren, belegt Georgs Gouache Kat. Nr. 106. Dieses ökonomische Vorgehen bei der Ausbeutung eines Landschaftsmotivs deutet auf eine Nachfrage des Kunstmarktes hin. In der Tat wurde der Blick vom Niederwald auf Bingen in zahlreichen Stichen reproduziert.[28]

Es fällt jedenfalls auf, daß Schneider kurz nach 1813 erneut den Mittelrhein erwanderte und sich Veduten dieser Landschaft häufen. Die Niederlage Napoleons und Befreiung des linken Rheinufers dürften dies ebenso begünstigt haben wie der damit zusammenhängende Rheintourismus, der zu einer Nachfrage nach derartigen Veduten führte. Auch in Georg Schneiders Werk konzentrieren sich Veduten von Mainz und dem Mittelrhein im zweiten Jahrzehnt.

Zwei Pinselzeichnungen (Kat. Nrn. 85, 86) lassen sich einer Gruppe von Gemälden zuordnen, die zwischen 1803 und 1809 entstanden, deren Kompositionsschema aber noch in einem verschollenen, 1825 datierten Gemälde wirksam ist. Stets bildet ein bühnenartiger „Locus amoenus" mit Bäumen und Gewässer den Vordergrund, hinterfangen von einem Berg in einer Bildhälfte. Die andere Hälfte öffnet sich, meist mit einem Flußtal, weit in die Bildtiefe. Auf den konventionellen Randbaum verzichtet Schneider nun auch mitunter und schiebt ihn Richtung Bildmitte. Der Maler mag für diesen idealisierenden Landschaftstypus auf Gemälde oder Graphiken von Niederländern, in diesem Fall Allart van Everdingen oder Jacob van Ruysdael, und Idyllen Salomon Geßners zurückgegriffen haben, doch nie im Sinne einer Kopie. Wahrscheinlich sind in den beiden Feder- und Pinselzeichnungen keine Naturstudien zu sehen, sondern Entwürfe für Gemälde, die in das erste Jahrzehnt des 19. Jahrhunderts zu datieren sind. Sie sind ruhige, bukolische Landschaften mit Hirten und kleinen Herden.

Beides bedingte einander – das Bild der Stadt und das der scheinbar unveränderlichen Natur. Vergessen wir nicht, daß Mainz durch Festungsmauern eingeschnürt und der Kontrast zur Weite der umgebenden Landschaft hier besonders kraß war. Die Mainz-Prospekte der späten Jahre (Kat. Nrn. 87–89) thematisieren die Entfremdung des Städters von der Natur ganz unmittelbar, indem sie Stadtbürger als Vertreter des Betrachters einen Hirten mit Herde erblicken lassen wie auf der Mainz-Vedute von Süden (Kat. Nr. 89) oder auf einem Gemälde die Familie von Köth-Wanscheid vor einem Gewitter fliehen lassen (Kat. Nr. 29). Die Elemente von Caspar Schneiders Stadtveduten wirken wie eine späte Umsetzung einzelner Bilder in Schillers Elegie „Der Spaziergang" (1795), in der städtisches und ländliches Leben, Naturbeherrschung und Naturentfremdung, einander bedingen, und wo sich die Zeilen finden:

„Auf dem ebenen Strom gleiten die Flöße dahin.
Vielfach ertönt der Herden Geläut im belebten Gefilde,
Und den Widerhall weckt einsam des Hirten Gesang.
Muntre Dörfer bekränzen den Strom ..."

Die Skizzenbücher

Von Caspar Schneider lassen sich nunmehr fünf Skizzenbücher nachweisen, von denen vier wohl seiner späten Schaffenszeit angehören. Es ist bemerkenswert, daß ein gereifter Künstler noch derart intensiv skizzierte, auch immer wieder aus unterschiedlichen Blickwinkeln ein und dasselbe Motiv umkreiste. Von Interesse sind die Skizzen auch, weil sie Zeugnisse von Reisen sind, von denen wir sonst nicht wüßten, ja sogar Landschaftstypen notieren, die weder in Öl noch in Gouache umgesetzt wurden. Schließlich, und das ist die bedeutendste Erkenntnis, die wir aus ihnen gewinnen, offenbaren sie ein Detailstudium der Natur, das man in dieser Intensität bisher nicht für möglich gehalten hat.

Doch zunächst sei die Zuschreibung dieser Skizzenbücher belegt, denn das größte von ihnen (Kat. Nr. 92) wurde lediglich von Elsa Neugarten in das Werk Caspar Schneiders aufgenommen, von anderen Autoren aber Georg zugeschrieben. Elsa Neugarten begründete ihre Zuschreibung mit einer von ihr nicht näher ausgeführten „stilistische(n) Verschiedenheit", mit der Andersartigkeit des Schriftbildes und damit, daß Georg nach 1813 nicht mehr am Rhein gearbeitet habe.[29] In der Tat sind ihre Argumente stichhaltig – mit einer Ausnahme: Obwohl Georg Schneider seit 1802 in Aschaffenburg wohnte, hat er sich doch auch später immer wieder der Mittelrhein-Landschaft gewidmet und darf mit dieser Begründung als Autor nicht ausgeschlossen werden. Jedoch kann ein Skizzenbuch in Privatbesitz (Kat. Nr. 91) die Zuschreibung an Caspar stützen. Dieses ist auf fol. 1r. „C. Schneider", auf fol. 2r. „C. Sch." signiert und bildet damit einen sicheren Ausgangspunkt. Leider fehlen jegliche Hinweise auf seine zeitliche Stellung. Feder und Pinsel sind vehement geführt und verraten damit noch den Duktus des Sturm und Drang, wie ihn etwa Zeichnungen „Maler" Müllers aufweisen. In seiner ersten Hälfte finden sich Skizzen, von der Feder- über die monochrome graue Pinselzeichnung bis zum Aquarell, die auf eine Wanderung Caspar Schneiders im vorderen Taunus, in der Umgebung von Eppstein und Königstein, zurückgehen. Seltener begegnen hier die weiten Ausblicke wie sie das Rheintal bot, mitunter türmen sich Felsen oder bewaldete Hänge unmittelbar vor dem Betrachter auf und reichen bis zum oberen Blattrand, oder Schneider studierte einen Wasserfall aus nächster Nähe. Die einsamen Waldtäler des Taunus, hier besonders das Fischbachtal zwischen Eppstein und Königstein, sind das Thema und vermitteln zusammen mit dem vehementen Duktus von Pinsel und Feder und der freien Lavierung den Eindruck des Erhaben-Schauerlichen im Sinne des späten 18. Jahrhunderts. Außerdem hielt Schneider in einigen reizvollen Ansichten die Taunusorte Eppstein und Königstein fest. Zu Beginn finden sich zwei Ausblicke von den Taunushängen in die Mainebene, abgeschlossene Kompositionen, die Gemälde vorbereiten könnten. Doch scheint sich diese Taunuswanderung nicht in autonomen Bildern niedergeschlagen zu haben. Aber das Thema der unbelebten Waldlandschaft oder des engeren Landschaftsausschnitts mit Felsen und Bachlauf hat Schneider auch weiterhin beschäftigt, wie das Skizzenbuch des Landesmuseums (Kat. Nr. 92) belegt. Nur ist es hier, vielleicht um einiges früher, impulsiver vorgetragen, doch schon jetzt erweist sich Schneider als Meister der Feder- und Pinselzeichnung. Freilich werden die Bäume nicht mit ihrem charakteristischen, individuellen Wuchs und Baumschlag studiert, sondern in der Manier des späten 18. Jahrhunderts mit Zick-Zack-Schraffuren, spiral- und halbkreisförmigen Konturen oder tüpfelnd nur mit dem Pinsel skizziert. Im zweiten Teil des Skizzenbuches finden sich neben nicht bestimmten Flußlandschaften überwiegend Skizzen vom Rhein, allerdings ohne die bevorzugten Landschaften von Rheingau und Mittelrhein, sondern von dem von steilen Hängen eingefaßten Rheinabschnitt nördlich von Andernach („Hammerstein"). Den Abschluß bilden Kopien nach Waterloo und Salvator Rosa. Dieselbe Art der Lavierung, des Umreißens der Konturen von Bauten und die Berücksichtigung des Lichtes durch Aussparen des hellen Papieres finden sich, wenn auch gemilderter und ausgereifter, in den Zeichnungen des großen Skizzenbuches des Landesmuseums. Auch verraten die Toponyme in beiden Skizzenbüchern dieselbe Handschrift.

Den Auftakt des bald nach 1813 benutzten Skizzenbuches (Kat. Nr. 92) bildet eine Rheinreise, eine Wanderung, die Schneider von Biebrich bei Wiesbaden zunächst rechtsrheinisch entlang des Ufers durch den Rheingau führte. Nicht immer entspricht die Abfolge im Skizzenbuch der geographischen; es kann aber kein Zweifel daran bestehen, daß diese Skizzen zeitlich eng zusammengehören. Der Verfasser kann auch nicht Elsa Neugartens Beobachtung nachvollziehen, in dem Skizzenbuch spiegelten sich unterschiedliche stilistische Phasen Schneiders, was sie damit erklärt, er habe ältere Kompositionen für sich kopiert.[30] Bei allen handelt es sich um mehr oder weniger ausgearbeitete Reiseskizzen. Vielleicht vollendete Schneider ausgesprochen bildhaft durchgearbeitete Veduten wie den schönen Blick auf Eltville (Abb. Kat. Nr. 92) oder das Motiv aus Rüdesheim (Abb. Kat. Nr. 92) nachträglich mit dem Pinsel. Der Duktus der oft graubraunen Feder ist nun ruhiger, präziser, aber nicht durchgezogen, sondern vibrierend und an- und absetzend, die Lavierung gleichmäßiger verteilt und damit eine ausgeglichene, helle Durchlichtung erreicht, die auch seine späteren Gemälde auszeichnet. Manche Ansicht ist im Stadium der Bleistiftskizze verblieben und weist dann einen zarten, aussetzenden und weichen Strich auf. Einzig eine Waldlandschaft mit gefaßter Quelle auf fol. 52v./53r. ist als freie Pinselzeichnung ausgeführt. Bei den Rheingauskizzen ist das Thema stets der Ort, die Stadt am breiten Strom mit dem für diese Landschaft so charakteristischen Licht und der Weite, die Schneider durch einen niedrigen Augenpunkt und einen tiefgelegten Horizont wiederzugeben vermag. Und hierin könnte man auch die Begründung dafür finden, daß der nun vielleicht schon sechzigjährige Maler Landschaften, Gebäude und Orte noch einmal studierte, die er, wenn auch aus anderen Blickwinkeln, in den Jahrzehnten zuvor schon in Gemälden und Gouachen festgehalten hatte. Und es sollte nicht das letzte Mal sein, daß er die gleichen Motive noch einmal umkreiste. Aber auch hier der Bruch zwischen zeichnerischem und malerischem Werk: Die vom Ufer aus aufgenommenen, die Weite des Flusses einbeziehenden Skizzen wurden nicht als Ölbilder ausgeführt. Einen deutlichen Schwerpunkt bilden die Skizzen von Rüdesheim und seiner Umgebung. Bis Kaub führte ihn seine rechtsrheinische Wanderung, einem Rheinabschnitt, dem er sich noch einmal besonders intensiv widmete. Er muß aber auch auf die linke Rheinseite übergewechselt und dort wiederholt bei der Burgruine Reichenstein gearbeitet haben, die ein bevorzugtes Motiv seines Bruders war. In der zweiten Hälfte des Skizzenbuches widmete er sich der Waldlandschaft oder Ausschnitten von ihr mit Bachläufen. Bemerkenswert sind hier Farb- und Lichtnotizen, die nicht nur auf projektierte Umsetzungen in Aquarelle, Gouachen oder Gemälde, sondern auf ein intensiveres Naturstudium und –

Abb. 6
C. Schneider, Terrainstudie, Pinsel über Bleistift, Skizzenbuch Kat. Nr. 94

noch wichtiger – auf eine neue Landschaftskonzeption schließen lassen, die auf der Höhe ihrer Zeit war. Gegen Schluß des Skizzenbuches folgen Fluß- und Waldlandschaften der Maingegend um Aschaffenburg. Die Hirtenstudien nach Dujardin und Berchem auf fol. 87v. und 88v. belegen in wünschenswerter Deutlichkeit die Quellen seiner Staffage und sind zugleich ein merkwürdig retardierendes Element.

Die beiden Skizzenbücher aus Köth-Wanscheid'schem Besitz (Kat. Nrn. 93, 94) können als Einheit betrachtet werden. Sie gehören derselben Schaffensphase, wohl Caspar Schneiders letzten Jahren, an. Finden sich doch in einem (Kat. Nr. 93) Skizzen, die er in Gemälde umsetzte: „Blick in das Rheintal von der Höhe auf den Pfalzgrafenstein" (Abb. Kat. Nr. 93) und „Blick in das Rheintal mit Lorch" (Abb. Kat. Nr. 93). Die Gemälde sind in die Jahre 1833 und 1831 datiert, womit wir auch eine angenäherte Datierung für die Skizzen besitzen. Auf fol.19 hatte Schneider, wie in dem Skizzenbuch nach 1813, den Pfalzgrafenstein und Kaub vom Ufer aus aufgenommen, für sein Gemälde entschied er sich jedoch für den durch die Skizze auf fol.20 gewählten erhöhten Standort. Das Gleiche gilt für den Blick auf Lorch. Nichts kann die Bedeutung der Skizzenbücher und den Wandel in Schneiders Landschaftsgemälden schlagender verdeutlichen als die Verbindlichkeit der in der Natur gefertigten Skizze für das Ölbild. Beide Skizzenbücher, vor allem Kat. Nr. 93, sind mit Zeichnungen einer Rheinreise gefüllt, wobei teilweise manche Bauten und Ortschaften zum ersten Mal Beachtung finden, zum Beispiel Oberwesel. Schließlich ist eine Wanderung durch das Lahntal nachweisbar, auf die möglicherweise auch das Doppelblatt mit den Ansichten von Runkel (Kat. Nr. 90) zurückgeht. Die eigentliche Überraschung, die diese beiden Skizzenbücher aber bergen, vor allem Kat. Nr. 94, sind zahlreiche Landschaftsstudien, in denen sich Caspar Schneider dem engen Naturausschnitt, der „paysage intime", widmete: baumbestandene Abhänge mit Wegen, auf denen Sonnenlicht spielt, einzelne Bäume, Terrainstudien mit Steinen, Büschen und Bäumen, Blicke aus dem Wald auf kleine Dörfer, die Studie eines Holzsteges oder von Steinen am Flußufer, in Mischtönen zart aquarelliert oder laviert (Abb. 6). Es sind unspektakuläre Naturausschnitte, wie sie in der deutschen Malerei gleichzeitig in Italien (Friedrich Nerly), in München und bei Johann Wilhelm Schirmer an der Düsseldorfer Akademie aufkommen. Doch wird Schneider nie erwogen haben, sie als eigenständige Sujets in Öl auszuarbeiten. Vielmehr konnte er sie für die naturnahen Bildvordergründe seiner Veduten und Ideallandschaften nutzen. Dennoch ist dieser bisher unbekannte Teil seines Werkes von Bedeutung, zumal wenn man sich vergegenwärtigt, daß der Künstler damals nahezu achtzigjährig war.

Zumindest in seinen Skizzen führte ihn sein Weg von einer eklektizistischen, im 18. Jahrhundert gründenden, idealisierten Landschaft zur freien, vollkommen unvoreingenommenen Natursicht. So vertrat Schneider mit seinem Gesamtwerk die drei sich zu seiner Zeit herausbildenden Typen: „... die klassische Ideallandschaft, die intime Naturanschauung und die rational distanzierte Vedutenproduktion."[51]

Georg Schneider

Die Arbeiten Georg Schneiders auf Papier sind, zumindest soweit es die erste Schaffenshälfte bis um 1800 betrifft, in ihrer Chronologie sehr viel besser dokumentiert als diejenigen seines Bruders. Vielfach hat er in den achtziger und neunziger Jahren entstandene Aquarelle und Zeichnungen datiert; zudem hat ein mit ihm befreundeter Sammler, Joseph Schlemmer, Mitglied des Mainzer Jakobinerklubs, Blätter mit dem Erwerbungsdatum versehen, das einen terminus ante quem bietet, und schließlich sind ein Skizzenbuch und ein Klebeband in die Jahre 1792/93 datiert.

Georg Schneider war Autodidakt und wird die Grundlagen der Zeichenkunst bei seinem Bruder erlernt haben. Er ist insofern ein typischer Vertreter seiner Zeit, in der die Grenze zwischen akademisch geschultem Künstler und Dilettant verschwamm.[52] Den beiden, bereits beachtliche Kenntnisse verratenden, frühesten Aquarellen von 1787 (Kat. Nrn. 96, 97) muß ein zeichnerisches Werk vorausgegangen sein, von dem wir bis jetzt nichts wissen. Die Mängel des Dilettanten hat er nie völlig abgelegt: das ungeduldige Arbeiten mit zeichnerischen „Formeln", das Bestreben, mit dem lavierenden Pinsel schnell bildhafte Wirkung zu erreichen, die Vernachlässigung ganzer Partien in seinen Gouachen, die ungenügende Beherrschung des Figürlichen und der Perspektive bei Architekturen und eine, wenigstens zeitweise, enge Anlehnung an Landschaften seines Bruders. Auch die Ausschließlichkeit, mit der er sich der Landschaft verschrieb, charakterisiert den Dilettanten der Zeit um 1800.[53] Es ist bezeichnend, daß er sich nicht dem schwierigeren Gebiet des Portraits widmete. Und dennoch hat er im Landschaftsfach mitunter Beachtliches geleistet und sich vorübergehend vom Bruder gelöst.

Seine bildhaften Aquarelle sind anfänglich farbig gedämpft, weich in der Formgebung und verraten ihre Herkunft aus der niederländisierende Züge aufgreifenden Landschaftsmalerei des Rokoko. Wie sein Bruder studierte er Gebäude, Ortschaften oder Landschaften im Rheingau und in Rheinhessen vom Flußufer aus oder von der

Höhe als weite Überblickslandschaften in der Nachfolge Saftlevens. Das Nahetal mit der Ruine des Klosters Rupertsberg (Kat. Nr. 96) erscheint ihm in Übereinstimmung mit der zeitgenössischen Ästhetik noch als enge Schlucht, als „schaurige" und „erhabene" Landschaft. Daß er sie tatsächlich so sah, belegt die Pinselzeichnung des Skizzenbuches von 1792/93 (Abb. Kat. Nr. 120). Nicht sein Bruder Caspar, sondern Georg scheint diesen Ort, an dem sich Natur und Ruine gegenseitig zu pittoresker Wirkung steigerten, „wiederentdeckt" zu haben, denn auch hier waren Christian Georg Schütz d. Ä. und d. J. eher zur Stelle.[34] Die Klosterruine wurde zu einem Motiv, das er immer wieder aufgriff. Vielleicht glaubte er hier, wie Ferdinand Kobell in Mannheims Umgebung „Schwanenfelds Landschaften", Jacob van Ruysdaels Klosterruinen mit ihren Vergänglichkeitsmetaphern gefunden zu haben. Die niederländische Malerei dürfte er durch seinen Bruder kennengelernt haben. Dasselbe Motiv konnte, möglicherweise Jahrzehnte später (Kat. Nr. 115), mit einer Erweiterung des Tales, einem heiteren Himmel und einer Fährszene Jan van Goyens Landschaften angenähert werden und einen völlig anderen Charakter, Modus, annehmen. Über dem „Blick in den Rheingau", 1787 (Kat. Nr. 97) und noch über dem „Blick von Hochheim/Main nach Mainz", 1797 (Kat. Nr. 104) liegt ein grauer, niederländischer Himmel, dessen diffuse Lichtwirkung auf die Landschaft allerdings treffend berücksichtigt ist. Es mag dem skizzenhaften Ausführungsgrad zuzuschreiben sein, daß die erhaltenen Blätter der Zeit um 1790 (Kat. Nrn. 98–102) sehr viel freier im Duktus von Bleistift und Feder und im Auftrag der Farbe erscheinen. Die mit Bleistift und Feder schnell geführten Striche deuten sparsam und sicher Gegenstandsgrenzen an, in die die Aquarellfarbe oder die monochrome Tusche fleckenartig und mit viel Wasser verdünnt hineingesetzt sind oder die sie überspielen. Der Papiergrund wird für die lichten Partien einbezogen. Besonders in der aquarellierten Zeichnung „Blick über den Rhein auf Trechtingshausen" (Kat. Nr. 102) bleibt der Schaffensprozeß ähnlich ablesbar und führt zu verwandten Resultaten wie gleichzeitig bei Johann Georg von Dillis in München, ohne selbstverständlich dessen differenzierte Wiedergabe optischer Phänomene und leuchtende Farbigkeit zu erreichen. Im spontanen Duktus der Feder, im Wechselspiel von fleckigen Farbflächen und Linearem, äußert sich auch der Stil jener um 1750 geborenen Generation, der u. a. Christoph Nathe (1753–1806) und Friedrich, gen. „Maler" Müller (1749–1825) angehörten. Ob Nathe sächsische Dorfstraßen oder Müller bukolische Idyllen festhielt – mit Georg Schneider verbindet sie ein realistisches Interesse an der eigenen, engeren Umgebung, das sich nicht in Einzelheiten verliert, sondern im großzügigen Duktus von Feder und Pinsel ein lebendiges Bild der Natur vermittelt. Das unmittelbare Naturstudium zeigt sich in diesen skizzenhaften aquarellierten Zeichnungen nicht zuletzt in der Berücksichtigung des Lichtes.

Georg Schneider widmete sich, wie sein Bruder, dem weitgefaßten Blick auf die Landschaft, in das Rheintal, aber auch dem aus geringer Distanz gesehenen idyllischen Winkel, wie dem Dorf Trechtingshausen am Rhein mit seiner Mühle und der Burgruine Reichenstein (Kat. Nr. 100). Ein ähnliches Motiv hielt er um dieselbe Zeit vor den Toren von Mainz in zwei Bleistiftskizzen fest – die Brücke an der Aureuskapelle, 1790 (Abb. 7). In beiden Zeichnungen, deren Motivwahl niederländische Vorbilder wie Swanevelt und Waterloo aufgreift, sind Züge des Dilettantischen nicht zu übersehen: Der Stift ist von wenig differenzierter Härte, unruhig und in den Schattenpartien regellos geführt. Trotz der unmittelbaren Naturbeobachtung ist der Baumschlag nicht spezifisch. Demgegenüber gelangte Georg Schneider in seiner Pinselzeichnung der Clemensmühle zu überzeugenderen Ergebnissen, sicher auch, weil in dieser Technik die genannten Schwierigkeiten zu überspielen waren.

Überhaupt scheint sich Georg in der Motivwahl um 1790 von seinem Bruder abgesetzt zu haben, was das Skizzenbuch und der Klebeband belegen. Sie enthalten Zeugnisse von Wanderungen an die Tauber, den Main, die Bergstraße, nach Oppenheim, in die Umgebung Wiesbadens, in den Hunsrück und an die Nahe sowie an den Niederrhein bei Bonn. Offensichtlich nutzte Georg die Flucht aus Mainz für ausgedehnte Reisen. Im kleinen Skizzenbuch (Kat. Nr. 120) finden sich daneben Landschaften, die auch sein Bruder aufsuchte. Besonders intensiv studierte Georg auf dem Niederwald. Wie lange er von diesen Skizzen zehrte, mögen zwei Beispiele belegen: Den Blick von der Eremitage auf dem Niederwald bei Bingen setzte er erst um 1800 in eine Gouache um (Kat. Nr. 106), den Blick von Wackernheim in den Rheingau gar erst um 1818 (Kat. Nr. 112). Deutlich dominieren schon in diesem Skizzenbuch jene Örtlichkeiten, denen sich Georg schwerpunktmäßig widmete: Kloster Rupertsberg, der Rhein bei Trechtingshausen, Ober-Ingelheim und Weisenau mit seiner Kirche. Auf einigen Skizzen vermerkte er, wohl in Hinblick auf projektierte Bilder, Wetternotizen wie „heiter" und „Gewitter" oder Tageszeitangaben wie „Mondaufgang". Erst im Atelier sollten die Gemälde oder Gouachen die notierte Stimmung erhalten. So verfuhr er auch mit seinen Bildern der nächtlichen Beschießung von Mainz, die er selbst ja nicht miterlebte: Eine flüchtige Vedute der Stadt mit der unzerstörten Kirche von Weisenau im Tageslicht versah er mit dem Wort „Brand" (fol. 65r.). Und auf diese Weise wird auch das stimmungsvolle Aquarell der Burgruine Ehrenfels im Mondschein (Kat. Nr. 116) entstanden sein. Mag es auch protoromantische Züge aufweisen – mit Georgs und Caspars nächtlichen Beschießungsszenen und Caspars Mondscheinlandschaften ist es durch die ästhetische Kategorie des Erhabenen verbunden, in diesem Fall verstärkt durch die Ruine, die an sich schon Gefühle des Sublimen erwecken konnte. Der sensualistische englische Philosoph Edmund Burke, dessen „Philosophische Untersuchung über den Ursprung unserer Ideen vom Erhabenen und Schönen" gerade in Deutschland eine breite, auch kritische, Rezeption erfuhr, schrieb: „Indessen ist Finsternis geeigneter als Licht, erhabene Ideen zu erzeugen."[35] Die bevorzugte Technik in diesem Skizzenbuch ist die Federzeichnung über Bleistift, seltener die kombinierte Feder- und Pinselzeichnung, wobei ein farbiges Wechselspiel zwischen braunen Federkonturen und grauen Binnenflächen entsteht. Der Duktus der Feder ist ungezügelter und flüchtiger als in vergleichbaren Skizzen des Bruders, nervös und ondulierend; die Pinsellavuren sind großflächig und wenig differenziert hingestrichen. Reine Bleistiftzeichnungen sind unsicher umrissen und ungeregelt strukturiert. Von ihnen setzen sich einige Skizzen auf Versoseiten ab fol. 18v. des Skizzenbuches deutlich ab, die einen sichereren, energischeren Strich aufweisen. Stammen sie vielleicht von der Hand des Bruders? Daß auch von Georg Schneider Anthonie Waterloos Bäume studiert wurden, belegen die dennoch seine persönliche Handschrift tragenden Pinselzeichnungen auf fol. 50r. (Abb. Kat. Nr. 120) und 53v. Trotz der Sprödigkeit der Skizzen und mancher Unbeholfenheit ist dem Autor des Mainzer Journals zuzustimmen, der 1890/91 in für damalige Verhältnisse außerordentlicher Ausführlichkeit die Skizzenbücher der

Brüder Schneider und Georgs unbefangenen Blick auf die Natur würdigte: „Wie die anderen authentischen Zeichnungen, so läßt auch dies Skizzenbuch Georg Schneiders erkennen, daß man sehr irrig und sehr ungerecht handelt, wenn man ihm kurzweg die minderwertigen Werke in der Art seines älteren Bruders Kaspar zuschreibt – wie dies landläufig ist."[36] Allerdings erkannte der Autor nicht, daß ein Skizzenbuch von Caspar Schneider stammte, und er schoß auch über das Ziel hinaus, wenn er bemerkte, daß Georg „gerade als Zeichner und Maler unserer heimischen Gegenden eine weit größere Bedeutung als sein mehr gepriesener Bruder Kaspar" habe.

Der Klebeband Kat. Nr. 121 wurde aus unterschiedlichen, in den Jahren 1792 und 1793 entstandenen Skizzen später zusammengestellt. Er bietet stilistisch ein ähnliches Bild wie das Skizzenbuch. Es überwiegt hier jedoch die Verbindung von Feder und grauem Pinsel. Dazu kommen nun auch einige reine bildhafte Pinselzeichnungen, zum Beispiel der Gamburg im Taubertal und des Rheins bei Bonn, in denen Georg am ehesten überzeugt. An zwei Skizzen (fol. 45 und 47) ist zu beobachten, daß Georg Schneider bei aller Flüchtigkeit die Blattfläche doch überlegt aufteilte, indem er eine waagerechte Hilfslinie unterhalb der Mitte zog, um die Lage des Rheins zu fixieren. Auf fol. 47 liegt der Pfalzgrafenstein exakt auf dieser Linie.

In Aquarellen und Gouachen der Zeit kurz vor 1800 widmete sich Georg Schneider, wie sein Bruder, der Vedute, wobei beide mitunter die gleichen Standorte wählten. Dies und der ähnliche Stil erschweren eine Händescheidung. Nur die flüchtige Behandlung ganzer Partien und der Staffage sowie eine gröbere Pinselführung sprechen in solchen Fällen für eine Zuschreibung an Georg. Die Gouache „Blick von der Eremitage auf dem Niederwald nach Bingen" (Kat. Nr. 106) ist ein Beispiel für alle genannten Kriterien: Das Terrain des Vordergrundes, besonders neben der Treppe, ist flüchtig, ja partiell formlos angedeutet, Bingen unten am Fluß nur summarisch behandelt, während der verblauende Hintergrund, in den hinein sich die Nahe schlängelt, und der Himmel Georg Schneiders Interesse an atmosphärischen Werten zeigen. Gegenüber der Gouache des Bruders (Kat. Nr. 82) hat er eine Veränderung des Modus vorgenommen: Die Eremitage, nun ohne Kreuz und Dachreiter, erscheint „profaniert", und statt der Eremiten bilden der Maler selbst und bürgerliche Ausflügler in der Mode des Empire die Staffage. Verwandelten die mächtigen, beschattenden Bäume auf der Gouache des Bruders die Eremitage in einen abgeschlossenen, verwunschenen Ort, erscheinen sie hier wesentlich kleiner und schaffen einen lichten Vordergrund mit freiem Ausblick für die Rheintouristen. Auf die „bedeutsame" Staffage verzichtet Georg durchweg und sieht die Landschaft mit nüchternerem Blick. Wiederholt hat er sich im Bildvordergrund arbeitend selbst festgehalten, vielleicht, um sein Vorgehen zu dokumentieren, die Naturnähe seiner Bilder zu bekräftigen, ganz sicher aber in der Funktion, die Goethe in „Ruysdael als Dichter" 1816 beschrieb: „Er sitzt hier als Betrachter, als Repräsentant von allen, welche das Bild künftig beschauen werden, welche sich mit ihm in die Betrachtung der Vergangenheit und Gegenwart, die sich so lieblich durcheinander webt, gern vertiefen mögen."[37]

Bisher besitzen wir keine sicher dem ersten Jahrzehnt des 19. Jahrhunderts zuzuweisende Arbeit Georgs auf Papier. Eine durch ihr Wasserzeichen nach 1810 zu datierende Gouache der Burgruine Rheinstein (Landesmuseum Mainz, Graphische Sammlung) belegt, daß er in dieser Technik, ohne sie zu vervollkommnen, weiterarbeitete. Doch mit dem Jahr 1811 treten ziemlich unvermittelt reine Landschaftsaquarelle auf, die mit allem Bisherigen brechen (Kat. Nrn. 107–110). Es scheint, als habe Georg Schneider nun die seinen Absichten entgegenkommende Technik gefunden. Die Transparenz der Farben, überwiegend Grün und Blau, gestattete eine Durchlichtung der gesamten Landschaft, nicht mehr als flackerndes Spiel von Licht und Schatten, sondern als gleichmäßig-mild sich verteilendes Licht. Die Vorzeichnung mit dem spitzen Bleistift oder der

Abb. 7
G. Schneider,
Die Brücke an der
Aureuskapelle bei
Mainz, 1790, Bleistift,
Landesmuseum
Mainz,
Inv. Nr. GS 0/514

feinen Feder ist nun zart umreißend wie in der romantischen Zeichenkunst. Das Tüpfelnd-Kleinteilige der Gouache ist der Reduktion auf die große Form bzw. Fläche gewichen. Die Ruhe dieser Landschaften wird durch keine Staffage gestört. Georg Schneider sucht nun bevorzugt den extremen Weitblick, den er durch einen auf die Höhen der Flußtäler von Rhein und Nahe verlegten Standort gewinnt. Diese umfangreiche Aquarellgruppe, aus der hier nur einige wenige Beispiele gezeigt werden, belegt, daß der Künstler auch noch nach seiner Übersiedelung nach Aschaffenburg an Bergstraße, Rhein und Nahe arbeitete, denn für sie konnte er sich kaum auf frühere Skizzen stützen. Seine Annäherung an die Zeichnung der Romantik ist auch in dem souverän skizzierten Blatt mit der Aschaffenburg-Ansicht (Kat. Nr. 118) offensichtlich. Der Vordergrund ist nur angedeutet, beinahe übersprungen, und die Zeichnung konzentriert sich auf die Stadt im Zentrum.

Es scheint, daß er diesen vielversprechenden Weg nicht weitergegangen ist, denn aus späteren Jahren wissen wir wieder nur von Gouachen, die sich vollkommen in Motivwahl und Stil denjenigen des Bruders nähern. Beispiele dafür sind die in das Jahr 1818 zu datierende Bingen- und die ihr nahestehende Mainz-Vedute (Kat. Nrn. 111, 113). Selbst jetzt noch griff er auf Skizzen in seinem Skizzenbuch von 1792/93 zurück. Anders als sein Bruder scheint er im Alter neue Motive nicht mehr gesucht und erwandert zu haben. Und erst jetzt – die ersten Dampfschiffe befahren bereits den Rhein – zeichnet er das Bild einer Landschaft mit bukolischen Zügen. Hirten und Herden erscheinen nun auch in seinem Werk als Staffage. Ein besonders prägnantes Beispiel dafür ist seine Gouache „Blick von Wackernheim/Rheinhessen über den Rhein nach Eltville und Erbach" (Kat. Nr. 112). Vorbereitet in ihren wesentlichen Zügen durch eine Federzeichnung im Skizzenbuch von 1792/93, verlieh er der Landschaft durch einen weniger steilen Berghang links und eine Baumgruppe einen idealisierenden Charakter und die diesem Landschaftsmodus adäquate Hirtenstaffage. Im Unterschied zu seinem Bruder wählte Georg Schneider, wie hier, wiederholt den Blick aus einem Seitental auf den Fluß und damit eine planparallele, zu beiden Seiten eingefaßte Kompositionsform. Aquarelle und Gouachen seines letzten Schaffensjahrzehnts scheinen nicht erhalten zu sein. So bleibt, auch mit den Veduten von Mainz und Kloster Rupertsberg (Kat. Nrn. 113, 115), der Eindruck des Retrospektiven – thematisch und stilistisch, was sein malerisches Werk bestätigt. Die kriegsbedingten Veränderungen der Stadt registrierte er, möglicherweise Wünschen der Auftraggeber nachkommend, ebensowenig wie den endgültigen Untergang der Klosterruine. Anders als seinen Bruder trieb es ihn auch nicht zu einem intensiveren Naturstudium, worin sich vielleicht noch einmal äußert, daß er Autodidakt war. Die Bemerkung des Bruders Hermann, Georgs beste Zeit seien die Jahre von 1788 bis 1792 gewesen[58], findet durch seine Arbeiten auf Papier ihre Bestätigung.

ANMERKUNGEN

1 Noch bis zum 2. Weltkrieg wurden in Mainz (und auch in anderen Museen) Aquarelle der Gemäldegalerie zugeteilt.
2 Die Zeitgenossen schrieben von „Gouache-Gemälden", z. B. Goethe: Philipp Hackert (1811), in: Sämtliche Werke Bd. 13, Zürich 1977 (unveränderter Nachdruck der Artemis-Gedenkausgabe), S. 469, 474.
3 Schneider 1879, Nr. 514.
4 Neugarten 1922, WV-Nr. 12.
5 Aquarell, wenig Deckweiß, 258 x 305 mm, unbez., Landesmuseum Mainz, Inv. Nr. GS 0/305.
6 Heinrich Meyer, Hütte und Palast in der Dichtung des 18. Jahrhunderts, in: Formenwandel. Festschrift zum 65. Geburtstag von Paul Böckmann, Hamburg 1964, S. 158 ff.; Bernhard 1976, S. 216 ff.; Hein-Thomas Schulze Altcappenberg, „Le Voltaire de l'Art". Johann Georg Wille (1715–1808) und seine Schule in Paris, Münster 1987, S. 151 ff.; Ausst. Kat. Nürnberg 1983/84, S. 15 ff. (Rainer Schoch).
7 Zit. nach Margret Biedermann, Ferdinand Kobell 1740–1799. Das malerische und zeichnerische Werk, München 1973, S. 32.
8 Zit. nach Hermann Uhde-Bernays, Künstlerbriefe über Kunst, Dresden 1957, S. 224 f.
9 Weg zwischen Eichen mit Staffage, Aquarell, Landesmuseum Mainz, Inv. Nr. GS 0/355; nach Kobells Radierung Stengel 138 (1781).
10 Ausst. Kat. Frankfurt a. M. 1992, Kat. Nr. 60, S. 64; Abb. 15, 16, S. 23.
11 Ausst. Kat. Frankfurt a. M. 1992, S. 24.
12 Aquarell, 270 x 418 mm, Landesmuseum Mainz, Inv. Nr. GS 0/2022.
13 Nachlaß Nikolaus Müller, Stadtarchiv Mainz, Faszikel XIV. Auch in der späteren Literatur findet sich immer wieder der Hinweis auf die Stiche Egidius Verhelsts, die sich jedoch nicht nachweisen lassen. Die Stiche führte vielmehr Carl Kuntz aus (Kat. Nrn. 130, 131).
14 Ausst. Kat. Frankfurt a. M. 1992, Kat. Nrn. 4 - 7, S. 56 ff., mit Abb.
15 Neugarten 1922, S. 4; von Hermann Schneider verfaßte Biographie, Nachlaß Nikolaus Müller, Faszikel XIV, Stadtarchiv Mainz.
16 Ausst. Kat. Nürnberg 1983/84, S. 17 (Rainer Schoch).
17 Eberhard Schenk zu Schweinsberg, Georg Melchior Kraus, Weimar 1930, S. 27. Über Charles Gore: Johann Wolfgang von Goethe, Philipp Hackert. Nachträge: Charles Gore, in: Sämtliche Werke Bd. 13, Zürich 1977 (unveränderter Nachdruck der Artemis-Gedenkausgabe), S. 598–605; Willi Ehrlich, „... wegen Kunstverwandtschaft und freundlicher Lebensteilnahme". Goethes Beziehungen zu Charles Gore, in: Goethe-Jahrbuch XCI, 1974, S. 117–129.
18 Gassner 1988, S. 165.
19 Weimarer (Sophien-) Ausgabe Abtlg. IV, Bd. 11, S. 24, zit. nach Gassner 1988, S. 165.
20 Klein 1825, S. 75.
21 Klein 1825, S. 75.
22 In: Propyläen, hrsg. von Goethe und H. Meyer, 3. Bd., 1. Stück, 1800, S. 153.
23 Ausst. Kat. „Staffage. Oder: Die heimlichen Helden der Bilder." Kunsthalle Bremen 1984, o. S. (Gerhard Gerkens).
24 August Wilhelm Schlegel, Vorlesungen über schöne Literatur und Kunst (1801), zit. nach: Ausst. Kat. Hamburg 1974, S. 22.
25 Bernhard 1976, S. 207 ff.
26 Bernhard 1976, S. 222.
27 Friedrich Gross, Zwischen niederem Stil und klassischem Ausdruck. Die Revolte des Malers Müller, in: Idea. Jahrbuch der Hamburger Kunsthalle Bd. 4, 1985, S. 83–106, hier: S. 91.
28 Reiniger/Faust 1994.
29 Neugarten 1922, S. 21.
30 Neugarten 1922, S. 21.
31 Maren Gröning, Natur und Heldenleben. Deutsche und Schweizer Zeichnungen der Goethezeit. Graphische Sammlung Albertina, Wien 1997, S. 10.
32 Ausst. Kat. Nürnberg 1983/84, S. 12 (Rainer Schoch).
33 Wolfgang Kemp, „... einen wahrhaft bildenden Zeichenunterricht überall einzuführen". Zeichnen und Zeichenunterricht der Laien 1500–1870. Ein Handbuch, Frankfurt a. M. 1979, S. 99, 135 ff.
34 Lehmann 1998.
35 Edmund Burke, Philosophische Untersuchung über den Ursprung unserer Ideen vom Erhabenen und Schönen, Hamburg 1989, S. 118; vergl. auch S. 93.
36 Mainzer Journal Nr. 160/161, 11./13. Juli 1891.
37 Sämtliche Werke Bd. 13, Zürich 1977 (unveränderter Nachdruck der Artemis-Gedenkausgabe), S. 674.
38 Nachlaß Nikolaus Müller, Faszikel XIV, Stadtarchiv Mainz.

Matthias Lehmann

An der Clemenskirche [1]

Eine Motivlandschaft am Mittelrhein

Einige Meilen rheinabwärts von Bingen weichen die Rheinuferberge etwas zurück, und zugleich hat der Morgenbach, der aus dem Binger Wald in enger Felsenschlucht dem Rhein zufließt, eine Halbinsel in den Fluß hinausgebaut. Hier steht die Clemenskirche als geographischer Mittelpunkt eines kleinen Landschaftsraumes am Mittelrhein.[2] Kommt man von Bingen, so flankieren die steil aufragende Burg Reinstein den Eingang und die breit lagernde Burg Reichenstein den Ausgang. Erst dann erreicht der Reisende das Dorf Trechtingshausen.

Die natürliche Geschlossenheit dieser Kleinlandschaft – gewissermaßen ein „Landschaftspunkt" am Mittelrhein – ist mit der neuen Sichtweise der Landschaftsmaler nach 1780 ein häufig gewähltes Motiv geworden. Dabei bevorzugt der eine die hier etwas weiträumigere Flußlandschaft, der andere möchte die Geborgenheit des kleinen Landschaftsraumes darstellen, und ein Dritter rückt eine der Burgruinen oder die Clemenskirche in den Mittelpunkt seiner künstlerischen Arbeit. Zu dieser „Wahl des Standortes" kommen die unterschiedlichen Absichten von Zeichnung, Ölbild und Druckgraphik (Aquatinta, Lithographie und Stahlstich) hinzu. Zudem ändert sich gleich einem Umbruch das geistesgeschichtliche Verständnis und die Sichtweise der Künstler von 1780 bis 1840, und schließlich erfährt auch die Kleinlandschaft selbst einschneidende Eingriffe. Der Ausbau der Rheinuferstraße [3] (1828) bricht seine natürliche Geschlossenheit auf, der Wiederaufbau der Burgruine Rheinstein [4] (ab 1828 spürbar) und die Wiederherstellung der Clemenskirche (1835) [5] sowie der technische Fortschritt in Gestalt des qualmenden Rheindampfers (ab 1832) nehmen dem Landschaftsraum an der Clemenskirche seinen historisch-romantischen Stimmungsgehalt. Kein anderes Landschaftsmotiv vermag den raschen Umschwung so zu verdeutlichen: zwischen den Darstellungen der Ruine Rheinstein und der Clemenskirche als „denkwürdigem Gebäude des Mittelalters in Deutschland" durch Domenico Quaglio [6] nach seiner Rhein- und Moselreise 1818 und dem neuerbauten Schloß Rheinstein mit Dampfer durch Johann Bachta [7] (1837) liegen kaum zwei Jahrzehnte! In dieser kurzen Spanne gerät der natürliche Raum aus den Augen der Künstler, und das Ensemble von zwei Burgruinen und der alten Kirche unter den großen Nußbäumen bricht mit dem Wiederaufbau von Burg Rheinstein auseinander. Die rein vedutenhafte Wiedergabe dieses neuerbauten Schlosses drängte sich in den Vordergrund. Aus der Rückwendung des D. Quaglio ist in kaum zwanzig Jahren eine Vorwärtswendung geworden. Die künstlerischen Darstellungen der Landschaft an der Clemenskirche dokumentieren daher vortrefflich die Änderung der Geisteswelt um 1850.

Abb. 1
Blick in das Bingerloch, Aquarell und Deckfarben, das Bleiweiß oxydiert, 305 x 422 mm, sign. „GSch"; Landesmuseum Mainz, Inv. Nr. GS 0/2097. Rechts der Mäuseturm, Ruine Ehrenfels, Kunstruine Rossel, links der Faitzberger Hof (heute „Schweitzerhaus") mit Rauchfahne, Ruine Rheinstein, Ruine Reichenstein, am Ufer die Clemenskirche.

Die aufgezeigte Vielfalt bietet die Möglichkeit zu einer umfangreichen motivkundlichen Abhandlung über eine Landschaft am Mittelrhein mit den aus ihr heraus erwachsenen historischen Bauwerken,[8] denn es ist eine „pittoreske, von Natur und Geschichte interessant gestaltete Szenerie".[9] Andererseits reichen die Künstlerbeziehungen untereinander nicht aus, um Trechtingshausen mit seinem Gasthaus „Zum Weißen Roß" als Künstlerort zu verstehen. Wir können deshalb nur von einem „Wallfahrtsort" oder von einer „Motivgemeinschaft" sprechen, um das bevorzugte landschaftliche Motiv als die ideale Gemeinschaft einer Vielzahl von Künstlern zu bezeichnen.

Das Ziel dieses Aufsatzes ist bescheidener: Er wäre nur ein Beitrag und der Beginn der gemeinten motivkundlichen Arbeit. Denn der Maler Georg Schneider war als erster 1792 mit dem Zeichenbuch an der Clemenskirche unterwegs. Nach 1815 – wenn es nicht sein älterer Bruder Johann Caspar war – folgen dann die großartigen Zeichnungen der Burgruine Rheinstein, vom Hang aus aufgenommen.

Einzelblätter und Zeichenbücher

Im Landesmuseum Mainz befinden sich mehrere Einzelblätter von Georg Schneider und drei Zeichenbücher, die wir wie folgt benennen:

Skizzenbuch mit der Aufschrift „Gegenden so nach der Natur gezeichnet von Georg Schneider 1792" (die 2 zu einer 3 geändert), Kat. Nr. 120.

Klebealbum (Sammel-Album) mit der Aufschrift „Nach der Natur abgezeichnete Gegenden von Georg Schneider 1792 und 1793", Kat. Nr. 121.

Skizzenbuch „nach 1815" wegen des Wasserzeichens in den Blättern als dem einzigen Anhaltspunkt, Kat. Nr. 92. Seit Bekanntwerden dieses Zeichenbuches (1890) sind die Ansichten darüber geteilt, ob es Johann Caspar oder Georg Schneider zuzuordnen ist. Ohne hier darauf einzugehen, sind die nachfolgenden Ausführungen so formuliert, als ob das Zeichenbuch „nach 1815" von Georg Schneider sei.

Der Maler Georg Schneider in Trechtingshausen

Einem glücklichen Zusammentreffen verdanken wir die Möglichkeit, gerade für die Landschaft an der Clemenskirche zeigen zu können, daß Georg Schneider eine interessante und für 1792 recht ungewöhnliche Technik der Naturaufnahme betrieb, und wie er seine Naturstudien für ein Ölgemälde verwendete.

Diese beiden Phasen des künstlerischen Arbeitsprozesses verbinden sich mit unserer Feststellung, daß Georg Schneider die Landschaft an der Clemenskirche besonders intensiv studierte. Als bevorzugter Punkt am Mittelrhein war sie für ihn eine Präferenzlandschaft[10] im Kleinen, die ihm mehr als nur „malerische" Motive hat geben können. Denn von der Verkäuflichkeit vor allem in Mainz her gesehen gibt es „lohnendere" Landschaftsausschnitte als diese kleine Kirche am Rheinufer, die man nicht einmal mehr als „nahe bei Bingen" bezeichnen kann. Und die beiden Burgruinen Rheinstein (Vautsberg) und Reichenstein (Falkenburg) waren nur dadurch bekannt, weil man sich über ihre Anzahl, ihre Namen und Geschichte heftig stritt.[11] Ganz im Sinne dieser Verwechslungen beschriftete G. Schneider die Ruine Rheinstein mit „Wiltburg" und Reichenstein mit „Sonneck".

Abb. 2
Blick über Assmannshausen in das Rheintal mit den Ruinen Rheinstein und Reichenstein, Clemenskirche und Trechtingshausen, Öl auf Kupfer, 26,5 x 38,5 cm, bez. auf der Rückseite: „Georg Schneider 1804"; Foto: Gemälde-Galerie Abels, Köln

Abb. 3
Blick vom Assmannshäuser Ufer auf Rheinstein, Clemenskirche, Clemensmühle und Reichenstein, Feder- und Tuschezeichnung, Skizzenbuch „nach 1813", Kat. Nr. 92, fol. 25

Von vielen Malern des 19. Jahrhunderts wissen wir, daß sie eine Präferenzlandschaft hatten. Mag eine gewisse räumliche Nähe zum Wohnort ebenfalls Bedeutung haben, so ist doch ihre Wahl zugleich immer Widerspiegelung einer psychischen Situation des Künstlers. Wenn G. Schneider zwanzig Jahre nach den Naturaufnahmen von 1792/93 wiederum mehrere Seiten in seinem Zeichenbuch von 1813 mit Zeichnungen der Landschaft an der Clemenskirche füllt, dann beweist das eine innere Bindung. Sie wird bestätigt durch die verschiedenen und teilweise ungewöhnlichen Standorte, von denen her der Maler diesen kleinen Landschaftsraum für sich zu erschließen versucht, sich gleichzeitig aus künstlerischer Sicht mit ihm auseinandersetzend.

Beginnen wir mit den großräumigen Darstellungen vom Assmannshäuser Ufer her gesehen und von der Höhe der Ruine Reichenstein. Dann wechselt der Standort an die Brücke über den Morgenbach und in den waldreichen Talanfang. Mit Schneiders Zeichnungen der Ruine Rheinstein, aufgenommen aus dem unzugänglichen Hang, beenden wir unser Kapitel über diesen bisher nur anhand seiner Ölgemälde unzulänglich beurteilten Künstler.

a) Der Blick über den Strom

Der „Blick ins Binger Loch" (Abb. 1) darf mit seiner bildmäßigen Umrandung als verkaufsfertiges Aquarell von Georg Schneider angesehen werden. Jenseits der Nahebrücke und auf dem Weg nach Trechtingshausen hält die großartige Flußlandschaft den Wanderer zu Recht fest. Dem Künstler hingegen gerät sie zum Schema von gleichförmigen und steilen Rheinuferbergen. Die Farbgebung ist nicht einfallsreicher und beschränkt sich auf grün und blau und deren Zwischentöne.

In der „Rheingegend bei Aßmannshausen" (Kat. Nr. 102) versucht der Maler, eine zunächst skizzenhaft erfaßte Studie mit Blick über den Rhein auf Trechtingshausen durch abgestufte Tusche zu bildmäßiger Wirkung fortzuentwickeln. Wenn sich dabei der Pinsel vor allem im rechten Teil gegenüber den Linien verselbständigt, so wird doch die Tageszeit des späten Nachmittags mit dem schattendunklen linken Ufer deutlich. Gerade, weil der Künstler zügig und sorglos verfährt, lebt diese Darstellung gegenüber den schematisch ausgeführten, auf Verkäuflichkeit hin angelegten Arbeiten. Joseph Schlemmer[12], der 1791 auf Kat. Nr. 100 und 102 seinen Namen als Besitzer vermerkte, muß diese Spontaneität und die Lichtgebung mit Hilfe der Tusche zu schätzen gewußt haben.

Verglichen mit dieser Zeichnung zeigt ein auf 1804 datiertes Ölgemälde (Abb. 2) von etwa demselben Standort steile und überhöhte Rheinuferberge. Dieses beliebte Mittel der Bildgestaltung füllt zugleich den Bildraum und verstärkt die Bildwirkung. Der flott geführte Pinsel wird kaum sorgfältiger bei den Bauten und Ruinen als den Portraitmerkmalen der Landschaft. Die Staffage im Vordergrund bestätigt das Urteil von Nikolaus Müller von 1823. Andererseits verblüfft die malerische Unbekümmertheit des Autodidakten, wenn wir mit der sorgfältigen, feinpinseligen Malweise zeitgenössischer ausgebildeter Künstler vergleichen. Hinsichtlich dieser Malweise ist G. Schneider seiner Zeit voraus.

Folgen wir dem Maler Georg Schneider an das Rheinufer hinab, so haben wir mit Abb. 3 eine Aufnahme aus dem Zeichenbuch von 1813 über den Strom mit Blick auf die Clemenskirche, die Clemensmühle und rechts Ruine Reichenstein. Der Standort des Künstlers nördlich und damit unterhalb von Assmannshausen ist wiederum ungewöhnlich. Das freie Ufer im Vordergrund und der leere Bildmittelgrund kennzeichnen die Naturstudie und sind für ein im damaligen Sinne fertiges Bild nicht denkbar.

b) Das Rheintal mit der Ruine Reichenstein

Das Zeichenbuch von 1813 enthält gleichfalls die Aussicht von der Höhe nördlich der Ruine Reichenstein (Abb. 4). Die Wahl dieses Standortes ist sehr originell, denn kein anderer Künstler bringt diese Sicht. Geradezu „bildfertig" verbindet hier der Blick die Burgruine in Nahsicht mit der vordergrundfüllenden Landzunge der Clemenskirche mit dem in der Bildtiefe verschwindenden Fluß und dem Dorf auf der anderen Seite. „Sonneck u. die Clemenskirche" hat der Künstler dieses Blatt bezeichnet. Die Zusammenfassung von Ruine und menschlicher Ansiedlung in einer Landschaft mit räumlicher Tiefe bevorzugt Schneider in der Naturaufnahme, die unmittelbar als Vorarbeit für ein Gemälde dient. Er sieht hier die Burgruine in der umgebenden Landschaft und nicht als Selbstzweck einer bildlichen Darstellung, während er andererseits auch keine Orte in Nahsicht aufnimmt, sondern ihre Lage aus größerer Entfernung. G. Schneider ist also (in dieser Hinsicht) kein Vedutenmaler[15], sondern ein Landschaftsmaler, der durch geschickte und wechselnde Standortwahl sein Landschaftsempfinden beweist.[14]

c) Ein ungewöhnlicher künstlerischer Arbeitsprozeß

Zwanzig Jahre zuvor hatte der Künstler am Fuße der Ruine bereits gründliche Studien betrieben, deren Originalität darin liegt, daß er die Erfassung der Linien und Umrisse einerseits sowie der Farb- und Lichtwerte andererseits auf zwei Blätter verteilt, Abb. 5 und Abb. 6. Durch das Zusammentreffen des Skizzenbuches von 1793 mit dem Klebealbum von 1792/93 ließ sich diese ungewöhnliche Technik der getrennten Landschaftserfassung für mehrere Fälle feststellen und damit als bewußte Vorgehensweise absichern.

Der Standort ist, von Trechtingshausen kommend, vor der Brücke über den Morgenbach gewählt. Dahinter liegt mit drei kleinen Gebäuden die Clemensmühle, das kleinste mit dem Mühlrad rechts außen. Im Skizzenbuch ist auf knapp 16 x 20 cm die Landschaft mit Blei und brauner Feder flüchtig und zügig in Umrissen und Linien festgehalten (Abb. 5).[15] Dabei sind die Bleistiftlinien schwach und für die Umrisse lückenhaft. Die Linien der Federzeichnung halten sich nicht daran und sind heute das tragende Element der Zeichnung. Wenn der Künstler geahnt hätte, daß wir uns zweihundert Jahre später gerade für dieses Blatt interessieren, hätte er hoffentlich einen anderen Abstellplatz für seinen Napf mit der Tusche gesucht! Der Zeichnung fehlt zwar keineswegs die räumliche Tiefe, aber die Differenzierung in Hell-Dunkel und Licht-Schatten. Für diesen Zweck nimmt Schneider ein neues und mit 25 x 36 erheblich größeres Blatt, das heute in das Klebealbum ohne Unterlage eingebunden ist (Abb. 6). Mit dünnen Bleistiftlinien sind die Umrisse der Landschaft noch einmal skizziert, um die Bewegungen des Tuschepinsels wenigstens etwas zu lenken. In Abstufungen ist graue Tusche verwendet, und zwar sowohl zur Farbgebung (auf den Berghängen) als auch für den Lichteinfall des späten Vormittags (bei den Gebäuden und den Pappeln). Diese Pinselzeichnung darf man wegen ihrer freizügigen Durchführung und der lichtdurchsetzten Landschaftswiedergabe als ein Meisterwerk ansehen. Wie selbstverständlich wendet hier ein von allem zeitgenössischen Kunststreben abgeschnittener – und deshalb auch unberührter – Maler eine Arbeitsweise an, die erst dreißig Jahres später größere Verbreitung bei den Landschaftsmalern zu finden beginnt. Daß es sich bei Schneiders Zeichnung um eine Naturaufnahme für den Hausgebrauch des Künstlers handelt, beweisen nicht nur die Beschriftung „Das alte Schloß Soneck bei Aßmanshausen gegenüber" quer über das Blatt, sondern auch die Ortsnotizen „Rhein" und „Clemenskirche" und drittens der Zufall, daß das aus den beiden Zeichnungen entwickelte Ölgemälde hier vorgestellt werden kann (Abb. 7).

Das Verhältnis von Übernahme aus den beiden Landschaftsstudien und künstlerischer Gestaltung zur Verdeutlichung des Landschaftseindruckes ist überraschend. Der Landschaftsraum an

Abb. 4
„Sonneck u. die Clemenskirche", Federzeichnung in Grau, rechts etwas laviert, Skizzenbuch „nach 1813", Kat. Nr. 92, fol. 45. Standort nördlich der Ruine Reichenstein, in der Ferne links Assmannshausen, rechts Ruine Rheinstein

Abb. 5
Clemensmühle und
Clemenskirche unter-
halb der Ruine
Reichenstein, Bleistift
und Feder in Braun,
Skizzenbuch
Kat. Nr. 120, fol. 18

Abb. 6
Die Landschaft an der
Clemenskirche unter-
halb der Ruine
Reichenstein,
Pinselzeichnung,
Klebealbum
Kat. Nr. 121, fol. 52

Lehmann · An der Clemenskirche

Abb. 7
Die Landschaft an der Clemenskirche, Öl auf Holz, 33,8 x 45,3 cm, monogrammiert „G. Schn.", Privatbesitz. Das Gegenstück zeigt die Burgruine Stolzenfels von Süden. Landschulz 1977, S. 109, führt 6 Gemälde im Format 16 x 17,5 cm an, von denen zwei die beiden Motive wiederholen dürften.

der Clemenskirche ist zu einem beschaulichen Winkel zu Füßen der relativ erhöhten Burgruine Reichenstein zusammengeschoben. Der Berghang jenseits des Morgenbaches Richtung Ohligs-Berg (311 m) ist mit Felswänden durchsetzt und nahgerückt. Dem Maler ist nun auch die Ruine Rheinstein eingefallen, die auf den Vorzeichnungen fehlt, ebenfalls nah und steil über dem Fluß dargestellt.

Der Einfall des Sonnenlichtes wird in den gedämpften Gegensätzen abgeschwächt, um dem Gemälde die atmosphärische Stimmung eines frühen Sommermorgens zu geben.

d) Eine weitere Darstellung der Clemensmühle

Durch Besitzervermerk ist sie auf 1791 oder früher zu datieren. Sie gehört zu den überraschenden Entdeckungen aus der Beschäftigung mit Georg Schneider (Kat. Nr. 100). Mit ihrem Blattformat und der Technik nach in Verbindung mit Abb. 6 zu sehen, entwickelt der Künstler hier über einer flüchtigen Bleistiftzeichnung mit locker schraffierten Partien eine Pinselzeichnung in abgestuften Grautönen. Dadurch gewinnt das Bild an räumlicher Tiefe und mit den freigelassenen Partien die Wiedergabe des Sonnenlichteinfalles. Die bescheidenen künstlerischen Mittel Blei und Tusche vermitteln uns die Clemensmühle am Morgenbach mit der Brücke für den Rhein-Uferweg im Licht des späten Nachmittags. Der völlig vernachlässigte Hintergrund erhöht dabei den Reiz und hält den Betrachter im Mittelgrund fest, obgleich – dies erscheint uns wichtig – das Herzstück einer Mühle, das Rad mit den stürzenden Wassern[16], völlig zurücktritt. Die Wassermühle (für Getreide) wird erst später als eigenständiges Bildmotiv entdeckt.

Das kleine Heiligenhäuschen rechts, wo der Weg ins Morgenbachtal abzweigt, findet sich auf keiner anderen Zeichnung und ist auch lokalhistorisch durch keinen Hinweis gesichert. Lassen wir es als freie künstlerische Ergänzung gelten, so können wir eine solche 60 Jahre später auf dem Gemälde von B. C. Koekkoek ebenfalls feststellen[17], als gehöre es hier hin, an die Kreuzung des Weges über den Morgenbach.

Für eine Zeichnung zwei Jahrzehnte später im Zeichenbuch von 1813 rückt der Maler weiter an das Rheinufer, um die Burgruine Reichenstein wieder einbeziehen zu können (Abb. 8). Es ist die einzige Ansicht von Osten, die uns bekannt geworden ist. Auf dem Burgberg und dem dahinter liegenden Südhang zum Morgenbach hinab sind Hangterrassen für Weinstöcke angedeutet. Die Scheune der Clemensmühle hat jetzt – also nach 1813 – ein Strohdach, möglicherweise erst die Folge einer Zerstörung in den napoleonischen Kriegen. Andererseits hat auch „das Mühlchen in der Morgenbach" in Wilhelm Oertels Erzählung[18] – einer Begebenheit aus dem Jahre 1716 – solch ein schwer drückendes Strohdach, jedoch betreffen die beengt geschilderten Zustände die bachaufwärts gelegene zweite Mühle. Die Lavierung verwendet Schneider in dieser Zeichnung gewissermaßen widersprüchlich: für die Schattenseiten der Mühlengebäude einerseits, zur Hervorhebung des – besonnten! – Burgberges andererseits. Schließen wir hier einen Abstecher in das untere Morgenbachtal an.

e) Am Morgenbach

Im Skizzenbuch von 1813 zwischen Abb. 4 und Abb. 8 eingeschoben findet sich die mit „Burg Sonneck" beschriftete Ansicht der Ruine Reichenstein von Südwesten (Abb. 9). Mit etwas Mühe erkennen wir den Standort am Morgenbach. Dem Künstler hat der Vegetationsreichtum sichtlich Freude bereitet, aber Busch und

Abb. 8
Die Clemensmühle und Ruine Reichenstein, lavierte Federzeichnung, Skizzenbuch „nach 1815", Kat. Nr. 92, fol. 47. Unter den Bäumen führt die Brücke über den Morgenbach, die Pyramidenpappeln von 1792 fehlen!

Abb. 9
Ruine Reichenstein vom Morgenbachtal aus gesehen, Federzeichnung in Grau, Skizzenbuch „nach 1815", Kat. Nr. 92, fol. 46

Baum werden botanisch völlig undifferenziert im alten Schema des vergangenen Jahrhunderts dargestellt.[19] Ist schon vom tiefgelegenen Standort her die räumliche Tiefe gering, so geht sie in der Zeichnung fast vollständig verloren. Solche im Ausblick verstellten Standorte wählt Georg Schneider sonst nicht.

Etwa zwei Jahrzehnte später zeichnet Friedrich Simmler vom gleichen Standort, einem noch heute bei der 3. Mühle erkennbaren kleinen Steinbruch, die Burgruine. Das mit „Falkenburg den 31. Aug. 1856" beschriftete Blatt ist eine seiner sorgfältigsten Aufnahmen einer Burgruine überhaupt. Wie seine Zeichenbücher beweisen, interessiert ihn dieses Motiv nur wenig, und im Ölgemälde verwendet er es gar nicht. Vom Morgenbachtal her gleicht die hochragende Schildmauer der Burg den blockigen Felsen des kleinen Tales. Diese hat Simmler 1856 in zahlreichen und sorgfältigen Zeichnungen erfaßt.[20] In den Taleinschnitt hinabgezogen, wird die Ruine in die Nähe einer natürlichen Felswand gerückt und keineswegs als historische Architektur herausgehoben.

Zeichnet G. Schneider mit weicher Feder, die zu runden Formen neigt, so setzt F. Simmler den spitzen Bleistift ein, der mit wechselnder Schraffur und von lichter Sepia unterstützt die Hell-Dunkel-Werte und den Lichteinfall und damit die begrenzte räumliche Tiefe der kleinen Tallandschaft im Bild wiedergibt.

Ein dritter Künstler hatte den gleichen Gedanken, den Reichenstein aus dem unteren Morgenbachtal aufzunehmen. Für den Stahlstich mußte er allerdings den Publikumsvorstellungen entgegenkommen und die Burg betont ins Bild bringen. Trotzdem ist aber daraus einer der liebenswürdigsten Stahlstiche nicht nur der Landschaft an der Clemenskirche, sondern aus den Rheinreisewerken überhaupt geworden. Der Stich von Wilhelm Lang nach der Zeichnung von Jakob F. Dielmann zeigt den Rhein nur als kleinen Ausschnitt. Das Bild verbindet die sichtbare Nähe des landschaftlich begrenzten Rhein-Seitentales, die ein Gefühl der Geborgenheit vermittelt, mit der erahnbaren Ferne des Stromes. Diese Verknüpfung aber von Nähe und Ferne ist kennzeichnend für das „Fensterbild"[21], eine typische Bildidee der Romantik, hier als „natürliches Fensterbild" in der Landschaftsdarstellung konkretisiert.

Wenden wir uns nun aus dem steilwandigen Morgenbachtal der Burg Rheinstein zu.

Abb. 10
Ruine Rheinstein von Süden, Federzeichnung in Braun, Skizzenbuch Kat. Nr. 120, fol. 72, bez.: „Wildburg"

Abb. 11
Burgruine Rheinstein von Südwesten (und nachmittags), Federzeichnung in Grau mit Lavierungen, Skizzenbuch „nach 1815", Kat. Nr. 92, fol. 48, bez.: „Wildburg" (in der Handschrift wie bei Abb. 10)

Abb. 12
Burgruine Rheinstein von Westen: die hangseitige Schildmauer und mit Blick auf Assmannshausen, Federzeichnung in Grau mit Lavierungen, Skizzenbuch „nach 1815", Kat. Nr. 92, fol. 49, bez.: „Wildburg zu Aßmannshausen".

f) Die Burgruine Rheinstein, auch Wildburg oder Vautsberg (Bauzberg) genannt

„Ich selbst befand mich vor etwa vierzig Jahren in einer schönen Sommernacht in den Ruinen dieser Burg mit den Malern Kobell und Welte", schreibt der Mainzer Kunstschriftsteller Nikolaus Müller (1770–1851) an entlegener Stelle,[22] um mit Gedichten über Geistererscheinungen vor Ort fortzufahren. Der Besuch der Ruine 1790 (oder wenig früher) hat zur Folge, daß der Maler und Radierer Gottlieb Welte (geb. um 1745) erst danach nach Reval übersiedelte. Für den Maler Wilhelm Kobell (1766 Mannheim – 1853 München) ist eine Reise an den Mittelrhein bislang nicht nachgewiesen.

Die früheste Ansicht der Ruine[23] ist G. Schneiders Blei- und Federzeichnung von 1792/93 (Abb. 10), beschriftet „Wildburg" rechts unten von seiner Hand mit Feder.[24] Die Burg ist von Süden aufgenommen mit ihrem Außentor auf halber Hanghöhe; die Verbindung zum Rheinufer ist weggelassen. Mit nachvollziehbarem Geschick verwandelt der Künstler später (1795) die Ruine aus dieser „flachen" Zeichnung heraus in eine plastische und getreue Darstellung zurück und setzt das differenziert ockerfarbene Gemäuer gegen den blauen Himmel des Vormittags.[25] Hat hier die Ortstreue zu dem Burg-Außentor den Verzicht auf die Flußlandschaft zur Folge, so verfährt G. Schneider in einem anderen Aquarell (nach 1810) umgekehrt: Das Tor wird hoch und vor die Ruine gesetzt, so daß in gleichgewichtigen Bildhälften deren Nähe übergangslos zur Tiefe des Rheines gezeigt wird. Das Ergebnis ist ein kühner Bildaufbau, der den Blicksprung ins Bild und dann in die Tiefe zur Folge hat. Hang und Fluß zueinander und beide zum Bildrand sind ohne Übergang. Das Bild gleicht dem zufälligen Ausschnitt einer Studie vor der Landschaft, obgleich die Arbeit wegen der sorgfältigen Randlinien als verkaufsfertig anzusehen ist.

Eine umfangreiche Ruine zeigt Abb. 11 aus dem Skizzenbuch von 1813. Bedingt durch den weiter westlich verlegten Standort, kommt links die große Schildmauer als Schutz der Bergseite ins Bild.[26] Die lavierten Schattenpartien entsprechen dem Lichteinfall von Südwest und damit des Nachmittags. Der Künstler verbindet hier die Notiz der Linien und der Hell-Dunkel-Werte in einer Zeichnung vor der Natur im Gegensatz zur Vorgehensweise von 1793.

Für die Zeichnung auf dem nächsten Blatt (Abb. 12) rückt er die „Wildburg zu Aßmanshausen" in die Bildmitte. Sie bleibt jedoch eingebunden in den miterfaßten Landschaftsraum und wird nicht zum Selbstzweck der Studie. Die Ruine versperrt dem Betrachter den Blick und zweiteilt ihn. Dieser unkonventionelle Bildaufbau ist eine „Erfindung" des Künstlers infolge des nur mühsam zu erlangenden Standorts oberhalb der Burg im steilen Hang. Unter den zahllosen Ansichten von Rheinstein gibt es keine zweite mit dieser Blickrichtung. Bei der leichter zugänglichen Burgruine Ehrenfels verfährt er ebenso, wie die Abb. 13 und Abb. 14 zeigen. Die Parallelität zwischen Abb. 11 und Abb. 13 einerseits und zwischen Abb. 12 und Abb. 14 andererseits ist so augenfällig, daß man die Absicht der Verwendung für zwei in Öl zu malende Bilderpaare vermuten möchte.

Die Qualität dieser Zeichnungen läßt nicht den Schluß zu, daß deshalb das Skizzenbuch „nach 1813" vom älteren Bruder Johann Caspar Schneider stammen müsse. Denn bereits das Sammelalbum von 1792/1793 enthält mehrere Zeichnungen der Ruine Winterburg im Ellerbachtal bei Kreuznach,[27] von denen Abb. 15 für die Beständigkeit des Georg Schneider spricht, wenn nur Geduld und Sorgfalt sich paaren beim Zeichnen vor der Natur.

Folglich fällt ein Gesamturteil über Georg Schneider nicht leicht. Die Beschäftigung mit seinen Zeichnungen erweist einen ungleichen und unsteten Künstler, der auf sich allein gestellt bereits ausgiebig vor der Natur zeichnet in dem Sinne, daß er Landschaftsräume erfaßt. Dabei bleiben Orte im Mittelgrund, während er an Burg- und Klosterruinen auch nahe herangeht. Jedoch wird die Architektur nicht von ihrer Landschaft abgeschnitten, sie wird nicht isoliert zum Selbstzweck des „Naturstudiums". Dieses bezieht sich bei Georg Schneider nur darauf, die erfundene durch die gesehene Landschaft zu ersetzen. Bei den Landschaftsmalern seiner Zeit streut die Wiedergabe der gezeichneten Landschaft im sich anschließenden Ölgemälde zwischen „realitätsgebunden" für die bloße Ansicht und nur „realitätsbezogen" bei deutlichem künstlerischen Gestalten, das den Bildentwurf zwischen Naturaufnahme und Ölgemälde erfordert. Erst später wendet sich das Naturstudium den Einzelheiten zu, widmet sich liebevoll dem einzelnen Baum und der Felspartie, betrachtet das Bachbett und beobachtet die Atmosphäre, als ob auch bei diesen Alltäglichkeiten das Wiedererkennen im Ölgemälde ein Maßstab sei.

Das „Naturstudium" ab etwa 1780 erweitert also im Laufe der Jahre seinen Bezug, woran Georg Schneider nicht teilhat: Seine Bäume bleiben die des 18. Jahrhunderts. Die sich nach 1820 ausbreitende Ölstudie vor der Natur hingegen zeigt wieder Parallelen zu Georg Schneiders Arbeitsweise: einerseits in der Durchführung rasch, wenn nicht sogar ungeduldig, und zum anderen die Suche nach ungewöhnlichen Standorten, deren Gegebenheiten dann naheliegenderweise die zeitgenössischen Regeln des Bildaufbaus kurzerhand verdrängen.

Es ist unzweckmäßig, sich um ein Urteil zu bemühen, wenn die Ausstellung – erstmals nach zweihundert Jahren – erst einmal die Voraussetzung dafür schafft, indem sie die Arbeiten der Malerbrüder zusammenträgt und zugänglich macht. Erst dann wird sich für Georg Schneider die Folge der fehlenden künstlerischen Ausbildung abwägen lassen gegen die freie Auffassung des Autodidakten, wird die „Rückständigkeit" der Orte Mainz und erst recht Aschaffenburg ebenso zu bedenken sein wie die Unmöglichkeit, daß hier ein Landschaftsmaler (ohne andere Einnahmequellen) von der Sorge um das karge tägliche Brot freikommt.

Abb. 13
Burgruine Ehrenfels bei Rüdesheim von Osten, lavierte Federzeichnung, Skizzenbuch „nach 1815", Kat. Nr. 92, fol. 26

Abb. 14
Burg Ehrenfels von Norden: die hangseitige Schildmauer und mit Blick auf Bingen, Federzeichnung, Skizzenbuch „nach 1815", Kat. Nr. 92, fol. 7. Es entsprechen sich Abb. 11 und 13 mit dem Standort seitwärts auf dem Hang und Abb. 12 und 14 mit dem Standort oberhalb der jeweiligen Burgruine.

Abb. 15
„Haupt Partie von Ruin des Schloses Winterburg bei Kreuznach", Klebealbum, Kat. Nr. 121, fol. 27. Die Burgruine Winterburg der Grafen von Sponheim im oberen Ellerbachtal ist von Süden gesehen; sie ist heute verschwunden. Rechts dahinter das nach 1689 neu erbaute Amtshaus für die Verwaltung des (bis 1969 bestehenden) „Amtes Winterburg". „Als ich im folgenden Jahr Bad Kreuznach wieder besuchte, vernahm ich mit großem Bedauern, daß der unvergleichlich schöne schlanke Turm der Winterburg zusammengestürzt war" (1859); Karl Simrock, 1865.

ANMERKUNGEN

1. Dieser Titel gehört zu der Erzählung von W. O. von Horn (das ist Wilhelm Oertel von Horn bei Simmern im Hunsrück, 1798–1867), die zur Zeit der französischen Besetzung (1811) spielt und 1868 erstmals veröffentlicht wurde. Oertel war bis 1854 Pfarrer in Manubach, einem Seitental vor Bacharach.
2. Erbaut um 1200, zum Kloster Cornelimünster bei Aachen gehörend: „Nicht nur die Lage macht den Bau so liebenswert – er ist auch der südlichste Punkt der niederrheinischen Formenwelt", vgl. Hans Erich Kubach/Albert Verbeek, Romanische Baukunst an Maas und Rhein, Berlin 1976, Bd. 2, S. 1081 f.; 1270 wurde der Sprengel St. Clemens nach Mainz (Erzbischof, Domkapitel und Stift St. Maria ad gradus) verkauft.
3. Neubau der Brücke über den Morgenbach und der Straßenmauer zum Friedhof um St. Clemens.
4. Umfassend aufbereitet von Ursula Rathke, Preußische Burgenromantik am Rhein, München 1979, S. 9–45.
5. Das erneuerte Dach wurde auf der Nordseite vom First bis über die Kleeblattfenster durchgehend herabgezogen; 1896 rückgängig gemacht.
6. Vgl. Brigitte Trost, Domenico Quaglio 1787–1857, München 1973, Abb. 174 und 179.
7. Johann Bachta (1782–1856), Burg Rheinstein mit der Clemenskapelle bei Trechtingshausen, Öl/Lwd., 37,5 x 46 cm, Bonn, Rheinisches Landesmuseum.
8. Vgl. z. B. Hermann Beenken, Das Panorama von Taormina in der deutschen Landschaftsmalerei vor 1850, in: „Das Werk des Künstlers", Kunstgeschichtliche Zweimonatsschrift, hrsg. von Hubert Schrade, 2. Jg. 1941/42, S. 257–277; Esther Straub-Fischer, Der Salzburger Friedhof zu St. Peter in den Zeichnungen deutscher Romantiker, in: Mitteilungen der Gesellschaft für Salzburger Landeskunde, 106. Vereinsjahr 1966, S. 347–353; Helmut Börsch-Supan und Arno Paffrath, Altenberg im 19. Jahrhundert, Bergisch Gladbach 1977.
9. Karl Heinz Schreyl im Kat. „Die Nürnberger Kaiserburg in Aquarellen und Handzeichnungen aus städtischem Besitz", Nürnberg 1972, Einführung S. 5.
10. Diese Bezeichnung findet sich bei Gerhard Eimer, Caspar David Friedrich. Auge und Landschaft, Frankfurt a. M. 1974, S. 41, 43 f.
11. Die Verwirrung finden wir bereits bei Dielhelm, der statt der beiden Burgen vier Ruinen und für sie sechs Namen anführt; vgl. Johann Hermann Dielhelm, Denkwürdiger und nützlicher Rheinischer Antiquarius, 1. Aufl. Frankfurt a. M. 1739, Bd. 1, S. 447 f.
12. Sein Portrait, im gleichen Jahr 1791 gezeichnet, hing in der Stube des Stephanstürmers, also bei Georg Schneiders Bruder.
13. Die Vedute ist eine realitätsgebundene Ansicht, die sich auf die portraithaft genaue Wiedergabe einer Landschaft oder Architektur beschränkt, ohne dabei die künstlerisch gefällige bildhafte Wirkung zu vernachlässigen; vgl. Benno Lehmann, Karl Weysser (1833–1904), Badischer Architektur- und Landschaftsmaler, Heidelberg 1996, S. 430 f. Entschieden zu weit ist die Definition bei Max Schefold, Bibliographie der Vedute, Berlin 1976, S. VII.
14. Die Freiheit, den Standort wählen zu können, macht allerdings für Goethe den Vedutenmaler noch nicht zum Landschaftsmaler. Vgl. Johann Wolfgang von Goethe, Schriften zur Kunst, I. Teil (= dtv-Gesamtausgabe Bd. 33), München 1962 bzw. 1974, S. 251–254: „Zwei Landschaften von Philipp Hackert" (1804).
15. Es handelt sich um Blatt 18 des 79 Blätter umfassenden Skizzenbuches. Bl. 41, 66 und 67 verso sind ebenfalls Zeichnungen der Landschaft an der Clemenskirche, jedoch äußerst flüchtig. Da der Künstler nicht blattweise im Skizzenbuch vorgegangen ist, läßt sich aus den verstreuten Zeichnungen nicht ableiten, daß Schneider 1792/93 mehrmals in Trechtingshausen gewesen ist.
16. Vgl. Wilhelm Schott, In einem kühlen Grunde ..., Bilder verschwundener Mühlen. Eingeleitet von Rolf Hochhuth, München 1978, S. 8 f.
17. Friedrich Gorissen, B. C. Koekkoek 1803–1862, Düsseldorf 1962, Nr. 51/50-1 mit Abb. bzw. Städtisches Museum Haus Koekkoek Kleve, Kat. 1974, Nr. 84 mit Abb.
18. W. O. von Horn's (d. i. Wilhelm Oertel) Gesammelte Erzählungen, Bd. 3, Frankfurt a. M. 1861, S. 147 ff., erstmals in: Die Spinnstube, ein Volksbuch für das Jahr 1849, S. 137–164.
19. Vgl. der Monogrammist J. M. im Mainzer Journal Nr. 155 vom 5.7.1890, S. 1.
20. Abgebildet bei Matthias Lehmann/Vera Leuschner, Das Morgenbachtal in der Malerei des 19. Jahrhunderts, in: Kunst in Hessen und am Mittelrhein, Darmstadt 1977, Bd. 17, S. 37–60, S. 50 f.

21 Zum Fensterbild vgl. Joseph Adolf Schmoll gen. Eisenwerth, Fensterbilder – Motivketten in der europäischen Malerei, in: Beiträge zur Motivkunde des 19. Jahrhunderts, München 1970, S. 13–165 und den Katalog „Einblicke – Ausblicke, Fensterbilder von der Romantik bis heute", Städtische Kunsthalle Recklinghausen 1976.
22 Nikolaus Müller, Artistische Novitäten: Burg Rheinstein, in: Hessische Blätter (Darmstadt) 1830, S. 11f., S. 21 f. und S. 32, hier S. 21.
23 Die intakte Burg ist in Daniel Meißners Thesaurus philopoliticus von 1630 (II. Buch, 4. Teil, Nr. 51) abgebildet und im Ausst. Kat. Mainz 1986/87, S. 98.
24 Die Familie von Wiltberg besaß seit 1585 die Burg bzw. dann Ruine und verkaufte sie 1779 an den Freiherrn von Eyß.
25 Aquarell, 195 x 260 mm, bez. „Schn ... 95", Kunsthandlung H.W. Fichter, Frankfurt a. M., Kat. Gezeichnete Kunst. Träume aus Stein, Mai 1994, S. 19 (farb. Abb.).
26 Bei der alten Burg war die Schildmauer (wie bei Burg Reichenstein) ein selbständiges Bauwerk. Beim Wiederaufbau von Rheinstein diente sie jedoch zum Anbau, wodurch der Platz des alten Burghauses zum Hofe wurde und die Burg ihr schlankes Aussehen erhielt. Vgl. anhand der Darstellung der Ruine in der Trautner'schen Karte von 1771/1773 auch Gottfried Erckmann, Der Binger Wald, Bingen 1930, S. 57.
27 Abgebildet bei Lucie Ferger, Carl Ludwig Jacobi. Aus Winterburgs Vergangenheit – Das Winterburger Amt, Wiesbaden 1976, S. 27–29.

KATALOG

Die Tradition

Herman Saftleven
(Rotterdam 1609–1685 Utrecht)

1   Rheinphantasie
    1653

Öl/Holz, 62,5 x 94 cm
Bez. r. u. d. Mitte: „HS (ligiert) 1653"
Provenienz: Vermächtnis E. Stöhr, Mainz, 1873.

Landesmuseum Mainz, Inv. Nr. 99

Lit.: Stukenbrock 1997, S. 430 ff. (mit sämtlicher älterer Literatur).

Vor dem Auge des Betrachters breitet sich panoramaartig eine weite Flußlandschaft aus. Hinter einem im Schatten liegenden Hügel mit bäuerlicher Staffage und Tieren liegt das von Bergen, Burgen und Architekturen gesäumte Flußtal, das von Booten und Figürchen belebt wird. Am Fuße des am rechten Bildrand diagonal ansteigenden Ufers liegt eine aus realen und fiktiven Gebäuden zusammengesetzte Stadtanlage. Unmittelbar am Ufer befindet sich der um 1575/77 errichtete Renaissanceflügel des alten Bonner Zollgebäudes. Diese Anlage wurde 1689 von den Franzosen zerstört. An der sich den Hang hinaufziehenden Stadtmauer steht der im 15. Jahrhundert erbaute „runde Turm" von Andernach, erkennbar an seinem runden Unterbau und dem achteckigen Aufsatz.[1] Auf der gegenüberliegenden Seite liegt die Insel Nonnenwerth mit dem ehemaligen Benediktinerinnenkloster, dahinter sind Godesburg und Drachenfels zu erkennen. In der Ferne steigen die im Dunst verschwimmenden Berge zu fast alpiner Höhe auf. Diese Kombination von Rheintal und Alpenpanorama ist charakteristisch für Saftlevens Flußlandschaften, die damit noch in der Tradition der „Überschau- oder Weltlandschaften" des 16. Jahrhunderts stehen. Der Kunsttheoretiker Christian Ludwig von Hagedorn hebt in seinen „Betrachtungen über die Mahlerey" gerade diese Vermischung von topographisch bestimmbaren und nicht lokalisierbaren Landschaftselementen hervor: „Der heitere Hermann Sachtleven suchte auch an dem Ufer des Rheinstroms die Berge nachzubilden: Berge, die mit den schönsten Thälern abwechseln".[2]

Saftlevens Rheinphantasie gehört zu einer ca. 1648 beginnenden Werkphase, in der er sich immer wieder mit dem Motiv des Rheins auseinandersetzte. Auf seinen Reisen, die ihn an die Mosel und an den Rhein führten, hielt er seine Eindrücke in Skizzen und Zeichnungen fest, um sie dann später im Atelier zu kompilieren. Seine Ideal und Wirklichkeit verschmelzenden Landschaften wurden im späteren 18. Jahrhundert außerordentlich populär; es kam zu einer wahren „Saftleven-Renaissance"[3], der die Künstler der Zeit Rechnung trugen. Besonders der Frankfurter Maler Christian Georg Schütz d. Ä. hat in seinen pittoresken Rheinlandschaften den Stil Saftlevens so treffend nachgeahmt, daß seine Werke oft mit denen Saftlevens verwechselt wurden[4] (Kat. Nrn. 4, 5). In der Art der effektvollen Lichtführung und in der Charakterisierung atmosphärischer Stimmungen geht er allerdings weit über Saftleven hinaus.[5] Auch Caspar Schneider hatte in der Gemäldesammlung des Grafen Eltz ausreichend Gelegenheit, die Bilder Saftlevens zu studieren.   S.M.

1   Topographische Bestimmung bei Stukenbrock 1997, S. 430.
2   Hagedorn 1762, S. 584.
3   Patricia Stahl, Die „Saftleven-Renaissance", Bürgerlicher Kunstgeschmack des 18. Jahrhunderts in Deutschland, in: Ausst. Kat. Koblenz 1992, S. 195 ff.
4   Patricia Stahl a. a. O., S. 196.
5   F. Goldkuhle in Ausst. Kat. Bonn 1961, S. 17.

Die Tradition

Ferdinand Kobell
(Mannheim 1740–1799 München)

2 Flußlandschaft am Morgen
1784

Öl/Kupfer, 17,8 x 24 cm
Bez. r. u.: „FKobell 1784"
Provenienz: 1815/16 zusammen mit dem
Gegenstück aus Privatbesitz erworben.

Hessisches Landesmuseum Darmstadt,
Inv. Nr. GK 374

Lit.: Biedermann 1973, WV-Nr. 303; P. Maisak in:
Ausst. Kat. Frankfurt 1994, S. 244, Kat. Nr. 172;
Ludwig 1997, S. 93 f.

3 Flußlandschaft am Abend
1784

Öl/Kupfer, 18 x 24 cm
Bez. u. Mitte auf einem Felsen: „F Kobell 1784";
r. u.: „feKobell 1784"
Provenienz: 1815/16 zusammen mit dem
Gegenstück aus Privatbesitz erworben.

Hessisches Landesmuseum Darmstadt,
Inv. Nr. GK 375

Lit.: Biedermann 1973, WV-Nr. 304; P. Maisak in:
Ausst. Kat. Frankfurt 1994, S. 245, Kat. Nr. 173;
Ludwig 1997, S. 95 f.

Die kleinformatigen Pendants sind als ideale Flußlandschaften konzipiert. Der Vordergrund wird jeweils durch die als Diagonale wiedergegebene hügelige Uferzone bestimmt. Das traditionelle Diagonalschema gibt den Landschaften Räumlichkeit und Tiefe. Ein mit Staffagefiguren belebter Weg führt an dem mit Bäumen bestandenen Ufer entlang. Der Blick geht über den breiten Fluß zum gegenüberliegenden Ufer; eine Fähre mit drei Männern setzt vom Ufer ab bzw. hat gerade angelegt. In der Ferne wird das Flußtal durch Hügelketten begrenzt. Die effektvolle Lichtführung gibt jeweils eine morgendliche und eine abendliche Stimmung wieder.

Mit der Komposition der in die Tiefe geschichteten Raumebenen und eines topographisch nicht bestimmbaren Landschaftsraumes steht Ferdinand Kobell in der Tradition der von Claude Lorrain und Nicolas Poussin begründeten Ideallandschaften. In diese Landschaften bindet Kobell aber immer wieder die Naturerfahrung der heimatlichen Landschaft ein. So schrieb der hauptsächlich in Mannheim tätige Künstler 1775 an den in Paris ansässigen Kupferstecher Johann Georg Wille, daß er in den heimatlichen Bergen „Poussin, Claude Lorrain und Schwanefelds Landschaften im Überfluß" wiederfände.[1] Unter dem Einfluß von Wille setzte er sich zeichnerisch auch mit der Umgebung von Mannheim auseinander.[2] Daß sich Kobell von den Formeln des Spätbarock und Rokoko zu lösen vermochte und sich der realistischen Vedute zuwandte, zeigt sein ab 1786 im Auftrag des Mainzer Kurfürsten Carl Friedrich von Erthal enstandener Aschaffenburger Zyklus. Die Forderung der Zeit, daß nicht nur das Allgemeine in der Natur, sondern auch ihre Besonderheiten charakterisiert werden sollten, greift Caspar Schneider in seinen Rheinlandschaften auf.   S.M.

1 Börsch-Supan 1988, S. 152.
2 Ludwig 1997, S. 94.

Die Tradition

Christian Georg Schütz d. Ä.
(Flörsheim a. M. 1718–1791 Frankfurt a. M.)

4   Blick auf die Mainmündung von
    Hochheim aus
    1786

Öl/Lwd., 88 x 125 cm
Bez. r. u. auf einem Felsstück: „Schüz.fec.1786"
Provenienz: Aus der kurerzbischöflichen Galerie.

Bayerische Staatsgemäldesammlungen, München,
Staatsgalerie Aschaffenburg,
Inv. Nr. 6567

Lit.: A. M. Banaschewski, Christian Georg
Schütz d. Ä., 1718–1791, Diss. (masch.)
Würzburg 1923, WV-Nr. 173; Kat. Bayerische
Staatsgemäldesammlungen, Galerie
Aschaffenburg, München 1964, S. 145.

Von dem rechts im Bild auf einer Anhöhe liegenden Ort Hochheim öffnet sich der Blick in das weite Flußtal. Weinberge, belebt von Staffagefiguren, ziehen sich in sanften Schwüngen den Hang hinauf. Direkt an der Mainmündung liegt Kostheim; dahinter breitet sich panoramaartig die Silhouette von Mainz aus. Viele einzelne topographische Details der Stadt, wie die Kirchtürme des Doms, der Peterskirche und der Stephanskirche, heben sich deutlich gegen den Horizont ab.

Der Blick von Hochheim gehört zu einer Reihe von Mainzansichten, die Christian Georg Schütz für den Mainzer Kurfürsten und Erzbischof Friedrich Karl Joseph von Erthal ausführte. Im Zuge der Erneuerung der Räume des Aschaffenburger Schlosses gab der Kurfürst Landschaftsbilder in Auftrag, die sowohl seine Residenz als auch die Umgebung in Veduten festhalten sollten. Neben Ferdinand Kobell, der ab 1786 einen Zyklus von Aschaffenburg- und Schönbuschansichten schuf, wurde Christian Georg Schütz berufen, der in einer Serie die aus verschiedenen Blickwinkeln und Himmelsrichtungen gesehene Stadt Mainz malte.[1]

Christian Georg Schütz gehörte zu den in der zweiten Hälfte des 18. Jahrhunderts vom bürgerlichen Publikum hochgeschätzten Künstlern in Frankfurt. So schreibt Friedrich Gwinner 1862 in seiner Kurzbiographie: „In Frankfurt gehörte es bald in den höheren Kreisen zum guten Geschmack, die Säle und Prunkzimmer mit Landschaften und Architekturstücken von Schütz und nur von Schütz auf Leinwand in Oelfarben ausschmücken zu lassen."[2] In dem Gemäldekabinett von Goethes Vater nahmen die Gemälde von Schütz eine herausragende Stellung ein.

In der Nachfolge von Kobell und Schütz erhielt auch Caspar Schneider 1795 den Auftrag vom Mainzer Kurfürsten, Ansichten von Mainz und Umgebung zu malen.[3] Von Caspars Bruder Georg existieren einige Landschaftbilder, die den mit den Schütz-Ansichten identischen Blick von der Hochheimer Anhöhe auf Mainz wiedergeben (Kat. Nrn. 54, 55). Im Unterschied zu diesen Ansichten ist Schütz in seiner Wiedergabe topographisch präziser als der zur Flüchtigkeit und schnellen Effekten neigende Georg Schneider. Die entsprechenden Aquarelle sind in der Ausführung jedoch wesentlich exakter als die Ölgemälde.   S.M.

1   Coudenhove-Erthal 1935, S. 68.
2   Gwinner 1862, S. 309 f.
3   Neugarten 1922, S. 4.

Die Tradition

5   Ideale Flußlandschaft
1788

Öl/Holz, 31 x 46 cm
Bez. u. Mitte: „Schüz fec. 1788"
Provenienz: Vermächtnis Elise Stöhr, Mainz, 1873.

Landesmuseum Mainz, Inv. Nr. 337

Lit.: Verzeichnis Mainz 1898, S. 25, Nr. 337;

6   Ideale Flußlandschaft
1788

Öl/Holz, 31 x 46 cm
Bez. l. u. d. Mitte: „Schüz fec. 1788"
Provenienz: Vermächtnis Elise Stöhr, Mainz, 1873.

Landesmuseum Mainz, Inv. Nr. 339

Lit.: Verzeichnis Mainz 1898, S. 25, Nr. 339;
'Führer 'Landesmuseum Mainz' aus der Reihe
„museum", Braunschweig 1987, Abb. S. 87.

Im Gegensatz zu der Mainzansicht von 1786 sind die Pendants topographisch nicht zu bestimmen. Es handelt sich um idealisierte Rheinlandschaften, die jeweils auf das im Gegensinn komponierte Pendant Bezug nehmen. Der Fluß zieht sich von der vorderen Bildkante in vielen Windungen in die Tiefe. Das Ufer wird von kleinen Städtchen, Dörfern und Burgen gesäumt. Berge begrenzen als seitliche Randkulissen die Komposition. Kleine Staffagefigürchen sind in den Landschaftsraum integriert.

Anregungen für seine Rheinlandschaften hat Christian Georg Schütz d. Ä. auf mehreren, um 1750 unternommenen Rheinreisen gewonnen, die ihn von Mainz bis nach Koblenz führten, und von denen er Skizzen und Entwürfe mitbrachte. Daß sich diese Rheinlandschaften, wie Goethe sie charakterisierte, ebenso „treu wie anmuthig" dem Betrachter darstellen, beruht auf der eigenen Naturerfahrung des Künstlers. Deutlich wird aber auch, daß sich Schütz eng an die niederländischen Vorbilder des 17. Jahrhunderts anlehnte; besonders die Motiv- und Formwelt des Utrechter Malers Herman Saftleven ist nicht ohne Einfluß auf seine Landschaften geblieben (vgl. Kat. Nr. 1). Schon der Kunsttheoretiker Christian Ludwig von Hagedorn schrieb 1762: „(...) Sachtlevens Gaben erhielt Schütz aufs neue von der Natur".[1] Und Friedrich Gwinner lobte Schütz 1862 in seiner Biographie der Frankfurter Künstler: „Seinen eigentlichen Künstlerruf gründete Schütz (...) durch seine Staffeleibilder, in denen er dem Hermann Sachtleven nachstrebte und diesen (...) oft durch größere Freiheit, Kraft und Wärme des Pinsels übertraf."[2] Schütz vertritt mit dieser Saftleven-Rezeption eine Bildtradition, die im ausgehenden 18. Jahrhundert ihren Höhepunkt erlangte.[3]

S.M.

1 Hagedorn 1762, S. 385.
2 Gwinner 1862, S. 310.
3 Patricia Stahl in: Ausst. Kat. Koblenz 1992, S. 195 ff.

Die Tradition

Jacob Philipp Hackert
(Prenzlau 1737–1807 Florenz)

7   Landschaft mit Ziegenherde
    1806

Öl/Lwd., 30,5 x 42,5 cm
Bez. r. u.: „Ph: Hackert 1806."

Staatliche Museen zu Berlin – Preußischer Kulturbesitz, Nationalgalerie, Inv. Nr. A I 997

Lit.: Kat. Berlin 1976, S. 158; Ausst. Kat. Köln 1984, S. 109, Kat. Nr. 41, Abb. S. 87; Claudia Nordhoff, Jakob Philipp Hackert, Verzeichnis seiner Werke, Berlin 1994, WV-Nr. 338.

Am Fuße eines ruhigen Gewässers rastet ein Hirt mit seiner Ziegenherde. Er lehnt im Vordergrund rechts an einem Felsblock, neben sich den schlafenden Hund. Am linken Bildrand ist die Komposition von einem hochaufragenden Baum, rechts von einem Bergmassiv begrenzt. Das auf der Felsterrasse gelegene Kastell, die üppige Vegetation, der Wasserfall und die ferne Bergkette am Horizont charakterisieren eine „ideale", von Ruhe und Frieden erfüllte Landschaft.

Mit dieser, in seinem letzten Lebensjahr während seines Aufenthaltes auf einem Landsitz in der Nähe von Florenz entstandenen Landschaft greift Hackert noch einmal das kompositionelle Grundschema vergangener Schaffensperioden auf. Hatte er sich in seinen Veduten stets um Naturtreue und topographische Genauigkeit bemüht, so ist er doch zeit seines Lebens auch der Ideallandschaft verpflichtet. Mit dieser Landschaft südlicher Prägung steht Hackert in der von Lorrain und Poussin begründeten Bildtradition arkadischer und idealer Landschaften des 17. Jahrhunderts. Jacob Philipp Hackert, Joseph Anton Koch und Johann Christian Reinhart setzten im 18. Jahrhundert diese Tradition fort.[1] Gerade die idealen Landschaften waren es, die Hackerts Freund Goethe so bewunderte. In ihnen sah er eine Erneuerung der Kunst Claude Lorrains, während er seine naturgetreuen Veduten durchaus kritisch beurteilte.[2] Goethe, der Hackert in Neapel kennengelernt und bei ihm Zeichenunterricht erhalten hatte, blieb ihm freundschaftlich verbunden. Nach Hackerts Tod gab er 1811 seine Lebensbeschreibung heraus.[3]

Hackerts Landschaften fanden durch Reproduktionsstiche weite Verbreitung. Seine vorbildhafte Wirkung auf Caspar Schneider steht außer Frage. Schneider hat in der Zeit um und nach 1800 eine große Zahl von Ideallandschaften mit pastoralen Motiven gemalt, die in ihrer Stimmung abgeklärter Stille und Harmonie Hackertsche Bildvorlagen aufgreifen (z.B. die zeitgleiche „Landschaft mit Herde und ruhendem Hirt", Kat. Nr. 28).   S.M.

1 Vgl. Ausst. Kat. Köln 1984.
2 Vgl. Ausst. Kat. Frankfurt 1994, S. 408.
3 Das Verhältnis von Goethe zu Hackert wird ausführlich behandelt im Ausst. Kat. Düsseldorf 1986; Miller/Nordhoff 1997.

Die Tradition

Caspar Schneider

8   Bildnis der Apollonia Pfaff
    (1760–1809) als Diana
    1783

Öl/Lwd., 50 x 39 cm
Bez. Rücks.: „C. Schneider pinx. 1783"
Provenienz: Vermächtnis Frau Th. Mees,
geb. Scholl, 1893.

Landesmuseum Mainz, Inv. Nr. 310

Lit.: Müller 1823, S. 13; Verzeichnis Mainz 1900,
S. 24, Nr. 310; Neugarten 1922, S. 16 u. S. 30,
WV-Nr. 126; Ausst. Kat. Mainz 1957, Kat. Nr. 48;
Ausst. Kat. Mainz 1993, S. 151, Kat. Nr. 30.

Apollonia Pfaff, geborene Nagel, war die Ehefrau des Kurfürstlich Mainzischen Hofbildhauers Sebastian Pfaff (1747–1794). Sie war dreizehn Jahre jünger als er und stammte aus Bruchsal, ihr Vater war dort Barbier. Nach Pfaffs Tod heiratete sie in zweiter Ehe dessen Gesellen Georg Scholl. Einer aus dem Mittelalter stammenden Zunft-Tradition folgend, die im 18. und 19. Jahrhundert jedoch immer mehr an Bedeutung verloren hatte, bot sie damit dem Gesellen die Möglichkeit, Meister zu werden und konnte gleichzeitig die wirtschaftliche Grundlage ihrer eigenen Existenz, die Werkstatt ihres Mannes, weiterführen.

Als ihr Bildnis auf der Mainzer Kunstausstellung 1823 zu sehen war, besprach Nikolaus Müller, selbst Maler und Verwalter des städtischen Gemäldebestandes, dieses Porträt des damals noch lebenden, aber für schrullig geltenden 70jährigen Malers als „sonderbaren Einfall, eine so gute, schlichte und lebenslustige Bürgersfrau, wie diese war, mit einer Hauptbinde über dem gepuderten Topee, mit sonst herabhängenden Haaren, mit einer Fuchspelzdraperie und mit Pfeilköcher zu bekleiden; und noch sonderbarer, daß das nun eine Diana repräsentieren sollte."[1]

Der Reiz und die Ungereimtheit des Bildnisses, die sofort auffallen, liegen in der realistischen Weise der Darstellung des Gesichtes einerseits und dem Kostüm der Porträtierten andererseits. Mit lustigen, hellen, grünen Augen blickt Apollonia auf uns, den Mund mit der schiefen Unterlippe zu einem Lächeln verzogen. In seltsamem Widerspruch stehen die treuherzigen Augen zur unedlen Mund- und Kinnpartie, die durch die lange, nach unten weisende glänzende Nase geradezu betont wird. Auch vermißt man bei den Augenbrauen den schönen, in spitzen Enden auslaufenden Schwung, der bei harmonischen Gesichtszügen die Größe der Augen bis in den Außenwinkel betont. Statt dessen brechen die Brauen vor dem letzten Drittel des Auges ab. So wirkt das Gesicht Apollonias in seiner ungeschminkten Natürlichkeit leicht plebejisch, fast roh wegen des roten Teints, der gegen das Weiß von Hals und Brustansatz umso deutlicher absticht. Lediglich das Leuchten der Augen und die hohe Stirn lassen auf ein geistig-künstlerisches Milieu schließen, dem Apollonia durch ihre Heirat mit dem Bildhauer Pfaff schließlich angehörte und worauf ihr allegorisches Beiwerk, das sie als Jagdgöttin Diana ausweisen soll, auch hindeutet.

Eine der ersten Biographinnen Caspar Schneiders, Elsa Neugarten, attestierte dem Maler allgemein „eine Freude an der Betonung des Häßlichen und Markanten in dem Gesicht. Er unterstreicht die große Nase, den scharfen Mund, die unregelmäßigen Brauen, den stechenden Blick" ...usw. War Schneider nicht genau wegen seiner Fähigkeit, die hier kritisiert wird, der gesuchteste Porträtist in Mainz, dem die Damen seine Mansardenwohnung einrannten? War es nicht so, daß sie sich in solchen realistischen Darstellungen eher getroffen fanden als in idealisierenden, schönmalenden Puppengesichtern der jüngst vorausgegangenen Rokoko-Epoche? Die größten Porträtisten jener Zeit um 1800, der französische Maler Jacques Louis David und der spanische Maler Francisco de Goya, spürten ebenso wie Schneider mit ihrem scharfen Blick den Geheimnissen zwischen dem Äußeren eines Menschen und seiner Psyche nach und ließen sich weder durch akademische Regeln noch Auftraggeberwünsche korrumpieren.

Insofern steht Schneider mit seinem sechs Jahre vor der Französischen Revolution gemalten Bildnis und dem hier erkennbaren Widerspruch zwischen Sein und Schein, den die Diana-Verkleidung nur noch unterstreicht, gleich zu Beginn seiner Karriere als Porträtist auf der Höhe seiner Zeit. Hierzu gehört auch, daß durch die malerische, schmeichelnde Behandlung der unterschiedlichen Stofflichkeit von Haut, gepudertem Haar, Pelz und Rüschenwerk die unebenmäßigen Gesichtszüge Apollonias um so deutlicher werden, zugleich aber der Ausdruck ihrer Augen als dem „Spiegel der Seele" an Wichtigkeit gewinnt – ein weiterer Beweis für die Modernität Schneiders, der offenbar mit einem Seitenblick auf die englische Porträtkunst eines Reynolds oder Gainsborough die romantische Empfindsamkeit seiner Zeit in dieses Frauenporträt legte.

Ein von dem Koblenzer Maler Heinrich Foelix (1732–1803) gemaltes Bildnis (Abb. S. 9) zeigt ihren Mann, Sebastian Pfaff, umgeben von den Insignien seiner Kunst, der Bildhauerei. Obgleich Pfaff ohne den Schein einer allegorischen Gewandung, allein in seiner Persönlichkeit als Künstler dargestellt ist, die ihm zur Entstehungszeit des Bildes 1786, drei Jahre vor der Französischen Revolution, zur Nobilitierung seiner selbst genügt, erkennen wir im Bildnis der Apollonia Pfaff, drei Jahre vor dem ihres Gatten entstanden und von der Hand eines Malers, der 21 Jahre jünger war als Foelix und hier genau dreißig Jahre alt, das zukunftsweisendere Porträt, weil es trotz allegorischer Verpackung Realismus und individuelles Empfinden des 19. Jahrhunderts vorwegnimmt. S.P.

1 Müller 1823, S. 13, Nr. 11.

9   Bildnis einer Mainzer Dame
1784

Öl/Pergament, 33 x 29 cm (oval)
Bez. re. Mitte: „C. Sch. 1784"
Provenienz: Ankauf von Karl Koch, Mainz, 1908.

Landesmuseum Mainz, Inv. Nr. 761

Lit.: Neugarten 1922, S. 16, S. 30, WV-Nr. 128, Abb. 10; Ausst. Kat. Mainz 1980, Nr. 69, mit Abb.

Elsa Neugarten, die erste Biographin Caspar Schneiders, ließ sich von diesem kleinen Bildnis hinreißen, ihren sonst so scharfen und kritischen Blick auf die Werke des Meisters zu mildern. Sie fand das Porträt „von äußerstem Reiz" und beschrieb es geradezu enthusiastisch: „Ein landschaftlicher Hintergrund, wie die französischen Porträtmaler sich öfters von Landschaftsmalern als Folie hinter ihre Bilder setzen ließen, gibt dem Ausschnitt Tiefe. Mitten vor sein frisches, grünes Laubwerk, in seine duftige, hauchige Rheinlandschaft setzt der Maler dieses entzückende Persönchen. Hiermit wagt Schneider sich schon an ein Kniebild. Das Musikalische dieses Porträts ruht in der Harmonie der Farben. Das tiefe Schwarz der Seide ist glänzend und voll kecker Lichter, die ihm den Ernst nehmen. Eine schwere, goldene Kette setzt ihren Ton in dem Band des Haares fort, und erhöht wird die Zartheit dieses Akkords durch das lichtblaue Gefältel, das den weiblichen Brustansatz deckt. Die Stofflichkeit ist bis ins Subtilste gewahrt. Der verführerische Glanz der Haare ist fein eingesetzt, das Schimmernde der Epidermis durch helle Fleischtöne mit einem zarten rosa Hauch wiedergegeben. Man fühlt das Blut in dem feinen Gebilde pulsieren."

Tatsächlich folgte Schneider wohl mit der Darstellung der Dame vor einer Landschaft der durch die Engländer populär gewordenen Mode, sich vor der freien Natur malen zu lassen. Der bewußte Verzicht auf die sonst bei Porträts üblichen Herrschaftssymbole wie Säulen, Vorhangdraperien oder wenigstens kostbares Mobiliar einer Innenausstattung ist ein Hinweis auf die Naturschwärmerei, die sich im 18. Jahrhundert als Reaktion gegen die Kunst-Welt des Barock ausbreitete und ihren Ausdruck in den „Englischen Gärten", in der Parole Rousseaus „Zurück zur Natur" und natürlich in der Lyrik der Zeit fand. „Natur" war vor der Französischen Revolution von 1789 eine Metapher für „Freiheit". Hier mag sie als Hinweis gemeint sein auf die Frische und Offenheit der jungen Dame, die mit ihrem Zettel in der Hand zugleich dem Geschriebenen, der Poesie und dem zarten Gefühl verbunden scheint.   S.P.

10 Bildnis eines Herrn aus der
    Familie Wolff-Metternich
    1784

Öl/Lwd., 64 x 47,5 cm (oval)
Bez. Rücks.: „C. Schneider p. 1784"
*Provenienz: Ankauf A. Schellenberg,
Wiesbaden 1931.*

Landesmuseum Mainz, Inv. Nr. 1086

Lit.: Mz. Zs. 39/40, 1944/45, S. 110.

Da das Bildnis auf den ersten Blick sehr steif wirkt, erschließen sich seine Qualitäten erst beim näheren Hinsehen. In dem Versuch, die äußere Erscheinung des Dargestellten so wahr wie möglich wiederzugeben, deckt der Maler die Diskrepanz zwischen Künstlichem und Natürlichem seines Gegenübers auf. In merkwürdigem Gegensatz steht die gepuderte, wattige Rokoko-Perücke mit den hochgerollten Löckchen zu dem spröden Gesicht. Auch die vornehme Kleidung unterstreicht diesen Kontrast: Der Rock, von Rosa über Violett zu Grau changierend, mit kostbarer Stickerei versehen, gibt, sich schräg und weiter nach unten öffnend, eine mit Streublümchen übersäte Seidenweste – „Gilet" genannt – frei, deren Farben Beige, Gold und Weiß einen vornehmen Kontrast zu der Jacke bilden. Aus der halb geöffneten Weste quellen feine Spitzen hervor, die von einem eng um den Hals geschlungenen Schal stammen. Zu solcher Erlesenheit scheint das Gesicht des sich so präsentierenden Herrn nicht zu passen. Das große, breite Kinn mit dem darüberliegenden schmalen Mund, dessen Oberlippe zu dünn ist, gibt ihm grobe Züge. Die lange spitze Nase, über deren Wurzel ungleiche Brauen den Blick auf die hohe Stirn lenken, gleicht hier etwas aus. Versöhnung in diese unregelmäßige Physiognomie bringen allein die Augen: Groß, hell, freundlich, versonnen und wimpernlos, aber betont von den dunklen, streng hochgezogenen Brauen, schauen sie ihrem Gegenüber direkt ins Gesicht. Sie beleben die Steifheit und Härte des Bildnisses, lassen auf Feinfühligkeit und Geist des Porträtierten schließen.

Man hat solch auffällige, nicht ausgeglichene Disharmonie zwischen repräsentativem Äußeren und Realismus der physiognomischen Darstellung in Schneiders Porträts auf sein malerisches Unvermögen oder einen Mangel an Sensibilität zurückgeführt. Tatsächlich lassen sich solche krassen Gegensätze zwischen dem Glanz der Robe einerseits und der Häßlichkeit der individuellen Erscheinung andererseits bei vielen Bildnissen von zeitgenössischen Maler-Kollegen Schneiders feststellen, die berühmtesten Beispiele wären mit Goyas Darstellung der spanischen Königsfamilie oder mit Davids Porträt seiner eigenen Frau anzuführen. Die dort vermutete kritische Absicht – im Gegensatz zu Schneiders angeblichem Unvermögen – ist jedoch sehr anzuzweifeln, es scheint eher, daß diese uns heute auffallende Diskrepanz damals dem Bestreben, möglichst genau abzubilden, untergeordnet und die Harmonie von Individuellem und Repräsentativem gar nicht angestrebt wurde. Schneider wäre demnach nur dem „Zuge der Zeit" gefolgt, wenn er nicht versuchte, harmonisierend zu schönen und auszugleichen.   S.P.

Caspar Schneider

11 Friedrich Karl Joseph zu Ingelheim, Reichsgraf von Ingelheim, Echter, Freiherr von und zu Mespelbrunn (1777–1847)
1783

Öl/Lwd., 145 x 93 cm

Privatbesitz, Schloß Mespelbrunn

Lit.: Busch 1926, S. 31, Abb. Tf. 16.

Als Hausmaler der Familien Eltz und Ingelheim malte Schneider verschiedentlich Porträts dieser in Mainz ansässigen Adligen. Wie der ebenfalls in Mainz lebende Maler Nicolaus Müller, ein Zeitgenosse Schneiders, behauptete, soll er auch Porträts von zahlreichen Adeligen, die von den Wiener Malern Anton Hickel und Heinrich Füger gemalt worden waren, kopiert haben. Schneider, der als Schüler durch seinen Lehrer Heideloff in der Galerie des Dompropstes Eltz kopieren durfte und das Amt des Kustos' später von seinem Lehrer erbte, hatte dort Gelegenheit, alle früheren Epochen der Malerei zu studieren.

So mag ihn die Fähigkeit der Niederländer, vor allem Terborchs, die Stofflichkeit unterschiedlichster Materie, vor allem von Seide, darzustellen, angestachelt haben, auch seine Kunst daran zu erproben. Die Darstellung des kleinen Grafen Ingelheim als Page ist ihm zu einem Bravourstück solcher Malerei geworden.

Busch schreibt dazu: „Hier ist dem Meister merklich die Art der Stoffbehandlung gelungen; ungemein reizvoll, wie hier weiß und rosa Seide und Silberbetressung zusammenwirken, Farben von Velasquez. Das Gesicht rosig und fein knabenhaft. Man weiß, daß Schneider um die 80er Jahre des 18. Jahrhunderts (...) in der Maingegend manches gemalt haben muß, wie sein inzwischen leider auseinandergenommenes Skizzenbuch zeigt."

Die phantastische, am Barock inspirierte Tracht des Knaben gibt Schneider Gelegenheit, in tiefen Rosa- und Lachstönen, die mit schimmerndem Weiß und Silber kontrastieren, zu schwelgen. Es ist seine Antwort auf die berühmten Kinderbildnisse des Rubens, van Dyck oder Gainsborough. Neben all dem Reiz des Materiellen, das Schneider hier genüßlich vorführt, widmet er, wie es seine Art ist, viel Aufmerksamkeit dem Porträt des Jungen. Sein ovales Gesicht, gelängt durch die Pausbacken, wirkt delikat, zart und rosig. Der Blick des Knaben – ein Auge scheint merklich kleiner – ist ernst und abwartend, die Brauen dünn und sehr kurz. Unter dem ebenfalls sehr kurzen Näschen ein kleiner Mund mit leicht geöffneten Lippen. Schneider erweist sich in den Bildnissen immer wieder als sicherer Psychologe, und so hat er das Sprunghafte, Rastlose der kindlichen Person mit wenigen Kunstgriffen im Bild charakterisiert: Der kleine Reichsgraf ist in Schrittstellung wiedergegeben, eine Hand stützt sich auf eine Wandkonsole ab. Er wirkt, als wolle er dem Maler, dem unbequemen Kostüm und seiner ihm aufgebürdeten Repräsentationspflicht jeden Augenblick enteilen.

Friedrich Karl Joseph heiratete mit 23 Jahren Maria Antonie Reichsgräfin von Westfalen zu Fürstenberg, die spätere Verfasserin der „Geister von Gamburg". Er selbst avancierte zum kaiserlich-österreichischen und königlich-bayerischen Geheimen Rat, zum Erbkämmerer des Herzogtums Nassau, zum Ritter des hohen Malteser Ordens, Ritter des St. Josef-Ordens zu Burg Friedberg und bekam das Großkreuz des Hessischen Ludwig-Ordens verliehen. Obgleich die Grafen zu Ingelheim bereits durch die Abtretung des linken Rheinufers an Napoleon Gebiet verloren hatten, kam es unter Friedrich Karl Josephs Herrschaft nochmals zu Gebietsverlusten: Er verkaufte die restlichen linksrheinischen Besitzungen weit unter ihrem Wert, „da er nicht Unterthan der Jakobiner und eines gewaltthätigen Emporkömmlings (Napoleon) sein wollte." 1813 organisierte er ein Bataillon Freiwilliger, an dessen Spitze er als Major den Feldzug 1814 in Frankreich mitmachte.

S. P.

Caspar Schneider

12 Bildnis der Frau von Coudenhove
    (1747–1825) als Muse Thalia
    1784

Öl/Lwd., 74 x 147 cm
im Empirerahmen in Form einer Supraporte
Bez. Rücks.: „C. Schneider pinx. 1784"
Provenienz: Geschenk von Frau Lindenschmit 1939.

Landesmuseum Mainz, Inv. Nr. 1312

Lit.: Schneider 1879, S. 68, Nr. 463; Coudenhove-Erthal 1935, S. 74, 75 sowie Abb. 53 u. Abb. 56; Mz. Zs. 1944/45, S. 112; Ausst. Kat. Mainz 1957, Nr. 11; Aus Altertumsmuseum und Gemäldegalerie der Stadt Mainz, Bildband zur Wiedereröffnung 1962, Mainz 1962, Nr. 196; Landschulz 1977, S. 54 u. 55; Ausst. Kat. Mainz 1980, S. 23, Nr. 67; Künstlerlexikon Rheinland-Pfalz, Mainz 1986, S. 219; Gassner 1988, S. 92 (Abb.), S.71, 91, 93; Ausst. Kat. Mainz 1993, S. 159, Nr. 38; Tümmler 1995, S. 53–92, Abb. S. 106, Nr. 78.

Die Dargestellte ist Sophie Freifrau von Hatzfeld-Wildenburg, spätere Gräfin von Coudenhove. Sie war am 21. Januar 1747 als Tochter des kurkölnischen Oberhofmarschalles Graf Carl Ferdinand von Hatzfeld-Wildenburg und seiner Ehefrau Charlotte Sophie, geb. von Bettendorf, zur Welt gekommen. 1772 wurde sie, 25jährig, mit einem aus Nordbrabant stammenden und zu Lüttich (das damals noch zum Reich gehörte) dienenden Erboberjägermeister verheiratet, Georg Ludwig Baron von Coudenhove.

1774 wurde ein Cousin ihrer Mutter, nämlich Friedrich Carl Joseph Freiherr von Erthal, Erzbischof und Kurfürst von Mainz. Sophie zog mit ihrer Familie an dessen Hof nach Mainz, wo ihr Mann sehr schnell befördert wurde, sicherlich durch ihren Einfluß auf den Fürstbischof. Coudenhove war ein Spieler, hatte einen zweifelhaften Ruf und starb 1786 schwer verschuldet, die Witwe verblieb mit mehreren Kindern in der Obhut ihres Onkels, der wahrscheinlich für ihren Unterhalt sorgte. Außerdem hatte sie Mieteinnahmen aus ihrem Mainzer Hause. Da sie die Gunst ihres fürstbischöflichen Onkels genoß und nutzte, indem sie Einfluß auf seine Entscheidungen zu gewinnen suchte, wurde sie im politischen und diplomatischen Intrigenspiel des Mainzer Hofes zu einer Persönlichkeit, die einkalkuliert werden mußte. Daß sie hierbei auch eigene Interessen verfolgte, versteht sich von selbst.

Als Nichte des Fürstbischofs spielte sie geschickt die Rolle der Ersten Dame am Mainzer Hofe, an dem Erthal „durch seine markante Erscheinung, seine fürstliche Leutseligkeit, seinen beträchtlichen politischen Ehrgeiz und nicht zuletzt durch seine Prachtentfaltung noch etwas von der späten Herrlichkeit des

1 Georg Anton Abraham Urlaub (1744–1788), Sophie von Coudenhove, 1784, Pastell, Privatbesitz E. Coudenhove-Erthal

Heiligen Römischen Reiches verkörperte und zur Wirkung brachte".[1]

Im Kreis der altadeligen, meist sehr weltlich eingestellten Domherren, über welche Goethes Freund Carl Ludwig von Knebel angewidert an seine Schwester schrieb, sie seien „die wahren Freier der Penelope, ... übermäßig in dem Genuß der Habe, die sie verschlingen"[2], bewegte sich Sophie sehr gewandt. Sie war klug, besaß Bildung und wahrscheinlich den leicht frivolen Charme

2 Frau von Coudenhove im Frofil, Kupferstich, Stadtarchiv Mainz

3 Heinrich Friedrich Füger (1751–1818), Sophie von Coudenhove, 1784, Pastell, Privatbesitz E. Coudenhove-Erthal

ihrer Epoche. Obgleich die Natur sie keineswegs mit ebenmäßig-schönen Gesichtszügen versehen hatte, wußte sie ihre Umgebung zu bezaubern und für sich einzunehmen (Vergleichsabb. 1). Die Gerüchte, daß sie dem Kurfürsten und Erzbischof mehr als nur Nichte und Ratgeberin gewesen sei, sind in einer schönen Anekdote zusammengefaßt. Erthal hatte sich ein Lustschloß erbauen lassen, das er „Favorite" nannte. Als der französische Botschafter, Graf von Okelly, seinen Antrittsbesuch bei Erthal machte, soll ihn dieser, voller Stolz auf sein Schloß, gefragt haben: „Avez-vous vu déjà ma Favorite?" Worauf Okelly geantwortet haben soll: „Ah oui, j'ai diné avec elle hier soir."

In politischen Angelegenheiten war Sophie von Coudenhove unbestechlich, so lehnte sie ein österreichisches Ansinnen ab, gegen einen hohen Geldbetrag den Fürstbischof vom Beitritt zum Fürstenbund Friedrichs des Großen abzuhalten. Statt dessen schloß sie sich ganz Goethes Mäzen Herzog Carl August von Weimar an, der ebenfalls in dieser Angelegenheit in Mainz erschien und für die preußische Seite Partei nahm. Sie schaffte es, ihren kränkelnden und schwankenden Onkel in der zur Diskussion stehenden Wahl des Coadjutors, des designierten Nachfolgers auf dem fürstbischöflichen Stuhle, auf die preußische Seite zu ziehen und dadurch die Wahl Carl Theodor Freiherr von Dalbergs entscheidend zu begünstigen. Die Idee einer Reichsreform, die Herzog Carl August mit der Einflußnahme auf Kurmainz im Sinne hatte, scheiterte jedoch vor dem Hintergrunde der Französischen Revolution und der damit für Mainz verbundenen Ereignisse – und im Verlaufe dieses Geschehens erkalteten seine Beziehungen zur First Lady am Mainzer Hofe, Frau von Coudenhove, die auf dem Höhepunkte der

Coadjutor-Wahl längst mehr als nur politische Partnerin für den immerhin zehn Jahre jüngeren Herzog geworden war. Später, vom Aschaffenburger Exil aus, sollte sie dem Herzog nochmals ihre einstige Herzensfreundschaft in Erinnerung rufen: Als der neue preußische König ihr, die sich um Preußens Vormachtstellung verdient gemacht hatte, keine Pension mehr zahlen wollte, bat sie Carl August um vermittelnde Hilfe. Sein Ersuchen schlug fehl und mit seiner Scham darüber beendete er auch seine Beziehungen zu Gräfin Coudenhove (Vergleichsabb. 2).

Goethe, der alle politischen Ereignisse und auch die Unternehmungen des Herzogs Carl August von der Ferne seiner italienischen Reise aus beobachtete und gewöhnlich sehr gut unterrichtet war, wußte sicherlich sehr wohl um die intime Freundschaft der Frau von Coudenhove zu seinem Landesherrn. Vielleicht trieb ihn gerade dieses Wissen zu einem zwar scherzhaften, vor diesem Hintergrunde aber frivolen Heiratsantrag, als er der Gräfin später begegnete. Als Goethe nach dem fehlgeschlagenen Interventionsfeldzug gegen die Franzosen 1792, an welchem er teilnehmen mußte, im November in Düsseldorf angelangte und sich im Kreis Exilierter aus Frankfurt und Mainz im Hause seines Freundes Fritz Jacobi von den Kriegsstrapazen erholte, war dort auch die Gräfin Coudenhove mit von der Partie. Trotz aller politischer Sorgen schien die Stimmung unter den Flüchtlingen ausgelassen. Goethe berichtete: „Frau von Coudenhoven, eine schöne geistreiche Dame, sonst die Zierde des Mainzer Hofes, hatte sich auch hierher geflüchtet. So erinnere ich mich, daß an dem Abendtische der Frankfurter Bürger mit Ehren gedacht ward, sie sollten sich gegen Custine (französischer General, Eroberer von Mainz) männlich und gut betragen haben; ihre Aufführung und Gesinnung, hieß es, steche gar sehr ab gegen die unerlaubte Weise, wie sich die Mainzer betragen und noch betrügen. Frau von Coudenhoven, in dem Enthusiasmus der sie gut kleidete, rief aus: sie gäbe viel darum eine Frankfurter Bürgerin zu sein. Ich erwiderte: das sei etwas Leichtes, ich wisse ein Mittel, werde es aber als Geheimnis für mich behalten. Da man nun heftig und heftiger in mich drang, erklärte ich zuletzt, die treffliche Dame dürfe mich nur heiraten, wodurch sie augenblicklich zur Frankfurter Bürgerin umgeschaffen werde. Allgemeines Gelächter!" (Vergleichsabb. 3). Sophie von Coudenhove starb 1825 in Paris.

Schneider hat die Gräfin als Muse Thalia dargestellt, als Erkennungszeichen der Schauspielkunst trägt sie eine schwarze Maske in der Hand. Neben ihr deuten weitere Requisiten auf die Musen, so eine Leier auf die das Drama oft begleitende Musik, davor ein Efeukranz auf die Unvergänglichkeit der Poesie und ganz links ein Haufen Bücher mit darin steckenden Zetteln auf die Lektüre der Dichtkunst. Die Gräfin ist von einem zarten, faltenreichen, antikisierenden Gewand bedeckt, das ihre Körperformen eher betont als verhüllt. Nur die mythologische Verkleidung erlaubte eine solch freie Darstellung einer hochgestellten Persönlichkeit in „heroischer Nacktheit".[3] Im Liegen aufgerichtet, blickt sie wachsam und spöttisch lächelnd zugleich auf den Betrachter des Bildes. Ihr dunkles und in einer Schulterlocke auslaufendes Haar ist auf dem Hinterkopf durch eine Haube zusammengefaßt, deren schlichte Zierbänder wie ein kleiner Strahlenkranz wirken und das Haar der Gräfin umrahmen. Das Bild, auf der Rückseite 1784 datiert, hat die Form einer Supraporte. Möglicherweise zierte es die Wand über einer Tür in einem Salon der Gräfin, die bis 1793 den Eckpavillon Ecke Bauhofstraße/ Große Bleiche des Kurfürstlichen Marstalles bewohnte, in welchem heute die Verwaltungsräume des Landesmuseums untergebracht sind. Hier hat sie auch am 21. August 1792 Goethe empfangen, bevor dieser am nächsten Tage aus Mainz abreiste, um am Interventionsfeldzug gegen die Franzosen teilzunehmen (Goethe, Von Tag zu Tag). S.P.

1 Tümmler 1995, S. 55.
2 Tümmler 1995, S. 83.
3 Ausst. Kat. Mainz 1995, S. 159.

13   Hugo Philipp Carl Graf zu Eltz,
     Herr zu Kempenich (1742–1818)
     1787

Öl/Lwd., 95 x 70 cm
Bez. Rücks.: „C. Schneider pinx. 1787"
Privatbesitz

Lit.: Neugarten 1922, WV-Nr. 129; Busch 1926,
S. 31; Coudenhove-Erthal 1935, S. 79.

Der Dargestellte entstammt einem alten rheinischen Adelsgeschlecht, dessen Stammschloß bei Münstermaifeld auf linksrheinischem Gebiet liegt. Viele seiner Vorfahren waren Domdechanten in Trier. Auch dieser Graf zu Eltz wurde 1751 Domizellar in Mainz, dann dasselbe 1755 in Trier. Er zog sich jedoch von den geistlichen Ämtern zurück und heiratete 1763 Maria Sophia Walperge, Freiin Boos zu Waldeck und Montfort. In der Folge bekleidete er die Stelle eines Burgmannes zu Friedberg, danach wurde er Kurmainzer Amtmann in Oberlahnstein und Gernsheim sowie Obriststallmeister und Oberhofmarschall.

Über Schneiders Bildnis des Grafen schrieb Busch 1926, es wirke „süßlich", ein Eindruck, den wir heute nicht mehr teilen. Charakteristisch für Schneiders frühen Stil sei „die glatte Manier der Malweise des französischen Klassizismus," das Bild wirke „in Haltung und Gebärde steif und kühl. Die Farben sind recht prächtig, die Stimmung auf blau und gelb getönt. Schneider hatte alte Beziehungen zur Familie Eltz durch seinen Lehrmeister Heideloff, der Kammerdiener beim Domprobst Eltz (gestorben 1778) und später Kustos der Eltz'schen Sammlung von über 3000 Nummern war, die einstmals in der Mainzer Domprobstei sich befand und die auch von Goethe und Schiller besucht wurde".

Hugo Philipp Carl
Graf zu Eltz,
gestochen nach dem
Gemälde von
C. Schneider von
G. J. Cöntgen, Mainz,
Stadtarchiv, Mainz

Auffällig an dem Gemälde ist tatsächlich die Farbenpracht, sonst eher ungewohnt bei Schneider. Wir verdanken sie eher der kostbaren Kleidung des Grafen, der einen pelzgesäumten und mit Tressen besetzten Samtmantel trägt, auf dem groß ein Orden prangt. Die Weste aus Seide, die der Mantel freigibt, ist ebenfalls mit Tressen geschmückt, zusätzlich quert eine breite Moiree-Schärpe die Brust des Grafen. An einem breiten, aus Schnüren gedrehten Gürtel hängt eine Waffe, von der nur der Knauf sichtbar ist. Bedeutsam, daß die darüberliegende Handstellung des Grafen so gewählt ist, daß der Zeigefinger auf den Gürtel weist. Dieser ist, seiner Machart nach, als ungarisch einzustufen, und so mag der Fingerzeig als Hinweis auf die ungarische Besitzung Vukovár der Grafen zu Eltz zu lesen sein. Tatsächlich ist der Graf in die Tracht ungarischer Magnaten gekleidet und mit dem Großkreuz des St. Josephsordens dekoriert.

Schneider hat sich in der Darstellung des Stofflichen große Mühe gegeben. Dem entspricht auch die Ausarbeitung des Porträts selbst. Das lange Gesicht des Grafen ist rosig überhaucht, zum hellen Inkarnat passen die blonden Wimpern und die sehr hellen Augenbrauen. Der Graf scheint keine Perücke zu tragen, sondern sein eigenes Haar, das sich vor den Ohren in Koteletten die Wangen herunterzieht. In feinsten Strichelchen hat Schneider die steife Struktur dieser Haare wiedergegeben. Da das Licht von schräg oben links kommt, bildet sich aus den Schatten der rechten Gesichtshälfte der edle Schwung des hohen Nasenrückens gut heraus. Sein individuelles Merkmal, eine seitlich sitzende kleine Warze, wird in diesem Streiflicht sichtbar. Schneiders Bestreben, „wahr" zu sein, zeigt sich nicht nur darin, ein genaues Abbild seines Gegenübers zu geben – bei diesem Auftrag sicher eine Prestigefrage für ihn. Er malt den Grafen von unten her gesehen. Mit seiner betont aufrechten Haltung, der stolz gewölbten Brust und dem Blick von oben herab markiert der Graf, trotz eines unmerklichen Lächelns, mit jedem Zoll seiner Erscheinung Distanz und herrschaftlichen Rang.

S. P.

Caspar Schneider

14 Favorite mit Blick nach Kostheim
1785

Öl/Lwd., 60 x 94,5 cm
Bez. l. u. d. Mitte: „C. Schneider pinx 1785"
Provenienz: Ankauf 1927 aus Frankfurter Privatbesitz.

Landesmuseum Mainz, Inv. Nr. 992

Lit.: Mz. Zs. XXIII, 1928, S. 87; Ausst. Kat. Mainz 1957, S. 27, Nr. 34; Biehn 1975, S. 32 f.; Mälzer 1986, S. 87, Abb. 139; Ausst. Kat. Ludwigshafen 1992, S. 53, S. 69, Kat. Nr. 26, Abb. S. 78; Ausst. Kat. Mainz 1993, S. 153, Kat. Nr. 31.

Der Standort des Malers liegt oberhalb der Favorite und gibt den Blick frei auf eine kulissenartig aufgebaute Landschaft mit Rhein und Mainmündung. Im Vordergrund sieht man auf Weinberge mit Spaziergängern und kleinen Staffagefiguren bei der Weinlese. Auf die herbstliche Jahreszeit weist auch das gefärbte Laub des vom linken Bildrand angeschnittenen Baumes. Hinter den Weinbergen erstrecken sich Gartenanlage und Gebäude des für Lothar Franz von Schönborn um 1700/20 erbauten Lustschlosses Favorite mit dem sog. Porzellanhaus in der Mitte. Der Fluß ist von kleinen Booten belebt. Auf der gegenüberliegenden Seite des Rheins liegt auf einer Landzunge ein großes Gehöft und etwas weiter rechts die Ortschaft Kostheim mit der 1793 bei der Belagerung abgebrannten Kirche; auf einer Anhöhe wird der Ort Hochheim sichtbar. Schemenhaft tauchen im Hintergrund die Höhenzüge von Feldberg und Altkönig auf. Dieselbe Ansicht – allerdings weniger präzise ausgeführt und aus einem etwas veränderten Blickwinkel gesehen – gibt Schneider in einer Tuschezeichnung im Germanischen Nationalmuseum Nürnberg wieder (Vergleichsabb.).[1]

Der Blick über die Favorite auf die Mainmündung ist Schneiders erstes datiertes Landschaftsbild. In den Flußlandschaften der Frühzeit verbindet er eine präzise topographische Landschaftsauffassung mit einer betont horizontalen Gliederung der einzelnen Landschaftselemente und knüpft mit dieser Weite und Überschaubarkeit an die „Überschaulandschaften" des 16. und 17. Jahrhunderts an. Auch in der Darstellung der höfisch gekleideten Kavaliere und Damen links im Bild steht er noch ganz in barocker Bildtradition. Wie auch auf späteren Bildern stellt Schneider bereits hier den Tätigkeiten der Landbevölkerung die Spaziergänger gegenüber und weist so auf „die Interessensgegensätze zwischen müßiggängerischer und materieller Nutzung der Natur" hin.[2]

S.M.

1 H. G. Nessel, Deutsche Handzeichnungen der Goethezeit in der Sammlung Emmerling in Ingelheim, in: Mainz und der Mittelrhein in der europäischen Kunstgeschichte. Studien für Wolfgang Fritz Volbach zu seinem 70. Geburtstag (Forschungen zur Kunstgeschichte und christlichen Archäologie, Bd. 6), Mainz 1966, S. 722, Nr. 34, Abb. 445; Ausst. Kat. Nürnberg 1983/84, S. 99.
2 G. König in: Ausst. Kat. Stuttgart 1987, S. 1075.

Caspar Schneider. Blick nach Kostheim und Hochheim, Tuschepinsel, Nürnberg, Germanisches Nationalmuseum, Inv. Nr. Hz 7108

Caspar Schneider

15 Mondscheinlandschaft
1786

Öl/Lwd. (doubliert), 41 x 46,5 cm
Bez. l. u. d. Mitte: „C. Schneider 1786"

Privatbesitz Mainz

Aus einer am rechten Bildrand steil aufragenden Felswand entspringt ein Wasserfall, der von einem kleinen See aufgefangen wird. Im Zentrum des Bildes ist ein von Pferden gezogener hochrädriger Karren zu sehen, der das flache Gewässer durchquert. Auf dem mit Heu beladenen Gefährt befinden sich einige Staffagefiguren, darunter eine Mutter mit Kind. Blickfang ist der Mond, der für einen Moment die dichten Wolken durchbrochen hat und dessen silbriger Glanz sich im Wasser spiegelt. In einem Mainzer Ausstellungsverzeichnis von 1887 ist eine „Mondscheinlandschaft" verzeichnet. Der Beschreibung nach („Männer und Frauen auf einem mit Pferden bespannten Wagen") könnte es sich um das vorliegende Bild handeln, zu dem, laut Katalog, ein Gegenstück existiert hat.[1]

Schneider hat sich ab 1786 in seinem Œuvre mehrfach mit dem Thema Nachtlandschaft auseinandergesetzt (vgl. Kat. Nrn. 16, 17). 1787 widmet er eine aquarellierte Federzeichnung mit Mondscheinlandschaft zusammen mit einem Stammbucheintrag der Malerin Marianne Kraus (Kat. Nr. 61). Die Tradition der Mondscheinlandschaften reicht von Adam Elsheimer, den Schneider kopiert hat (Kat. Nr. 18), und Hendrik Goudt über Aert van der Neer, dessen Nachtstücke durch druckgraphische Reproduktionen vielfältige Verbreitung fanden, bis ins 18. Jahrhundert. In der bereits romantisierenden Landschaftsauffassung ergeben sich Parallelen zu dem 1768 in Ehrenbreitstein geborenen Landschafts- und Porträtmaler Franz Josef Manskirsch, der seit etwa 1790 in Köln tätig war (Vergleichsabb.).   S.M.

[1] Verzeichniss Mainz 1887, S. 31, Kat. Nr. 208 und 209.

Franz Josef Manskirsch (1768–1850), Mondscheinlandschaft, Öl/Holz, Köln, Wallraf-Richartz-Museum, Inv. Nr. 2587

Caspar Schneider

16 Nächtliches Biwak im Walde
    1786

Öl/Holz, 27 x 39,5 cm
Bez. u. Mitte: „C. Schneider 1786"
Provenienz: 1854 erworben aus der Sammlung Strauß-Dürckheim.

Landesmuseum Oldenburg, Inv. Nr. 15.728

Lit.: H. W. Keiser (Hrsg.), Landesmuseum Oldenburg, Gemäldegalerie Oldenburg, München 1967, S. 132; H. Mildenberger, Johann Heinrich Wilhelm Tischbein. Goethes Maler und Freund. Ausst. Kat. des Landesmuseums Oldenburg, des Schleswig-Holsteinischen Landesmuseums Kloster Cismar und des Freien Deutschen Hochstifts/Frankfurter Goethe-Museums, Neumünster 1986, S. 213, Kat. Nr. 16.

Auf einer kleinen Waldlichtung vor einer dunklen Baumkulisse hat sich eine Gruppe von Männern, Frauen und Kindern um ein kleines Feuer versammelt. Die im Halbkreis lagernden Figuren werden hell vom Feuerschein angestrahlt, während sich mehrere Rückenfiguren im Gegenlicht des Feuers befinden. Zwei uniformierte Männer mit Gewehren stehen isoliert von der Gruppe im Schatten vor dem Baum am linken Bildrand. Auf einer Anhöhe im Hintergrund taucht die Silhouette einer Kapelle aus dem Dunkel auf. Der Mond bricht durch die Wolken und spiegelt sich in einem kleinen Weiher inmitten des Waldes. Auffallend ist die effektvolle Lichtführung mit den beiden Lichtquellen Feuer und Mond, die Schneider auch in anderen Mondscheinlandschaften aufgreift (vgl. Kat. Nrn. 15, 17). Von den Frankfurter Malern Johann Georg Trautmann (1715–1769) und Johann Conrad Seekatz (1719–1768) könnte Schneider Anregungen für die Gestaltung solcher nächtlichen Lagerszenen empfangen haben (Vergleichsabb. 1), allerdings dominiert bei Trautmann und Seekatz die Staffage.

Ein Stich von Johann Peter Rücker (Mainz 1757– nach 1807), 1792 „à Kriegshaber Chez Fietta & Compagnie" erschienen, wiederholt die Schneidersche Komposition im Gegensinn. Die Unterschrift „Vue d'Environs de Cologne sur le Rhin" weist auf eine Ansicht aus der Umgebung von Köln, die nicht topographisch belegt werden kann (Vergleichsabb. 2). Ein weiteres, mit „C.Sch./I.F." bezeichnetes Gemälde im Wallraf-Richartz-Museum gibt dasselbe Motiv, mit nur geringfügiger Veränderung der Staffage, wieder.[1] Allerdings sprechen die sehr summarisch zusammengefaßte Figurenstaffage sowie die für Schneider ungewöhnliche Signatur für eine Kopie nach dem Oldenburger Gemälde oder nach dem Stich Johann Peter Rückers von 1792.   S.N.

1 Johann Georg Trautmann (1715–1769), Zigeunerlager, um 1760, Öl/Lwd., Landesmuseum Mainz, Inv. Nr. 500

2 Johann Peter Rücker (1757– nach 1807), Vue d'Environs de Cologne sur le Rhin, 1792, Kupferstich nach Caspar Schneider, Köln, Wallraf-Richartz-Museum, Inv. Nr. 222636

1 Köln, Wallraf-Richartz-Museum, Inv. Nr. 2457.

Caspar Schneider

17 Waldlandschaft bei Mondschein
Vor 1789

Öl/Holz, 32,4 x 42,7 cm
Bez. u. l. d. Mitte: „C. Schneider. pinx"
Provenienz: Zwischen 1807 und 1810 zusammen mit einem Gegenstück erworben.

Hessisches Landesmuseum Darmstadt,
Inv. Nr. GK 386

Lit.: Neugarten 1922, S. 24, WV-Nr. 11;
Ludwig 1997, S. 168 f.

Die Komposition wird rechts und links von rahmenden Baumgruppen bestimmt. Vom vorderen Bildrand führt ein kleiner Bachlauf in die Tiefe, in dem sich das fahle Mondlicht widerspiegelt. Der Mond selbst wird, von dichten Wolken umgeben, durch die Zweige eines Baumes sichtbar. Am linken Bildrand die zweite Lichtquelle: ein Lagerfeuer, um das sich sieben Menschen und ein Hund gruppiert haben. Wieder hebt sich eine dunkle Rückenfigur im Gegenlicht gegen den hellen Feuerschein ab. Links daneben ein hochrädriger Karren mit Plane und zwei ausgespannten Pferden.

Elsa Neugarten führt dieses Gemälde in ihrem Werkverzeichnis unter der Rubrik 'Landschaft der beginnenden Romantik' an.[1] In der Tat weist die stimmungsvolle Atmosphäre bereits auf die symbolische Bildwelt der Romantiker hin. H. Ludwig sieht in der Mondscheinlandschaft nicht nur Einflüsse der Frankfurter Maler Christian Georg Schütz d. Ä. und Johann Ludwig Ernst Morgenstern, sondern in dem Motiv der kampierenden Reisenden auch Anlehnungen an Johann Conrad Seekatz (Vergleichsabb.) und Johann Georg Trautmann.[2] Ein von dem Mainzer Kupferstecher Johann Peter Rücker (1757–nach 1807) gefertigter Stich, datiert 1789 und betitelt „Vue des Environs de Bonn", gibt das Sujet im Gegensinn wieder (vgl. Kat. Nr. 125).

1840 gab der Mainzer Maler und Schriftsteller Nikolaus Müller (1770–1851) einen Katalog seiner Gemälde heraus, in dem er unter anderem ein „Zigeuner beim Feuer im Mondschein" betiteltes Werk als gemeinsame Arbeit von Johann Caspar und Georg Schneider verzeichnet.[3] Den Maßen zufolge könnte es sich um die Darmstädter Mondscheinlandschaft handeln. Die im Ausstellungskatalog von 1887 angeführte „Nachtlandschaft. Räuberbande im Wald um ein Feuer lagernd" zeigt, daß Schneider sich mehrfach mit diesem Thema auseinandergesetzt hat.[4]

S.M.

1 Neugarten 1922, S. 24, WV-Nr. 11.
2 Ludwig 1997, S. 169.
3 zitiert nach Landschulz 1977, S. 110, Nr. 99.
4 Verzeichniss Mainz 1887, S. 31, Kat. Nr. 208.

Johann Conrad Seekatz (1719–1768), Zigeuner am Lagerfeuer bei Mondschein, um 1765, Öl/Lwd., Hessisches Landesmuseum Darmstadt, Inv. Nr. GK 675

Caspar Schneider

18 Flucht nach Ägypten
Kopie nach Adam Elsheimer
(1578–1610)
1793

Öl/Holz, 28 x 39,5 cm
Unbez.

Verwaltung der Staatlichen Schlösser und Gärten Rheinland-Pfalz, Burg Sooneck
Stiftung Dael von Köth-Wanscheid, Inv. Nr. B 7

Der Mainzer Maler Joseph Heideloff war Kustos der Sammlungen des Dompropstes zu Eltz. Als Lehrer Caspar Schneiders gab er dem jungen Maler Gelegenheit, die Meisterwerke der Sammlung zu studieren und vor allem zu kopieren. Auch Heideloff nahm oft Gemälde dieser Sammlung zum Kopieren mit nach Hause.[1]

In einem ausführlichen Verzeichnis der am 17. Mai 1785 versteigerten Eltzschen Gemäldesammlung werden unter anderem auch mehrere Gemälde von Adam Elsheimer genannt.[2] Der gebürtige Frankfurter Elsheimer, einer der führenden deutschen Landschaftsmaler um 1600, ging nach Rom und gelangte dort zu Ruhm und Ehre. Besonders geschätzt wurde er in Italien wegen seiner „cose di notte", den Nachtstücken, in denen ein Grundzug seiner Malerei – der Kontrast von Hell und Dunkel – besonders zum Tragen kam. Frühe Nachstiche und Kopien trugen dazu bei, seine Kunst weithin bekannt zu machen. Caspar Schneiders Interesse an Kompositionen von Mondscheinlandschaften zeigt sich vor allem in seiner Kopie von Elsheimers „Flucht nach Ägypten", 1609 (Original in München, Bayerische Staatsgemäldesammlungen). Das Bild hing bis 1805 in der Gemäldegalerie Mannheim. Dort kopierte es Schneider, als er 1793 auf der Flucht vor den französischen Truppen nach Mannheim kam.   S.M.

1 Veit 1924, S. 141.
2 Verzeichnis der Gemälde-Sammlung Sr. Exzellenz des verstorbenen Herrn Grafen zu Eltz, in: Veit 1924, S. 145 ff.; Neugarten 1922, S. 7.

19 Rheinlandschaft mit Blick auf Rüdesheim

1786

Öl/Lwd. (doubliert), 53 x 196 cm
Bez. l. u.: „C. Schneider 1786"
Provenienz: Ankauf aus Privatbesitz 1935.

Landesmuseum Mainz, Inv. Nr. 1204

Von einer schmalen, dunklen Vordergrundszone blickt man auf den von Hügeln und Architekturen gesäumten Fluß. Auf einem zum Ufer führenden Weg befinden sich mehrere Staffagefiguren, darunter ein Reiter und eine Mutter mit Kindern. Im Vordergrund links hat gerade eine Fähre angelegt. Ebenso detailliert wie die Staffage sind auch die Gebäude ausgeführt. Schneider hat für seine Ansicht das bereits von Christian Georg Schütz d. Ä. gewählte populärste Motiv von Rüdesheim (Abb. S. 10) aufgegriffen: Dominierender Blickfang ist der zur Stadtbefestigung gehörende sog. „Adlerturm", der im 15. Jahrhundert errichtet wurde und durch seine reichen Schmuckformen auffällt. Mit dem niedrig gelegten Horizont und dem sich in scheinbar endloser Ferne verlierenden Fluß gibt Schneider dem Bild Tiefe und Weite. Doch trotz eindeutig fixierbarer Architekturelemente ist eine idealisierende Tendenz spürbar. Es geht ihm nicht primär um topographische Genauigkeit, sondern um das Zusammenspiel verschiedener, für die Rheingegend typischer Landschaftsmotive.

Eine Zeichnung von Georg Schneider gibt dieselbe Ansicht wieder (vgl. Kat. Nr. 101). Hier wird deutlich, daß die Brüder immer wieder in künstlerischem Dialog standen und gegenseitig Motive austauschten. Aufgrund seines Formates ist wahrscheinlich, daß dieses Gemälde als Supraporte gedient hat. E. Neugarten führt im Werkverzeichnis[1] eine Supraporte auf, die sich sowohl der Beschreibung nach als auch in den Maßen auf unser Bild beziehen könnte. Allerdings hat Neugarten keine Signatur gesehen.

S.M.

1 Neugarten 1922, S. 28, WV-Nr. 106.

20 Rheinlandschaft mit Blick
auf die Hartenmühlen und
das Biebricher Schloß
1789

Öl/Holz, 46 x 69 cm
Bez. u. Mitte: „C. Schneider fe. (nicht lesbar) 1789"
Provenienz: Ankauf aus Privatbesitz 1897.

Landesmuseum Mainz, Inv. Nr. 565

Lit.: Verzeichnis Mainz 1902, S. 27, Nr. 365 a; Neugarten 1922, S. 23, WV-Nr. 2; Thieme-Becker Bd. 30, 1936, S. 196; Ausst. Kat. Mainz 1957, S. 15, Kat. Nr. 17.

Der Standort des Betrachters befindet sich auf dem nordwestlich von Mainz gelegenen Hartenberg, der einen panoramaartigen Ausblick in die weite Rheinebene erlaubt. Auf der Anhöhe mit dem Baum im Vordergrund erblickt man eine kleine Gesellschaft beim Picknick. Weitere, bis ins kleinste Detail ausgeführte Staffagefigürchen – wie z. B. die winzigen Wäscherinnen am Fluß – beleben die Landschaft. Etwas unterhalb liegen die Harten- oder Hattenmühlen. Diese Getreidemühlen blieben bis zur Säkularisation im Besitz des Domkapitels und gingen dann in Privatbesitz über.[1] Hinter den Mühlen breitet sich die baumbestandene Rheinebene aus. Auf der anderen Seite des Rheins wird die hügelige Rheingaulandschaft mit dem im frühen 18. Jahrhundert erbauten Biebricher Schloß sichtbar, davor ein heute nicht mehr vorhandener Zentralbau auf der Ingelheimer Aue.

Diese Rheinlandschaft gehört zu jenen typischen frühen Landschaftsbildern der 80er Jahre, in denen das barocke Schema des Landschaftsaufbaus beibehalten wird. Mit der deutlichen Trennung der drei Landschaftsgründe, der horizontalen Schichtung, dem Kontrast zwischen beschattetem Vorder- und hellem Hintergrund sowie dem Baum als Repoussoir greift Schneider zu traditionellen Stilmitteln. Auch in dem tiefliegenden Horizont und dem hohen Himmel ist noch der Einfluß der niederländischen Malerei des 17. Jahrhunderts spürbar. Werke von typischen Vertretern der holländischen Landschaftsmalerei wie van Goyen oder van Ruysdael hat Schneider nachweislich in der Eltzschen Gemäldesammlung gesehen.[2] Als Könner erweist er sich in der souveränen Beherrschung der Lichtführung, indem er die Atmosphäre eines nachmittäglichen Spätsommertages treffend einzufangen weiß.

Georg Schneider hat in seinem Skizzenbuch (Kat. Nr. 120) das Motiv aufgegriffen.

S.M.

1 Vgl. A. Nebeling, Es klapperten die Mühlen..., in: Mainz. Vierteljahreshefte für Kultur, Politik, Wirtschaft, Geschichte, 14. Jg., 1994, Heft 1, S. 144 f.
2 Verzeichnis der Gemälde-Sammlung Sr. Exzellenz des verstorbenen Grafen von Eltz, in: Veit 1924, S. 145 ff.

21 Ideale Flußlandschaft
1789

Öl/Holz, 35,5 x 51,5 cm
Bez. u. Mitte: „C. Schneider 1789"

Privatbesitz Mainz

Lit.: Neugarten 1922, S. 23, WV-Nr. 8.

Im Gegensatz zu den frühen Rheinlandschaften läßt sich die Flußlandschaft von 1789 nicht genau topographisch bestimmen; sie ist, wie die Ansichten der folgenden Schaffensperiode, unspezifisch idealer Natur. Schneider hat die strenge bildparallele Gliederung seiner früheren Werke zugunsten einer sich an Christian Georg Schütz d. Ä. und damit an der Saftleven-Tradition orientierenden, frei komponierten Landschaft aufgegeben. Die Tiefenraumillusion wird durch den Gegensatz von dunklem Vordergrund und lichter Ferne gesteigert. Mit Felsen, Wasserfällen, Burgruinen und vor allem mit der immer wiederkehrenden Hirtenstaffage kommen neue Bildmotive in Schneiders Repertoire. In zahlreichen, nur geringfügig variierten Landschaften verwendet er immer wieder solche „arkadischen" Bildelemente, die im 18. Jahrhundert von Hackert und Kobell in der Nachfolge von Lorrain und Poussin tradiert wurden.

Zu dem vorliegenden Gemälde gibt es ein Gegenstück in Privatbesitz.[1] S.M.

1 Vgl. Neugarten 1922, S. 23, WV-Nr. 7.

22   Bildnis Cecilie Görtz

   Um 1782

Öl/Lwd., Dm 38 cm
Bez.: Zettel auf d. Rückseite: „Großtante Cecilie Görz, wohnhaft zu Mainz, Tochter des Urgroßvaters des kurmainzischen Hofrates Görz, gem. von Joh. Caspar Schneider"
Provenienz: Münchener Kunsthandel.

Landesmuseum Mainz, Inv. Nr. 91/14

Große dunkle, schalkhafte Augen, betont von schwarzen Brauen darüber, die im Kontrast zum hell gepuderten Haar um so mehr auffallen, beleben und beherrschen das Bildnis des etwa 15jährigen Bürgermädchens. Es hat sich höfisch herausgeputzt mit seinem dékolletierten, rüschenbesetzten Kleid, vor allem aber mit den Blumen und den Federn, die als Kopfputz auf der hochtoupierten Frisur sitzen. Strahlenförmig von der Stirn abgehende, weißgepuderte Haare umspinnen wie ein feines Netz die Haarwolke des Mädchens, das sich hier ganz im Stil der Mode der frühen 80er Jahre des 18. Jahrhunderts präsentiert.

   Das Archiv der Stadt Mainz verzeichnet eine Maria Caezilia Catharina Görtz, getauft am 26. November 1766 in Mainz, als erste Tochter des kurfürstlich-mainzischen Hofkämmerers und Raths, sowie Beamten des Domkapitels und Albanstiftes Joseph Görtz, der am 17. Dezember 1800 in Mainz starb. Er hatte eine Maria Franziska Wiltberger (1749–1808) geheiratet. Das Archiv listet dem Ehepaar sechs Kinder und eine Nichte auf. Ob es sich bei der Dargestellten wirklich um die älteste Tochter Caezilia Görtz handelt, ist noch zu klären. Identifiziert man sie als die im Mainzer Stadtarchiv Genannte, müßte der Künstler sie, ihrem Alter nach zu urteilen, zwischen 1780 und spätestens 1786 gemalt haben. Tatsächlich entsprechen die Mode von Kleid und Haartracht genau dieser Zeit, auch die Malweise Schneiders gleicht dem Porträt der Madame de Coudenhove, das er mit 1784 datierte.

S.P.

23   Kinderbildnis der Familie Görtz,
     wohl Heinrich Carl Görtz
     Um 1782

Öl/Lwd., Dm 38 cm
Bez.: Zettel auf d. Rückseite: „Großonkel Görz,
gestorben zu Mainz 1869 mit 81 Jahren. Er war
Notar im hessischen Staatsdienst."
Provenienz: Münchener Kunsthandel.

Landesmuseum Mainz, Inv. Nr. 91/15

Der Inschrift des Zettels zufolge, der auf die Rückseite des Bildes geklebt ist, müßte der dargestellte Knabe um 1788 geboren sein, auf dem Bild könnte er etwa 5 bis 7 Jahre alt sein. Das Gemälde gehört, von Malart und Typus her, zum Porträt der Cecilie Görtz.

In ein blaues Wams gekleidet, aus dem der Spitzenkragen eines Hemdes üppig hervorschaut, blickt der Knabe frontal, jedoch ohne direkten Kontakt zum Betrachter, aus dem Bild. Sein Gesichtsausdruck wird bestimmt von großen runden Augen und den zarten Brauen darüber. Über dem ungepuderten Haar des Knaben, das über der Stirn gerade abgeschnitten ist, sonst aber bis auf die Schultern fällt, sitzt ein Hütchen mit aufgebogener Krempe, deren Rand von zarten Weinblättern und kleinen Trauben umrankt wird. Hut und Ranken nützen und betonen das Rundformat der Bildfläche und lenken dadurch die Aufmerksamkeit des Betrachters immer wieder zurück zu den seelenvollen Augen des Kindes.

In der lässigen und sehr privaten, intimen Art, Kinder darzustellen, waren im 18. Jahrhundert die Engländer führend, vor allem Gainsborough und Reynolds. Etwas von der dort vorgetragenen Ungezwungenheit, hinreißenden Eleganz und Niedlichkeit der kleinen noblen Gentlemen mag auch – in bescheidenerer, bürgerlicher Variante – in dieses Porträt eingegangen sein.

Im Mainzer Stadtarchiv ist als drittes Kind des Joseph Görtz (vgl. Kat. Nr. 22) ein Knabe namens Heinrich Carl verzeichnet, der am 13.7.1776 in der Dompfarrei in Mainz getauft wurde und am 30.8.1861 in Mainz verstarb. (Die letzte 1 der Jahreszahl könnte auch eine 9 sein, denn da die Feder beim Schreiben dieser Zahl wenig Tinte hatte, ist ein Lesefehler nicht auszuschließen.) Die Eintragung vermerkt noch „ledig" und „Notar". Sollte hiermit unser Knabe zu identifizieren sein, so müßten die Angaben auf dem dem Bilde beigefügten Zettel, den wohl die Erben des ledig gebliebenen „Großonkels" angebracht haben, berichtigt werden. Er wäre demnach nicht mit 81 Jahren, sondern mit 85 Jahren gestorben – oder mit 93.

Da das Porträt des Knaben als Pendant zu dem seiner Schwester zu sehen ist, wäre auch hier eine Datierung zwischen 1782–84 anzunehmen. Dann wäre der Knabe also 6–8 Jahre alt, was seinem Aussehen auf dem Bildnis entspricht.   S.P.

Caspar Schneider

24 Flußlandschaft
Um 1800

Öl/Holz, 59 x 76 cm
Unbez.

Verwaltung der Staatlichen Schlösser und Gärten Rheinland-Pfalz, Burg Sooneck, Stiftung Dael von Köth-Wanscheid, Inv. Nr. B 4

Rechts im Bild eine mit Bäumen bestandene Anhöhe mit Burgruine. Im Vordergrund eine aus Kühen und Schafen bestehende Herde mit Hirt, die am Ufer eines Sees lagert. In dem ruhigen Gewässer spiegeln sich die Bäume am Ufer wider. Weit im Hintergrund eine Schloßanlage und in der Ferne verschwommen die Ausläufer eines Gebirges.

Auch bei dieser Landschaft ist keine topographische Bestimmung möglich. Auf Grund des „idealen" Charakters der Darstellung dürfte dieses nicht datierte Bild der zweiten Werkphase Schneiders, also der Zeit nach 1800, angehören. Ein Gegenstück in Privatbesitz zeugt von der Vorliebe der Zeit für Pendants.

S.M.

25 Landschaft mit Herde und
    Hirtenpaar
    1803 (?)

Öl/Holz, 20,5 x 25,5 cm
Bez. l. u. d. Mitte: „C. Schneider 1803" (die
Jahreszahl ist nicht deutlich lesbar)
Provenienz: Vermächtnis Elise Stöhr, Mainz, 1873.

Landesmuseum Mainz, Inv. Nr. 365

Lit.: Verzeichnis Mainz 1898, S. 27, Nr. 365; Neugarten 1922, S. 25, WV-Nr. 42 (die Beschreibung des unter der Inv. Nr. 365 angegebenen Gemäldes stimmt nicht mit dem Bildinhalt überein).

In einer hügeligen Landschaft mit einem Bachlauf im Vordergrund sitzt rechts ein Hirtenpaar am Bach und kühlt sich die Füße im Wasser. Die auf die Bildmitte ausgerichtete Komposition zeigt eine mit einer Baumgruppe bestandene Anhöhe, auf der eine Viehherde lagert. Durch die Bäume wird eine Burganlage sichtbar. Im Hintergrund weitet sich ein Flußtal mit Brücke.

Die weiträumige Komposition mit dem bühnenhaft aufgebauten Vordergrund, dem Berg als Randkulisse, den hohen Bäumen und der Hirtenstaffage weist deutlich Einflüsse der Landschaftsauffassung Claude Lorrains auf. Ähnlich wie bei Lorrain vermittelt der durch die Diagonalkomposition entstandene freie Raum links im Bild die Illusion einer unendlichen Ferne.   S.M.

26 Ideale Rheinlandschaft
1805

Öl/Lwd., 52 x 68 cm
Bez. r. u. d. Mitte: „C. Schneider 1805"

Privatbesitz Frankfurt a. M.

Lit.: Auktionskatalog Kunsthaus am Museum, Carola van Ham, 116. Auktion, März 1988.

Gezeigt wird eine reich komponierte, weiträumige Landschaft mit Bäumen, Felsen, Burgen, Städten, Flußlauf und Staffage. Ein felsiger Hang mit Gehöft und bekrönender Burganlage zieht sich auf der rechten Seite bis ins obere Bilddrittel. Eine Baumgruppe grenzt die Anhöhe zum Vordergrund ab, die im Hintergrund in einer Bergkette ausläuft. Eine kleinere Baumgruppe auf einer Bodenwelle im linken Drittel des Bildes vermittelt optisch zwischen Vorder- und Hintergrund. Zwischen den Baumgruppen hindurch wird der Blick weit in den Landschaftsraum geführt, der durch ein Flußtal mit einem topographisch nicht zu identifizierenden Städtchen charakterisiert wird. Die ferne Bergkette leitet in die Weite des Himmels über. Die bäuerliche Staffage mit der Familie und den Tieren im Vordergrund und den rastenden Hirten unter der Baumgruppe ist vollkommen in die Landschaft integriert.

Das Bild fügt sich in eine Reihe von Ideallandschaften ein, in denen ein nahezu stereotyp angewendetes Kompositionsschema jeweils nur geringfügig variiert wird. Der Wirklichkeitscharakter tritt hinter den idealisierenden Tendenzen zurück. Die detailliert ausgeführte Vordergrundszone kontrastiert mit den zerfließenden Formen des Fernblicks.

S.M.

27 Landschaft mit Reitern
1806

Öl/Kupfer, 43,5 x 57,5 cm
Bez. u. Mitte: „C. Schneider 1806"
Provenienz: Ankauf aus dem Kunsthandel 1960.

Landesmuseum Mainz, Inv. Nr. 655

Lit.: Ausst. Kat. Bonn 1960/61, S. 63, Kat. Nr. 149; Mz. Zs. 59, 1964, S. 158; Ausst. Kat. Heidelberg 1965, S. 68, Kat. Nr. 295.

Pendant zu Kat. Nr. 28.
Der Betrachter blickt auf einen hügeligen, mit Baum- und Buschbestand locker durchsetzten Landschaftsraum. Rechts wird inmitten des dicht bewachsenen Felsens eine Burgruine sichtbar. Als Raumteiler und zugleich als Repoussoir dient ein ausladender, hoch in den Himmel ragender Baum, der zwischen der beschatteten Felswand und dem sonnigen Flußtal auf der linken Seite vermittelt. Zwei Reiter haben angehalten – einer ist von seinem Schimmel gestiegen – und wenden sich einem als Rückenfigur wiedergegebenen Wanderer mit zwei Hunden zu. S.M.

Caspar Schneider

28 Landschaft mit Herde und
    ruhendem Hirt
    1806

Öl/Kupfer, 43,5 x 57,5 cm
Bez. u. Mitte: „C. Schneider 1806"
Provenienz: Ankauf aus dem Kunsthandel 1960.

Landesmuseum Mainz, Inv. Nr. 654

Lit.: Ausst. Kat. Bonn 1960/61, S. 63, Kat. Nr. 148, Abb. 22; Aus Altertumsmuseum und Gemäldegalerie der Stadt Mainz, Bildband zur Wiedereröffnung 1962, Abb. Nr. 197; Mz. Zs. 59, 1964, S. 158; Biehn 1975, S. 62 f.; Ausst. Kat. Ludwigshafen 1992, S. 69, Kat. Nr. 25, Abb. S. 77; Ausst. Kat. „Ich Narr des Glücks". Heinrich Heine 1797–1856. Bilder einer Ausstellung, Kunsthalle Düsseldorf 1997, Abb. S. 343.

Pendant zu Kat. Nr. 27.
Wiederum kompiliert Schneider verschiedene Elemente zu einer Ideallandschaft. Wie bei dem Gegenstück wird die Bildmitte durch einen Baum bestimmt. Der als Diagonale angelegte Vordergrund ermöglicht einen Fernblick in das weite, dunstige Flußtal mit der Silhouette einer Stadt. Auf dem felsigen Plateau lagert eine Herde, deren Hirt sich etwas entfernt von den Tieren mit seinem Hund zur Ruhe gesetzt hat. Am linken Bildrand türmen sich riesige baumbestandene Felsformationen mit Burganlage auf. Ein Gebirgsbach fließt über die Felsblöcke herab. Das Motiv des Wasserfalls spielt in den Ideallandschaften des Klassizismus, z. B. Hackert, Reinhart und Kobell, eine bedeutende Rolle.[1]

Beide Landschaftskompositionen Schneiders, charakterisiert durch die Schattenzone im Vordergrund, die mit feinem Pinsel detailliert gezeichneten Bäumen, die Hirtenstaffage und den Durchblick auf eine atmosphärisch aufgelockerte Ferne, sind noch ganz der Tradition verpflichtet. Deutlich zeigt sich der Einfluß der Ideallandschaften von Jakob Philipp Hackert (Kat. Nr. 7), deren Wurzeln wiederum bei Lorrain und Poussin liegen. Das Motiv der am Gewässer ruhenden Herde geht auf niederländische Vorbilder zurück. So haben die sog. niederländischen Italianisten (wie z. B. Berchem, Both, Asselyn) Anregung für die Schneiderschen Pastoralen geliefert.[2] Den wohl bekanntesten Vertreter italianisanter Pastoralen, Nicolas Berchem (1620–1683), konnte Schneider gleich in mehreren Gemälden in der Eltzschen Gemäldesammlung kennenlernen. Daß Schneider direkt nach Berchem gearbeitet hat, zeigt eine Kopie in seinem Skizzenbuch (vgl. Kat. Nr. 92, fol. 88 v.).   S.M.

1 Schefold 1971, S. 274 ff.
2 Vgl. Ausst. Kat. Wien 1982.

Caspar Schneider

29 Blick auf die Mainmündung
Um 1807

Öl/Lwd., 47 x 111 cm
Unbez.

Verwaltung der Staatl. Schlösser und Gärten
Rheinland-Pfalz, Burg Sooneck
Stiftung Dael von Köth-Wanscheid, Inv. Nr. 7

Lit.: Meißner 1990, S. 291, Abb. S. 292; Ausst. Kat.
Mainz 1993, S. 390, Kat. Nr. 201.

Zusammen mit dem Gegenstück (Kat. Nr. 30) diente diese Landschaft vermutlich als Supraporte. Dem Querformat entspricht die Bildkomposition, die – noch ganz im Sinne der frühen Rheinlandschaften – horizontal in einzelne Landschaftszonen gegliedert ist. Man blickt auf den Rhein mit der Mainmündung und den am jenseitigen Ufer gelegenen Dörfern Kostheim und Gustavsburg. Auf der Anhöhe liegt der Ort Hochheim. Auf dem Rhein fahren mehrere Schiffe, dominierend links im Bild ein großes Transportschiff. Auf dem diesseitigen hügeligen Ufer sind weidende Kühe mit einem Hirten zu sehen sowie eine Familie, die offenbar vor dem nahenden Gewitter flieht; die dunkel über Gustavsburg heraufziehenden Wolken kündigen ein Unwetter an. Es handelt sich hier wohl um die Familie des Auftraggebers, des Großherzoglichen Hessischen Kommerzienrates und Handelsgerichtspräsidenten Georg von Dael (1784–1854) nebst seiner Frau Maria und deren Tochter Therese auf dem Arm der Kinderfrau.[1] Freiherr Dael von Köth-Wanscheid war ein Freund und Förderer Caspar Schneiders, der ihn im Zeichnen und Aquarellieren unterrichtete. Die bürgerlichen Spaziergänger deuten einen kulturellen Wandel der Zeit um 1800 an. Das Promenieren in der Öffentlichkeit bot dem Bürger Gelegenheit des Sehens und Gesehenwerdens, des Plauderns und der Erholung in freier Natur – ein Gegensatz zur täglichen Arbeitswelt.[2] Schneider hat in seinen Bildern immer wieder Arbeitsleben und Spaziergänger kontrapunktisch gegenübergestellt.

Der Blick auf die Mainmündung gehört zu den von Schneider bevorzugten Motiven aus Mainz. Eine Supraporte in Privatbesitz (Vergleichsabb.) gibt den Blick über den Fluß aus einem leicht nach links verschobenen Blickwinkel wieder, so daß noch Teile der Stadtbefestigung mit dem Neutor ins Bild gelangen. Schneider erweist sich als exakter Schilderer topographischer Gegebenheiten, wobei er die Ansicht um weitere erzählerische Staffage (z. B. Wäscherinnen im Vordergrund) bereichert.   S.M.

Caspar Schneider,
Mainmündung mit
Blick auf Hochheim,
Öl/Lwd.,
Frankfurt a. M.
Privatbesitz

1 Vgl. Meißner 1990, S. 291.
2 Vgl. G. König in: Ausst. Kat. Stuttgart 1987, S. 1075 f.

30   Die Mainzer Schiffbrücke mit
     Blick auf Kastel

Um 1807

Öl/Lwd., 47 x 111 cm
Unbez.

Verwaltung der Staatlichen Schlösser und Gärten
Rheinland-Pfalz, Burg Sooneck
Stiftung Dael von Köth-Wanscheid, Inv. Nr. 6

Lit.: Meißner 1990, S. 291, Abb. S. 292;
Ausst. Kat. Mainz 1993, S. 390, Kat. Nr. 202.

Pendant zu Kat. Nr. 29.
Dargestellt ist die 1661 von Erzbischof Johann Philipp von Schönborn erneuerte Schiffbrücke, die Mainz bis 1885 mit dem Kasteler Ufer verband. Gerade ist die Brücke geöffnet worden, um einen Lastkahn durchfahren zu lassen. Auf beiden Seiten warten Fahrzeuge – ein Heuwagen und eine Kutsche – sowie eine Gruppe von Fußgängern auf die Schließung der Brücke. In der Mitte des Flusses befinden sich zwölf im Wasser verankerte Schiffsmühlen. Diese Mühlen wurden erstmalig urkundlich um 1112 erwähnt. Ursprünglich gehörten sie den Kurfürsten, Klöstern und Stiften und wurden gegen eine Steuer verpachtet. Immer wieder wurden sie durch Kriegseinwirkungen beschädigt, z. B. 1793 bei der Beschießung von Mainz, bis sie gegen Ende des 19. Jahrhunderts im Zuge der fortschreitenden Industrialisierung funktionslos wurden.[1]

Ein von Caspar (oder Georg?) Schneider geschaffenes Aquarell in Würzburg wiederholt den identischen Ausschnitt (Vergleichsabb.). Bereits 1790 hatte Caspar Schneider den umgekehrten Blick vom Kasteler Ufer über die Schiffbrücke nach Mainz festgehalten.[2]

Mit akribischer Genauigkeit und erzählerischer Detailfreude hat Schneider in beiden Bildern eine topographisch fixierbare Situation geschildert, so daß die Landschaften einen hohen Realitätsgrad besitzen. Das gewählte Panoramaformat erinnert an Veduten des 18. Jahrhunderts, wobei durch den hohen Himmel und die Wolkenbildung atmosphärische Werte einbezogen werden. Die Pendants nehmen innerhalb der Gruppe der gleichzeitigen, künstlich komponierten Ideallandschaften eine Sonderstellung ein.

S.M.

Caspar oder
Georg Schneider,
Die Mainzer
Schiffbrücke mit
Blick auf Kastel,
um 1807
Aquarell, Würzburg,
Martin von
Wagner-Museum
der Universität,
Inv. Nr. Hz 1682

1 A. Nebeling, Es klapperten die Mühlen…Auf Spurensuche in Mainz, in: Mainz. Vierteljahreshefte für Kultur, Politik, Wirtschaft, Geschichte, 13. Jg., 1993, Heft 1, S. 154 ff.
2 Neugarten 1922, S. 23, WV-Nr. 4; dieses Gemälde wurde auf der Ausstellung „Darstellungen der Stadt Mainz und ihrer Denkmäler" von 1879 als Werk Georg Schneiders ausgestellt.

31   Flußlandschaft mit Kahn

1809

Öl/Kupfer, 43 x 56,5 cm
Bez. l. u. d. Mitte: „C. Schneider 1809"
Provenienz: vermutlich Vermächtnis Elise Stöhr, Mainz, 1873.

Landesmuseum Mainz, Inv. Nr. 855

Lit.: Verzeichnis Mainz 1917, S. 31, Nr. 364 a; Neugarten 1922, S. 25, WV-Nr. 43, Abb. 6; Thieme-Becker, Bd. 30, 1936, S. 196.

Pendant zu Kat. Nr. 32.
Hier wird das bereits bei den Gegenstücken von 1806 verwendete Kompositionsschema aufgegriffen. Ein hoher Baum akzentuiert und teilt den Landschaftsraum: rechts ein steiles, bewachsenes Felsmassiv, links ein ruhiges Gewässer mit einer Herde am Ufer. Ein mit einer Familie besetztes Boot gleitet über die Wasserfläche. Die im vorderen Bildbereich präzise und detailliert ausgeführten Felsen setzen sich verschwommen im Hintergrund fort. Burganlagen, Stadtansichten, Flußläufe und Staffage werden in dieses Landschaftsambiente eingestreut.   S.M.

32 Landschaft mit Herde und
    Flöte blasendem Hirt
    1809

Öl/Kupfer, 43 x 56,5 cm
Bez. u. Mitte: „C. Schneider"
Provenienz: vermutlich Vermächtnis Elise Stöhr, Mainz, 1873.

Landesmuseum Mainz, Inv. Nr. 856 (früher 364 b)

Lit.: Verzeichnis Mainz 1917, S. 31, Nr. 364 b; Neugarten 1922, S. 25, WV-Nr. 44; Ausst. Kat. Bad Homburg 1931, S. 15, Kat. Nr. 69; Thieme-Becker, Bd. 30, 1936, S. 196; Ausst. Kat. Mainz 1957, S. 36, Kat. Nr. 50.

Pendant zu Kat. Nr. 31.
Das Gemälde zitiert fast wörtlich einzelne Elemente aus der „Landschaft mit Herde und ruhendem Hirt" (vgl. Kat. Nr. 28). Da ist wiederum auf der linken Seite die urwüchsige, unwegsame Felslandschaft mit knorrigen Bäumen, dem Gebirgswasserfall, den abgebrochenen Ästen und dem dominierenden Baum im Mittelgrund. Gestochen scharf und detailliert werden bergiges Terrain und Vegetation des Vordergrundes beschrieben. Im Zentrum präsentiert sich eine eng zusammengerückte Gruppe ruhender Kühe und Schafe, nur wenig variiert von der Darstellung der Tiergruppe auf Inv. Nr. 654 (Kat. Nr. 28). Nur der ruhende Hirt wird jetzt durch eine ruhende Familie – Mutter, Kind und ein Flöte blasender Hirt – ersetzt. Im Hintergrund weitet sich schemenhaft ein von Bergen gesäumtes, lichterfülltes Flußtal.

Schon Neugarten[1] sah als charakteristisches Merkmal dieser Werkgruppe den Einfluß derjenigen Niederländer, die sich auf südliche Landschaften spezialisiert hatten, die sog. Italianisten.[2] Auch das Motiv des ruhig gleitenden Kahns erweckt Reminiszenzen an die Niederländer, z. B. an die weiten, stillen Flußtäler eines Jan van Goyen, dessen Landschaften mit dem niedrigen Horizont eine starke Tiefenwirkung erzielen. Mit der Hirtenstaffage greift Schneider das von Claude Lorrain über Philipp Hackert tradierte Vokabular der Pastorallandschaften auf (vgl. Kat. Nr. 7). Auf der anderen Seite nimmt er bereits Motive der Romantik vorweg: So spielt das symbolbeladene Motiv der Kahnfahrt gerade in der Zeit der Romantik eine bedeutende Rolle.
S.M.

1 Neugarten 1922, S. 13.
2 Vgl. Ausst. Kat. Wien 1982.

33 Bildnis Frau Elise Stöhr,
geb. Schmutz (1778–1873)
Um 1810

Öl/Lwd., 62 x 53 cm
Provenienz: Geschenk Dr. Karl Josef Viktor Gassner, 1873.

Landesmuseum Mainz, Inv. Nr. 311

Lit.: Verzeichnis Mainz 1891, S. 16, Nr. 208; Neugarten 1922, S. 30, WV-Nr. 132; Stukenbrock 1997, S. 11, Abb. 4.

Elise Stöhr war eine leidenschaftliche Kunstsammlerin. Als sie 1873 im hohen Alter von 95 Jahren starb, gingen aus ihrem Vermächtnis allein 60 Gemälde an die Städtische Galerie Mainz, wovon 44 im Landesmuseum inventarisiert sind. Von den 60 Bildern waren etwa ein Drittel von niederländischen Meistern gemalt. Einige Gemälde stammten von Johann Caspar und Georg Schneider, vor allem Landschaften (vgl. Kat. Nrn. 31, 32, 34, 53, 54). Von Johann Caspars Hand war überdies ein Porträt ihres Bruders dabei, das ihn in der Uniform eines holländischen Marineoffiziers zeigt (Inv. Nr. 313, Vergleichsabb. 1). Ein weiteres Bildnis aus Elise Stöhrs Nachlaß zeigt ihren Bruder weitaus jünger, es wurde von J. G. Schlesinger (Inv. 312, Vergleichsabb. 2) gemalt. Sie selbst hatte sich von Caspar Schneider als junge Frau porträtieren lassen. Dieses Bildnis wurde der Stadt Mainz durch den Arzt Dr. Karl Gassner (1822–1895) anläßlich ihres Todes 1873 geschenkt und kam somit gleichzeitig mit ihrer Stiftung in die städtische Gemäldegalerie.

Die finanzielle Grundlage für Elise Stöhrs Kunstsammlung war wohl die Tätigkeit ihres Gatten, des Kaufmannes Georg Friedrich Stöhr (1779–1853). Da seine Geschäfte offensichtlich sehr gut gingen, konnte sich seine angetraute Frau den Musen zuwenden. Ihr Interesse galt vor allem der Malerei. Von den Motiven liebte sie, nach deren Dominanz innerhalb ihrer Sammlung zu urteilen, wohl die Landschaften am meisten. Im Vergleich hierzu sind Stilleben und Tierstücke seltener, daneben finden sich wenige religiöse Motive, z. B. „David und Goliath" von Frans Francken II., „Judith und Holofernes" von Leonaert Bramer, eine „Madonna im Blumenkranz" von Seghers sowie drei kleine Gemälde von Seekatz: „Josef und Potiphars Weib", „Juden steinigen den Heiland", „Christus und die Ehebrecherin". Darüber hinaus verzeichnet ihr „Vermächtnis" mythologische Szenen, so einen „Amor, einen Löwen zähmend" von Roos, einen Boucher „Die Wahrheit entlarvt die Lüge", eine „Juno, den Herkules pflegend" (das Bild wurde später nach Nürnberg verkauft) sowie einen „Arion, der in das Meer stürzt".

Daß sie ein gutes Qualitätsurteil besaß, beweisen die eben aufgeführten Autoren ihrer religiösen Bilder, zu welchen sich berühmte Namen von Malern ihrer Landschaften und Stilleben wie Joos de Momper, Jan Brueghel, Herman Saftleven, Jan Fyt, Matthias Withoos, Ferdinand Kobell oder Justus Juncker hinzufügen lassen.

So ist es denkbar, daß Schneider bei dem Bildnis, das er von Elise Stöhr anfertigte, den Kunstverstand seiner Auftraggeberin berücksichtigte und sein Bestes gab.

Schneider hatte sich in seinem Porträt-Stil allmählich von der noch am Ende des 18. Jahrhunderts vorherrschenden Spätrokoko-Malerei in der Art der Tischbeins abgewandt und um das erste Jahrzehnt des neuen Jahrhunderts vollkommen dem aus Frankreich in die Mainzer Republik einströmenden Klassizismus Davids geöffnet.

So erinnert das Porträt Elise Stöhrs an ein 1804 gemaltes Bildnis, auf dem David Suzanne de Peletier de Saint Fargeau darstellte (Vergleichsabb. 3). Nicht nur der Farbklang, auch modische Frisur und Kleidung schaffen verblüffende Parallelen zu Schneiders Bildnis der Frau Stöhr. Wo David aber die räumliche Entfernung zwischen Maler bzw. Betrachter und der Porträtierten auf ein Minimum reduzierte und dadurch eine kühne Privatheit und Intimität schaffte, rückte Schneider dem Modell weniger nah und wahrte dadurch die psychologisch und gesellschaftlich vorgegebene und verlangte Distanz.

Elise Stöhr erscheint nach seiner Sicht als keineswegs landläufig schöne Frau, mit ihren unterschiedlich großen Augen und der langen Nase, die durch nach unten fallende

1 J. C. Schneider, Bildnis des Herrn Schmutz, Bruder der Frau Elise Stöhr, als holländischer Marineoffizier, um 1820, Öl/Lwd., Landesmuseum Mainz, Inv. Nr. 313

2 J. G. Schlesinger, Bildnis des Herrn Schmutz, Bruder der Frau Elise Stöhr, in jungen Jahren, 1805, Öl/Lwd., Landesmuseum Mainz, Inv. Nr. 312

3 Jacques-Louis David, Porträt der Suzanne le Peletier de Saint-Fargeau, 1804, Öl/Lwd., Privatbesitz

Schatten noch betont wird. Dennoch wirkt Frau Stöhr, kerzengerade aufgerichtet vor dem dunklen Hintergrund, vornehm. Der kostbare Pelz um ihre Schultern, der ihren gelben Mantel säumt und ihr weißes Kleid freigibt, nimmt den Ton ihres schwarzen, aufgesteckten Haares auf. Unter den großen, schweren, strengen und schwarzen Augenbrauen, die von über der Stirn kapriziös, aber sorgfältig angeordneten Kringellöckchen betont werden, geht Elises Blick freundlich, aber abwartend zum Gegenüber. Ein sanftes Lächeln ziert ihren herzförmigen Mund, unter dem ein langes Kinn die Physiognomie einer etwa dreißigjährigen Frau zusammenfaßt, die mit Energie und Sicherheit während eines langen Lebens Kunstschätze erwerben sollte. Elise Stöhr sammelte nicht mit spekulativen Absichten, ebensowenig kam es ihr darauf an, ihr Erbe der Verwandtschaft zu deren finanzieller Nutzung zu überlassen. Sie vermachte ihre Gemäldesammlung der städtischen Galerie zu Mainz und übergab sie damit dauerhaft der Öffentlichkeit. Eine schöne Geste, die ganz im Sinne der republikanischen Idee von Volksdemokratie stand, die wohl die Erziehung des im Zeichen der Französischen Revolution aufgewachsenen Mädchens mitbestimmt haben mag.

S.P.

Caspar Schneider

34 Flußlandschaft
1811

Öl/Lwd., 53,3 x 69,7 cm
Bez. l. u. d. Mitte: „C. Schneider 1811"
Provenienz: Vermächtnis Elise Stöhr, Mainz, 1873.

Landesmuseum Mainz, Inv. Nr. 364

Lit.: Verzeichnis Mainz 1898, S. 27, Kat. Nr. 364; Neugarten 1922, S. 27, WV-Nr. 73; Thieme-Becker, Bd. 30, 1936, S. 196.

Die als Pendant zu einem Bild im Landesmuseum Mainz (Inv. Nr. 363, Vergleichsabb.) angelegte Ideallandschaft zeigt im Gegensinn auf der rechten Bildseite ein bewaldetes Felsmassiv, aus dem ein Wasserfall entspringt. Ein Baum führt als Repoussoir in die Tiefe. Der Betrachter blickt von einem leicht erhöhten Standort in ein weites, gewundenes Flußtal. Der entfernt am Ufer liegende Ort ist nicht eindeutig topographisch zu bestimmen; es könnte sich um Hirzenach handeln. In einer Bucht im Vordergrund haben mehrere Kähne und Transportschiffe angelegt, auf die gerade Fässer geladen werden. Staffagefiguren befinden sich auf einem sonnenbeschienenen Weg am rechten Ufer: Ein von Pferden gezogener Planwagen mit einer Familie fährt dem Betrachter entgegen, daneben eine Familie mit Bündeln und Kisten.

Die Flußlandschaft gibt den Charakter des Rheintals wieder, ohne auf eine bestimmte topographische Situation Bezug zu nehmen. Das additive Zusammenfügen einzelner Elemente zu einem Phantasieprospekt erinnert an Herman Saftleven (Kat. Nr. 1), wobei nicht nur im Stil, sondern auch im Kolorit eine Annäherung an die niederländische Malerei des 17. Jahrhunderts nicht zu übersehen ist. Das Genre der idealisierten Rheinlandschaften war richtungsweisend für eine Reihe von Malern des späten 18. Jahrhunderts, z. B. für Christian Georg Schütz d. Ä., der maßgeblich auf Schneider gewirkt hat.[1] (Vgl. Kat. Nrn. 5, 6).
S.M.

[1] Patricia Stahl in: Ausst. Kat. Koblenz 1992, S. 195 ff.

Caspar Schneider, Flußlandschaft, 1811, Öl/Lwd. Landesmuseum Mainz, Inv. Nr. 363

Caspar Schneider

35 Mainz von Süden
1815

Öl/Lwd., 72 x 98 cm
Bez. r. u. auf einem Stein: „C. Schneider 1815"

Privatbesitz Frankfurt a. M.

Mehrfach hat Caspar Schneider Ansichten der Stadt Mainz aus verschiedenen Richtungen gemalt. Die vorliegende Vedute gibt Mainz von Süden wieder, wobei der Betrachter den Standort auf dem Gelände der ehemaligen „Favorite" einnimmt. Von der unter dem Mainzer Kurfürsten Lothar Franz von Schönborn um 1700/20 errichteten und 1793 durch die Franzosen zerstörten Schloßanlage sind nur noch Ruinen zu sehen. Dahinter erstrekken sich die Mauern der Befestigungsanlage. Zentrum des Bildes ist der in die Tiefe führende Rhein, den mehrere Schiffe, darunter eines mit holländischer Flagge, befahren. Im Verlauf des Flusses ist die alte Schiffbrücke zu erkennen, die Mainz mit dem Kasteler Ufer verband, sowie dahinter die im Fluß verankerten Schiffsmühlen. Mit akribischer Genauigkeit charakterisiert Schneider die durch zahlreiche Kirchtürme (St. Stephan, Dom mit den zerstörten Ostteilen, St. Emmeran und St. Peter) bestimmte Silhouette von Mainz. Im Hintergrund, am Fuße des Rheingaus, wird das Biebricher Schloß sichtbar.

Schneider verbindet die exakte Wiedergabe topographischer und architektonischer Details mit einer idealisierten Darstellung. Dies wird besonders deutlich bei der frei hinzugefügten Staffage, die Mitglieder verschiedener gesellschaftlicher Schichten vereint. Im Vordergrund genießt ein bürgerliches Paar von der erhöhten Uferbefestigung aus den Blick über den Fluß. Antithetisch gegenübergestellt ist das von den Pastorallandschaften übernommene Motiv des bei seiner Herde ruhenden Hirten. Daneben gibt es eine große Anzahl miniaturhafter, typisierter Figürchen, die erzählerisch das Alltagsleben nahe der Stadt verdeutlichen. Da sind die Müßiggänger, die am Rheinufer spazierengehen, herrschaftliche Kutschen, Reiter, Wäscherinnen, die große Wäschestücke auf der Wiese bleichen, badende Knaben sowie die zahlreichen Figürchen auf den Schiffen.

Als Vorbild derartiger Stadtprospekte sind die Frankfurtansichten von Christian Georg Schütz d. Ä. zu nennen, die ebenfalls eine Synthese aus Phantasielandschaft und Vedute darstellen.[1] Bereits 1810 hatte Schneider eine fast identische Ansicht gemalt, wobei hier die Stadtsilhouette näher an das Blickfeld des Betrachters herangerückt ist (ehemals Privatbesitz). Eine Gouache im Hessischen Landesmuseum Darmstadt, ebenfalls 1815 datiert, gibt das identische Motiv wieder (Vergleichsabb.). Offensichtlich den Wünschen seiner Auftraggeber entsprechend, hat Schneider das Motiv nochmals in einer Gouache von 1821 wiederholt (Kat. Nr. 89). Das Pendant dazu ist die Gouache mit der Mainzansicht von Norden (Kat. Nrn. 87, 88). Nach den Bildvorlagen von 1815 schuf Schneiders Schüler Franz Ludwig Graf von Kesselstatt 1817 zwei nahezu identische Stadtansichten.[2]   S.M.

1 Vgl. K. Wettengl in: Ausst. Kat. Frankfurt 1992, S. 8 ff.
2 Ausst. Kat. Mainz 1995, S. 399, Kat. Nr. 210.

Caspar Schneider,
Mainz von Süden,
1815, Gouache,
Hessisches
Landesmuseum
Darmstadt,
Inv. Nr. Hz 370

Caspar Schneider

36 Ideale Rheinlandschaft mit Blick
    auf Rüdesheim
    1819

Öl/Holz, 37 x 51 cm
Bez. r. u.: „C. Schneider 1819"

Privatbesitz Frankfurt a. M.

Pendant zu Kat. Nr. 37.
Die beiden motivischen Gegenstücke von 1819 sind noch ganz im Stil der Ideallandschaften von 1809 komponiert (Kat. Nrn. 31, 32). Kennzeichnend ist der hohe Betrachterstandort, von dem der Blick auf ein Felsplateau fällt. Mit akribischer Genauigkeit werden Vegetation und Bäume im Vordergrund geschildert. Dominierender Blickfang ist der Baum, der als Repoussoir in die Tiefe leitet und in dessen Schatten ein Hirt mit seiner Herde lagert. Als seitliche Rahmung auf der linken Seite dient ein bewaldeter Bergrücken mit mächtiger Burgruine (Burg Klopp?). Auf der gegenüberliegenden Seite erstreckt sich weit in die Tiefe das Rheintal mit der Ansicht von Rüdesheim, charakterisiert durch den Adlerturm und die Pfarrkirche St. Jakob.

S.M

37 Ideale Rheinlandschaft mit Blick
auf Boppard (?)
1819

Öl/Holz, 37 x 51 cm
Bez. l. u.: „C. Schneider 1819"

Privatbesitz Frankfurt a. M.

Pendant zu Kat. Nr. 36.
In nahezu identischer Kompositionsform wie Kat. Nr. 36, nur im Gegensinn angeordnet, befindet sich der baumbestandene Felsen mit bekrönender Burganlage diesmal auf der rechten Seite. Auch der Baum, in dessen Schatten sich eine Hirtenfamilie mit zwei Kindern niedergelassen hat, ist aus der Bildmitte nach rechts verlagert. Zu Füßen des Felsens sammelt sich das Wasser eines Gebirgswasserfalls in einem kleinen See.

Eine Herde wird von der Anhöhe herabgetrieben. Im Hintergrund fällt der Blick auf das sich in die Tiefe ausdehnende Flußtal. Bei der schemenhaft am fernen Ufer auftauchenden Stadtsilhouette mit der zweitürmigen Kirche könnte es sich um eine Ansicht von Boppard handeln (?). Charakteristisch für beide Bilder ist wiederum die Verknüpfung topographischer Motive mit idealen Landschaftselementen. S.M.

Caspar Schneider

38 Christus am Kreuz
1819

Öl/Lwd., 80 x 53 cm
Bez. r. u.: „C. Schneider 1819"
Provenienz: erworben aus Privatbesitz (1946?).

Landesmuseum Mainz, Inv. Nr. 1478

Lit.: Neugarten 1922, S. 20, WV-Nr. 163.

Die Darstellung von Christus am Kreuz gehört zu einer kleinen Gruppe religiöser Bilder, die sich in Stil und Themenwahl nur schwer in das Œuvre Caspar Schneiders einbinden lassen. E. Neugarten führt in ihrem Werkverzeichnis lediglich vier Bilder religiösen Inhalts auf.[1]

Das auf felsigem Boden aufgerichtete Kreuz Christi bestimmt die Mittelachse des Bildes und ist frontal dem Betrachter zugewandt. Der Gekreuzigte, im Typus des „christo vivo", hebt das dornengekrönte Haupt empor und blickt hilfesuchend gen Himmel. Der mit drei Nägeln ans Kreuz geschlagene Körper ist nicht durch Wunden entstellt und zeigt sich in klassischer, unzerstörter Schönheit. Am oberen Ende des Kreuzesstammes ist ein Zettel mit der Aufschrift „Jesus Nazarenus Rex Judaeorum" angebracht. Der Hintergrund ist durch eine aus Pyramide und römischen Gebäuden bestehende Architekturkulisse charakterisiert. Die effektvolle Lichtführung und die dramatische Wolkenbildung nehmen Bezug auf das Geschehen.

Während Schneider bei seinen Landschaftsbildern und Porträts trotz der Verarbeitung vielfältiger Einflüsse immer zu eigenständigen Leistungen fand, treten bei den religiösen Themen die Grenzen seiner künstlerischen Leistung deutlich zutage. Nikolaus Müller erwähnt in seiner Besprechung der Kunstausstellung von 1823 einen „Christus am Kreuze", bei dem es sich mit großer Wahrscheinlichkeit um das hier vorliegende Bild handelt: „Ein gutes Andachtsbild. Das Gesicht zeigt edle, erbauende Leidenszüge. Das Ganze ist eine Kopie nach dem Original eines Meisters, dem alle Erudition mangelt, wenigstens hat er den Lipsius de Cruce nicht gelesen. Das Schaamtuch hält er künstlich ohne Verschlingung, die Füße sind durch einen Nagel übereinander gebohrt, auch das Subsellium crucis fehlt, und der Anschlagezeddel ist nicht, wie es die Heil. Schrift verlangt und schon Rubens geleistet hat, in dreifacher Schrift gegeben. Sonst richtige Körperzeichnung, die Färbung zu weich und kraftlos."[2]

Eindeutig hat Schneider hier nach Vorlagen gearbeitet. Schon Neugarten, die dieses Bild als „unpersönlich und konventionell" charakterisierte und von „einer süßlichen Frömmigkeit ... ohne irgendeine Eigenart" sprach,[3] sah die Quellen dieser Kreuzigungsdarstellung in der flämischen Malerei des 17. Jahrhunderts, etwa bei van Dyck. Neben der Übernahme tradierter ikonographischer Darstellungsweisen lassen sich die Kruzifixe Caspar Schneiders stilistisch mit Vorbildern der italienischen Malerei in Verbindung bringen. Da ist z. B. das Hochaltargemälde von Guido Reni in der Kirche S. Lorenzo in

1 Pierre Landry nach Simon Vouet, Christus am Kreuz, Paris, Bibliothèque nationale, Département des Estampes, Reproduktion aus S. Loire, Simon Vouet, Paris 1992, S. 520, Abb. 15

2 Christus am Kreuz, Altarbild eines Schweißtuchaltares aus St. Emmeran, 1807, Mainz, Bischöfliches Dom- und Diözesanmuseum

Lucina in Rom, das in der Komposition und Aufteilung des Bildraums, dem niedrig gelegten Horizont mit der idealisierenden Architekturstaffage vorbildhaft auf spätere Darstellungen gewirkt hat.⁴ Renis Werke waren durch Reproduktionsstiche hinreichend bekannt.⁵ Parallelen ergeben sich auch zu Simon Vouet, der mehrfach das Thema des Gekreuzigten aufgegriffen hat. „Ein Kruzifix, welches Engel umschweben" von Vouet befand sich in der Gemäldesammlung des Grafen Eltz.⁶ Schneider könnte hier zum ersten Mal mit der pathetischen, emotionalen Darstellungsweise des Gekreuzigten in Berührung gekommen sein. Vouets Werke waren ebenfalls durch Stiche weit verbreitet; so könnte der Stich von Pierre Landry nach Simon Vouet Schneider als Vorbild gedient haben (Vergleichsabb. 1).

Bereits 1807 hatte er sich in einem großformatigen Altargemälde mit dem Thema beschäftigt. Er schuf einen Christus am Kreuz vor Landschaftshintergrund für einen Altar in St. Emmeran, Mainz, in dem die Reliquie des Schweißtuches Christi aufbewahrt wurde.⁷ Der Altar befindet sich heute im Mainzer Dom- und Diözesanmuseum (Vergleichsabb. 2). In seiner Mainztopographie von 1829 schreibt Heinrich Brühl zu dem Altar: „(...) den Hochaltar zieren (...) zwei werthvolle Gemälde. Das Erste, die Kreuzigung Christi, ist von der Meisterhand unsers sehr geachteten Mitbürgers, Herrn Caspar Schneider, der durch dieses Vermächtnis einen Beweiß von seiner Religiosität gegeben hat (...)"⁸

Noch einmal befaßte sich Schneider in seinem Spätwerk mit dem Thema der Kreuzigung, doch das 1833 datierte Werk (Landesmuseum Mainz, Inv. Nr. 1031) greift in nahezu unveränderter Form auf die Fassung von 1819 zurück. S.M.

1 Neugarten 1922, S. 32, WV-Nrn. 160–163.
2 Müller 1825, S. 11 f., Nr. 7.
3 Neugarten 1922, S. 20.
4 Abb. in U. V. Fischer Pace, Kunstdenkmäler in Rom, Bd. 1, Darmstadt 1988, Abb. 155.
5 Ausst. Kat. Guido Reni und der Reproduktionsstich, Graphische Sammlung Albertina Wien, Stuttgart 1988.
6 Verzeichnis der Gemälde-Sammlung Sr. Exzellenz des verstorbenen Herrn Grafen von Eltz, in: Veit 1924, S. 164, Nr. 407.
7 Mainzer Journal 1874, Nr. 115; Mainzer Journal 1900, Nr. 87; Neugarten 1922, S. 20 und S. 32, Nr. 161.
8 H. Brühl, Mainz geschichtlich, topographisch und malerisch, Mainz 1829 (unveränderter Nachdruck 1997), S. 296.

39 Bildnis des Mathematikprofessors
    Dr. Matthias Metternich
    (Steinefrenz 1747–1825 Mainz)
    Um 1810/20

Öl/Lwd., 68 x 53,5 cm
Unbez.

Privatbesitz, Mainz

Lit.: Neugarten 1922, S. 31, WV-Nr. 152; H. Mathy, Die Universität Mainz 1477 bis 1977, Mainz 1977, Taf. 99, 100, S. 243; Ausst. Kat. Freiheit, Gleichheit, Brüderlichkeit, 200 Jahre Französische Revolution in Deutschland, Nürnberg 1989, S. 348, Nr. 182; Ausst. Kat. Mainz 1993, S. 296, Nr. 167, Abb. S. 297; Die Mainzer Republik, Der Rheinisch-Deutsche Nationalkonvent, Hg. Landtag Rheinland-Pfalz, Mainz 1993, S.169 (Abb.).

Als Naturwissenschaftler unbedingt den Ideen der Aufklärung verbunden, hatte sich Metternich sehr früh für die Französische Revolution begeistert. Er war nachweisbar Mitglied der Mainzer Freimaurer und engste Führungspersönlichkeit des Illuminatenordens unter dem Pseudonym „Thuisco". Schon vor dem Einmarsch des französischen Revolutionsheeres war er 1792/93 ein wichtiges Gründungsmitglied des Mainzer Jakobinerclubs und zweimal dessen Präsident. Später war er Vizepräsident des Rheinisch-Deutschen Nationalkonvents. Er gab die Zeitschrift „Der Bürgerfreund" heraus, mit der die Anhänger der Französischen Revolution die Landbevölkerung agitierten. Nach Abzug der Franzosen aus Mainz geriet er in preußische Gefangenschaft, wurde aber 1795 ausgetauscht. Er begab sich sofort wieder auf linksrheinisches Gebiet und schloß sich der cisrhenanischen Bewegung an. 1797 richtete er einen Aufruf an die linksrheinische Bevölkerung, und in Bingen gab er die Zeitschrift „Politische Unterhaltungen am linken Rheinufer" heraus. Als Mainz im Januar 1798 erneut von den Franzosen besetzt wurde, kehrte er dahin zurück. Ab 1799 hatte er das Amt eines Professors an der Zentralschule inne.

Vom sprühenden Geist eines revolutionären Feuerkopfes ist in dem Porträt, das Schneider malte, nichts zu spüren. Metternich hat in diesem Bildnis sein 50. Lebensjahr wohl lange überschritten, sein mit Grau durchsetztes Haar bedeckt in dicken, lockigen Strähnen den Schädel. Unter der hohen Stirn sind die Brauen grüblerisch zusammengezogen, die blauen Augen sehen abschätzend und distanziert auf ihr Gegenüber. Von den Nasenflügeln, dem leicht geöffneten Mund und dem Kinn ziehen Falten stark nach unten, das Doppelkinn verschwindet im hochgestellten Kragen. Die Gesichtsfarbe ist von starken Unterschieden geprägt, der Kontrast zwischen dem Rot der Wangen und der weißen Blässe unter den Augen betont dieselben und zieht die Aufmerksamkeit auf die hell beleuchtete Stirn des Professors. Schneider, ein guter Beobachter, konzentrierte hier alles Licht des Bildes und gab, ganz der alten Tradition folgend, Metternich damit den geistigen Rang, der ihm aufgrund seiner Lebensgeschichte und seiner politischen Funktionen zukam. Zugleich schilderte Schneider in diesem Bildnis einen Menschen, der durch die Ereignisse, deren Zeuge er war, in vielen Hoffnungen enttäuscht wurde und deshalb seiner Umwelt nur noch mit kritischer Zurückhaltung gegenübertritt.   S.P.

Caspar Schneider

40 Bildnis des Mainzer Geschichtsschreibers Karl Anton Schaab (1761–1855)
1820

Öl/Lwd., 105 x 88 cm
Bez. r. u.: „C. Schneider 1820"
Provenienz: Geschenk Frau Justizrat Dr. Lambinet u. Dr. Karl Lambinet, 1919.

Landesmuseum Mainz, Inv. Nr. 889

Lit.: Schaab 1839, Nr. 79/80; Neugarten 1922, S. 30, WV-Nr. 136 a; Ausst. Kat. Mainz 1982, S. 77, Nr. 84; Wolfgang Dobras, Karl Anton Schaab (1761–1855) – ein Historiker der Aufklärung im bürgerlichen Zeitalter, in: Mz. Zs. 89, 1994, S. 145–56.

Schaab entstammte einer aus Ostpreußen eingewanderten Familie von Barbieren und stieg über sein Jurastudium zum Staatsbeamten auf. Sein Großvater, Bartscherer und Chirurg, hatte Felder um Mainz herum erworben, ein Haus in der Mittleren Bleiche (Nr. 34) erbaut und Vermögen angesammelt. Der Vater hatte in die in Mainz ansässige italienische Kaufmannsfamilie Vicari eingeheiratet und starb früh.

Schaab wurde im Haus seines Großvaters geboren, besuchte das Gymnasium in Mainz und nahm 1781 das Jurastudium an der Mainzer Universität auf. Als er 1775 das juristische Examen abgelegt hatte, beschloß er, nach Göttingen zu gehen, um dort noch ein Geschichtsstudium zu absolvieren. 1786, wieder in Mainz, promovierte er zum „Doktor beider Rechte". Seine Dissertation hatte er, vielleicht nicht ohne Absicht, dem amtierenden Kurfürsten Erthal gewidmet. So wurde er Beisitzer der juristischen Fakultät der Universität, Advokat am Mainzer Hofgericht und zusätzlich 1790 Kriegsgerichtsrat in Gymnich. Trotz mehrmals wechselnder Machtverhältnisse in Mainz zwischen Franzosen, Preußen, Fürstbischof, Napoleon und dem hessischen Großherzog gelang es Schaab immer, sich mit der jeweiligen Obrigkeit zu arrangieren. Lediglich als er 1793 den Konstitutionseid leisten sollte, flüchtete er mit seiner Mutter aus Mainz, kehrte jedoch alsbald zurück, die Sicherung seines Mainzer Besitzes im Sinne. Er entwickelte sich sogar zum Sympathisanten der französischen Herrschaft, hielt sich aber fern vom Jakobinertum. 1803 wurde er von Napoleon zum Sicherheitsbeamten des Bezirks Mainz ernannt, Schaab war extra nach Paris gereist, um sich diesen Posten zu verschaffen. Er machte also eine glänzende Karriere. Er war Friedensrichter, Kreisrichter und Vicepräsident des Kreisgerichtes. 1837 zählte er mit 129 Gulden zum höchstbesteuerten Bürger von Mainz, seine Kinder verheiratete er „standesgemäß", seine gesellschaftliche Stellung war bedeutend.

Nebenher hatte Schaab quellenkritische Forschung betrieben, eine umfangreiche und wohl die umfassendste Bibliothek zur Geschichte der Stadt Mainz zusammengetragen, und er besaß trotz seiner beruflichen Tätigkeit mehrere tausend Abschriften von Urkunden und Archivalien, die ihm wichtig waren. Zu schreiben fing er erst an, als er bereits über 60 Jahre alt war. 94jährig publizierte er sein letztes Werk, das er der Geschichte der Mainzer Juden widmete.

Da die Signatur des Bildes authentisch ist, porträtierte Schneider Schaab, als er 59 Jahre alt war. Der großherzoglich-hessische Ludwigsorden, den Schaab trägt, wurde ihm erst 1832 verliehen und nachträglich aufgemalt. Eine alte Kopie des Gemäldes zeigt statt der Schriftstücke und juristischen Bücher links im Bild Schaabs Werk über Gutenberg und die Erfindung der Buchdruckerkunst (erschienen 1830/31). Diese ruinierte und weitgehend übermalte Kopie weist Härten im Malerischen und Unstimmigkeiten in den Proportionen und der Perspektive auf (Vergleichsabb.). Möglicherweise stammt sie, wenn überhaupt von einem der Schneiders, von Georg. Allerdings sind von diesem wenige Bildnisse bekannt, man weiß jedoch, daß er Gemälde des Bruders kopierte. Das Original zeigt uns einen freundlich dreinblickenden, sich seiner Bedeutung bewußten, eleganten Schaab, der die Rechte nach Napoleons Art in sein Jackett schiebt. Damit betont er den später verliehenen und nachträglich aufgemalten Orden, als sei in dem Bild von Anfang an ein Platz für die erwartete, zukünftige Ehrung berechnet worden, die dann, als sie erfolgte, hinzugefügt wurde und nun völlig selbstverständlich wirkt. Die

Kopie nach Schneider, Bildnis des K. A. Schaab, nach 1831, Öl/Lwd., 102 x 86 cm, Landesmuseum Mainz, Dauerleihgabe der Universität Mainz

biedermeierlich-bescheiden wirkende Malweise des Gemäldes und Schneiders spürbare Sympathie für den Dargestellten dürfen nicht darüber hinwegtäuschen, daß Schaab, dem man Eitelkeit bescheinigte (Dobras), durchaus solche vorausplanenden Absichten zuzutrauen sind. In seinem Nachruf auf den gerade verstorbenen Künstler schrieb Schaab in den Mainzer Unterhaltungsblättern am 20./21. März 1859 bezüglich seines eigenen Bildnisses, nicht ohne jene behauptete Eitelkeit: „Von letzterem sagt ein kompetenter Richter, Nic. Müller, in dem hiesigen Vereinsblatt Nr. 4 vom Februar 1825: »Wäre unser hochgeachteter Landsmann Kaspar Schneider, auf zwei Pfaden von Klio erfaßt, nicht längst schon ihrem Tempel zugeführet, dieses Bild allein würde ihn verewigen«."

S.P.

41   Selbstbildnis des Caspar Schneider
    Um 1825/30

Öl/Silberplatte, mit Holz hinterlegt, 26 x 20,5 cm
Bez. r. u.: „C. Schneider"

Privatbesitz

Lit.: Mainzer Warte Nr. 23, 1929, 8. Juni.

Mehrere Selbstbildnisse Schneiders sind belegt, deren Verbleib im Moment unbekannt ist. Das hier vorliegende wiederum war seiner ersten Biographin, Elsa Neugarten, nicht bekannt. Es zeigt uns den Künstler, der die 70 wohl bereits überschritten hat. Einige von Neugartens scharfen, unnachsichtigen und fast bösen Bemerkungen zu einem etwa 30 Jahre früher zu datierenden Selbstbildnis Schneiders (vgl. Abb. S. 11), des einzigen, das sie kannte, sind es wert, noch heute gelesen zu werden. Sie beschreibt: „Die Haltung ist steif und ungelenkig. Der ... Arm klebt förmlich am Leibe. Die Hand ist unfein im Ansatz; ihr Kontur ist flüchtig behandelt und das Fleisch unanatomisch gefühlt. Anders das Gesicht. Da ist die Struktur fester und die Modellierung sicherer. Das Faltige der Haut in Stirn und Wangen ist gewußter. Außer dieser sorgfältigen Behandlung der Epidermis legt er den Hauptakzent auf die Behandlung der Haare. ... Er gibt sie ganz besonders fein und seidig mit grauen Glanzlichtern darinnen. Auf die Tracht als solche ist Wert gelegt. Er ist in seinem Sonntagsrock, nicht im Malerkittel. ... Zu seinen guten Werken zählt dieses Selbstporträt nicht. Dazu fehlt es ihm zu sehr an Geist und Temperament. ... Das Selbstbildnis ... zeigt ihn nicht nur als Künstler – dem Werk gegenüber als der Schöpfer –, sondern auch als Mensch – als Objekt des Werkes – als einfache und schlichte Natur, ohne gewaltige Ausdrucksfähigkeit des Gemüts und Temperaments. So wie das graublaue Auge hier kühl und bestimmt, aber ohne sprühendes Feuer ... uns aus dem etwas verkniffenen Gesicht anschaut, charakterisiert es den Meister und sein Werk."[1]

Obgleich sich Neugarten auf ein anderes Selbstbildnis bezog, treffen ihre Bemerkungen für dieses Bildnis teilweise auch zu. Anders als Neugarten sehen wir in Schneiders Blick auf sich selbst hier aber durchaus einen Hinweis auf sein Gemüt und Temperament. Natürlich gibt er in seiner realistischen Einschätzung seiner Fähigkeiten nicht das Abbild eines Genies wieder, sondern eher das eines scheinbar biederen Alten, in dessen Gesichtszügen sich eigenbrötlerisches Mißtrauen und koboldiger Witz zu einem Sarkasmus besonderer Ausprägung vereinen. Schneider malte sich hier als den Kauz, dem die Mainzer Gesellschaft seine Schrullen und verblüffenden Verschrobenheiten humorvoll nachsah, weil sie seine Kunst, die „Wahrheit" zu sehen und abzubilden, schätzte.

S. P.

[1] Neugarten 1922, S. 19 f.

Caspar Schneider

42   Franz Ludwig Hyazinth Xaver
Willibald Maria Reichsgraf von
Kesselstatt
(1753–1841)
1823

Öl/Holz, 20 x 16 cm
Bez. Rücks.: „Dem Freunde gewidmet von
Caspar Schneider".
Provenienz: Geschenk von Commerzienrat M. M.
Mayer und Roselie Mayer, 1920.

Landesmuseum Mainz, Inv. Nr. 899

Lit.: Neugarten 1922, WV-Nr. 138; Verzeichnis
Mainz 1925, S. 29, Nr. 314 c; Landschulz 1977, S. 57.

Im Alter von sieben Jahren wurde der kleine Franz Ludwig 1760 in Mainz als Domicellar aufgenommen. Von 1770–1774 studierte er Rechtsgeschichte und Finanzwissenschaften in Wien. Anschließend ging er nach Nancy und Straßburg. Im Alter von 25 Jahren wurde er am 25.5.1778 Dom-Kapitular des Mainzer Erzstiftes. 1814/15 gehörte er der Mainzer Delegation beim Wiener Kongreß an. Als er 1841 starb, war er der letzte Dom-Kapitular des Erzstiftes zu Mainz.

Als Kunstliebhaber ließ sich Kesselstatt selbst in der Zeichnung, im Aquarellieren und in der Ölmalerei ausbilden, er war Schüler von Caspar Schneider und Jakob Hoch (Mainz 1750–1829 Mainz), der an der Mainzer Bau- und Zeichnungsakademie lehrte. Mit beiden verband ihn eine lebenslange Freundschaft.

Graf Kesselstatt wurde berühmt für seine Mainzer Stadtansichten, die im wesentlichen stadtgeschichtliche Bedeutung haben. Er ließ sie häufig von seinen Freunden Schneider und Hoch aquarellieren. Nach der Revolution schuf der Graf Veduten eines intakten Mainz, das in Wahrheit stark beschädigt war. Solche Erinnerungsbilder erfreuten sich großer Nachfrage. Der Graf ließ sie deshalb als Druckgraphiken vervielfältigen, dann ließ er diese kolorieren, um sie endlich an Kunstfreunde verteilen zu lassen.

Unser Bildnis trägt die Widmung Schneiders an den dilettierenden Freund, der sich außerdem in Mainz als Kunstsammler und Mäzen hervortat. So stellte er seine stattliche Kunstsammlung den Malerfreunden zu Studienzwecken zur Verfügung, und da er vermögend war, unterstützte er arme Maler auch finanziell. Goethe besuchte seine Galerie mit Sulpiz Boisserée im August 1815.

Das bescheidene kleine Porträt zeigt den Grafen im schlichten braunen Bürgerrock, den ein Orden an einer roten Schleife ziert. Auffällig im Gesicht Kesselstadts sind die Augen, die nur unter den Schlitzen der halb gesenkten Lider hervorsehen. Den schmallippigen Mund umspielt kaum merklich ein Lächeln. Die Brauen liegen verschieden hoch und lenken den Blick zu der von Falten durchquerten, aber erleuchteten Stirn. Die grauen Haare sind mit feinen weißen Strichen in ihrem Silberton getroffen. Schneider stellt uns den Freund in seinem unscheinbaren Äußeren vor, läßt aber Kesselstatts Geist und Humor in seinem Antlitz spürbar werden.

Eine Kopie unseres Gemäldes befindet sich in Mainzer Privatbesitz, weitere Porträts des Grafen stammen von Georg Kneipp (1823, verschollen), Heinrich Franz Schalck (Landesmuseum Mainz, Inv. Nr. GS 0/2582) und Victor Chailly, der ihn in seiner Galerie sitzend malte (Vergleichsabb.). Ganz ähnlich wie Schneider stellte auch der Mainzer Maler Philipp Kieffer den Grafen dar (Landesmuseum Mainz, Inv. Nr. 945). S.P.

Victor Chailly, Graf Kesselstatt in seiner Galerie, 1830, Öl/Holz, 19 x 27 cm, Landesmuseum Mainz, Inv. Nr. 1203.

Caspar Schneider

43 Gruppenbild Familie Johann Friedrich Memminger
Um 1830

Öl/Lwd., 69 x 92 cm
Unbez.
Provenienz: Nachlaß Carl Vogt, Mainz, 1965.

Landesmuseum Mainz, Inv. Nr. 923

Lit.: Neugarten 1922, S. 198 f., WV-Nr. 159; Zehn Jahre Neuerwerbungen, Berthold Roland zum Abschied, Mainz 1993, S. 50 f.; Ausst. Kat. Mainz 1993, S. 402, Kat. Nr. 212.

Dargestellt ist der Mainzer Handelsherr Johann Friedrich Memminger (1788–1855) mit seiner Frau Ottilia Margaretha, geb. Lennig (1791–1842), zusammen mit sechs Kindern. Sie hatten im September 1812 geheiratet.

Schneider reiht die Familienmitglieder ganz unprätentiös nebeneinander auf. Das brachte ihm die Kritik ein, kein geeigneter Maler für Gruppenbildnisse zu sein (E. Neugarten). Der Vater steht ganz rechts im Bild, in schlichtes bürgerliches Braun gekleidet. Kaufmann Memminger stützt sich lässig mit dem Ellbogen auf der Lehne des Stuhls ab, auf dem seine Frau sitzt. Die Proportionen, vor allem die Stellung seiner Beine, sind nicht ganz bewältigt. Dagegen wurde der Kopf gut herausgearbeitet. Um die Position des Familienoberhauptes zu betonen, wächst hinter dessen Rücken ein mächtiger Baum – nach Geäst und Laub zu urteilen, eine Eiche – in den Himmel. Gegen den Horizont erhebt sich das Gartenhaus. Neben Memminger sitzt seine Gattin, die eine ihrer Töchter an sich heranzieht. Beide tragen helle Kleidung, ebenso die älteste Tochter, die aufrecht in der Bildmitte steht und ihren kleinsten Bruder an der Hand führt. Ihr hellroter, um die Schultern liegender Schal belebt allein die sonst sehr zurückhaltende Farbigkeit des Gemäldes. Links vom Jüngsten bilden seine beiden älteren Brüder eine Gruppe, einer variiert stehend die ungezwungene Haltung des Vaters, der andere sitzt auf einem Stuhl wie seine Mutter, ein aufgeschlagenes Buch auf den Knien. Den Abschluß nach links macht wieder ein Mädchen, den breitkrempigen Schutenhut aus Stroh hat sie am Arm hängen. Neben ihr blüht ein Rosenstrauch, dem rechts neben dem Vater blaue Zaunwinden entsprechen. Beide deuten auf den gepflegten Garten, sind aber auch Symbole für das aufblühende Leben der Kinder. Nach vorne schneidet das Bild noch Blumenbeete an, deren Blüten man als Studentenblumen und Tulpen identifizieren kann. Demnach wäre das Familienporträt zwischen spätem Frühjahr und Frühsommer entstanden, vielleicht hat der Maler auch nur, wie in der holländischen Stillebenmalerei üblich, zeitlich nicht gemeinsam blühende Blumen aus dekorativen Gründen ins Bild gebracht.

Die Datierung des Bildes ergibt sich aus dem Alter der Kinder. Frau Memminger brachte nach ihrer Verheiratung in regelmäßigen Abständen von 1–2 Jahren Kinder zur Welt, insgesamt neun, von welchen zwei Mädchen bereits im Jahr ihrer Geburt wieder starben, ein Knabe wurde nur vier Jahre alt. Die anderen sechs Kinder sind nach den Registern der Stadt Mainz, im Bild von links nach rechts: Catharina Elisabeth (1820–1895), Fritz (Jakob Friedrich) (1813–1848), Heinrich Joseph (1816–1887), Georg Abraham (1824–1876), Elisabeth Ottilie (1817–1897) und Anna Maria (1822–1853). Schätzt man das Alter des Jüngsten auf etwa fünf oder sechs Jahre, dann muß das Gemälde um 1830 entstanden sein.

Die Memmingers ließen sich im Freien, im Garten porträtieren. Das Haus im Hintergrund, ein rötliches Gebäude mit hohen Arkaden, soll das ehemalige „Ballhaus" sein, das dem Mainzer Kunstverein für Veranstaltungen zur Verfügung stand. So heißt es in den Annalen des Vereines von 1824: „Am 6. Mai zeigt der Vorstand den Mitgliedern an, daß Kaufmann Memminger seinen Garten ohnweit der Rheinallee mit dem sehr geräumigen Gartenhaus an jedem Dienstag, von 6 bis 9 Uhr Abends, den Mitgliedern und deren Damen öffne, zeitweise mit musikalischen Unterhaltungen (ohne fremde Beihülfe). Der Vorstand wünscht bei den Frauen keinen Aufwand und Putz (was oft der Grund der Auflösung von solchen Zusammenkünften gewesen sei). Der Anfang ist der 18. Mai. Kleine Erfrischungen aus der Nähe." (S. 4/5)

1 Caspar Schneider, Frl. Lennig, spätere Frau Memminger, in ihrer Brautzeit, vor 1812, Öl/Lwd., 72 x 97 cm; Privatbesitz

2 Caspar Schneider, Fritz und Nicolaus Memminger, um 1820, Öl/Lwd., 66 x 50 cm; Privatbesitz

3 Caspar Schneider, Anna und Georg Memminger, um 1830, Öl/Lwd., 65 x 50 cm; Verbleib unbekannt

Was die Urheberschaft des Gemäldes angeht, so hat man hier zwei verschiedene Autoren angenommen, weil die Qualität der locker und duftig gemalten Landschaft, der Bäume und Blumen nicht übereinstimmt mit dem trockenen Malstil und der Steifheit der Figuren.[1] Die Landschaft wäre demnach von Caspar, die Familie von seinem Bruder Georg Schneider gemalt worden. Damit fände das sehr kritische, fast vernichtende Urteil Neugartens, „daß er [Caspar] zum Gruppenmaler höchst ungeeignet" sei und „weder zu einer inneren noch zu einer äußeren Einheit in Gruppierung und Farbe" gelange und „über eine trockene Nüchternheit des Vortrags nicht hinaus" komme, eine andere Begründung, und Caspar Schneiders Ehre als Porträtmaler wäre gerettet.

Von Caspar Schneiders Hand gibt es ein Bildnis Frau Memmingers in ihrer Brautzeit. (Vergleichsabb. 1). Ebenso sind Bildnisse einiger Kinder überliefert, so ein Doppelbildnis der beiden ältesten Söhne Fritz und Nicolaus und der beiden jüngsten Kinder Anna und Georg (Vergleichsabb. 2 u. 3). Das erste Kinderbildnis müßte, dem Alter Nikolaus' nach, der mit vier Jahren starb, spätestens 1818 gemalt sein, also vor dem Familienbildnis, auf welchem Nikolaus nicht mehr erscheint. Das zweite Kinderbild dürfte in die Entstehungszeit des Familienbildnisses fallen. Diese Bildnisse gehören zu den besten der deutschen Malerei der ersten Hälfte des 19. Jahrhunderts und zeigen den immerhin schon betagten Künstler auf der Höhe kunstgeschichtlicher Modernität und künstlerischer Darstellungsfähigkeit.

Unbestreitbar ist, daß es im Familienporträt der Memmingers zu keiner malerischen Vereinheitlichung von Mensch und Landschaft gekommen ist. Sollten in diesem Bild tatsächlich zwei Hände zu scheiden sein, hieße dies, daß Caspar Schneider um 1830, neun Jahre vor seinem Tode, aufgehört hätte, Porträts zu malen und dies lieber seinem Bruder überließ. Vielleicht war er auch nur durch viele Aufträge überlastet und erledigte den Wunsch der Memmingers nach einem Familienbild nebenbei und schnell. S.P.

1 Ausst. Kat. Mainz 1993, S. 485.

44 Rheinlandschaft – Blick auf Lorch
1831

Öl/Holz, 39,7 x 54,3 cm
Bez. l. u.: „C. Schneider 1831"
Provenienz: Ankauf aus dem Kunsthandel 1905.

Landesmuseum Mainz, Inv. Nr. 684

Lit.: Verzeichnis Mainz 1908, S. 35, Nr. 365 h;
Neugarten 1922, S. 29, WV-Nr. 120;
Thieme-Becker, Bd. 30, 1936, S. 196.

In diesem Alterswerk Schneiders bietet sich dem Betrachter noch einmal der Kanon traditionsgebunder idealer Landschaftskompositionen des 18. Jahrhunderts: die übliche diagonal komponierte Vordergrundzone mit Figurenstaffage und dem Baum als kulissenhaftes Repoussoir am linken Bildrand. Der erhöhte Standort gibt den Blick auf das Rheintal frei und erzeugt gleichzeitig Distanz und Tiefenräumlichkeit. Am fernen Ufer wird die Stadtsilhouette von Lorch mit der oberhalb liegenden Burg Nollig sichtbar.

In diesem, zu den letzten seiner datierten Rheinlandschaften gehörenden Bild läßt Schneider die traditionellen Kompositionsregeln erkennen, „und doch wie anders ist alles", wie E. Neugarten schreibt.[1] Seine beiden letzten Landschaftsbilder sind durch Ruhe und Ausgewogenheit charakterisiert.

Die Landschaft ist undramatischer geworden, das unwegsame Terrain wilder Gebirgslandschaften ist einer eher ruhigen Landschaftsauffassung gewichen. Mildes, dunstiges Licht breitet sich über dem Rheintal aus und zeigt Schneiders Interesse an der optischen Erfassung von Luft, Licht und atmosphärischer Wirkung. Das Einfangen der atmosphärischen Stimmungen wurde durch Skizzen vor der Natur vorbereitet. (vgl. Kat. Nr. 93, Abb.).

S.M.

1 Neugarten 1922, S. 15.

45   Rheinlandschaft – Blick auf die
     Pfalz bei Kaub
     1833

Öl/Holz, 39 x 53 cm
Bez. l. u. d. Mitte: „C. Schneider 1833"
Provenienz: Ankauf aus dem Kunsthandel 1905.

Landesmuseum Mainz, Inv. Nr. 685

Lit.: Verzeichnis Mainz 1908, S. 35, Nr. 365 i; Neugarten 1922, S. 29, WV-Nr. 121; Thieme-Becker, Bd. 30, 1936, S. 196.

Dieses Bild wurde als Pendant zu der Rheinlandschaft von 1831 gemalt (Kat. Nr. 44). Die Komposition ist dem Gegenstück angepaßt. Diesmal stößt der Fluß von links kommend ins Bild, und die Anhöhe mit dem Baum als Repoussoir befindet sich am rechten Bildrand. Auf dem Plateau im Vordergrund weidet eine Schafherde, daneben ein Figurenpaar mit Hund. Schneider gestaltet in seinen Spätwerken keine imaginären Landschaften mehr; die topographische Situation ist genau bestimmbar. Der Betrachter blickt flußabwärts auf die Burg „Pfalzgrafenstein" im Rhein bei Kaub, ein Motiv, das seit den Stichen von Matthäus Merian und den Zeichnungen Wenzel Hollars von Künstlern immer wieder gestaltet wurde. Im Zuge der „Rheinromantik" des 19. Jahrhunderts wurde dieses Motiv aufgegriffen.[1] Auch in seinem Skizzenbuch hat Schneider den identischen Blick auf die Pfalz festgehalten (Kat. Nr. 93, Abb). Am rechten Ufer blickt man auf die mit Tortürmen bewehrte Stadt Kaub und die oberhalb liegende Burg Gutenfels. Diese Burg wurde 1261 erstmalig urkundlich erwähnt und im späten 13. Jahrhundert von den Rheinpfalzgrafen erworben. Sie war im 14. Jahrhundert Lieblingssitz des Königs Ludwig des Bayern. Auf der gegenüberliegenden Seite erhebt sich die Burg Stahleck.

Dieses Gemälde ist das letzte datierte Bild Schneiders, das er im Alter von 80 Jahren gemalt hat. Wie bei dem Gegenstück von 1831 fällt die atmosphärische Behandlung auf. Über dem Bild liegt ein dunstiger Schleier, der nicht zuletzt durch die spezielle gepunktete Technik erzeugt wird. Schneider verzichtet sowohl auf Hell-Dunkel-Effekte sowie auf Farbkontraste. Die Ruhe und Harmonie dieses stillen Landschaftsbildes ist aus der Abgeklärtheit des Alters zu verstehen.   S.M.

1 Zahlreiche Beispiele finden sich im Ausst. Kat. Koblenz 1992.

Georg Schneider

46 Blick vom Niederwald auf
   Rüdesheim
   1784

Öl/Lwd., 57 x 93 cm
Bez. l. u.: „G. Schneider 1784"
Provenienz: Vermächtnis Stephan Karl Michel,
Mainz, 1916.

Landesmuseum Mainz, Inv. Nr. 837

Lit.: Verzeichnis Mainz 1917, S. 32, Nr. 373e;
Mz. Zs. XII/XIII, 1917/18, S. 86; Thieme-Becker,
Bd. 30, 1936, S. 193; Landschulz 1977, S. 89 f. und
S. 103, Nr. 1.

Der Standort des Betrachters liegt auf dem Niederwald oberhalb von Rüdesheim. Der Blick geht über die mit Bäumen, Buschwerk und Weinreben bewachsenen Abhänge in die Rheinebene; auf Randkulissen wird verzichtet.

Der „mehr zum Realistischen"[1] neigende Georg Schneider ist durch seine korrekte Wiedergabe topographischer und architektonischer Details weniger der Ideallandschaft verhaftet als sein Bruder Caspar. So erkennt der Betrachter deutlich die Topographie von Rüdesheim mit der mächtigen Brömserburg, die sich vom 10. bis zum 13. Jahrhundert im Besitz der Erzbischöfe von Mainz befand und bis 1678 Lehen der Brömser von Rüdesheim war. Daneben der Turm der sog. Oberburg, seit 1276 in Besitz der Füchse von Rüdesheim. Ebenso wie die Brömserburg gehörte auch der im 15. Jahrhundert errichtete Adlerturm zur Stadtbefestigung. Der runde, mehrstöckige Turm mit seinen spätgotischen Zierformen ist auch heute noch Blickpunkt von Rüdesheim. Ebenso ist der mit einer barocken Zwiebelhaube versehene Turm der Pfarrkirche St. Jakob (erbaut um 1400) gut erkennbar. Weiter rheinaufwärts sieht man die Orte Geisenheim und Mittelheim und das oberhalb in den Weinbergen liegende Schloß Johannisberg. Im Hintergrund Oestrich, dessen Wahrzeichen auch heute noch der alte Rheinkran ist. Auf der gegenüberliegenden Seite fällt der Blick auf die Nahemündung, Bingen und die Rochuskapelle.

Im Gegensatz zu Caspar ist die Staffage bei Georg auf nur wenige Personen reduziert. Auf einem Baumstamm im Vordergrund sitzt ein Maler mit Zeichenblock in Profilansicht, in dem sich Georg Schneider offensichtlich selbst dargestellt hat. Die Figur des Zeichners vor der Landschaft ist ein Hinweis darauf, daß die Ansicht (in einer vorbereitenden Skizze) direkt vor der Natur ausgeführt wurde.[2] Das Motiv des zeichnenden Künstlers in der Landschaft ist in der Kunst des 18. Jahrhunderts häufig anzutreffen.

Bei diesem frühesten datierten Werk Georg Schneiders zeigt sich, daß er als Autodidakt zwar der Landschaftsmalerei seines Bruders folgt, doch in der Ausführung flüchtiger und ungenauer ist als dieser. Dies wird besonders deutlich, wenn man eine nahezu identische Ansicht im Historischen Museum in Frankfurt vergleicht.[3] Außer der summarischen Behandlung des Vordergrundes lassen sich auch maltechnische Fehler nachweisen; dies ist ein Beweis dafür, daß Georg Schneider, der, wie Schmidt es formuliert, in „Massen komponiert"[4], solche auf Bestellung gefertigten Landschaften schnell und ohne großen Zeitaufwand hergestellt hat. Wie beliebt gerade dieser Ausblick vom Niederwald auf Bingen war, zeigt ein Aquarell seines Frankfurter Zeitgenossen Karl Kraul (Vergleichsabb.). S.M.

1 Schmidt 1922, S. 14.
2 Landschulz 1977, S. 90.
3 Inv. Nr. B 510.
4 Schmidt 1922, S. 14.

Karl Kraul, Blick vom Niederwald auf Rüdesheim, Aquarell, Frankfurt a. M., Städelsches Kunstinstitut, Graphische Sammlung, Inv. Nr. 1454

Georg Schneider

47 Blick vom Niederwald auf Bingen und das Nahetal

1799? (die Datierung wird im Erwerbungsbericht der Gemäldegalerie von 1918 angegeben)

Öl/Lwd., 57 x 93 cm
Bez. auf dem Baumstamm l. u.: „G. Schn..."
(der Rest ist nicht erkennbar)
Provenienz: Vermächtnis Stephan Karl Michel, 1916.

Landesmuseum Mainz, Inv. Nr. 836

Lit.: Verzeichnis Mainz 1917, S. 32, Nr. 373d; Mz. Zs. XII/XIII, 1917/18, S. 86; Thieme-Becker, Bd. 30, 1936, S. 193; Landschulz 1977, S. 104, Nr. 9.

Wie bei dem Gemälde von 1784 schaut der Betrachter vom Niederwald auf den Rhein und die Nahemündung. Eine Baumgruppe als Repoussoir am linken Bildrand führt von dem als schattige Diagonalzone wiedergegebenen Niederwald hinunter in das Flußtal. Auch hier ist die Staffage auf nur zwei Personen reduziert: ein als Jäger gekleideter Kavalier mit Flinte und Hund im Gespräch mit einer Frau. Inmitten der Weinberge auf halber Höhe des Bergrückens wird die im 13. Jahrhundert erbaute und nur noch als Ruine erhaltene Zollburg Ehrenfels sichtbar (1689 durch die Franzosen zerstört). Auf einer Felsklippe mitten im Fluß der sog. „Mäuseturm", der ehemals zu der kurmainzischen Zollburg gehörte.[1] Am Ufer der Nahemündung die Ruinen des Klosters Rupertsberg.

Das Benediktinerinnenkloster wurde 1147 von der hl. Hildegard von Bingen gegründet und 1632 durch die Schweden in Brand gesetzt. Im frühen 19. Jahrhundert wurde die Ruine als Steinbruch benutzt und abgetragen.[2] Im Zuge der Ruinenromantik der Zeit um 1800 waren Ansichten von Kloster Rupertsberg, ebenso wie von dem sagenumwobenen Mäuseturm und der Burgruine Ehrenfels, besonders beliebt (z. B. Ehrenfels bei Mondschein, Kat. Nr. 116, oder Kloster Rupertsberg, Kat. Nrn. 96, 115).

Auf der gegenüberliegenden Rheinseite liegt die in ihren topographischen Besonderheiten erfaßte Stadt Bingen: Aus den Häusern ragt der Turm der unweit des Naheufers gelegenen Kirche St. Martin aus dem 15./16. Jahrhundert auf; darüber die das Stadtbild beherrschende Burg Klopp, erstmals 1282 urkundlich erwähnt. Im Hintergrund überspannt die heute noch vorhandene steinerne Drususbrücke aus dem 11. Jahrhundert die Nahe. Es ist die älteste erhaltene mittelalterliche Brücke Deutschlands.

Der Blick vom Niederwald auf Bingen begegnet uns im Werk der Brüder Caspar und Georg Schneider immer wieder. So weisen weitere Fassungen in Würzburg (Vergleichsabb. 1), in Privatbesitz (Vergleichsabb. 2) und im Kunsthandel nur in der Staffage kleine Abweichungen auf.   S.M.

1 Georg (?) Schneider, Blick vom Niederwald auf Bingen und das Nahetal, Öl/Lwd., Würzburg, Martin von Wagner-Museum der Universität, Inv. Nr. 566

2 Georg Schneider, Blick vom Niederwald auf Bingen und das Nahetal, Öl/Lwd., Privatbesitz

1 Vgl. Bornheim gen. Schilling, Zur Geschichte der ehemals mainzisch-rheinischen Burgen Heimburg, Ehrenfels und des Mäuseturms bei Bingen, in: Universitas, Festschrift für Albert Stohr, Bd. 2, Mainz 1960, S. 337 ff.
2 Vgl. Caspary 1980, S. 59 ff.

Georg Schneider

48 Rheinlandschaft –
Blick auf das Brohltal (?)
Um 1790/1800

Öl/Lwd., 54 x 77 cm
Unbez.
Provenienz: Aus dem Besitz des Prälaten
Dr. Friedrich Schneider.

Privatbesitz Mainz

49 Rheinlandschaft – Blick über den
Rhein nach Biebrich
Um 1790/1800

Öl/Lwd., 54 x 77 cm
Unbez.
Provenienz: Aus dem Besitz des Prälaten
Dr. Friedrich Schneider.

Privatbesitz Mainz

Während bei Kat. Nr. 48 die Topographie nicht definitiv zu bestimmen ist (vielleicht Blick auf Brohl und das Brohltal?), gibt Kat. Nr. 49 den Blick vom Hartenberg über die Hartenmühle bis nach Biebrich wieder. Diese als Pendants angelegten Rheinlandschaften sind noch ganz der barocken Tradition des Drei-Gründe-Schemas (dunkler Vorder-, aufgehellter Mittel- und heller Hintergund) verhaftet. Der Blick des Betrachters gleitet über eine schattige Vordergrundzone mit Staffage hinweg in das weite Rheintal, wobei jeweils am rechten, bzw. am linken Bildrand ein Baum als Repoussoir fungiert. Im Mittelgrund dann das Flußtal, über dem sich ein hoher, mit Wolken durchzogener Himmel wölbt.

Während Georg Schneider in der Wiedergabe der Staffage und einzelner Landschaftselemente eher zu unpräziser Malweise neigt, beweist er doch in der Darstellung der Wolkenbildung, in der Lichtführung und im Erfassen der Atmosphäre ein erstaunliches Talent. In einem Erwerbungsbericht zweier Skizzenbücher von 1890 wurde gerade diese Eigenschaft Georg Schneiders erkannt: „Der Künstler achtete mehr auf Fernsichten und reichhaltigere Landschaften, denen er durch athmosphärische Vorgänge und Beleuchtungseffekte bei der späteren Ausführung ein noch größeres Interesse zu geben gedachte."[1]

Vermutlich handelt es sich bei den Gegenstücken um das Gemäldepaar, das Paul Kaufmann noch 1922 bei dem Prälaten Dr. Friedrich Schneider in Mainz sehen konnte: „Auch im Speisezimmer hingen zwei treffliche, an Claude Lorrain erinnernde Bilder seines Namensvetters".[2] Allerdings spricht Kaufmann hier nicht von Georg, sondern von Caspar Schneider. Aufgrund der flüchtigen Malweise steht jedoch eine Autorschaft Georg Schneiders außer Frage.   S.M.

1 Mainzer Journal Nr. 155, 5. Juli 1890.
2 Paul Kaufmann, Auf den Pfaden nazarenischer und romantischer Kunst. Was meine Bilder erzählen, Berlin 1922, S. 85.

50 Blick von Weisenau auf Kostheim
und Hochheim
1800

Öl/Lwd., 51 x 73 cm
Bez. laut altem Inventareintrag l. u.:
„G. Schneider 1800" (nicht mehr zu erkennen)
Provenienz: Ankauf aus Privatbesitz 1909.

Landesmuseum Mainz, Inv. Nr. 763

Lit.: Verzeichnis Mainz 1911, S. 37, Nr. 373a;
Thieme-Becker, Bd. 30, 1936, S. 193; Ausst. Kat.
Mainz 1957, S. 15, Kat. Nr. 16; Mälzer 1986,
S. 86, Abb. 137; Ausst. Kat. Mainz 1993, S. 273,
Kat. Nr. 139.

Georg Schneider hat den Blick von Weisenau gleich mehrmals festgehalten: als Nachtbild während der Belagerung von Mainz mit dem brennenden Ort Kostheim (vgl. Kat. Nr. 51), oder bei Tagesbeleuchtung im „Normalzustand" (vgl. auch Kat. Nr. 53). Ein schmaler Vordergrundstreifen führt in das Bild ein. Hier sitzt auf einer Anhöhe ein Mann mit Zeichenblock, an seiner Seite befindet sich ein Zuschauer. Wie bei Kat. Nr. 46 hat sich hier der Maler offenbar selbst dargestellt. Das Motiv des Malers in der Landschaft gibt einen Hinweis auf die Arbeitsweise des Künstlers: Er zeigt keinen detaillierten Naturausschnitt, sondern das gesamte, mit den Augen zu erfassende Panorama mit den Höhenzügen des Taunus und dem Ort Hochheim im Hintergrund. Rechts im Bild wird die 1759 errichtete Pfarrkirche von Mainz-Weisenau, einem südlich der Stadt gelegenen Vorort, sichtbar. Über die Häuser des Dorfes und die Weinberge hinweg geht der Blick auf den Rhein und die Mainmündung. Direkt an der Mündung liegt der Ort Kostheim mit der 1793 zerstörten Kirche. Sollte das Bild erst 1800 gemalt worden sein, hätte Schneider hier den Zustand vor der Belagerung wiedergegeben. Offenbar schöpfte der Künstler aus einem in Skizzen angelegten Motivvorrat: Die retrospektive Darstellungsweise der intakten Topographie entsprach wohl dem Wunsch der Käuferschicht.

Ein Stich von Johann Peter Rücker nach Caspar Schneider gibt denselben Blick wieder (vgl. Kat. 128). Hier wird deutlich, daß die Brüder in einem engen künstlerischen Austausch standen, wobei oftmals eine genaue Händescheidung nicht möglich ist.

Bereits Christian Georg Schütz d. Ä. hat innerhalb der 1784–86 für den Kurfürsten von Erthal geschaffenen Serie von Mainzansichten den Blick von der Weisenauer Kirche auf das Rheintal gemalt (Vergleichsabb.). S.M

Christian Georg Schütz d. Ä.,
Blick auf die Weisenauer Kirche,
Öl/Lwd., Städtische Kunstsammlungen Augsburg,
Bayerische Staatsgemäldesammlungen, Inv. Nr. L 764

Georg Schneider

51 Blick auf das brennende Kostheim
bei der Belagerung von Mainz 1793
1800

Öl/Lwd., 56 x 93 cm
Bez. l. u.: „G. Schneider 1800"
Provenienz: Geschenk aus Privatbesitz 1875.

Landesmuseum Mainz, Inv. Nr. 287

Lit.: Schneider 1879, S. 80, Nr. 583; Verzeichniss Mainz 1889, S. 13, Nr. 196; Thieme-Becker, Bd. 30, 1936, S. 193; Landschulz 1977, S. 104, WV-Nr. II; Ausst. Kat. Mainz 1993, S. 273, Kat. Nr. 138.

Das Nachtbild gibt den identischen Blick wie Kat. Nr. 50 wieder. Wiederum gewährt der erhöht liegende Betrachterstandort den Blick auf die Mainmündung mit Kostheim und Hochheim. Rahmend wird die Komposition zusammengehalten durch die Baumgruppe am linken und die Weisenauer Kirche am rechten Bildrand. Der Zeichner im Vordergrund bei Kat. Nr. 50 ist durch eine Gruppe von Soldaten – zu Fuß und zu Pferde – sowie durch Geschütze ersetzt. Solche anekdotischen Details deuten auf den Kriegsschauplatz hin. Die brennende Kostheimer Kirche, von der eine lodernde Feuerwolke in den Nachthimmel aufsteigt, ist dominierender Blickfang des Bildes. Die Flammen spiegeln sich im Rhein wider und färben das Wasser rot. Schon ganz im Sinne der Romantik ist auf der rechten Seite die dichte Wolkendecke aufgerissen, und fast idyllisch wird hinter der Weisenauer Kirche der Mond sichtbar, der den Ort Hochheim als helle Silhouette gegen den Hintergrund erscheinen läßt. Mondscheinlandschaft und Feuersbrunst werden so zu einem nächtlichen Effektstück vereint.

Georg Schneider erweist sich hier als Chronist einer historischen Begebenheit, die er mehrfach dargestellt hat (vgl. auch Kat. Nr. 52). Goethe, der zur Belagerung nach Mainz reiste, notierte am 5. Juni 1793 „Große Attake und Kanonade an der Maynspitze".[1] Das an der Mainspitze gelegene Kostheim gehörte zu den Vororten, die noch von den Franzosen besetzt waren. Am 7. Juli heißt es bei Goethe: „Endliche Behauptung dieses Terrains; Kostheim wird angegriffen, die Franzosen geben es auf."[2] Da die Darstellung Georg Schneiders erst mehrere Jahre nach dem Brand entstanden ist, liegt die Vermutung nahe, daß er neben dem Rückgriff auf eigene Skizzen auch fremde Vorbilder aufgenommen hat.[3] So sind im Werk des Frankfurter Malers Johann Georg Trautmann, der wiederum in der Tradition flämischer Malerei steht, die nächtlichen Feuersbrünste besonders häufig vertreten.[4] Jakob Philipp Hackert oder Pierre-Jacques Volaire haben in der zweiten Hälfte des 18. Jahrhunderts die Tradition der so beliebten nächtlichen Effektstücke mit ihren Vesuv-Bildern weitergeführt.[5]

Mit den im Ausstellungskatalog 1825 verzeichneten „2 Nachtstücken – Naturgetreue Nachtstücke mit Feuersbrunst, Kanonenfeuer und Mondeffekt"[6] sind offensichtlich beide Belagerungsbilder im Landesmuseum (Inv. Nrn. 287 und 288) gemeint.   S.M.

1 Zitiert nach Johann Wolfgang von Goethe, Belagerung von Maynz, Druck der Eggebrecht-Presse, Mainz 1961 (nach dem Originaltext von 1829), S. 14.
2 a.a.O., S. 26.
3 Landschulz 1977, S. 98.
4 Kölsch 1996, S. 142 ff.
5 Ausst. Kat. Frankfurt a. M. 1994, S. 412 f.
6 Müller 1825, S. 28, Kat. Nrn. 44–45.

52 Der Brand des Mainzer Domes 1793
Um 1800

Öl/Lwd., 56 x 93 cm
Unbez.
Provenienz: Geschenk aus Privatbesitz 1875.

Landesmuseum Mainz, Inv. Nr. 288

Lit.: Schneider 1879, S. 80, Nr. 582; Verzeichniss Mainz 1889, S. 13, Nr. 195; Thieme-Becker, Bd. 30, 1936, S. 193; Ausst. Kat. Mainz 1957, S. 30, Kat. Nr. 38; Landschulz 1977, S. 105, WV-Nr. 26; Ausst. Kat. Mainz 1982, S. 159, Kat. Nr. 2; Ausst. Kat. Zweibrücken 1989, Abb. S. 191; Ausst. Kat. Mainz 1993, S. 272, Kat. Nr. 157.

Mit dem Mainzer Dombrand hat Georg Schneider abermals ein Nachtbild gestaltet, in dem er die konkrete Belagerungssituation schildert. Im Vordergrund Staffagefiguren, die dem schauerlichen Schauspiel zugewandt sind. Der Blick auf Mainz ist von Süden gegeben. Die Stadt liegt links im Mittelgrund, davor der Rhein mit der Schiffbrücke und den im Fluß verankerten Schiffsmühlen. Auf dem gegenüberliegenden Ufer wird die Ortschaft Kastel sichtbar. Geschützwolken in der rechten unteren Bildecke weisen auf den Augenblick der Beschießung hin. Der Dom ist getroffen; eine gewaltige Feuerwolke steigt in den dunklen Nachthimmel und spiegelt sich glutrot in den Fluten des Rheins wider. Die Silhouette der Stadt wird vom Schein des Feuers erhellt.

Sicher hat Christoph Meiners in seinem Augenzeugenbericht nicht ganz unrecht, wenn er schreibt, „Belagerer und Belagerte wurden durch die außerordentliche Schönheit und Größe der brennenden Domthürme (...) hingerissen (...)".[1] In seiner Schilderung der Belagerung von Mainz gibt der Chronist Goethe die Nacht des 28. Juni als Brandnacht an: „Den 28 Juny Nachts. Fortgesetztes Bombardement gegen den Dom; Thurm und Dach brennen ab und viele Häuser umher (...). Wir sahen (...) diesem schrecklichen Schauspiele zu; es war die sternenhellste Nacht, die Bomben schienen mit den Himmelslichtern zu wetteifern (...)."[2] Den Künstler hat offensichtlich nicht nur das historische Sujet, sondern auch die Schilderung des kontrastreichen Helldunkels gereizt. Damit steht er in der Tradition des Frankfurter Malers Johann Georg Trautmann, dessen Nachtstücke und Feuersbrünste zu seiner Zeit hochgeschätzt wurden,[3] und von dem Goethe sagte: „Trautmann rembrandtisierte einige Auferwekkungswunder des Neuen Testaments und zündete nebenher Dörfer und Mühlen an."[4]

Daß es sich hier um ein bei Käufern und Publikum gleichermaßen gefragtes Thema handelt, zeigt eine fast identische Wiederholung dieses Bildes in Privatbesitz, allerdings in den Maßen wesentlich verkleinert. Bei diesem Bild soll es sich der mündlichen Überlieferung zufolge um einen Caspar Schneider handeln, was nicht auszuschließen ist, da bekanntermaßen die Brüder ihre Sujets austauschten.

S.M.

1 Christoph Meiners, Bemerkungen auf einer Reise nach Mainz, in einem Briefe an einen Freund. Geschrieben im August 1793; zitiert nach Ausst. Kat. Mainz 1993, S. 316.
2 Zitiert nach Johann Wolfgang von Goethe, Belagerung von Maynz, Druck der Eggebrecht-Presse, Mainz 1961 (nach dem Originaltext von 1829), S. 19.
3 Vgl. auch Horst Reber, Künstlerische Kriegsberichterstattung, in: Ausst. Kat. Mainz 1993, S. 207 ff.
4 Johann Wolfgang von Goethe, Aus meinem Leben – Dichtung und Wahrheit, Bd. 20 der sämtl. Werke, Stuttgart, Tübingen 1855, S. 104; vgl. auch Kölsch 1996, S. 142 ff.

53 Ansicht von Kostheim und
Hochheim von Weisenau aus
Um 1800?

Öl/Holz, 33 x 47 cm
Unbez.
Provenienz: Vermächtnis Elise Stöhr, Mainz, 1873.

Landesmuseum Mainz, Inv. Nr. 372

Lit.: Verzeichniss Mainz 1889, S. 17, Nr. 263;
Thieme-Becker, Bd. 30, 1936, S. 193; Landschulz
1977, S. 106, WV-Nr. 44.

Zwei undatierte, als Pendants angelegte Gemälde (vgl. Kat. Nr. 54) zeigen Landschaftsausschnitte, die Georg Schneider in vielfachen Varianten wiederholt hat. So hat er den Blick von Weisenau auf die Mainmündung mit Kostheim und Hochheim bereits in einem Tag- und einem Nachtbild (Kat. Nrn. 50, 51) dargestellt. Jetzt hat sich der Blickwinkel verschoben, und die Weisenauer Kirche liegt nun auf der linken Seite. Diese Verschiebung ist ein kompositorisches Mittel, um das Gegengewicht zu dem Pendant mit der Hochheimer Kirche auf der rechten Seite zu bilden. Die im frühen 19. Jahrhundert durch einen Neubau ersetzte Weisenauer Pfarrkirche liegt eingebettet inmitten von Weinbergen. Im Vordergrund lagert eine Herde; zwei Staffagefiguren stehen am Ufer. Von hier gleitet der Blick über den Rhein: links die Mainmündung mit Kostheim, im Hintergrund auf einer Anhöhe der Ort Hochheim. Der niedrig gelegte Horizont mit den im Dunst verschwimmenden Höhenzügen des Taunus gewährt dem Himmel einen breiten Raum.

Ein Stich von Johann Peter Rücker nach Caspar Schneider entspricht in der Topographie dieser Darstellung (vgl. Kat. Nr. 128), wobei in der Staffage leichte Abweichungen zu erkennen sind. Wegen der eher flüchtigen Malweise der Landschaft ist eine Zuweisung des unsignierten Gemäldes an Georg Schneider durchaus gerechtfertigt. S.M.

54 Ansicht von Kostheim und Mainz
    von Hochheim aus
    Um 1800?

Öl/Holz, 33 x 47 cm
Bez. r. u.: „G. Schneider"
Provenienz: Vermächtnis Elise Stöhr, Mainz, 1873.

Landesmuseum Mainz, Inv. Nr. 373

Lit.: Verzeichniss Mainz 1889, S. 17, Nr. 266; Thieme-Becker, Bd. 30, 1936, S. 193; Ausst. Kat. Mainz 1957, S. 14, Kat. Nr. 15; Landschulz 1977, S. 106, WV-Nr. 45.

Gegenstück zu dem Blick von Weisenau nach Kostheim und Hochheim (Kat. Nr. 53). Diesmal liegt die Hochheimer Kirche mit dem davorliegenden Torhaus am rechten Bildrand. Auf dem hügeligen Hochplateau befinden sich im Vordergrund die üblichen Staffagefiguren, eine von Pferden gezogene Reisekutsche sowie einige Kühe mit Hirten. Weiter im Hintergrund erstreckt sich das Rheintal mit der Landzunge und dem Ort Kostheim. Verschwommen in weiter Ferne die Silhouette von Mainz.

Beide Maler, Caspar und Georg Schneider, haben diesen Blick von Hochheim nach Mainz in zahlreichen Graphiken und Gemälden festgehalten, wobei die Autorschaft nicht immer eindeutig zu bestimmen ist (vgl. Kat. Nrn. 104, 114). Auch variieren diese Ansichten immer wieder in geringfügigen Details, ein Beweis dafür, daß zwar in der freien Natur gezeichnet wurde, die Bilder jedoch auf Bestellung im Atelier fertiggestellt wurden. Daß dabei die topographische Genauigkeit eine eher unbedeutende Rolle spielt, zeigen weitere Gemälde, z. B. im Kunsthandel, in Privatbesitz (Kat. Nr. 55) oder im Historischen Museum Frankfurt.   S.M.

Georg Schneider

Georg und/oder Caspar Schneider

55   Ansicht von Kostheim und Mainz
     von Hochheim aus
     Um 1800

Öl/Holz, 33 x 47 cm
Unbez.

Privatbesitz Mainz

Diese Ansicht wurde, wie Kat. Nr. 54, von der Hochheimer Höhe aufgenommen. Das Torhaus erscheint rechts im Bild, ebenso die dahinter liegende Kirche, diesmal mit einem barocken Turmhelm ausgestattet. Solche darstellerischen Freiheiten zeigen, wie unabhängig die Schneider-Brüder mit dem realen Vorbild umgegangen sind. Im Vordergrund ländliche Staffage und Viehherde. Im Hintergrund das Rheintal mit Kostheim und der Silhouette von Mainz. Diese Ansicht wurde von Johann Peter Rücker nachgestochen (Kat. Nr. 127); als Autor der Vorlage wird allerdings Caspar Schneider angegeben. Die Brüder haben den Blick auf Mainz – vermutlich auf Verlangen der Käufer – mehrfach, vielleicht sogar in gemeinsamer Arbeit, wiedergegeben. Es ist nicht auszuschließen, daß der in der technischen Ausführung seiner Gemälde versiertere Caspar seinem ungeübteren Bruder durch das Einfügen von Staffagefiguren geholfen hat. Schon Nikolaus Müller erinnerte in seiner Ausstellungsbesprechung von 1825 daran, daß „Freunde der beiden Brüder schon vor 30/40 Jahren den Wunsch offenbart haben, beide Brüder sollten vereint malen."[1]   S.M.

1   Müller 1825, S. 28.

Georg und/oder Caspar Schneider

56 Ruine der Liebfrauenkirche in
    Mainz
    Um 1810?

Öl/Holz, 44 x 64 cm
Unbez.
Provenienz: Geschenk aus Privatbesitz 1954/55.

Landesmuseum Mainz, Inv. Nr. 283

Lit.: Mz. Zs. 50, 1955, S. 125; Landschulz 1977, S. 99 und S. 104, WV-Nr. 12.

Die Ruine der ehemaligen gotischen Liebfrauenkirche, die östlich des Domes lag, haben sowohl Caspar als auch Georg Schneider in mehreren Ansichten festgehalten. So entspricht eine lavierte Federzeichnung, datiert 1813, von Caspar Schneider (Kat. Nr. 79) dem hier vorgestellten Ölgemälde bis in alle Einzelheiten. Auch in dem Katalog der Mainzer Ausstellung von 1879 sind mehrere Darstellungen der zerstörten Liebfrauenkirche als Werke Caspar Schneiders angeführt.

Dominierender Blickpunkt ist die leicht nach links aus der Bildmitte verschobene Ruine der Liebfrauenkirche, die zu Beginn des 14. Jahrhunderts (Weihe 1311) anstelle eines romanischen Vorgängerbaus errichtet worden war. Bei der Beschießung von Mainz im Jahre 1793 wurde die Kirche so stark beschädigt, daß man sich im Zuge der napoleonischen Neugestaltung der Stadt zu einem Abriß entschloß. Auf dem Bild stehen von der einst besonders reich ausgestatteten Kirche nur noch Turm und Halle, jedoch ohne Gewölbe und Dachstuhl. Der Innenraum hinter den gotischen Maßwerkfenstern ist nach oben offen. Das reichgeschmückte Portal – ein Teil der Figuren wurde gerettet und befindet sich heute im Landesmuseum Mainz – ist zu einem großen Teil verdeckt. Die rings um die Kirche gebauten niedrigen Häuser mit den geöffneten Läden weisen auf ein geschäftiges Alltagsleben. Der von Bürgerhäusern gesäumte, gepflasterte Platz ist belebt mit Staffagefiguren: mit Fässern und Heu beladenen Karren, Pferden und Kühen, geschäftigen Menschen sowie zwei Mönchen, die, als Rückenfiguren angelegt, in Betrachtung des gewaltigen Bauwerkes versunken sind.

Die Darstellung überliefert wirklichkeitsgetreu zahlreiche Details und gibt zugleich ein anschauliches Bild vom Leben in der Stadt. Die Zerstörung der Kirchen war für Mainzer Künstler (wie die Brüder Schneider und deren Schüler Dillenius und Ackermann) Realität.[1] Auch von Melchior Kraus, der zu dem künstlerischen Kreis um Goethe zählt und der einige Mainzansichten zu Zeiten der Belagerung geschaffen hat, gibt es ein Aquarell, das die Ruine der Liebfrauenkirche in ähnlicher Weise zeigt (Abb. S. 53). So ist hier eine andere Betrachtungs- und Deutungsweise angebracht als z. B. bei den Ruinenmotiven eines Caspar David Friedrich, die im Zuge der Ruinenromantik des frühen 19. Jahrhunderts als Metaphern der Vergänglichkeit zu interpretieren sind.[2]

Die Frage, ob es sich bei dem vorliegenden Bild nicht auch um ein Gemälde Caspars, dem eindeutigen Autor der fast identischen Federzeichnung, handelt, oder ob die Brüder nach gegenseitiger Vorlage gearbeitet haben, muß offenbleiben. S.M.

1 Weitere Ruinenbilder im Ausst. Kat. Mainz 1993, S. 268 ff.
2 Vgl. Ausst. Kat. Caspar David Friedrich, Hamburger Kunsthalle 1974, S. 60 ff.: Kirchenruinen und Visionen.

57 Blick auf Aschaffenburg
Um 1830

Öl/Lwd., 67,5 x 89 cm
Bez. r. u. auf einem Stein: „G.S."

Schloßmuseum der Stadt Aschaffenburg
Geschichts- und Kunstverein Aschaffenburg e.V.

Lit.: nicht bei Landschulz 1977.

1802 verließ Georg Schneider seine Heimatstadt Mainz und ließ sich mit seiner Familie in Aschaffenburg nieder, wo er bis zu seinem Tod 1843 lebte. Hier entstanden Ansichten von Aschaffenburg und Umgebung.

Von einer verschatteten Anhöhe mit Staffagefiguren wird der Blick des Betrachters von Süden über die Mainbrücke hinweg auf die Stadt gelenkt. Eine Baumgruppe leitet als Repoussoir am rechten Bildrand in die Ferne. Im Mittelgrund die Silhouette von Aschaffenburg mit der 1607/14 von Georg Ridinger erbauten 4flügeligen Schloßanlage und den Kirchtürmen der Stadt. Bis weit in die Tiefe des Bildraumes hinein läßt sich der Flußlauf verfolgen. Über dem niedrig liegenden Horizont breitet sich der hohe Himmel aus.

Eine weitere Aschaffenburgansicht Georg Schneiders gibt den identischen Ausblick wieder, allerdings wird hier auf den Baum verzichtet; auf dem Weg im Vordergrund befinden sich städtisch gekleidete Spaziergänger und ein Hirt mit seiner Herde (siehe Abb. S. 13).

Ein Aquarell in Würzburg wiederholt das Motiv, nur die Staffage ist geringfügig verändert (Vergleichsabb. 1). Weitere, in Details variierende Aschaffenburgansichten seines Bruders Caspar befinden sich in Regensburg (Vergleichsabb. 2), in Schweinfurt¹ und München.² Auch in der Mainzer Kunstausstellung von 1823 ist eine „Ferngegend bei Aschaffenburg" von Georg Schneider verzeichnet.³

Es ist anzunehmen, daß sich die Brüder Schneider an dem 15 Gemälde umfassenden Aschaffenburger Zyklus orientiert haben, den Ferdinand Kobell ab 1786 für den Mainzer Kurfürsten Carl Friedrich von Erthal geschaffen hat, und der gerade wegen seiner sachlichen und nüchternen Bestandsaufnahme und seiner „porträtgerechten" Wiedergabe⁴ als wegweisend für die Landschaftsmalerei des 19. Jahrhunderts angesehen werden kann.

S.M.

1 Georg Schneider, Ansicht von Aschaffenburg, Aquarell Würzburg, Martin von Wagner-Museum der Universität, Inv. Nr. Hz 1685

2 Caspar Schneider, Ansicht von Aschaffenburg, Öl/Lwd. Historisches Museum der Stadt Regensburg, Inv. Nr. K 1966/ 8/1

1 Sammlung Georg Schäfer, Inv. Nr. 5691.
2 Bayerische Staatsgemäldesammlungen, Inv. Nr. 9735.
3 Müller 1823, S. 28, Kat. Nr. 47.
4 Kat. München 1978, S. 186.

Georg Schneider

58   Ideale Rheinlandschaft
1839

Öl/Holz, 32 x 45,3 cm
Bez. r. u. auf dem Stein: „G. Schneider 1839"

Historisches Museum Frankfurt a. M.,
Inv. Nr. B 57:11a

Lit.: nicht bei Landschulz 1977.

Neben den topographisch zu identifizierenden Landschaften hat Georg Schneider, ebenso wie sein Bruder Caspar, auch Landschaften mit idealem Charakter gemalt. Die „ideale Rheinlandschaft". zu der ein Gegenstück existiert,[1] ist das letzte datierte Bild des Künstlers. Georg Schneider bedient sich hier der bekannten stereotypen Kompositionsschemata: Auf einem Weg, der parallel zur vorderen Bildkante verläuft und der über eine kleine Brücke hinweg zu einem etwas erhöht gelegenen Kirchhof führt, begleitet ein Hirt seine aus Kühen, Schafen und Ziegen bestehende Herde. Eine Baumgruppe in der Bildmitte fungiert als Raumteiler: in der linken Bildhälfte die Berge mit ruinöser Burganlage, rechts das weite Flußtal, zu dem der Baum als Repoussoir am Bildrand überleitet. Weitere Staffage wird mit dem kleinen Planwagen am Ufer, dem auf der Brücke sitzenden Paar sowie den Figuren auf dem Kirchhof wiedergegeben.

Anders als in seinen zumeist sorgsam und detailliert ausgeführten Aquarellen und Gouachen der heimatlichen Umgebung scheinen die beiden Ideallandschaften Georg Schneiders eher schnell und flüchtig gemalt. Hier trifft die von Nikolaus Müller anläßlich der großen Mainzer Kunstausstellung von 1823 geäußerte Kritik zu: „(...) aber seine Ausführung ist unflüssig, unrein, seine Staffage gewöhnlich unter aller Kritik".[2] Auch M. Landschulz hebt in der Wertung seines Œuvres die oft unterschiedliche Qualität seiner Bilder hervor, die zuweilen „eine recht unkonzentrierte Arbeitsweise" erkennen lassen.[3]

S.M.

1   Historisches Museum Frankfurt, Inv. Nr. B 57:11b; hier sind nur noch Reste der Signatur vorhanden: „G...der".
2   Müller 1825, S. 28.
3   Landschulz 1977, S. 102.

Arbeiten auf Papier. Caspar Schneider

59 Selbstbildnis

Gouache, 197 x 166 mm, (oval, Rahmeninnenrand), verso Klebezettel: „Porträt des Mainzer Malers Joh. Casp. Schneider † 1839", auf der Holzrückwand: „Joh. Caspar Schneider. Mainz. 19. April 1753–24. Febr. 1839."

Privatbesitz Mainz

Lit.: Mainzer Warte Nr. 23, 8. Juni 1929, Abb. S. 4.

60 Selbstbildnis

Schwarze Kreide, 230 x 187 mm (oval, Passepartout-Ausschnitt)
Bez. r. u.: „C. Schneider"

Privatbesitz Mainz

Lit.: Mainzer Warte Nr. 32, 10. August 1929, Abb. S. 7.

Fritz Sauermann hat diese beiden Selbstbildnisse 1929 erstmals publiziert und damit nachgewiesen, daß Caspar Schneider sich häufiger portraitiert hat als noch von Elsa Neugarten angenommen.

Nach Sauermann zeigt die Gouache den Maler im Alter von ca. 40 Jahren, also während jener unruhigen Zeit, die er außerhalb von Mainz verbrachte. Vielleicht ist damit der ernste, resignative Gesichtsausdruck zu erklären. Das Portrait trägt privaten Charakter, denn das Gesicht ist nahe an den Betrachter herangerückt, die Augen fixieren ihn kritisch, die Büste ist bis zu den Armansätzen verkürzt und der weiße Hemdkragen offen. Er wie der ockerfarbene Rock sind in großzügigen Pinselstrichen angelegt.

In der Kreidezeichnung könnte mit Sauermann der etwa sechzigjährige Maler zu sehen sein. Die Büste beansprucht nun ungleich mehr Raum, und das Gesicht ist dadurch weiter weggerückt, was zusammen mit der formellen Kleidung dem Bildnis repräsentativere Züge verleiht.

Auch wenn auf den ersten Blick zwischen den beiden Portraits keine große physiognomische Ähnlichkeit bestehen mag, kehren doch bei beiden die charakteristischen Falten, die sich von den Wangen zum Kinn herunterziehen, die kräftige Nase und die hohe Stirn wieder. Im uns bisher bekanntgewordenen Œuvre Caspar Schneiders erscheint die Technik der Kreidezeichnung singulär. Mit ihren regelmäßigen, dicht nebeneinandergelegten und einander kreuzenden Schraffuren entspricht sie jedoch vollkommen anderen Kreideportraits der Zeit um und kurz nach 1800.

Beide Selbstbildnisse sind aus biographischen Gründen interessant, erreichen aber nicht die Qualität und Intensität des späten Öl-Selbstportraits Kat. Nr. 41.   Su

61 Mondscheinlandschaft – Hirte mit Herde bei einem Bachlauf
1787

Aquarell, wenig Deckfarbe, Feder in Schwarzgrau, Einfassungslinie, Bütten, Wz.: bekröntes Wappen mit bourbonischer Lilie, Einfassungslinie, 115 x 188 mm (Bild), 133 x 220 mm (Blatt)
Bez. r. u.: „C. Schneider fecit."
Im Stammbuch der Marianne Kraus, fol. 75 r.

Freies Deutsches Hochstift – Frankfurter Goethe-Museum, Frankfurt a.M., Handschriftenabteilung, Inv. Nr. St 14, Hs 2931

Wegen seiner chronologischen Stellung und seines Kontextes darf dieses kleine Aquarell Aufmerksamkeit beanspruchen. Es ist Schneiders früheste datierte Arbeit auf Papier in unserer Ausstellung und entspricht thematisch und stilistisch seinen gleichzeitigen gemalten Mondscheinlandschaften Kat. Nrn. 15–17. Mit seiner etwas bemühten Zusammenstellung von Hirtenstaffage, Bachlauf und Kirchenruine forciert es allerdings die empfindsam-elegische Naturstimmung. Die Architektur scheint die Klosterruine Rupertsberg an der Nahe frei zu variieren.

In ernüchternd-komischem Kontrast zu Schneiders bildkünstlerischem Beitrag für das Stammbuch der Marianne Kraus stehen seine naiven Verse auf der gegenüberliegenden Seite:

„Sie lassen sich allhier mit Bilder
und mit Schriften,
Von Ihrer Freunden zahl ein
Edles Denkmal stiften,
Wolan, so folg ich auch dem
Rümlichen gebrauch:
Hier haben Sie mein Bild und
die Versichrung auch,
Das ich stets bin Ihr Freund.
Nun weis ich nichts mehr weiter,
Als meinen Namen noch - - -
ich heise Kaspar Schneider.

Maynz im Juny 1787."

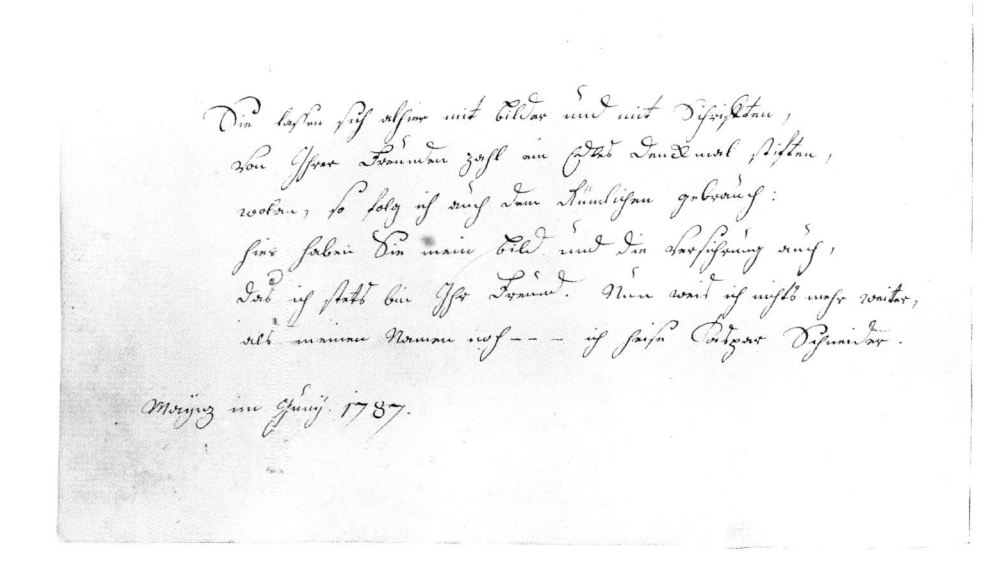

Nach jetzigem Kenntnisstand ist es das einzige erhaltene schriftliche Dokument seiner Hand. Schneider befindet sich mit seinem Beitrag zu dem Stammbuch in prominenter Gesellschaft, enthält es doch u. a. Zeichnungen von Carl Philipp Fohr, Wilhelm Friedrich Gmelin, Angelika Kauffmann, Ferdinand Kobell, Johann Georg Pforr und Johann Heinrich Wilhelm Tischbein. Da Nachrichten über Schneiders Kontakte zu anderen Künstlern spärlich sind, ist die in diesem Stammbuch dokumentierte Bekanntschaft mit der Malerin Marianne Kraus (1765–1838) von Bedeutung. Sie soll in Frankfurt Schülerin von Christian Georg Schütz d. Ä. und Friedrich Wilhelm Hirt gewesen sein[1]. Eine Italienreise führte sie 1791 in den Kreis der genannten Künstler in Rom. Sie wurde dort von Gmelin und Jacob Philipp Hackert unterrichtet und übernahm dessen Landschaftsauffassung. Auch Angelika Kauffmann muß sie gekannt haben. Schneider könnte über sie Kenntnisse von der aktuellen deutsch-römischen Landschaftsmalerei, besonders Hackerts, erlangt haben, der er sich mit manchen Werken annäherte.

Su

1 Laut dem Stammbuch beiliegenden biographischen Notizen.

62   Blick von Hl. Kreuz nach Mainz

*Aquarell und Deckfarben über Bleistift, Bütten,
Wz.: bekröntes Wappen mit Lilie und
„VAN GELDER", 401 x 630 mm
Unbez.
Provenienz: Prof. L. Lindenschmit d. J. –
Nachlaß Lindenschmit.*

Landesmuseum Mainz, Inv. Nr. GS 0/1740

Lit.: Mz. Zs. XI, 1916, Abb. 1, S. 110; Arens 1961, Nr. 3, S. 509.

Caspar und Georg Schneider studierten nicht nur die Hl. Kreuz-Kirche selbst, sondern nutzten auch die südlich der Stadt gelegene Anhöhe für einige panoramaartige Landschaftskompositionen. Die unzerstörte Kirche ist an den linken Bildrand gerückt, ihr antwortet einer der typischen Schneiderschen Bäume als Repoussoir rechts. In der Senke liegt das türmereiche Mainz, ebenfalls im Zustand der Zeit vor 1793. Rechts Weisenau mit seiner Kirche, ein Ort, den beide Brüder oft als Standort ihrer Veduten wählten. Im Hintergrund schließen über Rhein und Main die Taunusberge die Komposition ab. Die Weiträumigkeit der Bildanlage unterstützt der zwei Drittel der Blattfläche einnehmende Himmel, aus dem links über der Kirche ein Regen niedergeht, während er sich im übrigen in nur leicht bewölktem Blau zeigt. Das Aquarell könnte noch vor der Belagerung von 1793 entstanden sein.

Angesichts eines vom selben Standort aus aufgenommenen und nahezu identischen Aquarells Georg Schneiders (Landesmuseum Mainz, Inv. Nr. GS 0/307) kann die traditionelle Zuschreibung an Caspar in Frage gestellt werden. Doch sprechen die detaillierte Wiedergabe der Stadt und der umliegenden Orte sowie der Landschaft (die Berge!) für ihn als Urheber. Die Bildidee übernahm der Schüler Caspars, Franz Graf von Kesselstatt, und setzte sie 1799 vereinfacht in eine kleine Gouache um (Kat. Nr. 134), ein Verfahren, das er als Dilettant wiederholt anwandte.

Bereits Christian Georg Schütz d. Ä. hatte diesen Standort, allerdings deutlich erhöht, 1786 für seinen Blick auf Mainz mit der Hl. Kreuz-Kirche gewählt und seine Vedute mit einem Randbaum rechts abgeschlossen (Abb. S. 52)[1].   Su

1   Bayerische Staatsgemäldesammlungen, Staatsgalerie Schloß Johannisburg, Aschaffenburg, Inv. Nr. 6565; Arens 1961, Nr. 1, S. 509; Skizze: Abb. 377.

63 Auswanderer (?)

Pinsel in Grau und Braun, Feder in Schwarzgrau und Braun, über Bleistift, Bütten, Wz.: Krone (angeschnitten), 199 x 160 mm
Bez. r. auf halber Höhe: „C Schneider"
Provenienz: Ankauf bei Antiquar Ludwig Weiss, Mainz.

Landesmuseum Mainz, Inv. Nr. GS 1928/2902

Diese flüchtige Skizze ist eines von drei nahezu maßgleichen Blättern mit Figurenstudien, die das Kupferstichkabinett 1928 erwarb. Sie trägt im Inventarbuch den Titel „Auswanderer", und in der Tat ist trotz der flüchtigen Anlage erkennbar, daß hier keine harmlose Genrezeichnung vorliegt. Gesten und Körperhaltungen deuten auf Abschied, ja hektischen Aufbruch hin. Nur wenige figürliche Studien Caspar Schneiders sind bekannt (vgl. sein Skizzenbuch, Kat. Nr. 92), und unter ihnen ist diese Skizze die einzige, die etwas von der Not der Jahre vor 1800 verrät. Es muß Erwägung bleiben, ob sie auf die Vertreibung frankophiler Bürger aus dem entsetzten Mainz 1793 zu beziehen ist.   Su

64 Ansicht der zerstörten Dominikanerkirche in Mainz

1793

Aquarell, Feder in Grau über Bleistift, 442 × 563 mm
Bez. l. u.: „C. Schneider fecit 1793", auf dem Untersatzkarton r. u.: „C:SCHNEIDER: FECIT", in der Mitte u.: „Ruine de l'Eglise des Dominicains à Mayence, Causée par Le Bombardement du 17 Juin par Les francais."
Provenienz: Vermächtnis Martin von Metzler, 1841.

Landesmuseum Mainz, Inv. Nr. GS 0/2099

Lit.: Führer durch die Sammlungen ... Mainz o. J., Nr. 497, S. 80; Schneider 1879, Nr. 585; Neugarten 1922, S. 12, WV-Nr. 37; Arens 1961, Nr. 3, S. 180, S. 185; Ausst. Kat. Heidelberg 1965, Nr. 296, S. 68; Ausst. Kat. Mainz 1993, Nr. 155, S. 284, mit Abb.; Ausst. Kat. Mainz 1995/96, Nr. 19, S. 46, mit Farbtaf.

Während der Belagerung des französisch besetzten Mainz 1793 durch alliierte Truppen wurde außer anderen Profan- und Sakralbauten auch die um 1300 erbaute Dominikanerkirche so schwer beschädigt, daß sie 1806 abgebrochen wurde. Sie lag in der Nähe der „Alten Universität" zwischen Fust-, Gymnasium- und Dominikanerstraße und der Vorderen Präsenzgasse. Schneider gibt den Blick von Süden durch eine breite Bresche in das Innere des Kirchenraumes nüchternregistrierend. Allenfalls wäre der vor der Kreuzigungsgruppe links im Bild knienden Familie ein bedeutungsvoller Hinweis auf die überstandene Belagerung zu attestieren. Die nicht zutreffenden Angaben unterhalb des Bildes, daß die Kirche am 17. Juni 1793 durch ein Bombardement der Franzosen beschädigt worden sei, läßt sich nur so erklären, daß sie einige Zeit nach dem Ereignis, möglicherweise von fremder Hand, notiert wurden. Goethes Bericht über die Belagerung ist zu entnehmen, daß die Kirche in der Nacht vom 21. auf den 22. Juli als einer der letzten Bauten in Flammen aufging. Caspar Schneiders Bruder, der Stephanstürmer Hermann, verzeichnet den Brand in seiner „Chronik"[1] unter dem 20. Juli.

In dieser ersten großen Architekturvedute Schneiders fällt im Vergleich mit hypothetisch früher anzusetzenden Blättern die Klarheit und Sicherheit des Umrisses auf. Schneider ließ sich intensiv auf Details ein, die Palette hat sich zu einem grau-gelben Gesamtton aufgehellt, und der beobachtete Wechsel von Licht und Schatten dient der Klärung der räumlichen Verhältnisse. Ob auf persönliche Kontakte mit Georg Melchior Kraus und Charles Gore oder auf Kenntnisse zurückgehend, die der Maler während seiner Flucht aus Mainz erwerben konnte – mit den genannten Kriterien entspricht das Aquarell der zeitgenössischen Entwicklung der Zeichenkunst. Probleme hatte unser Künstler mit der Perspektive: Um einen bei planparalleler Stellung der Kirche an sich nicht möglichen Blick in ihr Inneres geben zu können, zeichnete sie Schneider so, als knicke sie dort ab, wo das Gewölbe noch erhalten ist. Nicht klar ist auch die perspektivische Zuordnung der Kreuzigungsgruppe zur Hausecke. Trotz dieser Einschränkungen ist das Blatt ein wichtiges Dokument, da es zeigt, wie stark beschädigt die Klosterkirche war.

Die ruinöse Dominikanerkirche haben auch sein Bruder Georg[2] und seine Schüler Johann Adam Ackermann und Caspar Dillenius (Kat. Nr. 137) festgehalten. Eine lavierte Federskizze, die Caspar Schneider jedoch nicht als Grundlage dienen konnte, findet sich auf fol. 28 des Klebebandes seines Bruders.   Su

1 Nachlaß Nikolaus Müller, Stadtarchiv Mainz, Faszikel XIV.
2 Öl/Holz, Landschulz 1977, Nr. 5, S. 84; Aquarell (1793), Landschulz 1977, Nr. 18, S. 86.

65 Die zerstörte Liebfrauenkirche in Mainz von Osten

Aquarell, Deckweiß, Feder in Braun, Vélin,
472 x 677 mm
Unbez.
Provenienz: Geschenk von Frau Elisabeth Juttel,
Ehefrau des Luxemburgischen Generalkonsuls,
an die Stadt 1962.

Landesmuseum Mainz, Inv. Nr. GS 0/4225

Lit.: Schneider 1879, Nr. 470 (identisch?);
Ausst. Kat. Ausstellung alter Kunst im Kurfürstlichen Schloss, Mainz 1925, Nr. 334, S. 44 (identisch?); Dengel-Wink 1990, S. 47 ff., Abb. 10, S. 48.

Das prächtige Aquarell entspricht, von architektonischen Details und der Staffage abgesehen, der lavierten Federzeichnung und dem Stich (Kat. Nrn. 79, 130). Für alle diese Blätter gilt, was Beate Dengel-Wink zu dem Aquarell bemerkt: „Die Detailtreue, das Verständnis für das Zusammenspiel der Teile und die daraus resultierende korrekte Wiedergabe im Verhältnis der Teile zueinander lassen die Abbildung als eine der wichtigsten und verläßlichsten Quellen für die Rekonstruktion der Liebfrauenkirche erkennen."[1] Vorbereitet wurde das Aquarell vielleicht durch ein wesentlich kleineres, skizzenhafteres, das den Bildausschnitt auch enger faßt[2]. Die Staffage ist im Gegensatz zur wohl späteren Feder- und Pinselzeichnung (Kat. Nr. 79) nicht nur um erzählerische Genrezüge bereichert, sondern hat einen anderen Charakter: Zwei Mönche sind dem Liebfrauenportal zugeordnet, und deutsches Militär findet sich im Straßenbild, so daß das Aquarell nach der Rückeroberung der Stadt 1793 entstanden sein könnte. Es scheint, als wollte der Künstler mit dem figurenreichen Treiben auf dem Liebfrauenplatz, den geöffneten Läden und dem Transport von Waren auf das wieder auflebende Mainz nach der Belagerung hinweisen. Im Vergleich zu dem Aquarell der Dominikanerkirche ist, neben der komplizierteren Bildanlage, eine Steigerung der Räumlichkeit und eine betontere Lichtführung festzustellen. Das Thema des belebten städtischen Platzes geht, wie schon Elsa Neugarten beobachtet hat, auf Frankfurter Ansichten Christian Georg Schütz' d. Ä. zurück[3]. Ein diesem Aquarell entsprechendes Ölbild und ein nahezu identisches Aquarell befanden sich in Mainzer Privatbesitz[4], eine Gemäldefassung von 1817 als Pendant zu einer Ansicht des Kaufhauses auf dem Brand im Besitz Friedrichs Dael von Köth-Wanscheid[5].

Su

1 Dengel-Wink 1990, S. 53.
2 Dengel-Wink 1990, Abb. 12, S. 51.
3 Neugarten 1922, S. 12.
4 Neugarten 1922, WV-Nr. 46, S. 12, Abb. 7; Schneider 1879, Nr. 474.
5 Schneider 1879, Nr. 15.

66 Das brennende Mainz von Hochheim aus

Schwarze Kreide, Gouache, 452 x 662 mm, Einfassungslinie
Unbez.

Stadtarchiv Mainz, Bild- und Plansammlung, Signatur 313.1 D

Goethe vermerkte in seiner „Belagerung von Maynz" unter dem 28. Juni 1793: „Fortgesetztes Bombardement gegen den Dom; Thurm und Dach brennen ab und viele Häuser umher." Wie die zeichnenden Begleiter Goethes, Charles Gore und Georg Melchior Kraus, haben auch die Brüder Schneider nächtliche „Brandstudien" (Goethe) des bombardierten Mainz gemalt und gezeichnet, wobei man bisher nur Gemälde und Zeichnungen Georg Schneiders kannte (vgl. Kat. Nrn. 51, 52). Wegen ihrer differenzierten Farbigkeit und Präzision, auch in der Staffage, ist diese bildhafte Zeichnung Caspar Schneider zuzuschreiben. Die Komposition setzt wohl den Aquatinta-Stich Johann Friedrich Tielkers nach Johann Georg Schütz d. Ä.[1] voraus, übertrifft ihn allerdings in der getreueren Wiedergabe der einzelnen Architekturen und in ihrer delikaten farbigen Wirkung: Schwarz-, Grau- und Brauntöne des Vordergrundes gehen in den Dächern und dem Himmel in nächtliches Blau über, zu dem die orangefarbene Feuerlohe einen Komplementärkontrast bildet. Da der Stich Tielkers wegen seiner Widmung an Friedrich Wilhelm III. von Preußen erst nach 1797 entstanden sein kann[2], ist, wenn unsere Annahme zutrifft, damit auch ein terminus post quem für Schneiders Bild gegeben.

Es entsprach den Intentionen des Dichters und seiner Zeitgenossen, das schreckliche Ereignis ästhetisch als „erhabenes" anzuverwandeln[3], was auch die unterschiedlichen Reaktionen der es beobachtenden Menschen vor Augen führen. Die sitzende, trauernde Frau in dieser Gruppe ist von geradezu klassischer Gestalt und kann als Personifizierung einer klagenden „Moguntia" gelesen werden. Die Ästhetisierung des Schrecklichen wird auch darin deutlich, daß beide Brüder zur gleichen Zeit, um 1800, den Blick auf das unzerstörte Mainz unter einem heiteren Himmel vom nahezu identischen, sowohl die Bedingungen des „Malerischen" wie des „Idyllischen" erfüllenden Standort aus wählten.

Su

1 Ausst. Kat. Mainz 1993, S. 275, Nr. 142, mit Farbabb.
2 Ausst. Kat. Mainz 1993, S. 275.
3 Vgl. den Bericht von Christoph Meiners „Bemerkungen auf einer Reise nach Mainz, in einem Briefe an einen Freund. Geschrieben im August 1793", in: Ausst. Kat. Mainz 1993, S. 316: „Der schrecklichste Brand in Mainz war der des Dahlbergischen und Ingelheimischen Hofes: der Erhabenste aber der des Doms, oder vielmehr der Domthürme. Belagerer und Belagerte wurden durch die außerordentliche Schönheit und Größe der brennenden Domthürme so hingerissen, daß Jene darüber beynahe ihres Vorsatzes zu schaden, und diese ihrer eigenen Gefahren vergessen hätten." Vgl. auch Horst Reber, Künstlerische Kriegsberichterstattung, in: Ausst. Kat. Mainz 1993, S. 208.

67 Ruine der Hl. Kreuz-Kirche bei Mainz

Aquarell, Bütten, Wz.: bekröntes Wappen mit Lilie, 185 x 273 mm
Bez. r. u.: „Schneider" (?)
Provenienz: Vermächtnis A. M. Laské 1903.

Landesmuseum Mainz, Inv. Nr. GS 1903/210

Lit.: Arens 1961, Nr. 12, S. 510; Ausst. Kat. Heidelberg 1965, Nr. 298, S. 68.

Die pittoreske Ruine der Stiftskirche Hl. Maria im Felde oder Hl. Kreuz wurde um 1800 zu einem der beliebtesten Motive Mainzer Maler. Caspar Schneider wählte, wie sein Schüler Dillenius, den Blick von Westen auf Querhaus und Chor. Allerdings weicht seine Ansicht in architektonischen Details von derjenigen des Dillenius ab, die als „beste Darstellung des baulichen Bestandes"[1] gilt. 1320 errichtet, wurde die 2 km südlich von Mainz an der Hechtsheimer Straße gelegene Kirche von dort lagernden Franzosen 1792 beschädigt, 1793 niedergebrannt und 1799 oder 1801 gesprengt. 1806 wurde der Bauschutt beseitigt[2]. Die Kirche präsentiert sich also in ihrem Zustand zwischen 1793 und 1799/1801. Im Vergleich zu den Aquarellen der Dominikaner- und der Liebfrauenkirche sind die Farben wärmer, gedämpfter, ihr Auftrag verschwimmender und die Formen weniger scharf umrissen. Der einst umkämpfte Ort ist im Sinne der „Empfindsamkeit" zu einem „Locus amoenus" mit elegischer Schäferidylle geworden. Dies zeichnet auch die Gouache des Berliner Kupferstichkabinetts aus, die den Blick auf den Chor der Kirche von außen zeigt. Sie dürfte die Vorlage für Johann Jakob Hochs Aquarell (Kat. Nr. 133) gebildet haben.
Su

1 Arens 1961, Nr. 10, S. 510.
2 Arens 1961, S. 511 ff.

68 Ruine der Hl. Kreuz-Kirche bei Mainz

Aquarell, Feder in Braun, rahmenartige Einfassung, Bütten, auf Leinwand aufgezogen, 331 x 506 mm
Bez. r. u.: „d'apres la nature"
Provenienz:
Geschenk Direktor L. Lindenschmit d. J. 1901.

Landesmuseum Mainz, Inv. Nr. GS 0/2399

Lit.: Neugarten 1922, WV-Nr. 57 (identisch?, abweichende Maße); Ausst. Kat. Schätze aus dem Graphischen Kabinett. Mittelrheinisches Landesmuseum Mainz 1979, Nr. 134, mit Farbtaf.

Bei diesem Aquarell der Hl. Kreuz-Kirche wählte Schneider die Ansicht von Süden und komplettierte sie mit einem rahmenden Baum und Staffage zu einer Vedute, die allerdings nicht frei von transzendenten Bezügen ist. Denn das Muttergottes-Relief und die auf der Wanderschaft befindlichen Menschen könnten im Sinne der Frühromantik aufeinander verweisen. Die Quellen für derartige Staffagefiguren sind bei Niederländern wie Nicolaes Berchem zu suchen. Zwar hat Schneider ausdrücklich vermerkt, er habe diese Vedute „nach der Natur" geschaffen; doch könnte sich das auch nur auf vorbereitende Skizzen wie das Aquarell des Mainzer Stadtarchivs beziehen, das, in freiem Duktus zu Papier gebracht, noch nicht die bedeutungsvolle Staffage aufweist[1] (Vergleichsabb.). Bildparallelität und verhaltene Farbigkeit könnten für einen chronologischen Ansatz vor 1799/1801 sprechen, als die Kirche gesprengt wurde.

Ein Aquarell Johann Jakob Hochs (1750–1829) (Kat. Nr. 133) ist möglicherweise nicht nur durch dieselbe Ruine inspiriert, sondern zeigt auch einen vergleichbaren Aufbau.
Su

1 327 x 488 mm, verso alter Zettel: „Ruin von heilig Kreuz./ bey Mainz.", von späterer Hand: „1793 von Joh. Caspar Schneider.", BPS III B z 7.

C. Schneider,
Ruine der Hl. Kreuz-
Kirche bei Mainz

Arbeiten auf Papier · Caspar Schneider

69 Blick auf Erbach (?) und den Rheingau von Osten

Aquarell, Deckweiß, 420 x 643 mm (Passepartout-Ausschnitt)
Bez. l .u.: „C. Schneider"

Privatbesitz Mainz

Die topographische Situation entspricht fast vollkommen derjenigen auf einem Ölgemälde Georg Schneiders im Landesmuseum Mainz (Inv. Nr. 855), das den Blick von Eltville nach Erbach im Rheingau zeigen soll. Nach dem Verlauf des Rheins und der ihn einfassenden Höhenzüge zu urteilen, hätte Schneider seinen Standort ostnordöstlich von Erbach gewählt. Das große Hofgut im Vordergrund wäre dann der Draiser Hof. Jedoch sind weder er noch der Ort auch nur annähernd getreu wiedergegeben. Allenfalls wären in dem Kirchenbau Ähnlichkeiten mit St. Markus in Erbach gegeben, wobei die Kirche hier um 45° gedreht wäre. Auch lägen sowohl das Hofgut als auch das Dorf zu weit vom Rhein entfernt. Zudem entspricht das gegenüberliegende linke Ufer nicht den tatsächlichen Verhältnissen, so daß nur der Schluß bleibt, daß Caspar Schneider möglicherweise zwar durch diesen Abschnitt des Rheingaues zu seiner Landschaftskomposition angeregt wurde, aber die topographische Situation frei variierte. Bemerkenswerterweise und im Unterschied zu dem Gemälde des Bruders verzichtete er auf einen Baum als Repoussoir.

Ein ehemals in Mainzer Privatbesitz befindliches, wesentlich kleineres Aquarell zeigte dieselbe Situation mit leichten Abweichungen[1]. Die Staffage bildet hier ein Paar in der Kleidung des späten 18. Jahrhunderts, was einen Hinweis auf die Datierung geben könnte.
Su

1 Neugarten 1922, WV-Nr. 20. Negativ im Landesmuseum Mainz.

70   Figurenstudien

Feder in Grauschwarz, Aquarell, 119 x 187 mm
Unbez.

Hessisches Landesmuseum Darmstadt,
Graphische Sammlung, Inv. Nr. Hz 373

Die Zusammenstellung der heterogenen Staffage – ein im Sitzen arbeitender Zeichner, ein bürgerliches Paar und zwei Jäger – läßt den Studiencharakter des Blattes erkennen. Solche ausgearbeiteten Studien für Staffagefiguren in Gouachen oder Gemälden sind selten im Werk Caspar Schneiders. Den im Freien arbeitenden Künstler hat allerdings Georg Schneider bevorzugt in seine Kompositionen übernommen. Die Kleidung legt eine Datierung des Aquarells um 1800 nahe.

Su

71 Felslandschaft mit Wasserfall und Staffage

Pinsel in Braun über Bleistift, Bütten,
Wz.: dreifache Kreislinie mit Inschrift, darüber
Krone, 197 x 315 mm
Bez. r. u.: „C Schneider"

Landesmuseum Mainz, Inv. Nr. GS 0/311

In einer großen Diagonale staffeln sich von rechts oben nach links unten, vom Vorder- in den Hintergrund, felsige Berge. Diese abfallende Kompositionslinie wird am linken Bildrand von einem Baum abgefangen. Ein Wasserfall stürzt über die Felsen im Vordergrund herab und setzt sich in einem Bachlauf fort, der von einem einfachen Holzsteg überbrückt wird. Ihm sind zwei Staffagefiguren zugeordnet. Im hell beleuchteten Mittelgrund lagert Vieh.

Die Pinselzeichnung beschränkt sich nur auf Abstufungen verschiedener Brauntöne und auf die Einbeziehung des hellen Papiers und ist dennoch ein autonomes Werk, das Caspar Schneider deswegen auch signierte. Die Technik der freien Pinselzeichnung könnte er in Mannheim bei Franz und Ferdinand Kobell kennengelernt haben, während die diagonale Anlage der Komposition und das Repertoire mit Felsen, Wasserfall, Steg und Staffage auch bei zahlreichen anderen Malern und Zeichnern des späten 18. Jahrhunderts anzutreffen sind und alle Bedingungen eines „Locus amoenus", einer Idylle, erfüllen[1].

Su

1 Bernhard 1976, S. 184.

72 Bergige Landschaft mit Brunnentrog und Staffage, im Hintergrund eine Wassermühle

Gouache, Einfassungslinie, Bütten, 201 x 296 mm
Unbez.
Provenienz: Vermächtnis A. M. Laské 1903.

Landesmuseum Mainz, Inv. Nr. GS 1903/207

Ähnlich wie auf der vorangegangenen Pinselzeichnung bestimmt auch hier die weniger markant abfallende Diagonale eines sich in den Hintergrund erstreckenden Höhenzuges die Komposition. Ein Flüßchen zieht durch das Tal und treibt im Mittelgrund eine Mühle an. Im Vordergrund sind um einen Trog, der von einem in eine Rinne gefaßten Bach gespeist wird, Hirten und Rinder gruppiert. Als immer wiederkehrendes Versatzstück bildet ein dunkler Vordergrund mit Baum das Repoussoir.

Unsere Gouache entspricht, von wenigen Details abgesehen, einer Jakob Bürgi (1745, tätig in Bern 1789–95) zugeschriebenen Gouache des Germanischen Nationalmuseums Nürnberg[1]. Da Schneider Bürgi gekannt haben soll[2], könnte der eine den anderen kopiert haben. Der Schweizer, dessen Werk kaum gesichert ist, scheint gröber und mit härteren Kontrasten im Himmelsbereich gearbeitet zu haben als Schneider. Angesichts der Feinheit der Nürnberger Gouache müßte auch eine eigenhändige Replik Schneiders erwogen werden. In Farbigkeit und spitzpinseliger Technik bildet die Mainzer Gouache mit den vier folgenden Deckfarben-Blättern eine Gruppe, die vielleicht nach 1800 anzusetzen ist, zumal sie stilistisch der großen Ideallandschaft von 1809 (Kat. Nr. 78) nahesteht. In Farbauftrag und minutiöser Detailwiedergabe geht sie möglicherweise auf Anregungen des Schweizers zurück, steht aber auch Gouachen Christian Georg Schütz d. Ä. nahe.

Su

1 Ausst. Kat. Nürnberg 1983/84, Nr. 10, S. 27, mit Abb.
2 Klein 1825, S. 75. Der Mainzer Stecher J. P. Rücker stach sowohl nach Schneider als auch nach Bürgi.

73 Hügelige Waldlandschaft mit Bachlauf

Gouache, Bütten, 193 x 290 mm
Unbez.
Provenienz: Vermächtnis A. M. Laské 1903.

Landesmuseum Mainz, Inv. Nr. GS 1903/208

Im Rahmen des Caspar Schneider Erreichbaren bildet diese Gruppe mit Landschafts-Gouachen zweifellos einen Höhepunkt unter seinen Arbeiten auf Papier. Überwiegend von Blau-, Braun- und Grüntönen getragen, sind sie die farbig kühlsten und von äußerst spitzpinseligem Auftrag. Bemerkenswert bei dieser Gouache ist, daß Staffage völlig fehlt und die unberührte Natur alleinr Bildthema ist. Forderten die Zeitgenossen, Joseph Anton Koch wäre hier vor allem zu nennen, von einem Landschaftsgemälde, das Anspruch auf mehr als schiere Naturnachahmung machte, religiöse, mythologische oder arkadische Staffage, sanktionierten die Theoretiker der empfindsamen Landschaftsmalerei auch die Darstellung der menschenleeren Natur: „Eine stille Gegend voll Anmuth, das sanfte Rieseln eines Bachs, und das Lispeln eines kleinen Wasserfalles, eine einsame, von Menschen unbetretene Gegend, erweket ein sanftschauerndes Gefühl der Einsamkeit und scheint zugleich Ehrfurcht für die unsichtbare Macht, die in diesen verlassenen Orten würket, einzuflößen: kurz, jede Art des Gefühls wird durch die Szenen der Natur rege." [1] Obwohl wir über den theoretischen Kenntnisstand Caspar Schneiders nichts wissen, darf man annehmen, daß er, auch wenn er die Schriften Hagedorns und Sulzers nicht gekannt haben mag, doch derartige Wirkungen auf den Betrachter seiner Bilder beabsichtigte. Bachlauf und Weg, parallel- und gegeneinandergeführt, leiten den Blick übergangslos in die Bildtiefe. Waldlandschaften Waterloos oder Swanevelds mögen hier nachgewirkt haben.

Su

[1] Johann Georg Sulzer, Allgemeine Theorie der schönen Künste, 2. Aufl. Leipzig 1779, Bd. III, S. 116, zit. nach Ost 1971, S. 106.

74 Flußlandschaft mit Angler

Gouache, Bütten, Wz.: unleserlicher Schriftzug, 188 x 292 mm
Unbez.
Provenienz: Vermächtnis A. M. Laské 1903.

Landesmuseum Mainz, Inv. Nr. GS 1903/12

Diese Gouache beruht auf einer ähnlich konsequent-schlichten Landschaftskonzeption und zuständlichen Ruhe wie die vorangegangene. Eine weite Flußlandschaft, wie sie sich nördlich von Mainz im Rheingau findet, führt rechts in das Bild hinein, dessen linkes Drittel von zwei die gesamte Bildhöhe beanspruchenden Bäumen eingenommen wird. Hier steht ein Angler am Ufer, während im Mittelgrund nur ein Nachen mit vier Personen den Fluß belebt. Wie stets bei den Brüdern Schneider sind die Bäume, trotz kleinteiliger Wiedergabe des Laubwerks, nicht näher charakterisiert, sondern in einer bestimmten „Manier", tüpfelnd oder strichelnd, wiedergegeben. Obwohl auch hier niederländische Vorbilder eine Rolle spielen mögen, etwa Jan van Goyens oder Salomon van Ruysdaels Flußlandschaften, ist Schneider doch eine eigene, protoromantische Bildschöpfung gelungen.   Su

75   Landschaft mit Waldstück und Staffage

Gouache, rahmenartige Einfassung, 186 x 286 mm (Bild), 241 x 337 mm (Untersatzpapier)
Bez. in der Mitte u. auf dem Untersatzpapier: „Von Caspar Schneider aus Mainz"

Privatbesitz Mainz

76   Landschaft mit Waldstück und Staffage

Gouache, rahmenartige Einfassung, 186 x 284 mm (Bild), 244 x 338 mm (Untersatzpapier)
Bez. in der Mitte u. auf dem Untersatzpapier: „Von Caspar Schneider aus Mainz"

Privatbesitz Mainz

Beide Gouachen sind offensichtlich als Pendants gemalt worden, da sie maßgleich sind und dieselbe illusionistische Rahmung auf ihrem Untersatzpapier aufweisen. Es handelt sich um nicht näher bestimmbare Flachlandschaften, in denen im Mittelgrund Waldstücke den überwiegenden Teil des Blattes verriegeln und nur ganz rechts den Blick in eine weite Ferne gestatten. Wege mit miniaturhaft-feiner Staffage erschließen die Bildtiefe. Wie in Caspar Schneiders besten Ölgemälden leuchtet das Licht durch die Baumkronen. Die niederländische Landschaftsmalerei des 17. Jahrhunderts war hier erneut wirksam. Besonders Jacob van Moschers (tätig in Haarlem um 1635–1655) ganz ähnlich aufgeteilte Landschaften wären zu nennen[1].   Su

1   Hans-Ulrich Beck, Künstler um Jan van Goyen, Doornspijk 1991, Nr. 910, Farbabb. XLIX.

77 **Nordwestliche Gegend um Mainz mit Blick auf die Ingelheimer Aue und das rechte Rheinufer**

1805

Aquarell, Feder in Graubraun, breite Einfassung, graues Bütten, montiert, 211 x 368 mm
Bez. u.: „Der Nord-westliche Theil der Gegend um die Stadt Maynz, aufgenohmen (!) von dem St Stephans Thurm 1805", r. u.: „Caspar Schneider"
Provenienz:
Ankauf bei Antiquar F. Otto, Mannheim.

Landesmuseum Mainz, Inv. Nr. GS 1925/1

Mit dem Blick vom Turm der Stephanskirche war Caspar Schneider vertraut, da sein Bruder Hermann Caspar dort als Türmer lebte. Allerdings konnte dieser, weit im Norden vor den Mauern von Mainz gelegene Landstrich unmöglich von dort so eingesehen werden. Vielmehr muß sich der Standort des Künstlers weiter nordwestlich auf dem Hartenberg befunden haben. Unten im Tal sind die beiden Hartenmühlen zu erkennen. Diese, heute durch Industrie und Verkehrswege völlig korrumpierte Gegend ist von einem niedrigeren Standort aus in einer Skizze mit der Bezeichnung „Die harte Mühle bey Maynz/ 1792" in Georg Schneiders Klebeband (Kat. Nr. 121) festgehalten. Der Rhein zieht planparallel durch die Bildmitte. Bei der von einem barocken Zentralbau, dem kurfürstlichen Lustschlößchen, überragten Insel handelt es sich um die Ingelheimer Aue. Auf dem rechten Rheinufer sind, weiter zurückliegend, der Ort Mosbach und am Ufer weiter links (nördlich) das Biebricher Schloß zu erkennen. Am linken Bildrand schließt das Dorf Schierstein die Komposition ab. Hinter den Ortschaften steigen die Hänge des Taunus an.

Die zarte Aquarellierung, ihre Abstufung zum Hintergrund hin und die Berücksichtigung der Wasserspiegelungen lassen eine unmittelbare Naturbeobachtung als glaubwürdig erscheinen, in der auf einen Baum als Repoussoir und auf Hirtenstaffage verzichtet ist. Im Ausführungsgrad steht das Aquarell zwischen der flüchtigen, allenfalls lavierten Skizze und dem komponierten Aquarell.

Su

78 Ideallandschaft mit Staffage
1809

Gouache über Spuren von Bleistift, Papier, auf Leinwand aufgezogen, 671 x 881 mm
Bez. r. u.: „C. Schneider/1809"
Provenienz: Ankauf bei J. Klein 1898.

Landesmuseum Mainz, Inv. Nr. GS 1898/1

Lit.: Neugarten 1922, WV-Nr. 45.

Der traditionelle Bildtitel „Taunusgegend" trifft sicher nicht zu. Einzelne Elemente mögen auf Studien zurückgehen, die Caspar Schneider in der Natur anlegte, doch schuf er mit dieser prächtigen Gouache eine Ideallandschaft, die Züge des Erhabenen und Idyllischen vereint. Mit ihren Abmessungen, ihrer absoluten Größe, und ihrer Durcharbeitung ist sie den Gemälden ebenbürtig. Sie ist aber auch von bildimmanenter Größe. Die Wirkung des Erhabenen geht wesentlich von dem die rechte Bildhälfte einnehmenden, bewaldeten Felsen und dem herabstürzenden Wasserfall aus, Landschaftselemente, die Kant in seiner *Kritik der Urteilskraft* als Beispiele für die erhabene Natur aufführt. Das Gewässer fließt als breiter Bach in den Bildvordergrund, wo im Schatten eines Felsstücks eine Familie mit Herde sich anschickt, das Wasser zu durchwaten. Dahinter öffnet sich eine flache Landschaft, aus der sich einzelne, sanft geschwungene Bergkuppen erheben, weit in die Bildtiefe hinein. Gehöfte und Dörfer weisen sie als kultivierte Landschaft aus. Über dem Horizont geht der gold-gelbe Ton der tiefstehenden Sonne in das Blau des Himmels über. Auf keiner anderen, uns bekanntgewordenen Gouache ist Schneider Claude Lorrains Licht so nahegekommen wie hier, das zusammen mit den verstreuten Zypressen und der Weite der Landschaft südlichen Charakter verleiht. Alle wesentlichen, die ideale Landschaft um 1800 konstituierenden Elemente sind hier vereint: Felsen, Wasserfall[1], Bäume und das Licht. Letztlich geht der gesamte Aufbau des Bildes auf Lorrain und Gaspard Dughet zurück, vielleicht vermittelt durch Franz Kobell (1749–1822). Dessen „Ideale südliche Landschaft" (um 1780)[2] entspricht in Bildarchitektur und kulissenhaftem Miteinander der unterschiedlich charakterisierten Landschaftsteile Schneiders Ideallandschaft. Während Kobell jedoch den arkadischen Modus durch antik gewandete Staffage betont, trägt Schneiders Personal – Hirten, Wanderer und Landleute – heimisches Gepräge. Arkadien, jene dichterische Fiktion einer friedlichen, genügsamen, bukolischen Welt, übertrug er auf heimatliche Gefilde, die auch durch die dörfliche Besiedlung als solche charakterisiert sind. Der idyllische Modus wird durch die unter einer Baumgruppe Ruhenden und durch die Hirtenfamilie im Vordergrund angeschlagen, der Modus des Erhabenen durch den Kontrast zwischen der Größe der sich auftürmenden Felsen und der Kleinheit der Menschen. Das Motiv einer ein Gewässer durchquerenden Herde geht, möglicherweise über Wilhelm von Kobell, auf niederländische Vorbilder wie Wouwerman und Berchem zurück. Schneider hat es mehrfach in eigenen Aquarellen bearbeitet[3].

In ihrer in diesem Sinn idealisierenden Konzeption geht diese Gouache über die gleichzeitigen und stilistisch vergleichbaren Landschaftsgemälde Kat. Nrn. 31, 32 hinaus.

Su

1 Schefold 1971, S. 274–289.
2 Ausst. Kat. Von Füssli bis Menzel. Aquarelle und Zeichnungen der Goethezeit aus einer Münchner Privatsammlung. München/New York 1997, Nr. 3, S. 42, Farbtaf. S. 43.
3 Hessisches Landesmuseum Darmstadt, Graphische Sammlung, Hz 371, Hz 375.

Arbeiten auf Papier · Caspar Schneider

79 Ruine der Mainzer Liebfrauenkirche

1813

Bleistift, Pinsel in Braun, Feder in Grau, Bütten, 558 x 712 mm
Bez. r. u.: „F. Schneider fec. 1813", in der Mitte u.: „RUIN DER Lieben Frau=Kirche IN MAYNZ/ Nach der Belagerung im Jahre 1793."
Provenienz: Beigeordneter Dr. Oechsner.

Landesmuseum Mainz, Inv. Nr. GS 1960/10

Lit.: Schneider 1879, Nr. 101; Ausst. Kat. Mainz 1993, S. 283, Nr. 154, mit Abb.

Das kapitale Blatt zeichnet sich durch seine Präzision in der Wiedergabe der Architektur aus, die eine Verbindung mit dem Genre lebendigen Alltagslebens im Zentrum der Stadt eingeht. Diese Exaktheit wird wesentlich von den äußerst feinen und sicheren Umrißlinien getragen. Die braune Lavierung verteilt Licht und Schatten rhythmisch, wobei das Hauptmotiv – die Kirche – im Licht erscheint. Die graphische Entschiedenheit mag darin begründet sein, daß die Zeichnung möglicherweise eine Kopie der Aquatinta Carl Kuntz' ist (vgl. Kat. Nr. 130).

Die Liebfrauenkirche, unmittelbar östlich dem Dom vorgelagert und einer der schönsten gotischen Sakralbauten am Mittelrhein, wurde 1311 geweiht und 1793 während der Belagerung der Stadt durch die Alliierten beschädigt, allerdings nicht so schwer, daß man sie 1803–07 hätte abbrechen müssen. Caspar Schneider gibt sie von Osten mit ihrer Schauseite und dem reich skulpierten Portal im Süden (links) wieder, leicht aus der Bildachse herausgerückt. Die dem Stich nachempfundene Beschriftung läßt eine fremde, geübte Hand vermuten, was auch erklären könnte, daß es zu der falschen Bezeichnung „F. Schneider fec." kam. Daß Caspar Schneider 1813 auf das Motiv wieder zurückgriff, könnte in den historischen Umständen begründet sein. Die Niederlage Napoleons, sein Rückzug aus den deutschen Staaten, führte auch in Mainz zur Rückbesinnung auf die „vaterländische" Vergangenheit, ihre Kunst und Kultur und besonders auf die Gotik als vermeintlich nationalem Stil. Die Veduten untergegangener Bauten führten den Zeitgenossen, die die Umbrüche nach 1793 miterlebt hatten, die einstige Größe der Stadt Mainz vor Augen. An prominenter Stelle, dort wo Schatten- und Lichtzone auf dem Pflaster aneinanderstoßen, gewahrt man, wie auf der Vorlage zu dem Stich von Kuntz, zwei Mönche unter der Staffage. Sie stehen als Rückenfiguren vor dem beschädigten Sakralbau und verweisen auf die untergegangene führende Position von Mainz als Sitz des Erzbischofs und möglicherweise auch auf die untergegangene Religion.

Beide Brüder haben sich gerade mit diesem Kirchenbau wiederholt auseinandergesetzt (vgl. Kat. Nrn. 56, 65)[1]. Das Gemälde Georg Schneiders (Kat. Nr. 56) entspricht den Zeichnungen des Bruders und der Aquatinta Carl Kuntz', ohne daß zu entscheiden wäre, welchem Werk die zeitliche Priorität zukommt.
 Su

---

1 Weitere Ansichten der Liebfrauenkirche bei Neugarten 1922.

Arbeiten auf Papier · Caspar Schneider

80 Das Kaufhaus auf dem Brand
in Mainz
Nach 1813

Aquarell über Bleistift, Bütten,
Wz.: „J WHATMAN 1813", 502 x 645 mm
Bez. verso von fremder Hand: „gezeichnet von
Schneider/ ... (?) schön"
Provenienz: Erworben durch Tausch von
Antiquar Bloch.

Landesmuseum Mainz, Inv. Nr. GS 1932/35

Das wohl 1311 fertiggestellte Kaufhaus auf dem Brand fiel 1812/13 der napoleonischen Stadtplanung zum Opfer. Es existierte also nicht mehr, als Caspar Schneider dieses großformatige Aquarell der nach Süden gerichteten Schauseite schuf. Doch mögen ihm Skizzen zur Verfügung gestanden haben. Mit dem aufkommenden Interesse am Mittelalter wandten sich mehrere Künstler in Mainz diesem bedeutenden Profanbau zu. Johann Lindenschmit fertigte um 1800 sogar Detailskizzen der einzelnen Zinnen mit den Reliefs des deutschen Königs und der sieben Kurfürsten. Mit diesem, an alten Mainzer Bauten und ihren Details interessierten Münzgraveur, Kupferstecher und Zeichner muß es sogar zu einer Zusammenarbeit gekommen sein: In Mainzer Privatbesitz befand sich 1879 eine Ansicht des Kaufhauses. Von Johann Lindenschmit stammte die Zeichnung der Architektur, von Caspar Schneider auf dem Blatt darunter ein Aquarell mit den Kurfürsten-Reliefs[1]. Schneiders Schüler Kesselstatt malte 1812 eine Gouache des gesamten Gebäudes, und Georg Moller nahm den Bau exakt auf.

Doch sind auf diesem unvollendet scheinenden Aquarell nur die reiche Staffage und der Justitia-Brunnen ausgearbeitet. Die Architekturen sind lediglich mit fahrigem Strich umrissen und fleckig laviert – eine Skizze für eines der verschollenen großformatigen Aquarelle oder für ein Gemälde wie das „1817" datierte, ehemals in Mainzer Privatbesitz befindliche (Vergleichsabb.)[2]. Für dasselbe Jahr sind zwei weitere Fassungen überliefert[3]. Dieses Datum könnte auch einen Hinweis auf die chronologische Stellung unseres Aquarells geben. Su

1 Schneider 1879, Nr. 678.
2 Neugarten 1922, WV-Nr. 79 (Öl); vgl. auch WV-Nrn. 52, 53 (Aquarelle).
3 Schneider 1879, Nrn. 14, 700.

C. Schneider,
Das Kaufhaus auf dem
Brand, 1817, Öl/Lwd.

Arbeiten auf Papier · Caspar Schneider

81 Blick vom Niederwald auf Bingen
und die Nahemündung
1815

Gouache, Einfassungslinie, Vélin, 281 x 400 mm (Blatt), 245 x 380 mm (Bild)
Bez. r. u.: „Caspar Schneider pinxt Mainz", verso: „6 febr 1815 424"

Landesmuseum Mainz, Inv. Nr. GS 0/318

Der Blick vom Niederwald auf Bingen und die Nahemündung von unterschiedlichen Standorten aus begegnet im Werk der beiden Brüder immer wieder. Diese Gouache geht auf Skizzen zurück, die Caspar Schneider von einem Punkt unterhalb der Eremitage auf dem Niederwald (vgl. Kat. Nr. 82) aus anlegte, etwa so, wie es die lavierte Zeichnung fol. 20r. in seinem Skizzenbuch Kat. Nr. 92 zeigt. Bei ihr ist allerdings ein leicht nach Osten verschobener Standort gewählt worden. Durch die auf den Tag genau vermerkte Datierung ist auch belegbar, wie Caspar Schneider gearbeitet hat: Nach vor der Natur notierten Skizzen der sommerlichen Landschaft fertigte er im Winter derartige Gouachen wie die vorliegende. Dabei unterliefen ihm dann Ungenauigkeiten wie die Drehung der Kirche St. Martin um 180°. Das traditionelle Drei-Gründe-Schema mit seiner farblichen Abfolge von Braun, Grün und Blau ist auch hier noch wirksam. Der Farbauftrag entspricht ihm, ist im Vordergrund dicht, fein und spitzpinselig und wird zum Hintergrund zunehmend transparenter und großzügiger. Das Nahetal verschwimmt in der Ferne mit dem blauen, nur leicht bewölkten Himmel, der die halbe Höhe des Bildes beansprucht. Gerahmt durch den Rochusberg links und den „gefiederten" Baum rechts, gibt Caspar Schneider eine Vedute, die die architektonischen Zeugnisse der Binger Geschichte vereint: die Burg Klopp, die Stadt mit der Kirche, die alte, in römische Zeit zurückreichende Drususbrücke und das damals schon zerstörte Kloster Rupertsberg am Ufer der Nahe, das für Georg Schneider zu einem eigenen weiteren Hauptmotiv wurde. Su

82 Blick von der Eremitage auf dem Niederwald nach Bingen

Gouache, Bütten, 261 x 380 mm
Bez. verso: „Schneider pinxt"

Landesmuseum Mainz, Inv. Nr. GS 0/317

Lit.: Das neue Mainz, Heft 10, 1955, Abb. o. S.

Der Neffe des Mainzer Kurfürsten Friedrich Carl von Ostein – Carl Maximilian von Ostein – ließ 1774–77 und 1787–91 auf dem Niederwald oberhalb von Rüdesheim einen ausgedehnten Waldpark anlegen, ein in der Mittelrhein-Region frühes Beispiel eines Landschaftsparks. Außer dem zu einem Schloß umgebauten Jägerhaus wurden der „Rittersaal" (1876 abgebrochen), eine Burgruine („Rossel", noch bestehend), eine „Zauberhöhle" (noch bestehend), ein Monopteros, der sogenannte Griechische Tempel (im 2. Weltkrieg zerstört), und eine ebenfalls nicht mehr existierende Eremitage errichtet. In ihr lebte zwar kein Eremit, wie Adam Gottron noch meinte[1], doch war sie mit der lebensgroßen Puppe eines Einsiedlers staffiert[2]. Hans Ost hat allerdings nachgewiesen, daß lebende „Ziereremiten" im 18. und frühen 19. Jahrhundert als Staffage zu englischen Parks gehörten[3]. Und von dem Gartentheoretiker Christian Cay Lorenz Hirschfeld wurde eine Eremitage für eine „einsame und sanft melancholische Gegend" empfohlen[4]. Das diesem Landschaftspark zugrunde liegende Konzept war, wie Gottron richtig bemerkte, nicht ein „schäferliches", aber auch kein heroisches, wofür allenfalls der Monopteros einen Anhaltspunkt bot. Vielmehr belegen die Parkbauten, daß eine Verbindung von Süden und Norden, Antike und Mittelalter, eine den Betrachter in abwechselnde Stimmungen versetzende Vielfalt beabsichtigt war. Die Zeitgenossen erkannten diesen „Gegensatz zwischen dem Tempel und seinem lieblichen Ausblick in den 'Weingarten' Rheingau einerseits und dem Rittersaal und der Rossel oberhalb des damals noch wild brausenden Rheindurchbruchs am Binger Loch andererseits"[5]. Caspar und Georg Schneider nutzten diese in der englischen Gartentheorie propagierten Alternativen des „Angenehmen" und des „Schrecklich-Erhabenen" für ihre Gemälde und Gouachen und verliehen ihnen ihren je unterschiedlichen Charakter.

Der Künstler hat mit dieser Gouache also nicht, wie man zunächst meinen könnte, eine empfindsame, mit sakralen Bezügen versehene Phantasielandschaft erdacht, sondern eine tatsächlich existierende festgehalten. Eine im Sinne des Zeitalters der Empfindsamkeit geschaffene Landschaft fand sich hier eingebettet in eine historisch-geologisch bedeutsame, so daß Schneider für seine Vedute nur einen wirkungsvollen Standort zu wählen brauchte, um seinen Landschaftsbildern den von den Zeitgenossen geforderten Rang zu verleihen. Johann Georg Sulzer riet in seinem weitverbreiteten Werk „Allgemeine Theorie der schönen Künste" dem Landschaftsmaler, „in einer angenehmen schönen Wildniß lieber einen ehrwürdigen Einsiedler wohnen zu lassen, der die Welt verlassen hat, um der Ruhe zu genießen."[6] Das Thema des Eremiten könnte Johann Jakob Hoch in die Mainzer Malerei eingeführt haben, etwa mit seiner Gouache „Eremiten in einer Felsschlucht" von 1776[7]. Die bisherige Zuschreibung der Gouache an Caspar Schneider kann nicht als gesichert gelten. Die beiden unbeholfen gezeichneten Eremiten, die Skizzen, die Georg von diesem Ort anfertigte (vgl. sein Skizzenbuch Kat. Nr. 120, fol. 4 ff.), eine in Privatbesitz befindliche Gouache mit der Eremitage und dem Blick auf Bingen[8] sowie die ihr nahestehende, hier ausgestellte Gouache (Kat. Nr. 106) lassen auch an ihn als Autor denken. Su

1   Adam Gottron, Clemens Brentano und der Ostein. In: Das neue Mainz, Heft 10, 1955, o. S.
2   Heinemann 1997, S. 10.
3   Ost 1971, S. 53.
4   zit. nach Ost 1971, S. 63.
5   Heinemann 1997, S. 12.
6   2. Aufl. Leipzig 1779, S. 121, zit. n. Ost 1971, S. 106.
7   Kunsthalle Bremen; Ost 1971, S. 100, Abb. 20.
8   Reiniger/Faust 1994, Farbtaf. S. 20 (als Ölgemälde).

83   Bingen mit dem Mäuseturm
     von Osten

*Aquarell, Deckweiß, 181 x 310 mm
(Passepartout-Ausschnitt)
Bez. l. u.: „C. Schneider fec."*

Privatbesitz Mainz

Unter den zahlreichen Veduten Bingens zeichnet sich diese Gouache durch ihre ungewöhnliche Sicht auf die Stadt von Osten aus. Dieser Blickwinkel scheint so wenig vertraut zu sein, zumal sich die heutige Situation völlig verändert darbietet, daß Zweifel aufkommen mögen, ob tatsächlich Bingen dargestellt ist. Doch entsprechen die Vorstadt, der Kran am Rheinufer, die Kapuzinerkirche, das Mainzer Tor und die Burgruine Klopp ganz links, wenn auch nicht getreu, den historischen Verhältnissen. Auf der aus dem Stadttor unmittelbar dem Betrachter entgegenkommenden Landstraße bewegt sich ländliche Staffage. Im Vergleich mit der entsprechenden Gouache des Bruders (Kat. Nr. 111) ist der Blickwinkel verengt, so daß Rüdesheim auf dem rechten Rheinufer nicht einbezogen ist, sondern die Vedute mit der Burg Ehrenfels und der Biegung des Rheins nach Norden abschließt.   Su

84 Erzherzog Karl von Österreich
im Profil nach links

*Bleistift, Pinsel in Grau, hellbraunes Vélin,
125 x 104 mm*
*Bez. u.: „Erzherzog Karl/gezeichnet von
C. Schneider", verso: „gehorsamster Tauf…"*
Provenienz: Nachlaß Lindenschmit.

Landesmuseum Mainz, Inv. Nr. GS 0/2928

Obwohl von anspruchslosem Format und skizzenhafter Anlage, ist dieses Portrait einbezogen worden, weil es eine historische Gestalt zeigt, die von europäischer Bedeutung war und auch für Mainz eine Rolle spielte. Die Beschriftung, wonach Erzherzog Karl (1771–1847), Bruder des Kaisers Franz von Österreich, dargestellt sei, ist zutreffend, wenn man etwa zum Vergleich das Ölportrait Anton Einsles von 1845 (Landesmuseum Mainz, Inv. Nr. 323) heranzieht. Vor allem Nasen- und Mundpartie stimmen überein, während die Stirne in der Zeichnung deutlich niedriger ist. Die Wendung ins Profil läßt die markanten habsburgischen Züge deutlicher als auf dem Gemälde Einsles hervortreten und nähert das Bildnis einer Karikatur. Der Sieger von Aspern wurde 1815 erster Gouverneur der Bundesfestung Mainz, hielt sich aber auch später noch einige Male hier auf, so daß eine exakte Datierung der Skizze kaum möglich ist. Sie könnte aber unter Berücksichtigung des Alters des Erzherzogs zwischen 1815 und 1820 entstanden sein. Karl war unter den Mainzern wegen seines einnehmenden Wesens sehr beliebt. Su

85 Blick aus einer bergigen Landschaft in ein Flußtal

Feder und Pinsel in Grau und Graubraun über Bleistift, Bütten, Wz.: unleserlicher Schriftzug, 246 x 331 mm
Bez. verso: „Schneider fec" und „Casp Schneider fec" sowie „No 105 a"
Provenienz: Prof. Heidenheimer, Mainz.

Landesmuseum Mainz, Inv. Nr. GS 0/309

Für diese und die folgende Pinselzeichnung mit pastoraler Staffage geben vier Gemälde einen nur sehr ungefähren zeitlichen Rahmen: die Landschaft mit Herde, wohl ehemals datiert „1803" (Kat. Nr. 25), die in das Jahr 1806 datierte Ideallandschaft mit Herde (Kat. Nr. 28), die „1809" datierte Flußlandschaft mit Kahn (Kat. Nr. 31) sowie eine ehemals in Mainzer Privatbesitz befindliche Gebirgslandschaft von 1825[1]. Hier wie dort findet sich ein spärlich mit Bäumen bestandener und hell beleuchteter Vordergrund mit Viehherde und Hirten, ein „Locus amoenus", hinter dem sich der Blick weit in die Bildtiefe hinein öffnet. Beide Zeichnungen sind keine autonomen Arbeiten, sondern dienten als Skizzen zu Gemälden wie den genannten.

Besonders nahe kommt die größte und ausgeführteste dieser Zeichnungen dem 1825 datierten Gemälde (Vergleichsabb. 1). Einzelne Elemente wie die Burg auf der Höhe links oben, die von dort nach rechts unten abfallende Diagonale, die nun in die Bildmitte gerückte Baumgruppe und das weite, an den Rhein erinnernde Flußtal haben Zeichnung und Gemälde gemeinsam. Zusammen mit der pastoralen Staffage konstituieren sie eine arkadische Ideallandschaft, die wiederum durch ein Blatt aus Salomon Geßners Folge „Landschaften in Waterloos Geschmack" (1764/65) beeinflußt wurde

2 S. Geßner, Blatt 4 aus der Folge „Landschaften in Waterloos Geschmack", 1764/65, Radierung

(Vergleichsabb. 2). Differenziert ist die Abstufung der Grau- und Brauntöne sowie der Hell-Dunkel-Werte: Zwischen den in mittleren Tönen angelegten Vordergrund und die aufgelichtete Ferne schiebt sich als dunkler Keil der burgbekrönte Berg. Die Lavierung ist in weiten Partien locker und fleckenartig verteilt und kommt dort ohne umreißende Konturlinie aus. Diese Technik beherrschte Schneider nun, nach 1800, vollkommen, wie auch sein in die Zeit nach 1813 zu datierendes Skizzenbuch (Kat. Nr. 92) zeigt, ja seine besten Pinselzeichnungen brauchen den Vergleich mit ähnlichen Blättern der Kobells und Johann Georg von Dillis' nicht zu scheuen. Su

1 Neugarten 1922, WV-Nr. 116.

1 C. Schneider, Ideale Gebirgslandschaft, 1825, Öl/Lwd.

Arbeiten auf Papier · Caspar Schneider

86 Bergige Landschaft mit
Landleuten und Vieh

Pinsel und Feder in Graubraun über Bleistift, Bütten, Wz.: „Jag…" (?), 170 x 235 mm
Unbez.
Provenienz: Prof. Heidenheimer, Mainz.

Landesmuseum Mainz, Inv. Nr. GS 0/308 a

Kompositorisch und stilistisch steht dieses kleinere Blatt dem vorangegangenen nahe. Ideale Züge dort wie die Burg und die Badenden sind nun durch Wohngebäude auf der Anhöhe und eine genrehaft-heitere Familienszene ersetzt. Gut zu beobachten ist hier, daß die Konturen mit der Feder nicht durchgezogen, sondern bis hin zu Punkten aufgelöst sind, um den Effekt einer lichterfüllten Atmosphäre wiederzugeben. Su

87 Mainz von Norden

1821

Gouache, Feder in Graubraun, zweifache Einfassungslinie, Vélin, 351 x 510 mm
Bez. l. unter der Einfassung: „C. Schneider. 1821."
Provenienz: Vermächtnis Leydecker.

Landesmuseum Mainz, Inv. Nr. GS 0/4296

So gewaltig die Zahl der Veduten von Mainz ist – die wenigsten zeigen die Stadt, wie in dieser Gouache, von Norden. Bevorzugte Standorte der Künstler waren vielmehr von jeher südlich der Stadt und östlich, am rechten Rheinufer. Der Blick konnte zu Schneiders Zeiten das noch nicht verbaute Panorama der Stadt vom Alexanderturm im Westen (rechts) bis zum Kurfürstlichen Schloß im Osten (links) erfassen. Der Künstler muß seine Skizzen von der Stelle aus angelegt haben, wo heute Mombacher Straße und Wallstraße aufeinandertreffen, nördlich des alten jüdischen Friedhofes (rechts im Bild). Dem sich leicht zum Rhein hin absenkenden Terrain antwortet rechtsrheinisch die vom Ort Hochheim bekrönte Erhebung. Der Vordergrund, die Bruchwiesen, wird von der Fahrstraße, dem Stadtrand und dem Rhein eingefaßt. Eine Gruppe bürgerlich Gekleideter und mehrere Gruppen von Landleuten bevölkern den hell beleuchteten Fahrweg. Die Sonne scheint schon im Westen zu stehen und beleuchtet in dem grau-braunen Band der Stadt nur noch St. Emmeran und den Dom. Über die Hälfte der Blatthöhe spannt sich der abendliche Himmel. Der tiefliegende Horizont und die Lichtregie sind die Schneiders Werke nach 1800 zunehmend prägenden Elemente.

Die kolorierte Radierung Johann Georg Reinheimers (1777–1820) (Kat. Nr. 152) folgt dieser Gouache nicht ganz exakt, die wegen ihrer Datierung auch nicht die Vorlage gebildet haben kann. So ist es, neben anderen Abweichungen, zu einer Umdeutung des tatsächlich runden Alexanderturms in einen rechteckigen gekommen.

Eine undatierte Gouache, die unserer bis auf einige Varianten in der Viehherde des Mittelgrundes exakt entspricht, befand sich in Mainzer Privatbesitz[1]. Su

---

1 Neugarten 1922, WV-Nr. 86.

Arbeiten auf Papier · Caspar Schneider

88   Mainz von Norden

1821

Gouache, 305 x 468 mm
Bez. r. u.: „C. Schneider 1821"

Verwaltung der Staatlichen Schlösser und
Gärten Rheinland-Pfalz, Burg Sooneck,
Stiftung Dael von Köth-Wanscheid,
Inv. Nr. B 5

Lit.: Ausst. Kat. Mainz 1993, S. 398,
Nr. 209, mit Abb.

89   Mainz von Süden

1821

Gouache, 305 x 471 mm
Bez. r. von der Mitte u.: „C. Schneider/1821"

Verwaltung der Staatlichen Schlösser und
Gärten Rheinland-Pfalz, Burg Sooneck,
Stiftung Dael von Köth-Wanscheid,
Inv. Nr. B 6

Lit.: Ausst. Kat. Mainz 1993, S. 398,
Nr. 208, mit Abb.

Eine Gouache dieses wohl auf eine Bestellung zurückgehenden Bildpaares wiederholt den Blick von Norden auf Mainz im Landesmuseum (Kat. Nr. 87). Ihr Pendant zeigt Mainz von Süden, etwa von der Stelle der ehemaligen „Favorite" aus. Auf beiden Gouachen erschließen Verkehrswege als Diagonalen, hier der Fluß, dort die Straße, die Bildtiefe. Auf der Ansicht von Süden wird eine elegische Stimmung durch einen bei Ruinen sitzenden Hirten mit seiner Herde angeschlagen. Stellvertretend für den Betrachter nimmt ein bürgerlich gekleidetes Paar im Vordergrund rechts Hirtenidylle wie Stadtvedute wahr. Bereits 1817 schuf Caspar Schneiders Schüler Franz Graf von Kesselstatt ein nahezu identisches Bildpaar, wohl nach damals bereits existierenden Vorbildern seines Lehrers[1], was auch einen Hinweis auf die Vorlage von Reinheimers Radierung (Kat. Nr. 132) geben könnte. Eines der Vorbilder könnte in einer Gouache des Darmstädter Landesmuseums zu sehen sein, die in das Jahr 1815 datiert ist und der Mainzansicht von Süden auf Burg Sooneck entspricht[2]. Das Gemälde Kat. Nr. 35 folgt diesen Veduten ziemlich exakt. Su

1 Ausst. Kat. Mainz 1993, S. 399, Nr. 210, mit Abb.
2 Neugarten 1922, WV-Nr. 78, Kat. Nr. 35, Vergleichsabb.

90 Runkel/Lahn in zwei Ansichten

Pinsel und Feder in Grau, leicht aquarelliert, über Bleistift, Bütten, Wz.: „LOESCH" und steigender, gekrönter Löwe mit Säbel, 558 x 387 mm Unbez.

Landesmuseum Mainz, Inv. Nr. GS 0/842

Lit.: Landschulz 1977, WV-Nr. 73, S. 108 als „Stadtansicht" und Georg Schneider zugeschrieben.

Dieses, aus einem größeren Skizzenbuch stammende Doppelblatt wurde bisher Georg Schneider zugeschrieben. Doch sprechen mehrere Gründe dafür, es seinem Bruder Caspar zu geben: Durch das Skizzenbuch Kat. Nr. 94 ist eine Lahnreise gesichert; im Skizzenbuch Kat. Nr. 95 findet sich eine Skizze zur Burg Schadeck, die auf diesem Doppelblatt rechts oben zu sehen ist; und schließlich entspricht auch der Stil der beiden Veduten mit ihrer Naturnähe und lockeren Lavierung und Aquarellierung den Zeichnungen in den beiden genannten Skizzenbüchern. Das Doppelblatt wäre mithin ebenfalls in Caspar Schneiders Spätphase um 1830 zu datieren. Der Maler hielt die mächtige Burg von Runkel an der Lahn aus zwei unterschiedlichen Richtungen fest – von Osten (oben) und von Norden (unten). Bei dem Blick von Osten schnitt er die alte Lahnbrücke an und bezog rechts die gegen Runkel errichtete Trutzburg Schadeck ein. Die Architektur ist mit der Feder nachdrücklich umrissen, die Landschaft zeichnet sich durch weiche, diffuse Übergänge, Licht, Schatten und Wasserspiegelungen aus, die durch sparsame Lavierung oder Aquarellierung erreicht wurden. Su

91 Skizzenbuch

Blauer Pappumschlag, Bütten, Wz.: „I.F./ LOHR" und doppelte Kreislinie mit gekreuzten Schlüsseln und Krone, 207 x 335 mm

Privatbesitz

Fol. 1r. „vom Taunus Gebirg nach Hoechst am Main" (r. o.), Feder und Pinsel in Braun, r. u. „C. Schneider"

Fol. 1v. „Felsenpartie auf dem Hattensteiner Berg" (in der Mitte o.), Feder und Pinsel in Graubraun über Spuren von Bleistift

Fol. 2r. Blick von der Ruine Falkenstein im Taunus nach Kronberg, Feder in Braun, aquarelliert, r. o. „Valkenstein", in der Mitte u. „C. Sch."

Fol. 2v. leer

Fol. 3r. Ruine Falkenstein, Pinsel in Grau und Braun über Bleistift, links von der Mitte o. „Valkenstein" (Feder)/„Valkenstein" (Bleistift)

Fol. 3v. Baum, Feder in Braun über Bleistift

Fol. 4r. „Königstein." (Feder)/„Königstein" (Bleistift) (r. o.), Feder in Braun

Fol. 4v. leer, bez. „Königstein von ..." (?)

Fol. 5r. „Königstein von der hintern Seite" (in der Mitte o.), Feder in Braun, Pinsel in Braun und Grau über Spuren von Bleistift

Fol. 5v. „Der Wasserfall in dem Felsthal" (Bleistift)/„Der Wasserfall in dem Felsthal." (Feder) (r. oberhalb der Mitte), linker Abschluß der Zeichnung auf Fol. 6r.

Fol. 6r. Wasserfall im Wald, Feder in Braun, Pinsel in Braun und Ocker über Spuren von Bleistift

Fol. 6v. leer, bez. „Die Burg zu Königstein von der hinteren Seite/aus dem ...thal"

Fol. 7r. „Eppstein" (r. o.), Feder und Pinsel in Braun über Bleistift, in der Mitte o. „Mai" (Blick auf Burgruine Eppstein im Taunus)

Fol. 7v. leer, bez. in der Mitte o. „ebenfals"(?)

Fol. 8r. „Von Fischbach nach Eppstein" (links von der Mitte o.), Feder und Pinsel in Braun über Bleistift (Bachlauf in bewaldetem Tal)

Fol. 8v. leer, bez. „desgleichen"

Fol. 9r. „Desgleichen" (l. o.), Feder in Braun, Pinsel in Graubraun, Braun und Ocker über Spuren von Bleistift (Bachlauf vor Felsen)

Fol. 9v. leer, bez. „desgleichen"

Fol. 10 r. „desgleichen" (in der Mitte o.), Feder in Braun, Pinsel in Graubraun und Braun über Spuren von Bleistift (Bachlauf in bewaldetem Tal)

Fol. 1v.

Fol. 2r.

Fol. 10v. „ebenfals halbe Stunde ..." (unleserlich), Baum als linker Abschluß von Zeichnung auf fol. 11r., Feder in Braun

Fol. 11r. „Ebenfalls ½ Stunde davon" (l. o.), Feder in Braun, Pinsel in Braun und Ocker über Spuren von Bleistift (Bachlauf in bewaldetem Tal)

Fol. 11v. leer, bez. „Eppstein"

Fol. 12r. „Eppstein" (in der Mitte o.), Feder und Pinsel in Graubraun, Spuren von Bleistift (Burgruine Eppstein)

Fol. 12v. leer, bez. „Mühle zu Eppstein"

Fol. 13r. „Eppstein" (r. o.), Feder in Braun, aquarelliert, Spuren von Bleistift (Ortsansicht Eppstein)

Arbeiten auf Papier · Caspar Schneider

Fol. 9r.

Fol. 20v.

Fol. 13v. leer

Fol. 14r. „Ansicht Niederingelheim (!) ins Rheingau." (o. links von der Mitte), Feder und Pinsel in Graubraun über Spuren von Bleistift

Fol. 14v. leer

Fol. 15r. Flußlandschaft mit Ortschaft und Burg, Feder und Pinsel in Graubraun über Spuren von Bleistift

Fol. 15v. Flußlandschaft, Feder in Braun, Pinsel in Graubraun über Spuren von Bleistift, r. o. „Am ..." (?)

Fol. 16r. Felsental mit Burg, Feder und Pinsel in Braun über Spuren von Bleistift

Fol. 16v. „Hammerstein" (r. o.), Feder in Braun, Pinsel in Braun und Graubraun über Spuren von Bleistift (Rhein bei Burgruine Hammerstein unterhalb von Andernach)

Fol. 17r. Flußtal mit Mühle, Feder in Braun, Pinsel in Braun und Graubraun über Spuren von Bleistift

Fol. 17v. leer

Fol. 18r. Mühle am Fluß, Feder in Braun, Pinsel in Graubraun über Spuren von Bleistift

Fol. 18v. Zu fol. 19r. gehörige Landschaft, Feder und Pinsel in Braun über Spuren von Bleistift

Fol. 19r. „Hammerstein vor Andernach ..." (?) (r. o.), Feder und Pinsel in Braun über Spuren von Bleistift (Rhein bei Burgruine Hammerstein)

Fol. 19v. leer

Fol. 20r. Steinerne Brücke (Mainbrücke in Aschaffenburg), Feder in Braun über Spuren von Bleistift

Fol. 20v. Oberschlächtige Wassermühle, Feder in Braun, Pinsel in Braun und Graubraun über Spuren von Bleistift

Fol. 21r. Landschaft mit Gewässer, Feder in Braun, Bleistift

Fol. 21v. leer

Fol. 22r. Flußufer mit Boot und Staffage, Feder und Pinsel in Graubraun, Bleistift

Fol. 22v. Blick auf Aschaffenburg, Bleistift

Fol. 23r. Landschaft nach Waterloo, Feder und Pinsel in Braun, r. o. „nach Waterloo"

Fol. 23v. leer

Fol. 24r. Rückenfigur und Menschengruppe nach Salvator Rosas Radierung Wallace 59, Feder in Braun über Spuren von Bleistift, r. u. monogrammiert „SR"

Fol. 24v. Landschaftsskizze, Rötel

Fol. 25r. Schlachtenszene, Bleistift

Fol. 25v. Kritzeleien und unleserliche Worte, Bleistift Su

92 Skizzenbuch
Nach 1813

Schweinsleder-Einband mit Aufschrift „Schneider", 317 x 198 mm, Bütten, Wz.: Löwe im Oval, das von einer Krone mit zwei Kreuzen bekrönt ist, sowie „1813"

Provenienz: 1890 von der Stadtbibliothek Mainz erworben, 1915 an die Städtische Gemäldegalerie überwiesen.

Landesmuseum Mainz, Inv. Nr. GS 1915/2018

Lit.: Mainzer Journal Nr. 155, 5. Juli 1890 (Georg Schneider zugeschrieben); Mz. Zs. XII/XIII, 1917/18, S. 86 (Georg Schneider zugeschrieben); Neugarten 1922, S. 21 (Caspar Schneider zugeschrieben); Landschulz 1977, S. 91 f., WV-Nr. 91, S. 109 (Georg Schneider zugeschrieben).

Innendeckel: Zwei Männer mit Gewehren, zwei Bäume, Bleistift; bez. von fremder Hand „Pharmacie Boggio, Paris/15, rue Nve des Petits Champs/Eigenthum v./J. Friedrich"

Fol. 1r. Figurenstudien und Pferdefuhrwerk, Bleistift, Feder und Pinsel in Grau, bez. weitgehend unleserlich (wohl Verzeichnis einiger Werke): „...7 Geisenheim Rhg vom Johannisberg/8 Aussicht von der .../9 Mainz vom h Kreuz .../10 Aussicht ins Rheingau vom ..."

Fol. 1v. leer

Fol. 2r. Der Rhein bei Biebrich, r. o. St. Johannis auf dem Johannisberg/Rheingau, Feder in Grau über Spuren von Bleistift, r. o. „Johannisberger Kirch", r. u. „Bibrich".

Fol. 2v. Blick auf Walluf/Rheingau, Feder in Grau über Bleistift, r. o. „Walluf" (Bleistift) „Ober Walluff" (Feder)

Fol. 3r. Der Rhein bei Biebrich, Feder in Grau über Spuren von Bleistift, r. o. „bibrich" (Bleistift) „bibrich" (Feder), r. u. „Rheingau bei Bibrich"

Fol 3v. Häuser in Eltville, Feder in Graubraun über Bleistift, r. o. „in Elfeld"

Fol. 4r. Der Rhein bei Schierstein, Bleistift, r. o. „Schierstein", r. u. „Rheingau bei Schierstein"

Fol. 4v. Erbach/Rheingau von Osten, Feder und Pinsel in Graubraun, r. o. „Erbach" (Bleistift) „Erbach" (Feder)

Fol. 5r. Walluf von Osten, Feder und Pinsel in Graubraun über Spuren von Bleistift, r. o. „Walluf" (Bleistift) „Walluf" (Feder), r. u. „Walluf"

Fol. 5v. Die Kurfürstliche Burg in Eltville/Rheingau, Feder und Pinsel in Graubraun über Spuren von Bleistift, r. o. „zu Elfeld"

Fol. 9r.

Fol. 22r.

Fol. 6r. Walluf von Osten mit Ruine der ehem. Johanneskirche im Vordergrund, Feder und Pinsel in Graubraun über Spuren von Bleistift, r. o. „Walluf", r. u. „Walluf"

Fol. 6v. Schloß Johannisberg/Rheingau, Bleistift, r. o. „Johannsberg"

Fol. 7r. Blick von Walluf nach Schierstein, Feder in Graubraun über Bleistift, r. o. „Walluf", r. u. „von Walluf über Schierstein"

Fol. 7v. Blick von der Burgruine Ehrenfels auf Bingen und die Nahemündung, Feder in Grau über Bleistift

Fol. 8r. Eltville und Erbach von Nordosten, Bleistift, Pinsel in Grau, r.o. „Elfeld u: Erbach"

Fol. 8v. leer, bez. unleserlich

Fol. 9r. Eltville von Osten, Feder und Pinsel in Graubraun über Spuren von Bleistift, r. o. „Elfeld"

Fol. 9v. Rheintal (?), Bleistift

Fol. 10r. Erbach/Rheingau mit der Mariannenaue von Westen, Bleistift, r. o. „Erbach"

Fol. 10v. leer

Fol. 11r. Hattenheim/Rheingau von Osten, Bleistift, r. o. „Hattenheim"/„Hattenheim/Rheingau" (von fremder Hand)

Fol. 11v. Burgruine Reichenstein (?), Feder in Graubraun, aquarelliert, über Spuren von Bleistift

Fol. 12r. Blick auf den Rhein bei Rüdesheim von Nordwesten, Feder und Pinsel in Graubraun über Spuren von Bleistift

Fol. 12v. leer

Fol. 13r. Blick vom Johannisberg/Rheingau auf Geisenheim und den Rhein, Bleistift, r. o. „vom Johannsberg"

Fol. 66v./67r.

Fol. 13v. leer

Fol. 14r. Blick auf Geisenheim und die linke Rheinseite, Feder in Grau über Bleistift, im Bild „Geisenheim/Rochusberg/bei Geisenheim/Bingen" (von fremder Hand)

Fol. 14v. leer

Fol. 83r.

Fol 15r. Blick auf Rüdesheim und den Rhein von Nordosten, Bleistift, r. o. „Rüdesheim" (von fremder Hand), r. auf halber Höhe „Eibingen" (von fremder Hand)

Fol. 15v. leer

Fol. 16r. Brömser- und Boosenburg in Rüdesheim, Feder in Grau über Bleistift

Fol. 16v. Flüchtige Landschaftsskizze – Nahemündung bei Bingen?, Bleistift

Fol. 17r. Die Boosenburg in Rüdesheim, Feder in Grau über Bleistift

Fol. 17v. leer

Fol. 18r. Blick vom Niederwald auf den Rhein, Bleistift, r.o. „Aussicht vom Tempel (?) im Niederwald"

Fol. 18v. leer

Fol. 19r. Flüchtige Landschaftsskizze – Nahemündung bei Bingen?, Bleistift

Fol. 19v. leer

Fol. 20r. Blick vom Niederwald auf Bingen und Nahemündung, Feder und Pinsel in Graubraun über Spuren von Bleistift (vgl. die Gouache Kat. Nr. 81).

Fol. 20v. leer

Fol. 21r. Blick vom Niederwald auf Burgruine Ehrenfels, den Mäuseturm, Bingen und die Nahemündung, Bleistift, Skizze zu dem Gemälde im Martin von Wagner-Museum, Würzburg (Neugarten 1922, WV-Nr.111).

Fol. 21v. leer

Fol. 22r. Blick von Rüdesheim zum Rochusberg, Feder in Grau und Graubraun, Pinsel in Braun, über Bleistift, r. o. „Rochusberg von Rüdesheim aus."

Fol. 22v. leer

Fol. 23r. Blick von Rüdesheim nach Bingen, Feder und Pinsel in Braun über Bleistift, r. o. „Bingen"

Fol. 23v. leer

Fol. 24r. Flüchtige Skizze – Blick vom Niederwald auf Bingen?, Bleistift

Fol. 24v. leer

Fol. 25r. Burgruine Ehrenfels und Mäuseturm, Bleistift

Fol. 25v. Der Rhein mit Burgruine Reichenstein und Clemenskirche, Feder und Pinsel in Graubraun über Spuren von Bleistift, r. o. „Burg Sonneck"

Fol. 26r. Burgruine Ehrenfels, Feder und Pinsel in Grau über Bleistift, r. u. „Ehrenfels"

Fol. 26v. leer

Fol. 27r. Burgruine Ehrenfels, Mäuseturm und Bingen mit Nahemündung, Feder in Grau, Pinsel in Braun über Spuren von Bleistift, l. o. „Mainz/für Hofgärtner M..." (?)

Fol. 27v. Drei Studien einer zusammengerollt liegenden Katze, Bleistift

Fol. 28r. Burgruine Ehrenfels, Mäuseturm und Bingen mit Nahemündung, Feder und wenig Pinsel in Grau über Spuren von Bleistift

Fol. 28v. leer

Fol. 29r. Flüchtige Landschaftsskizze – Rheintal bei den Burgen Rhein- und Reichenstein, Bleistift (Skizze zu fol. 30r.)

Fol. 29v. leer

Fol. 30r. Das Rheintal mit den Burgen Rhein- und Reichenstein, Feder in Grau und Braun, Pinsel in Braun über Spuren von Bleistift

Fol. 30v. Die Pfalz bei Kaub, Feder in Grau über Spuren von Bleistift, r. o. „Pfalz im Rheingau."

Fol. 31r. Blick ins Rheintal (mit Burgruine Rheinstein?), Feder in Grau über Bleistift

Fol. 31v. leer

Fol. 32r. Flüchtige Landschaftsskizze – Rheintal, Bleistift

Fol. 32v. leer

Fol. 33r. Assmannshausen, Feder in Graubraun, Pinsel in Grau, über Bleistift, r. o. „Aßmannshausen"

Fol. 33v. leer

Fol. 34r. Das Rheintal zwischen den Burgen Reichenstein und Sooneck (?), Bleistift, r. o. „Sonneck u. Dreieckshausen" (?)

Fol. 34v. leer

Fol. 35r. Blick vom rechten Rheinufer auf Heimbach, Feder in Grau, Pinsel in Braun über Bleistift, r. o. „Hainbach." (!)

Fol. 35v. leer

Fol. 36r. Blick auf Lorch und den Rhein, Feder in Grau über Bleistift, r. o. „Lorch"/„Lorch" (von fremder Hand)

Fol. 36v. Flußlandschaft, Feder in Graubraun, Pinsel in Grau über Spuren von Bleistift

Fol. 37r. Burgruine Nollig und Lorch, Feder und Pinsel in Graubraun über Spuren von Bleistift, r. o. „Lorch"/„... Herbst", l. o. „Mainz", in der Mitte o. „für Hofgärtner M..." (?)

Fol. 37v. leer

Fol. 38r. Blick von der Burgruine Nollig auf die linke Rheinseite mit Burgruine Fürstenberg und Rheindiebach, Feder und Pinsel in Graubraun über Spuren von Bleistift, r. o. „Ruine Fürstenberg u Dibach von Lorch aus"

Fol. 38v. leer

Fol. 39r. Blick in das Rheintal bei Lorch Feder in Grau und Braun, wenig Pinsel in Grau, über Spuren von Bleistift, r. o. „Lorch"

Fol. 39v. leer

Fol. 40r. Blick von der rechten Rheinseite auf Bacharach, Feder in Grau und Graubraun über Spuren von Bleistift, r. o. „Bacharach"

Fol 40v. leer

Fol. 41r. Das Rheintal bei Kaub, Feder in Graubraun über Spuren von Bleistift, r. o. „Caub"

Fol. 41v. leer

Fol. 42r. Blick auf Kaub mit der Pfalz, Feder in Grau, Pinsel in Braun, l. o. „Gutenfels", in der Mitte o. „Mainz/... Abendlandschaft", r. o. „Kaub"/„Schloßlandschein" (?)/„Carl ..." (von fremder Hand)

Fol. 42v. leer

Fol. 43r. Flüchtige Skizze mit Kirche

Fol. 43v. leer

Fol. 44r. Blick von der Burgruine Reichenstein nach Assmannshausen, Feder in Grau und Braun, Pinsel in Ocker und Grau, über Spuren von Bleistift, r. o. „Sonneck u Aßmannshausen"

Fol. 44v. leer

Fol. 45r. Blick von der Burgruine Reichenstein ins Rheintal, Feder und Pinsel in Grau über Bleistift, r. o. „Sonneck u die Klemenskirche"

Fol. 45v. leer

Fol. 46r. Burgruine Reichenstein vom Morgenbachtal aus, Feder in Grau, Pinsel in Grau und Graubraun, über Bleistift, r. o. „Burg Sonneck."

Fol. 46v. leer

Fol. 47r. Burgruine Reichenstein und Clemensmühle, Feder in Grau, Pinsel in Braun, über Bleistift, r. o. „Sonneck", in der Mitte o. „Soneck am Rhein" (von fremder Hand)

Fol. 47v. leer

Fol. 48r. Burgruine Rheinstein, Feder in Grau und Graubraun, Pinsel in Graubraun, über Spuren von Bleistift, r. o. „Wildburg"

Fol. 48v. leer

Fol. 49r. Burgruine Rheinstein, Feder in Grau, Pinsel in Graubraun, über Bleistift, r. o. „Wildburg u Aßmanshausen"

Fol. 49v. leer

Fol. 50r. Das Rheintal bei Bingen, Feder in Grau über Spuren von Bleistift, r. o. „Bingen"

Fol. 50v. leer

Fol. 51r. Flüchtige Landschaftsskizze – Rheintal, Bleistift

Fol. 51v. leer

Fol. 52r. Flüchtige Landschaftsskizze, Bleistift

Fol. 52v./53r. Gefaßte Quelle (?) im Wald, Pinsel in Grau und Graubraun über Bleistift

Fol. 53v./54r. Waldlandschaft, Bleistift

Fol. 54v. Bäume, Bleistift, wenig Feder in Grau

Fol. 55r. Waldlandschaft, Bleistift

Fol. 55v. leer

Fol. 56r. Baumbestandener, ansteigender Weg, Feder und Pinsel in Grau über Bleistift

Fol. 56v. leer

Fol. 57r. Flüchtige Landschaftsskizze - Blick auf Aschaffenburg ?, Bleistift

Fol. 57v./58r. Waldlandschaft, Feder in Grau über Bleistift

Fol. 58v./59r. Waldlandschaft, Bleistift

Fol. 59v./60r. Flüchtige Skizze – Waldlandschaft, Bleistift

Fol. 60v./61r. Flüchtige Skizze – Waldlandschaft, Bleistift, bez. auf fol. 61r. o. weitgehend unleserlich (Farbnotizen): „...die Felsen grau gelb mit/dunkelern braungrünem Moose (?) das Wasser sehr hell/u durchscheinend (?) ... grünlich/der Felsen heller als das Wasser"

Fol. 61v. Waldlandschaft, Bleistift

Fol. 62r. leer, bez. weitgehend unleserlich: „.../in Schatten/Nr 2 u. die Baumstämme (?) .../...Nr. 3 in .../Nr 4 dunkel mit Wurzeln .../ die Bäume .../Schatten"

Fol. 62v. Waldlandschaft mit Bachlauf, Feder in Braun, Pinsel in Grau und Graubraun, über Spuren von Bleistift

Fol. 63r. leer, bez. „linker Hand fällt das Licht herein"

Fol. 63v./64r. Flüchtige Skizze – Waldlandschaft, Bleistift

Fol. 64v. Flüchtige Skizze – Waldlandschaft, Bleistift

Fol. 65r. leer

Fol. 65v./66r. Waldlandschaft, Feder in Grau über Bleistift, bez. auf fol. 66r. „das Licht scheint hinten/durch die Bäume (?)/..."

Fol. 88v.

Fol. 87r. leer
Fol. 87v. Herde mit spinnender Hirtin nach Karel Dujardin, Feder und Pinsel in Grau über Bleistift, o. links von der Mitte „nach Du Jardin"
Fol. 88r. Flüchtige Skizzen – Fuhrwerk und Schiff, Bleistift
Fol. 88v. Querflöte spielender Hirte mit Hirtin und Herde – Kopie nach Nicolaes Berchems Radierung „Hirtenpaar mit seiner Herde" (B. 6, Vergleichsabb.), Feder in Grau, aquarelliert, über Bleistift
Fol. 89r. leer
Fol. 89v. Kirche, Bleistift
Fol. 90r. leer
Fol. 90v. Sitzende ältere und junge stehende Frau, Feder in Grau über Spuren von Bleistift
Innendeckel: leer   Su

Fol. 66v./67r. Waldlandschaft mit Bachlauf, Feder und wenig Pinsel in Grau über Bleistift
Fol. 67v./68r. wenige, flüchtige Striche, Bleistift
Fol. 68v./69r. Flüchtige Skizze – Waldlandschaft, Bleistift
Fol. 69v. Flüchtige Skizze – Bergige Landschaft mit zwei Bäumen, Bleistift, r. o. „Ekarthausen" (?)
Fol. 70r. leer
Fol. 70v. Bergige Landschaft mit Bachlauf, Feder und Pinsel in Grau über Spuren von Bleistift, r. o. „im Schmerlenbacher Wald."
Fol. 71r. Burg, Bleistift
Fol. 71v./72r. Flüchtige Skizze – Bergige Landschaft, Bleistift
Fol. 72v./73r. Waldlandschaft, Bleistift
Fol. 73v. Waldlandschaft, Bleistift
Fol. 74r. leer
Fol. 74v. Bacharach von Norden, Feder in Graubraun über Spuren von Bleistift, l. o. „Carl Dessauer" (von fremder Hand), r. o. „Bacharach."
Fol. 75r. leer
Fol. 75v. Die Boosenburg in Rüdesheim, Feder in Grau über Bleistift, r. o. „Bosische Burg bei Rüdesheim/am Rhein" (von fremder Hand)
Fol. 76r. leer
Fol. 76v. Flüchtige Skizze – Bäume, Bleistift
Fol. 77r. leer
Fol. 77v. Blick über den Main auf Mainaschaff, Feder und Pinsel in Grau über Bleistift, r. o. „Aschaff"
Fol. 78r. leer
Fol. 78v. Flüchtige Skizze – Bäume
Fol. 79r. leer
Fol. 79v. Im Schmerlenbacher Wald, Feder in Grau über Bleistift, r. o. „Schmerlenbacher Wald."
Fol. 80r. Kirche und zwei Bauernhäuser in Keilberg, Feder in Grau über Bleistift, r. o. „Keilberg"
Fol. 80v./81r. Blick auf Keilberg, Feder in Grau, Pinsel in Braun, über Bleistift, r. o. auf fol. 80v. „Keilberg"
Fol. 81v. St. Georg, Petrus und Paulus in Keilberg, Feder und Pinsel in Braun über Bleistift, r. o. „Georgenkirch zu Keilberg."
Fol. 82r. leer
Fol. 82v. Kleine steinerne Brücke in Landschaft, Feder und Pinsel in Grau über Spuren von Bleistift
Fol. 83r. Kleine steinerne Brücke und zwei Gehöfte, Feder in Grau, Pinsel in Graubraun und Braun, über Spuren von Bleistift, r. o. „Aschaff"
Fol. 83v. leer
Fol. 84r. Baumstudien, Bleistift, Feder in Braun
Fol. 84v. Stehendes und liegendes Rind mit Hirte, Feder in Grau, aquarelliert, über Spuren von Bleistift
Fol. 85r. leer
Fol. 85v. Rinderherde, Feder und Pinsel in Grau über Bleistift
Fol. 86r. Landschaft mit Gebäuden, Bleistift
Fol. 86v. Herde mit Hirte, Bleistift, wenig Feder in Graubraun

Nicolaes Berchem, Hirtenpaar mit seiner Herde, Radierung, Landesmuseum Mainz

93 Skizzenbuch

Halbpergament-Einband, 390 x 243 mm, Bütten, Wz.: „L.H.C.", 55 Blätter

Verwaltung der Staatlichen Schlösser und Gärten Rheinland-Pfalz, Burg Sooneck, Stiftung Dael von Köth-Wanscheid, Inv. Nr. D 42

Enthält u.a. folgende Ansichten (in der Reihenfolge der Blätter): Burgruine Ehrenfels, Blick in den Rheingau vom linken Rheinufer auf Eltville, Nahebrücke bei Bingen, Bingen, Brücke in Lorch, Lorch, Rheintal mit Kaub und Oberwesel (Skizze zu dem Gemälde Kat. Nr. 45), Rheintal mit Lorch und Bacharach, Bacharach, Rheintal bei der Burgruine Fürstenberg, Burg Schadeck/ Lahn, Rheintal bei Assmannshausen, Burgruine Rheinstein, Rheintal mit Lorch (Skizze zu dem Gemälde Kat. Nr. 44), Burgruine Sooneck, Burg Gollenfels/Hunsrück, Schönburg bei Oberwesel (?); außerdem Naturstudien.　　　　　　　　　　Su

Fol. 20

Fol. 49

Fol. 50

Arbeiten auf Papier · Caspar Schneider

94 Skizzenbuch

Brauner Ledereinband in zerschlissenem Papierumschlag mit Schrift des 19. Jahrhunderts: „Skizzenbuch von Maler Schneider", 195 x 166 mm, Bütten, Wz.: Löwe in Zaunrund und Oval mit Schrift, 136 Blätter

Verwaltung der Staatlichen Schlösser und Gärten Rheinland-Pfalz, Burg Sooneck, Stiftung Dael von Köth-Wanscheid, Inv. Nr. D 43

Enthält u.a. folgende Ansichten (in der Reihenfolge der Blätter): Mainz, Burgruine Rheinstein, Lorch, Burgruine Gutenfels und Kaub, Burgruine Fürstenberg und Diebach, Ochsenturm in Oberwesel, Limburg/Lahn, Schloß Oranienstein/Lahn, Diez/Lahn, St.Goarshausen, St.Goar, Marksburg (?), Schönburg bei Oberwesel, Schloß Montabaur, Balduinstein und Schaumburg/Lahn, Schloß Molsberg/Westerwald (?), Kaub mit Pfalzgrafenstein, Niederheimbach, Burgruine Sooneck; außerdem Dorfansichten, Gebäude-, Landschafts-, Terrain- und Baumstudien.

Su

Fol. 22r.

Fol. 18r.

Fol. 85r.

Fol. 98r.

Fol. 127r.

95 Skizzenbuch
1823

Brauner, marmorierter Pappeinband mit aufgeklebtem, faconierten Etikett: „... Gegenden/nach der Natur gezeignet/von/Kaspar Schneider dem Jüngeren/Anno 1823", 231 x 194 mm, starkes Bütten, Wz.: „AS" in Herz, 16 Blätter

Aschaffenburg, Schloßmuseum der Stadt Aschaffenburg, Graphische Sammlung, Inv. Nr. 5566

Enthält auf den ersten drei Seiten Haushaltsrechnungen über Lebensmittel. Dann folgen Landschaftsskizzen, Dorf- und Gehöftansichten, in Feder und leicht aquarelliert oder laviert, aus der Umgebung Aschaffenburgs: „Winzenhohl", „Ebertsmühle", „in Steinbach", „Steinbach hinter der Sonne", „zu Rauenthal" (gefaßte Quelle mit Rinne), „zu Hösbach", „Weiberhof", „Fronhofen", „zu Schweinheim" (kleine Steinbrücke).

Die Zuschreibung dieses Skizzenbuches an Caspar Schneider (d. Ä.) kann nicht als gesichert gelten. Die Etikettaufschrift, wonach es Kaspar Schneider der Jüngere benutzt habe, muß ernstgenommen werden. Denn möglicherweise war ein Sohn Georgs, nach seinem Onkel Kaspar genannt, ebenfalls künstlerisch tätig. So trägt eine Gouache mit einer Ansicht der Burg von Miltenberg die Signatur „Kaspar Schneider junior 1824"[1]. Sie ist Arbeiten unseres Caspar Schneider allerdings ebenso nahe wie die Zeichnungen dieses Skizzenbuches. Die Motive – Gehöfte, Mühlen, Dörfer, gefaßte Quelle – sind die gleichen wie in den anderen Skizzenbüchern. Auch in Stil, Manier des Baumschlags und Schrift herrscht völlige Übereinstimmung mit Zeichnungen der gesicherten Skizzenbücher. So muß die Identität des mit „Kaspar Schneider junior" oder „dem Jüngeren" signierenden Künstlers offenbleiben. Wenn es einen Sohn Georgs mit diesem Namen gegeben hat, muß er sich völlig dem Stil seines Onkels angeglichen und möglicherweise nur einen Teil der Zeichnungen ausgeführt haben.
Su

1 Landesmuseum Mainz, Inv. Nr. GS 1952/32.

Fol. 15r.

Fol. 14r.

Fol. 16r.

Arbeiten auf Papier · Caspar Schneider

Arbeiten auf Papier. Georg Schneider

96   Klosterruine Rupertsberg/Nahe
1787

Aquarell, Feder in Graubraun, über Bleistift, zweifache Einfassungslinie, Bütten, Wz.: „A H" (?), 340 x 302 mm
Bez. r. u.: „G. Schneider. 1787"
Provenienz: Ankauf bei Antiquar Ludwig Weiss, Mainz.

Landesmuseum Mainz, Inv. Nr. GS 1928/6

Lit.: Landschulz 1977, WV-Nr. 3, S. 103, S. 93; Engelhardt 1979, Abb. S. 97; Martin 1979, Taf. XIII; Caspary 1980, S. 62.

Zwei in das Jahr 1787 datierte Aquarelle belegen die Anfänge Georg Schneiders als Zeichner. Gleichzeitig führt die Ansicht des Klosters Rupertsberg ein Motiv ein, dem sich der Künstler immer wieder gewidmet hat. Ja, er darf zusammen mit Christian Georg Schütz d. Ä. geradezu als Entdecker der Klosterruine gelten, denn John Gardnors große Aquatinten erschienen erst ein Jahr später – 1788[1], die beiden kleineren Fassungen gar erst 1791 in „Views taken on and near the river Rhine". Das 1147 von der hl. Hildegard gegründete Kloster lag gegenüber von Bingen, dicht an der Nahe und unweit ihrer Mündung in den Rhein. Der im Kern romanische und später gotisch veränderte Bau wurde im Dreißigjährigen Krieg 1632 zerstört, 1801 versteigert und danach zum großen Teil abgebrochen. Die etwas tiefer am Ufer gelegene Nikolauskapelle im Vordergrund rechts wurde 1152 geweiht, 1501 zerstört, 1374 neu errichtet und erst 1958 abgebrochen.

Im Vergleich mit der entsprechenden Ansicht Gardnors scheint dieses frühe Aquarell Georg Schneiders auch das präziseste in seinem Werk zu sein; lediglich die Nikolauskapelle dürfte in ihren Proportionen übersteigert sein. Die in den verschiedenen Ansichten teils polygonal, teils halbrund überlieferte Apsis der Klosterkirche zeichnete Georg Schneider eindeutig halbrund und mit Lisenen versehen, was wohl zutrifft. Durch den Berghang auf der anderen Flußseite erscheint das Nahetal enger als es an jener Stelle tatsächlich ist, was das Hochformat nachdrücklich betont, und gewinnt Züge des Erhabenen, ja Schaurigen. Im Hintergrund schließt die Drususbrücke, auch sie in den Proportionen zu steil, wie ein Riegel das enge Tal ab. Zur wohl späteren Gouache (Kat. Nr. 115) läßt sich kaum ein größerer Kontrast vorstellen. Die Formen sind in dem früheren Aquarell noch atmosphärisch-weich, Terrain und Vegetation wenig spezifisch, die Farben auf stumpfe Braun-, Grau- und Grüntöne beschränkt, und der Himmel ist noch völlig ungestaltet. Die Gedrängtheit der Komposition und Enge des Tals zeichnet auch noch die Pinselzeichnung auf fol. 56r. des Skizzenbuches von 1792/93 (Kat. Nr. 120) aus, während sich in der Federzeichnung auf fol. 59r. aus der gleichen Richtung (von Norden) die Landschaft schon weitet.

Außer den beiden ausgestellten Blättern besitzt die Graphische Sammlung noch zwei Ansichten von Süden von der Hand Georg Schneiders – eine dilettantisch anmutende Pinselzeichnung (Inv. Nr. GS 0/302) und eine in der Perspektive der Kirche verzogene Gouache (Inv. Nr. GS 0/2098)[2].   Su

1   Reiniger/Faust 1994, Nrn. 38–41, S. 87 ff., mit Abb.
2   Lehmann 1998, Abb. 6, S. 11. Ein weiteres, ehem. im Besitz der Stadt Bingen befindliches Aquarell, das das Kloster ebenfalls von Süden zeigt, in: Rudolf Busch, Zur Bau- u. Kunstgeschichte des Hildegardisklosters auf dem Rupertsberg bei Bingen. In: St. Hildegard von Bingen. Die größte deutsche Frau. Festschrift zur St. Hildegardis-Jubelfeier, Bingen (1929), Abb. 19, S. 59.

97 Blick von der linken Rheinseite in
den Rheingau mit Johannisberg
und Geisenheim

1787

*Aquarell, Feder in Graubraun, über Bleistift,
zweifache Einfassungslinie, Bütten, 221 x 329 mm
Bez. r. u.: „G. Schneider/1787.", verso: „Der
Standpunkt ist über dem Anbau/von Gaulsheim
an dem linken Ufer/des Rheins/Joseph
Schlemmer 1790."*

Landesmuseum Mainz, Inv. Nr. GS 1964/2

Lit.: Landschulz 1977, WV-Nr. 2, S. 103, S. 90.

Im gleichen Jahr wie die Ansicht des Klosters Rupertsberg entstand dieses Aquarell, das in der Art Saftlevens eine sich weit zum Horizont hin erstreckende Landschaft zeigt. Beides erprobte Georg Schneider damals: den niedrig gewählten Standort, der die Enge und Unheimlichkeit des Flußtals betonte, und den Blick von der Höhe in eine Überschaulandschaft. Hier umreißt die Feder in feinen Strichen die Konturen von Architektur und Terrain, strukturiert Bäume und Felder des Vordergrundes und löst sich zum Hintergrund hin in punktierte Linien und winzige Kringel auf. Dies und parallel dazu die feine Abstufung der Farben und ihre abnehmende Intensität bewirken eine Durchlichtung der Landschaft unter einem leicht bewölkten, mit zarten Pinsellavierungen angedeuteten Himmel. Das helle Band des Rheines mit seinen Auen durchzieht die Komposition diagonal. Der Standort des Zeichners befand sich schräg gegenüber von Geisenheim, oberhalb einer Gemarkung, die heute noch die Bezeichnung „Anbau" trägt. Auf dem vorgeschobenen Berg oberhalb des Ortes ist das Schloß Johannisberg auszumachen. Im Hintergrund reihen sich die Rheingauorte Winkel, Mittelheim und Oestrich. Die zurückhaltende Farbigkeit teilt das Aquarell mit Kat. Nr. 96.

Mehrere frühe Blätter Georg Schneiders, wie auch das vorliegende, bezeichnete Joseph Schlemmer (Mainz 1767–1830 Mainz) mit dem Toponym, einer Jahreszahl – wohl das Datum der Erwerbung – und seinem Namen auf dem Verso. Schlemmer war Vizedom-Amtspraktikant, Kommissar am Gericht und Mainzer Klubist. Seine Handschrift kennen wir aus den erhaltenen Sitzungsprotokollen des Nationalkonvents. Er war offensichtlich mit den Brüdern Schneider befreundet, denn sein Portrait finden wir auf der Lithographie Georg Köbels, die den Stephanstürmer Hermann Schneider zeigt, unter den anderen Bildnissen an der Wand im Hintergrund[1].

Su

[1] Vgl. den Beitrag von Matthias Lehmann in diesem Katalog.

98 Tor in Oberingelheim

Aquarell, Bleistift, Einfassungslinie, Bütten, Wz.: Buchstaben (angeschnitten), 245 x 232 mm Bez. verso: „Das Burg" (gestrichen) „thor vom Nieder" (gestrichen) „Oberingelheimer Schloß Karls" (gestrichen)/„gezeichnet v. Georg Schneider/ Joseph Schlemmer 1791"

Landesmuseum Mainz, Inv. Nr. GS 0/296

Lit.: Landschulz 1977, WV-Nr. 77, S. 108.

Obwohl sicher nahezu gleichzeitig mit einer 1790 datierten Bleistiftskizze des Aureusbrückchens in Mainz (Abb. S. 59) entstanden, könnten die stilistischen Unterschiede kaum größer sein: Während dort kleinteilige Strukturierung mit relativ spitzem Bleistift und zögernde, ja anfängerhafte Züge zu beobachten sind, ist hier in großzügiger Strichführung mit weichem Bleistift das Wesentliche sicher angelegt. Ebenso souverän und frei die Linien überspielend führte Georg Schneider den Aquarellpinsel darüber. Diese Spontaneität und die Transparenz des Pigments verleihen dem Aquarell eine duftige Leichtigkeit und Atmosphäre, die der Maler in diesen Jahren wiederholt erreicht hat. Weitere Motive aus Oberingelheim finden sich im kleinen Skizzenbuch (Kat. Nr. 120) und auf fol. 30 des Klebebandes von 1792/93 (Kat. Nr. 121). Das Tor, das wohl zur Oberingelheimer Befestigung gehörte, läßt sich heute nicht mehr nachweisen [1]. Für das Vorgehen des Künstlers ist es bezeichnend, daß er ein Motiv „nach der Natur" studierte, das er im druckgraphischen Werk Ferdinand Kobells vorgebildet finden konnte: 1770 erschien dessen Folge „Vier Landschaften mit gothischen Thoren in Ruinen" [2]. Schneiders Aquarell ist ein Beispiel für die sich im Rahmen der „realistischen Idylle" [3] herausbildenden Darstellungen idyllischer Winkel an Stadtmauern [4], die noch bei Carl Philipp Fohr um 1812/13 nachwirken.

Su

[1] Für Mithilfe bei Recherchen zur Topographie Oberingelheims danke ich Dr. Joachim Glatz, Landesamt für Denkmalpflege Rheinland-Pfalz.
[2] Nagler 88–91.
[3] Bernhard 1976, S. 207 ff.
[4] Bernhard 1976, S. 223.

99 Die Boosenburg in Rüdesheim

Aquarell über Bleistift, Bütten, Wz.: „I.G.I.I / AT", 203 x 316 mm
Unbez.

Landesmuseum Mainz, Inv. Nr. GS 0/319

Lit.: Landschulz 1977, WV-Nr. 27, S. 105.

Rüdesheim im Rheingau mit seinen beiden Ruinen der Boosen- und der Brömserburg war ein von den Mainzer Malern, und nicht nur von ihnen, immer wieder aufgesuchter Ort. So ist der architektonische Bestand der Zeit um 1800, auch durch Detailstudien, recht gut dokumentiert[1]. Die im 12. oder frühen 13. Jahrhundert errichtete Boosen- oder Oberburg gewann ihre charakteristische Gestalt durch den sich nach oben verjüngenden Wohnturm. 1830 von Graf Boos von Waldeck an die Schönborns verkauft, wurde dieser 28 Meter hohe Turm 1840 um zehn Meter aufgestockt. Zuvor war bereits ein neugotisches Wohnhaus angebaut worden.

Die flüchtige, in fleckiger und dünnflüssiger Aquarelltechnik angelegte Studie steht dem Aquarell mit dem Tor in Ober-Ingelheim (Kat. Nr. 98) stilistisch und thematisch nahe und könnte in dieselbe Zeit gehören. Eine Ansicht der Stadt Rüdesheim von Nordwesten mit den beiden Burgen im Vordergrund findet sich im kleinen Skizzenbuch von 1792/93 (Kat. Nr. 120, fol. 30r.) und zwei Skizzen eines Saales in der Brömserburg auf fol. 20v. und 21v. ebendort.

Su

[1] Vgl. die Skizzen von Boosen- und Brömserburg im Skizzenbuch Caspar Schneiders (Kat. Nr. 92, fol. 16r., 17r. und 75v). Johann Lindenschmit zeichnete sogar Grundrisse der Burgen (Landesmuseum Mainz, Graphische Sammlung).

100 Die Clemensmühle bei Trechtingshausen

Pinsel in Grau über Bleistift, Bütten, 243 x 357 mm
Bez. verso: „Die Mühlen an der Diebbach bei der Klemenskappelle/gezeichnet von Georg Schneider./Joseph Schlemmer 1791"

Landesmuseum Mainz, Inv. Nr. GS 0/313

Lit.: Landschulz 1977, WV-Nr. 56, S. 107.

In der freien Anwendung des grauen Tuschepinsels entspricht dieses Blatt der Stilstufe des Klebebandes von 1792/93 (Kat. Nr. 121). Es zeigt die Clemensmühle nahe der Mündung des Morgenbachs in den Rhein bei Trechtingshausen, einen ehemals verwunschenen, heute von Straße und Bahn durchschnittenen und völlig veränderten Winkel, den Georg Schneider entdeckt und wiederholt in Zeichnungen und Gemälden dargestellt hat[1]. Dabei ging es ihm nicht um die Erfassung von Details, sondern um die Andeutung der räumlichen Verhältnisse und die durch lebendige Licht-Schatten-Effekte hervorgerufene Stimmung des Ortes. Die Technik der monochromen Pinsellavierung entsprach diesen Zielen eher und konnte zu schnelleren und überzeugenderen Ergebnissen führen als in seinen Gouachen und Gemälden. Außerdem griff er mit ihr auf niederländische Pinselzeichnungen des 17. Jahrhunderts zurück. Ohne wohl Kenntnis von dessen Werk zu haben, näherte sich Georg Schneider hier und in anderen Blättern den Pinselzeichnungen des Münchners Johann Georg von Dillis.   Su

1 Vgl. den Beitrag von Matthias Lehmann in diesem Katalog.

101 Der Rhein mit Rüdesheim von Osten

Aquarell, Feder in Schwarzgrau, über Bleistift, Bütten, 239 x 350 mm
Bez. verso: „Rüdesheim./gezeichnet von Georg Schneider/Joseph Schlemmer 1791"

Landesmuseum Mainz, Inv. Nr. GS 0/308

Lit.: Landschulz 1977, WV-Nr. 7, S. 103, S. 90.

Diese aquarellierte Federzeichnung belegt, wie intensiv der künstlerische Austausch der beiden Brüder gewesen sein muß. Georg studierte hier ein Motiv, das Caspar 1786 in einem supraportenartigen Gemälde bearbeitet hatte (Kat. Nr. 19). Beide Maler wählten den Blick von Osten auf Rüdesheim: Vom Vordergrund rechts läuft diagonal ein Damm auf die Stadt zu. Er überquerte einen schmalen Rheinarm, den „Lacher Graben", und auf ihm verlief auch der Leinpfad für die Treidelschiffahrt. Links der bis ca. 1840 „Pulverturm" genannte „Adlerturm" mit seinem bis 1820 bestehenden Kegeldach, an ihn angelehnt das alte Gasthaus „Zum Adler", daran anschließend die östliche Ringmauer mit dem kleinen, um 1817 abgebrochenen „Rheintörlein". Rechts schließt die Stadtansicht mit dem hohen Dach des „Geisenheimer Tores" und der St. Jakobuskirche ab[1]. Mehr als 150 Jahre vorher hatte Wenzel Hollar (1607–1677) 1656 schon einmal nahezu den gleichen Standort für zwei Aquarelle gewählt[2]. Caspar Schneider hat, der Funktion seines Gemäldes Rechnung tragend, die Vedute durch Einbeziehung des linken Rheinufers panoramaartig erweitert. Gemälde und Zeichnung gemeinsam sind die drei Boote, die vor dem Adlerturm im Wasser liegen.

Mit dem Datum auf dem Verso der Zeichnung ist lediglich ein Terminus ante quem gegeben, d. h. das Blatt könnte einige Jahre davor, also 1786 oder früher, entstanden sein und dem Bruder als Vorlage gedient haben, trägt es doch durchaus Züge einer an Ort und Stelle zu Papier gebrachten Skizze. Es würde sich dann um die früheste bisher bekannte Zeichnung Georgs handeln, was allerdings wenig wahrscheinlich ist. Mehr spricht dafür, daß Georg die aquarellierte Zeichnung um 1790 vor der Natur anlegte und die Kähne, angeregt durch das Gemälde seines Bruders, in die Komposition übernahm. Wie bei Kat. Nr. 97 strukturiert die Feder in strichelnder Manier die frei und in zarten Grau-, Braun-, Grün- und Blautönen aquarellierten Partien, also keineswegs ungeduldig-vehement wie in den etwa gleichzeitigen flüchtigeren Skizzen.

Su

1 Die topographischen Daten laut freundlicher schriftlicher Mitteilung von Stadtarchivar Rolf Göttert, Rüdesheim.
2 Ausst. Kat. Mainz 1986/87, Kat. Nrn. 63, 64, S. 107 ff., mit Farbtaf.

102 Blick über den Rhein auf Trechtingshausen

Feder in Schwarz, Schwarzgrau und Braun, Aquarell, über Bleistift, Bütten, Wz.: „PRO PATRIA" mit steigendem Löwen und Ritter, 186 x 292 mm
Bez. r. o.: „Joseph Schlemmer 1791", r. u. „Rheingegend bei Asmannshausen u. gegenüber/ v. Georg Schneider"; verso: Landschaftsskizze – Rheintal (?) mit hohem, bebauten Ufer rechts, Bleistift

Landesmuseum Mainz, Inv. Nr. GS 0/301

Lit.: Landschulz 1977, WV-Nr. 6, S. 103.

Daß für Georg Schneider in den Jahren um 1790 das Interesse an Lichtführung und atmosphärischen Verhältnissen im Vordergrund stand und nicht die Vedute, belegt auch diese, in wenigen Farben, aber äußerst wirkungsvoll aquarellierte Zeichnung. Die freie Lavierung mit wenigen Mischfarben, der schnelle Duktus der Feder, das komplementäre Verhältnis von Farbe und Linie zueinander, besonders in der Baumgruppe, finden sich ähnlich bei Christoph Nathe (1753–1806), Friedrich gen. „Maler" Müller (1749–1825) und Johann Georg von Dillis (1759–1841), gehören also zum Zeitstil dieser Generation. Die Skizze gibt treffend die Lichtverhältnisse eines sonnigen Tages im Mittelrheintal wieder. Die Sonne scheint schon im Westen zu stehen, das linke Rheinufer befindet sich bereits im Schatten, während gleißende Helligkeit noch auf dem Wasser und dem rechten Rheinufer bei Assmannshausen liegt. Von den verschiedenfarbigen Schatten des Vordergrundes bis zum Hintergrund nimmt die Intensität der Töne allmählich ab, um schließlich in die Papierfarbe überzugehen.

Der Blick geht von den Bergen oberhalb Assmannshausens, also dem Niederwald, hinüber nach Trechtingshausen, jenem Ort, den Georg Schneider aus wechselnden Richtungen und Entfernungen immer wieder studierte. Auch hier handelt es sich um eine in der Natur entstandene Landschaftsskizze, die auf pastorale Staffage verzichtet. Wegen der Beschriftung Joseph Schlemmers darf sie in die Zeit um 1790 datiert werden. Su

Arbeiten auf Papier · Georg Schneider

103 Blick von Bonn auf das Siebengebirge

Aquarell, 271 x 425 mm (Passepartout-Ausschnitt)
Unbez.

Privatbesitz Mainz

Durch Skizzen in Georg Schneiders Klebeband von 1792/93 wissen wir, daß ihn sein Weg damals entlang des Rheins bis Bonn führte. Die Pinselzeichnung auf fol. 54 (Vergleichsabb.) ist als vorbereitende Skizze zu diesem Aquarell zu werten, das damit wohl ihm und nicht Caspar zuzuschreiben ist. Von einem deutlich erhöhten Standort, etwa vom „Alten Zoll" aus, geht der Blick über Gärten und Weinberge und das kurfürstliche Lustschloß „Vinea Domini" bis zum rechtsrheinischen Siebengebirge mit dem Drachenfels. Ihm gegenüber im Hintergrund die Godesburg. Ungewöhnlich im Werk beider Schneiders ist die novellistische Staffage des sich küssenden jungen Paares im Vordergrund unter Bäumen. Nur wenige Schritte von ihm entfernt schaut ein wohl älterer Mann durch sein Fernrohr. Ob diese Konstellation ihr Vorbild in englischen Karikaturen hat, in denen der durch das Fernrohr schauende Ehemann düpiert wird, oder ob die Szene in der Nachfolge galanter französischer Genrebilder steht, muß offenbleiben. Die Kleidung legt jedenfalls eine Datierung nahe, die nicht allzu weit vom Entstehungszeitpunkt der Skizze gelegen haben dürfte. Ein Gemälde Franz Josef Manskirschs (1768–1830) zeigt nicht nur nahezu die gleiche topographische Situation, sondern geht auch von einer ähnlichen Landschaftskonzeption aus[1].

Su

1 Wallraf-Richartz-Museum, Köln; Ausst. Kat. Bonn 1960/61, Nr. 82, Abb. 34. Vgl. auch sein Aquarell mit Deckweiß „Blick vom Alten Zoll in Bonn auf Siebengebirge und Godesburg", Rheinisches Landesmuseum Bonn; Rheinisches Landesmuseum Bonn. Gemälde bis 1900. Bearbeitet von Fritz Goldkuhle, Ingeborg Krueger und Hans M. Schmidt, Köln 1982, S. 289 f., mit Abb.

G. Schneider, Blick von Bonn auf das Siebengebirge (Kat. Nr. 121, fol. 54)

Arbeiten auf Papier · Georg Schneider

104 Blick von Hochheim/Main nach Mainz

1797

Aquarell, Feder in Grau und Schwarz, Bütten, Wz.: „1794/J WHATMAN", 495 x 632 mm
Bez. r. u.: „Georg Schneider 1797"

Landesmuseum Mainz, Inv. Nr. GS 0/298

Lit.: nicht bei Landschulz 1977.

Georg Schneiders Standort für diese großformatige, aquarellierte und bildhafte Zeichnung befand sich unterhalb der Hochheimer Kirche (vgl. die Gouache Kat. Nr. 114).

Obwohl 1797 entstanden, zeigt sie das unzerstörte kurfürstliche Mainz mit dem ebenfalls intakten Kostheim am Main im Mittelgrund. Die Stadt entfaltet sich mit ihrer Hauptschauseite zum Rhein hin in panoramaartiger Breite von der Kartause im Süden (links) bis zum teilweise durch einen Berghang verdeckten Kurfürstlichen Schloß im Norden (rechts). Dom und Liebfrauenkirche bilden exakt die Mitte. Erneut ist zu beobachten, wie Intensität der Farben und nervöse Strukturierung der Feder zum Hintergrund hin zurücktreten. Der Horizont ist derart niedrig gelegt, daß dem teilweise graubewölkten Himmel außerordentlich viel Fläche eingeräumt ist. Die Sonne steht, am Schatten der Bäume abzulesen, im Südwesten und verbreitet ein diffuses, an niederländische Gemälde erinnerndes Licht. Auf Staffage hat Schneider erneut verzichtet, vielleicht, weil er sich seiner Grenzen bewußt war.

Caspar und Georg Schneider haben den Blick von Hochheim nach Mainz in zahlreichen Aquarellen, Gouachen und Gemälden immer wieder dargestellt (vgl. Kat. Nrn. 54, 55). Kanonischen Rang gewann er geradezu durch einen Stich von Johann Ziegler nach Lorenz Janscha in ihrem Werk „Fünfzig malerische Ansichten des Rhein-Stromes ...", Wien 1798. Auch für die beiden Mainzer Maler wird die Kategorie des Malerischen, des Pittoresken bei ihrer Wahl leitend gewesen sein.

Su

105 Inneres der Mainzer Liebfrauenkirche nach Osten

Aquarell, Feder in Schwarzgrau, Bütten,
491 x 647 mm
Unbez.
Provenienz: Nachlaß Dr. Friedrich Schneider, Mainz, 1907.

Landesmuseum Mainz, Inv. Nr. GS 0/316

Lit.: Busch 1925/26, S. 56–58, Abb. 2; Dengel-Wink 1990, S. 72 ff., Abb. 22, S. 73; Ausst. Kat. Mainz 1993, S. 282 f., Nr. 153, mit Abb.

Das großformatige Aquarell gibt den Blick aus dem westlichen Joch des nördlichen Seitenschiffs nahe der Vierung in den Ostchor und auf die südliche Seitenschiffswand mit ihrer Galerie. Vergleiche mit anderen Ansichten der Kirche und Grundrissen haben bestätigt, daß tatsächlich die Liebfrauenkirche dargestellt ist [1]. Dieses Bild ist ein bauhistorisch wichtiges Dokument, da es wohl ziemlich exakt Pfeilerformen, Kapitelle, Maßwerkfenster, Chor und Chörlein, Emporen und die Ausstattung überliefert [2]. Die Gewölbe sind allerdings offensichtlich zu flach dargestellt. Der Blick reicht bis in das barockisierte Chörlein mit dem Hochaltar Maximilian von Welschs. Der Spitzbogen rechts in der Südwand öffnet sich zur Egidienkapelle, deren Ausstattung ebenfalls angedeutet ist. Erst gegen den rechten Bildrand hin mag ein flüchtigerer Blick die Zerstörungen wahrnehmen, die dort Außenwand und Gewölbe zum Einsturz gebracht haben. An ihre Stelle ist ein Notdach getreten. Bei genauerem Hinsehen bemerkt man, daß auch alle anderen Gewölbe von gewaltigen Rissen durchzogen und einsturzgefährdet sind. Georg Schneider hat den Innenraum auch in zwei kleinen Ölgemälden festgehalten, die allerdings als „Fantasiedarstellungen" gelten [3]. Die von Rudolf Busch angegebene Signatur und Datierung „Georg Schneider 1794" oder „1797" ist nicht nachweisbar. Dennoch wird das Aquarell unmittelbar in die Zeit kurz nach der Beschädigung der Kirche 1793 zu datieren sein.

Das Thema des Kirchen-Interieurs hat eine Tradition, die bis zur niederländischen Malerei des 17. Jahrhunderts zurückreicht und die im 18. Jahrhundert von den Frankfurter Malern Johann Ludwig Ernst Morgenstern, Christian Georg Schütz d. Ä. und Christian Stöcklin aufgegriffen wurde. Johann Jakob Hoch führte das Sujet möglicherweise noch vor den Gebrüdern Schneider in Mainz ein [4].

Su

1 Busch 1925/26, S. 56.
2 Dengel-Wink 1990, S. 77.
3 Busch 1925/26, S. 56; Schneider 1879, Nrn. 42, 43.
4 Vgl. seine Zeichnung der Hl. Kreuz-Kirche von innen (1789), Landesmuseum Mainz, Inv. Nr. GS 1985/40.

106 Blick von der Eremitage auf dem Niederwald nach Bingen

Gouache, 420 x 640 mm
(Passepartout-Ausschnitt)
Unbez.

Privatbesitz Mainz

Lit.: nicht bei Landschulz 1977.

Den Standort für diese Vedute kennen wir durch die Gouache Kat. Nr. 82. Er ist hier aber so gewählt, daß sich der Blick auf Bingen und Kloster Rupertsberg völlig ungehindert ergibt, etwa wie auf fol. 6r. des kleinen Skizzenbuches Georg Schneiders (Kat. Nr. 120). Zudem findet sich auf fol. 5v. eine Studie der Eremitage, die er für diese bildhafte Gouache nutzen konnte. In ihr verzichtete er allerdings wohl bewußt auf den Dachreiter und auf andere sakrale Bezüge. Die Stelle der Eremiten haben nun eine bürgerlich gekleidete Gruppe, die die Aussicht bewundert, und der Künstler selbst eingenommen, der arbeitend vor dem Motiv sitzt. Die Empirekleidung der Staffage legt eine Datierung in die Zeit um 1800 nahe. Die pastorale oder, wie in diesem Fall, sakrale Idylle ist einer „realistischen Idylle"[1] gewichen, das „naive" Verhältnis zur Natur einem „sentimentalischen".

Das Skizzenmaterial und der teilweise flüchtige Duktus lassen eine Autorschaft Georg Schneiders erwägen, der sich auch auf einigen Ölbildern im Freien arbeitend portraitiert hat.

Su

[1] Bernhard 1976, S. 207 ff.

107 Schloß Auerbach an der Bergstraße
1811

Aquarell über Bleistift, Bütten, Wz.: „J WHATMAN", 249 x 348 mm
Bez. verso: „Schloß von Auerbach bey der Bergstraße. Nach Bissel 7br 1811"

Landesmuseum Mainz, Inv. Nr. GS 0/749

Lit.: Landschulz 1977, WV-Nr. 13, S. 104.

1792/93 hat Georg Schneider zwar an der Bergstraße gearbeitet, wie wir durch den Klebeband (Kat. Nr. 121) wissen, doch laut rückseitiger Aufschrift auf diesem Aquarell diente ihm eine Vedute des Schülers von Franz Kobell, Andreas Bissel (1773–1847), hier als Vorlage – ein Beleg dafür, wie wichtig die Mannheimer Künstler für Caspar und Georg Schneider waren. Das an sich anspruchslose Aquarell, das das zwischen Bensheim und Zwingenberg gelegene Schloß Auerbach von Osten zeigt, ist deshalb von Bedeutung, weil es in das Jahr 1811 datiert ist und sich ihm einige ihm nahestehende, undatierte Aquarelle anschließen lassen. Diese Werkgruppe zeigt eine stilistische Wandlung: Über zarter Bleistift-Vorzeichnung ist die Aquarellfarbe großflächig aufgetragen. Die Farbtöne beschränken sich auf unterschiedliche Grünabstufungen und auf Blau und werden nicht mehr durch die Feder strukturiert. Sie sind reine Naturstudien, in denen Georg die idealisierende Landschaftsauffassung seines Bruders hinter sich läßt. Zwar hat Georg auch, wie sein Bruder, in Gouache gearbeitet, doch häufiger als Caspar die Transparenz des Aquarells genutzt – eine Tendenz, die sich bereits in früheren Arbeiten andeutete. Aber gegenüber diesen haben die späteren Aquarelle durch ihren Verzicht auf kleinteilige Strukturierung an Großzügigkeit und Ruhe gewonnen. Su

108 Blick in das Rheintal zwischen
Burg Rheinstein (linksrheinisch)
und Lorch (rechtsrheinisch)

*Aquarell, Feder in Grau, über Bleistift, Bütten,
221 x 374 mm*
Bez. verso: „Trechtlingshausen Lorch"
(von späterer Hand)

Landesmuseum Mainz, Inv. Nr. GS 0/755

Lit.: Landschulz 1977, WV-Nr. 78, S. 108.

109 Blick über eine Flußlandschaft
(Rheintal)

*Aquarell über Bleistift, dünnes Bütten,
Wz.: Baselstab, 206 x 333 mm*
Unbez.; verso: Burgruine in Landschaft, Bleistift

Landesmuseum Mainz, Inv. Nr. GS 0/754

Lit.: Landschulz 1977, WV-Nr. 25, S. 105.

Gerade, weil im ersten Aquarell nahezu der gleiche Rheinabschnitt wiedergegeben ist wie in der aquarellierten Zeichnung Kat. Nr. 102, kann ein Vergleich die eklatanten Unterschiede aufzeigen. Georg Schneiders Standort befand sich hier allerdings deutlich höher, so daß er nun einerseits die Burg Rheinstein (links) und den Ort Lorch (im Hintergrund) einbeziehen konnte. Das unruhig-flackernde Licht-Schatten-Spiel ist einer ruhigen, flächenhaften Anlage gewichen, in der die großen Formen der Berge deutlicher charakterisiert sind. Die in der Zeit um 1790 dominierenden Grautöne sind durch Grün- und Blautöne ersetzt, die in ihrer Intensität vom Vorder- in den Hintergrund hin abnehmen. Das Repoussoir-Motiv des rahmenden Baumes ist aufgegeben, und der Blick geht nun über die Baumwipfel hinweg. Das um 1811 anzusetzende Aquarell läßt, wie die anderen Aquarelle dieser Gruppe, romantische Züge erkennen.

Von gleichem formalen wie farblichen Aufbau ist das zweite Aquarell, bei dem sich durch einen noch höher gelegenen Standort eine extreme Weitsicht ergibt. Die Aquarelle dokumentieren nicht nur eine geänderte Landschaftskonzeption, sondern auch, daß Georg Schneider auch noch während seiner Aschaffenburger Zeit am Rhein arbeitete.

Su

110 Blick von Ockenheim/Rheinhessen
in den Rheingau

*Aquarell, Feder in Grau, über Bleistift, Bütten,
219 x 375 mm*
*Bez. o. im Bild: „Oggenheim Taunus u. Altkönig/
Elfeld"*

Landesmuseum Mainz, Inv. Nr. GS 0/752

Lit.: Landschulz 1977, WV-Nr. 76, S. 108.

Die stilistischen Kriterien der vorangegangenen Aquarelle gelten auch für dieses Bild, das den Blick über das rheinhessische Dorf Ockenheim mit seiner 1774 errichteten Kirche St. Petrus und Paulus im Mittelgrund in den Rheingau zeigt; auch dieser ein unspektakulärer Landschaftsausschnitt, nicht idealisierend, sachlich und ohne Reminiszenzen an niederländische Landschaftsmalerei. Der Stilwandel zum romantischen Aquarell wird auch in der Vorzeichnung deutlich, die mit spitzem, harten Bleistift angelegt ist und Schneiders nun erreichte Sicherheit erkennen läßt. Der weite Landschaftsausblick wird hier durch einen dunkeltonigen braungrünen Vordergrund und Bäume zu beiden Seiten eingefaßt.   Su

111 **Blick auf Bingen und den Rhein von Osten**
1818

Gouache über Bleistift, Einfassungslinie, Bütten, Wz.: unleserlich, 415 x 621 mm
Bez. auf einem ehemals beigelegten Zettel: „…gemahlt von Georg Schneider … 28 (25 ?) Mai 1818"

Landesmuseum Mainz, Inv. Nr. GS 0/4196

Lit.: nicht bei Landschulz 1977.

Diese Vedute Bingens von Osten unterscheidet sich nur geringfügig von der entsprechenden Ansicht Caspar Schneiders (Kat. Nr. 85). Auf dem Weg, der aus dem Stadttor hinaus- und auf den Betrachter zuführt, bewegen sich nun ein mit zwei Pferden bespannter Wagen, eine Herde mit Hirte und ein bürgerlich gekleidetes Paar. Gegenüber Bingen ist Rüdesheim mit seinen architektonischen Dominanten, der Brömser- und der Boosenburg und der Kirche, zu sehen. Weiter rheinabwärts der Mäuseturm, auf halber Höhe rechtsrheinisch die Burgruine Ehrenfels und auf der Höhe die „Rossel", die die Brüder so oft aufsuchten. Laut einem ehemals der Gouache beigefügten Zettel hat sie Georg Schneider im Mai 1818 gemalt. Er wäre mithin nach der Werkgruppe der reinen Aquarelle um 1811 zur traditionellen Gouache in der Manier seines Bruders zurückgekehrt. Dies ist angesichts mancher Flüchtigkeit im Detail durchaus denkbar. Wiederum ist hier anzunehmen, daß einer vom anderen die Bildidee übernahm oder beide Brüder das Motiv an Ort und Stelle studierten. Eine dritte Fassung, von Elsa Neugarten Caspar Schneider zugeschrieben, aber nicht als Bingen-Ansicht erkannt, befand sich in Mainzer Privatbesitz[1].

Su

1 Neugarten 1922, WV-Nr. 23, S. 24; Negativ im Landesmuseum Mainz.

112 Blick von Wackernheim/ Rheinhessen über den Rhein nach Eltville und Erbach

Gouache über Bleistift, zweifache Einfassungslinie, Bütten, 252 x 370 mm Unbez.

Landesmuseum Mainz, Inv. Nr. GS 0/2092

Lit.: Landschulz 1977, WV-Nr. 66, S. 107, S. 96.

Wie dem kleinen Skizzenbuch von 1792/93 (Kat. Nr. 120) zu entnehmen ist, notierte Georg Schneider mitunter auch Skizzen, die den Blick aus einem Seitental auf den Rhein geben. Die Gouache mit dem rheinhessischen, westlich von Mainz gelegenen Dorf Wackernheim im Mittel- und dem Rheingau im Hintergrund findet sich in diesem Skizzenbuch bereits angelegt (fol. 26r., Vergleichsabb.). Im Vergleich zur an Ort und Stelle entstandenen Skizze verlieh Schneider dem linken Berghang in der Gouache ein weniger steiles Gefälle und fügte eine seiner zarten Baumgruppen sowie ländliche Staffage hinzu. Er betonte den bukolischen Aspekt, indem er der Rinderherde im Vordergrund einen schalmeiblasenden Hirten zugesellte. Die Wahl des Standortes ergab eine V-förmige Einfassung der weiten Hintergrundlandschaft, ein Gegeneinanderschwingen der Höhenzüge. Mittel- und Hintergrund trennt der helle, papierfarbene Streifen des Rheins, an dessen rechtem Ufer Eltville (rechts) und Erbach auszumachen sind. Die Lage des Flusses markierte Schneider mit einer Hilfslinie, die das Blatt exakt im Verhältnis 2:1 aufteilt. Stilistisch steht die Gouache Blättern wie der Bingen- und der Mainz-Vedute nahe (Kat. Nrn. 111, 113), und in der Tat existiert in Privatbesitz eine in das Jahr 1818 datierte Wiederholung[1].

Ein Aquarell desselben Motivs (ehem. Mainzer Privatbesitz) mit einem Randbaum rechts und einer größeren Herde im Vordergrund hat Elsa Neugarten Caspar Schneider zugeschrieben[2]. Su

1 Landschulz 1977, WV-Nr. 16, S. 96.
2 Neugarten 1922, WV-Nr. 36.

G. Schneider, Wackernheimer Loch (Kat. Nr. 120, fol. 26r.)

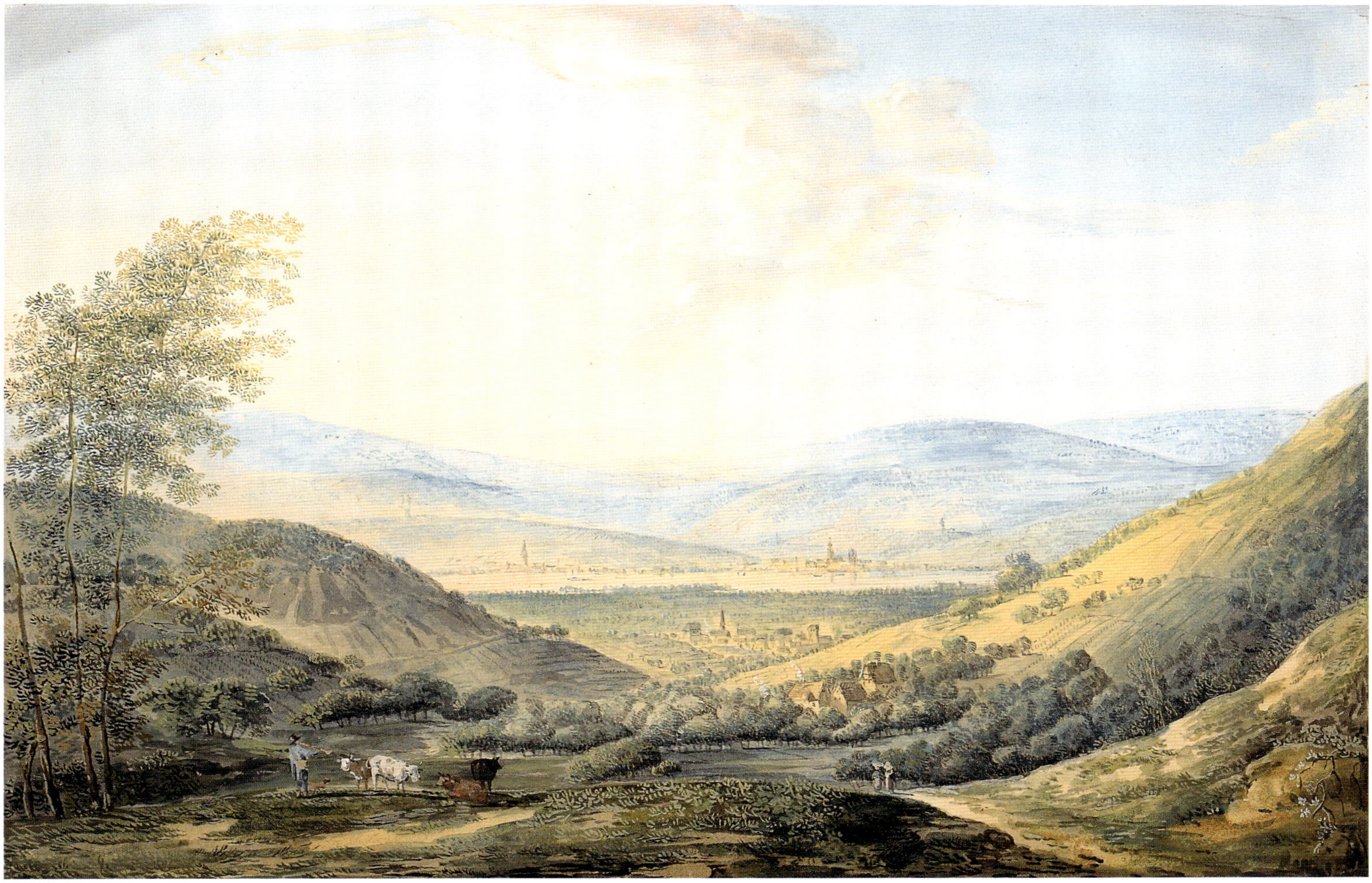

113   Blick von Weisenau nach Mainz

Gouache über Bleistift, Bütten, Wz.: „HONIG/J H Z" und Bienenkorb, 410 x 613 mm
Unbez.
Provenienz: Vermächtnis Leydecker.

Landesmuseum Mainz, Inv. Nr. GS 1946/1.

Lit.: nicht bei Landschulz 1977.

Die Höhe oberhalb des Dorfes Weisenau, südlich von Mainz am Rhein gelegen, wählten die Brüder Schneider immer wieder als Standort entweder für den Blick auf die Mainmündung oder die nahe Stadt. Dabei ging es ihnen nie allein um eine Vedute von Mainz, sondern auch um die Einbindung in die umgebende Landschaft. Der Standort ist hoch gewählt, ob fiktiv oder tatsächlich – etwa vom Turm der Weisenauer Kirche aus – sei dahingestellt. Auf einem Terrainstück im Vordergrund lagert eine Viehherde; ein Mann und eine Frau stehen daneben. Rechts am Ufer ducken sich die Häuser von Weisenau an den Abhang; zwischen dem Dorf und der Stadt das Kloster St. Georg[1]. Während das Gewimmel der Häuser eher schematisch angedeutet ist, heben sich einige Gebäude als Dominanten heraus: von links nach rechts St. Stephan, der Dom, St. Quintin, St. Christoph, St. Peter und der Holzturm unmittelbar am Ufer. Die Schiffbrücke mit den Mühlen überquert den Rhein nach Kastel hinüber. Im Mittelgrund rechts die Mainmündung. Im Hintergrund schließen die verblauenden Taunusberge den Horizont ab. Ein äußerst schlanker und hoch in den Himmel ragender Baum rahmt am linken Rand die Vedute.

Stilistisch steht die Gouache der Bingen-Ansicht von 1818 (Kat. Nr. 111) nahe. Die tüpfelnde Pinseltechnik des Vordergrundes, die Unsicherheiten in der Staffage sind ebenso vergleichbar wie der Aufbau beider Gouachen und ihre Farbigkeit, so daß auch dieses Blatt in die Zeit um 1818 datiert werden darf, als sich Georg in seinen Gouachen denjenigen seines Bruders fast im Sinne eines Kopisten näherte, in diesem Fall einer signierten Gouache in Privatbesitz[2] (Vergleichsabb.), bei der allerdings auf den Baum als Repoussoir verzichtet ist. Eine auf die Umrisse beschränkte, flüchtige Federskizze des Motivs findet sich auf fol. 54r. des kleinen Skizzenbuches Georg Schneiders.   Su

1   Vgl. die Federzeichnung des Klosters von Johann Lindenschmit (Landesmuseum Mainz, Inv. Nr. GS 0/2410).
2   420 x 645 mm (Passepartout-Ausschnitt), bez. l. u.: „C. Schneider"

C. Schneider, Blick von Weisenau nach Mainz, Gouache

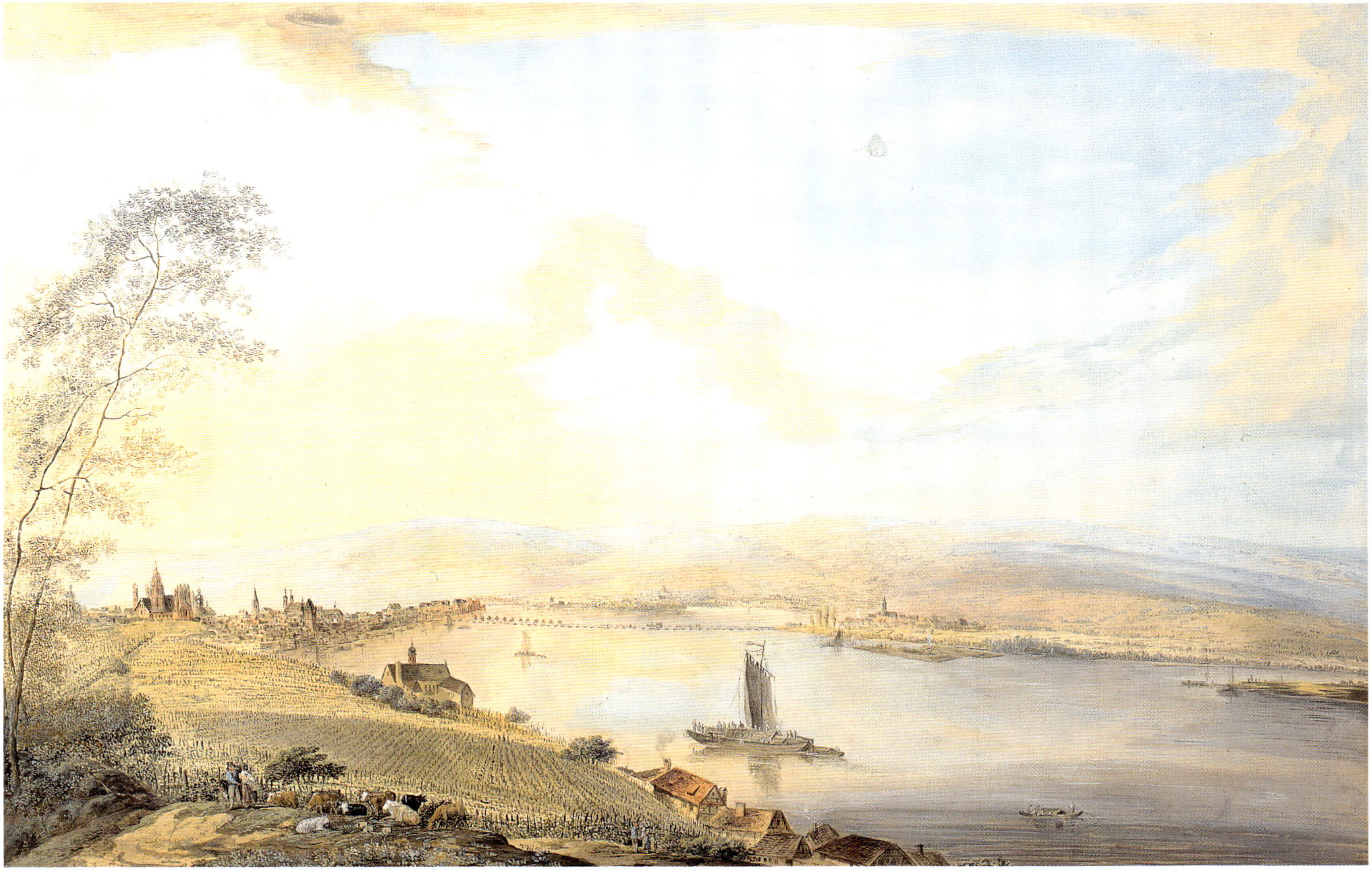

114 Blick von Hochheim/Main nach Mainz

Gouache, Reste der ursprünglichen doppelten Einfassungslinie l. u., starkes Bütten, 410 x 610 mm (beschnitten)
Bez. verso: „Frau Notar Klaupr(echt)"
Provenienz: Frau Klauprecht, Mainz.

Landesmuseum Mainz, Inv. Nr. GS 1946/2

Lit.: Schneider 1879, Nr. 676 (mit den Maßen 435 x 640 mm); Landschulz 1977, WV-Nr. 19, S. 86.

Im Unterschied zu dem frühen Aquarell von 1797 (Kat. Nr. 104) bezog Georg Schneider, wie es Janscha/Ziegler getan hatten, nun die Hochheimer Kirche als wirkungsvollen Vordergrund mit ein. Ländliche Staffage belebt, wie auch in den anderen Gouachen, den vorderen Plan. Obwohl annähernd vom gleichen Standort aus aufgenommen wie das Aquarell von 1797, erscheinen Kostheim und Mainz weiter weggerückt und in den einzelnen Bauten weniger scharf umrissen. Bemerkenswert, daß auch diese Gouache noch retrospektiven Charakter hat und das Mainz vor der Belagerung darstellt, was, zusammen mit der Beliebtheit des Motivs, auf Bestellerwünsche schließen läßt. Der Himmel beansprucht ebensoviel Platz wie auf dem frühen Aquarell, ist jedoch nun, wie auf allen anderen Gouachen auch, blau und leicht bewölkt und taucht alles in ein helles Licht, das die Farben aufleuchten läßt. Ein größerer Gegensatz zu der diffusen Beleuchtung und den sonoren Tönen des Aquarells ist kaum denkbar. Suggeriert wird hier die immerwährende Heiterkeit einer Landschaft mit arkadischen Zügen

Georg Schneider hat die Komposition mehrfach wiederholt – jeweils in 1961 und 1997 im Kunsthandel befindlichen Aquarellen[1], die sich im wesentlichen nur durch ihre Staffage unterscheiden. Die in das Jahr 1817 datierte Fassung könnte unserer Gouache zeitlich nahestehen. Ob ein in das Jahr 1798 datiertes, heute verschollenes Gemälde[2] diesen späten Gouachen oder dem frühen Aquarell entsprach, ist nicht zu entscheiden.

Su

1 Gemälde-Galerie Abels, Köln, 390 x 580 mm, bez. in der Mitte u.: „G. Schneider 1817" (Landschulz 1977, WV-Nr. 85); Galerie Brumme, Mainz.
2 Landschulz 1977, WV-Nrn. 13, 16, S. 85 f.

115 Kloster Rupertsberg/Nahe

Gouache über Bleistift, Einfassungslinie, Bütten, 230 x 383 mm (Bild), 252 x 402 mm (Blatt) Unbez.

Landesmuseum Mainz, Inv. Nr. GS 0/2261

Lit.: Landschulz 1977, WV-Nr. 71, S. 108, S. 93; Engelhardt 1979, Abb. S. 96; Martin 1979, Taf. XIV; Lehmann 1998, S. 13f., Abb. 9, S. 14.

Obwohl nahezu vom gleichen Standort wie Kat. Nr. 96, nur um wenige Schritte weiter flußabwärts, aufgenommen, bietet sich nun ein vollkommen anderes Bild des Klosters Rupertsberg: Das Flußtal öffnet sich in seiner tatsächlichen Weite, ist von Licht durchflutet, das die Farben aufleuchten läßt, und die Formen sind plastischer. Zu dieser Weiträumigkeit trägt auch die nahezu durchlaufende, von rechts oben nach links unten abfallende Kompositionslinie der Berge bei. Aus dem schaurigen, engen Tal ist eine heiter-idyllische Landschaft geworden, was durch das niederlandisierende Motiv der Fähre betont wird. Auch die Ruine erscheint in freundlicherem Licht, denn aus dem Schornstein eines Wirtschaftsgebäudes steigt Rauch empor. Allerdings läßt die Exaktheit zu wünschen übrig, wenn man Schneiders frühes Aquarell und John Gardnors Aquatinten zum Vergleich heranzieht. Vor allem ist die Zahl der Fensteröffnungen des Langhauses zu gering[1], dafür ihre Größe übersteigert. Auch erscheinen die Chorflankentürme zu zierlich und zu sehr gestreckt. Die Gouache kann durchaus nach dem Abbruch des Klosters, der bald nach 1801 erfolgte, entstanden sein, da Georg Schneider auf eigene frühere Arbeiten zurückgreifen konnte.

Su

---

1 Da die verschiedenen Ansichten des Klosters voneinander abweichen, ist die Anzahl der Fensterachsen nicht sicher. Man hat wohl mit neun oder zehn (Caspary 1980, S. 67 f.) bzw. mit „mindestens" zwölf zu rechnen (H. Caspary, Die Freilegung und Wiederherstellung der Baureste der Klosterkirche Rupertsberg, in: Inge Herter, Der Rupertsberg im Wandel der Jahrhunderte, Mainz 1976, o. S.).

116 Burgruine Ehrenfels im Mondschein

Gouache über Bleistift, zweifache Einfassungslinie, Bütten, 252 x 367 mm
Bez. halbrechts u.: „G. Schneider", verso: „(D)as alte Schloß Ehrenfels im Rheingau"

Landesmuseum Mainz, Inv. Nr. GS 0/2095

Lit.: Biehn 1975, S. 54, mit Farbtaf; Landschulz 1977, WV-Nr. 34, S. 105, S. 92 f. ; Ausst. Kat. Ludwigshafen 1992, Nr. 29, S. 69, Farbtaf. S. 81.

Sosehr auch die Naturstimmung in der Verbindung von Burgruine und Mondnacht an die Dresdner Romantik denken läßt, ist die Bildidee doch eher von den Nachtlandschaften herzuleiten, die im Werk der beiden Brüder schon seit den 80er Jahren des 18. Jahrhunderts nachweisbar sind. Auch die Bilder des brennenden Mainz während der Belagerung gehören in diese Gruppe. Kenntnisse von Mondscheinlandschaften Carl Gustav Carus' und Caspar David Friedrichs verraten in Mainz erst die Aquarelle eines Schülers Caspar Schneiders, Johann Adam Ackermanns, in den 30er Jahren. Gleichwohl läßt die Einbeziehung des sagenumwobenen Mäuseturms unten im Fluß Vertrautheit mit romantischem Gedankengut vermuten. Die Stimmung der „erhabenen Größe" von Landschaft und Geschichte wird gesteigert durch den einsam den Rhein hinabgleitenden Kahn und die Menschen in ihm. Ob angesichts der gefährlichen Passage – dem sogenannten „Binger Loch" – die Metaphorik einer gefährdeten Lebensreise unterstellt werden darf, muß offenbleiben, da wir im Grunde nichts über derartige Gedankengänge der Schneiders wissen.

Beide Brüder skizzierten die am Hang gelegene Zollburg mehrfach an Ort und Stelle: Caspar nahezu vom gleichen, aber höher verlegten Standort im Skizzenbuch der Zeit nach 1813 (Kat. Nr. 92, fol. 26r. und auf anderen Blättern), Georg ebenfalls wiederholt in seinem kleinen Skizzenbuch (Kat. Nr. 120).

Auch in dieser Gouache wird die kulissenhafte Gestaltung des Bildvordergrundes mit felsigem Hang, Vegetation und Burg deutlich. Perspektivische Verzeichnungen sind unübersehbar: Der Rhein scheint dicht unter der Burg zu strömen, der Mäuseturm liegt zu weit flußabwärts, und Kahn und Staffage sind maßstäblich zu groß. Das Blatt zeichnet sich vielmehr durch seine dekorative Wirkung und seinen Stimmungsgehalt aus. Su

117 Drachenfels und Insel Nonnenwerth von Süden

Aquarell, wenig Deckweiß, 180 x 266 mm (Passepartout-Ausschnitt)
Unbez.

Privatbesitz Mainz

Lit.: nicht bei Landschulz 1977.

Von der Flußmitte aus geht der Blick auf die Burgruine Rolandseck links, die Insel Nonnenwerth und den Drachenfels rechts und entspricht damit einem Caspar Schneider zugeschriebenen Ölbild in Mainzer Privatbesitz. Da Caspar 1793 Mainz verließ und nach Köln floh, kannte er den Niederrhein, was allerdings auch für seinen Bruder gilt. So muß die Autorschaft dieses auffällig von Blautönen dominierten Aquarells offenbleiben. Im Wiener Kunsthandel befand sich 1970 ein kleines Ölbild Georg Schneiders, das dieselbe Situation darstellt[1].

Su

1 Landschulz 1977, WV-Nr. 87, S. 109.

118 Blick aus der Gegend der
Teufelskanzel auf Aschaffenburg

*Bleistift, Feder und Pinsel in Grau, graues
Bütten, Wz.: Wappenkartusche mit bourbonischer Lilie, 440 x 640 mm*
Bez. l. u.: „110"

*Aschaffenburg, Schloßmuseum der Stadt
Aschaffenburg, Graphische Sammlung,
Inv. Nr. 10576*

Lit.: nicht bei Landschulz 1977.

Eingebettet in die weite Landschaft des unteren Maintals und als ihr Zentrum gibt diese Zeichnung Aschaffenburg von Osten mit seinen Dominanten (von links nach rechts) Sandkirche, Stiftskirche und Schloß wieder. Alle wesentlichen Landschaftslinien wie Wege und Baumreihen führen auf die Stadt zu, die Mittelpunkt der Zeichnung ist. Und auf sie konzentrierte sich auch zunächst die Durcharbeitung mit dem Pinsel, während der Vordergrund – die Felsbrocken der Teufelskanzel – in skizzenhafter Andeutung verblieben ist, wie wir es von Aquarellen und Pinselzeichnungen der Romantik kennen. Dies und die zeichnerische Souveränität legen eine Datierung in Georg Schneiders Spätphase nahe. Die Zeichnung mag als Vorarbeit für ein Gemälde konzipiert worden sein, jedoch zeigen die bisher uns bekanntgewordenen Veduten Aschaffenburg von Süden (vgl. Kat. Nr. 57). Su

119 Herde an einem Tümpel in baumbestandener Landschaft

*Pinsel in Grau, Bütten, 200 x 257 mm (Bild),
265 x 325 mm (Blatt)*
Bez. l. auf halber Höhe: „G. Schneider"

Privatbesitz Mainz

Lit.: nicht bei Landschulz 1977.

Das Sujet der ein Gewässer durchquerenden Herde hat Caspar Schneider mehrfach bearbeitet. Georg orientierte sich hier offensichtlich an niederländischen Vorbildern, möglicherweise, worauf die sorgfältige und differenzierte Pinselführung schließen läßt, an einer Radierung.

Thematisch und kompositorisch vergleichbar ist auch Johann Christian Reinharts (1761–1847) Radierung „Die Mühle bei den großen Eichen" (1788)[1].   Su

1 Andresen 20; Ausst. Kat. London 1994, Kat. Nr. 92, S. 145 f., mit Abb.

120 Skizzenbuch
1792/93

Brauner Halbleder-Einband mit aufgeklebtem Etikett „Georg Schneider/1792", letzte Ziffer geändert in „3" (alles von fremder Hand), 195 x 158 mm, Bütten, Wz.: Baselstab in aus zwei Zweigen mit Blättern gebildetem Oval, Anker und „FS" (?), Wappenkartusche mit Baselstab, Krone mit Kreuz und angehängtem „HM" Provenienz: 1890 von der Stadtbibliothek Mainz erworben. 1915 an die Städtische Gemäldegalerie überwiesen.

Landesmuseum Mainz, Inv. Nr. GS 1915/2019

Lit.: Mainzer Journal Nr. 155, 5. Juli 1890 (Georg Schneider zugeschrieben); Mz. Zs. XII/XIII, 1917/18, S. 86 (Georg Schneider zugeschrieben); Landschulz 1977, S. 91, WV-Nr. 92, S. 109 (Georg Schneider zugeschrieben).

Innendeckel: bez. „1799 ... den 25ten Nove..." und Zahlen
Fol. 1r. bez. „Gegenden so nach/der Natur gezeichnet/Von -Georg- Schneider/1795" und weitere Worte (Schreibübungen?)
Fol. 1v. Liegender und sitzender Hund, Bleistift, r. o. „Ramas" (?)
Fol. 2r. Zweirädriger Handkarren, Bleistift
Fol. 2v. Stehendes Rind, Bleistift
Fol. 3r. leer
Fol. 3v. leer
Fol. 4r. leer
Fol. 4v. Der „Rittersaal" auf dem Niederwald, Bleistift, r. u. „Kleine Rossel"
Fol. 5r. Blick vom Niederwald ins Rheintal, Bleistift, r. o. „Carl D.(essauer)" (von späterer Hand), in der Mitte u. „Aussicht vom Niederwald nach Asmannshausen.", r. u. „von der kleinen Rossel"
Fol. 5v. Eremitenklause auf dem Niederwald, Skizze zu Kat. Nr. 106, Bleistift, r. u. „Eremitag"
Fol. 6r. Blick über die Eremitage auf dem Niederwald auf die Nahemündung und Bingen, Bleistift, wenig Feder in Graubraun, r. u. „Nahtahl"
Fol. 6v. leer
Fol. 7r. Gebäude auf dem Niederwald, Bleistift, in der Mitte u. „Vom Nider Wald/...Hauß", r. u. „im Niederwald"
Fol. 7v. Zwei Studien des Rundtempels auf dem Niederwald, Bleistift
Fol. 8r. Flüchtige Skizze – Blick vom Niederwald nach Bacharach, Bleistift, r. o. „nach Bacharach vom Niderwald", r. u. „vom Niderwald"
Fol. 8v. leer
Fol. 9r. Flüchtige Skizze – Blick ins Nahetal, Bleistift, r. u. „Nahthal"

Fol. 36r.

Fol. 9v. leer
Fol. 10r. Rheintal und Rossel auf dem Niederwald, Bleistift, r. u. „hohe Rossel"
Fol. 10v. leer
Fol. 11r. leer
Fol. 11v. Blick auf Rüdesheim und das linke Rheinufer, Bleistift, r. u. „Rüdesheim"
Fol. 12r. Blick auf Rüdesheim und das linke Rheinufer, Bleistift, r. u. „Rüdesheim"
Fol. 12v. leer
Fol. 13r. Blick aus dem Ebental zum Rhein, Bleistift, l. o. „freundlich heiter", r. u. „vom Ebenthal am Niederwald"
Fol. 13v. Sehr flüchtige Skizze – Gebäude (Burg?), Bleistift
Fol. 14r. Blick auf Bingen, Bleistift, wenig Pinsel in Grau, r. u. „Bingen"
Fol. 14v. Dilettantische Skizze von fremder Hand – Kirche mit Häusern am Gewässer, Bleistift, r. u. „5 ... 1871"
Fol. 15r. Flüchtige Skizze – Landschaft bei Marienthal/Rheingau (vgl. fol. 16r.), Bleistift, r. u. „Marienthal"
Fol. 15v. Die zerstörte Kirche in Kostheim/Main, Feder in Braun, r. u. „Kostheim"
Fol. 16r. Landschaft mit Kloster Marienthal/Rheingau, Bleistift, r. u. „Marienthal"
Fol. 16v. leer
Fol. 17r. Johannisberg/Rheingau, Bleistift, r. u. „Gehansberg"
Fol. 17v. leer

Fol. 18r. Burgruine Reichenstein, Clemensmühle und Clemenskapelle, Feder in Braun über Bleistift, r. u. „Sonnek"
Fol. 18v. Flüchtige Skizze – Nahe mit Kloster Rupertsberg, Bleistift, r. u. „Rubertus Kloster" (Lehmann 1998, S. 9, Abb. 5, S. 10)
Fol. 19r. Kloster Rupertsberg, Feder in Braun über Bleistift, r. u. „Rubertus Kloster"
Fol. 19v. Johannisberg/Rheingau, Bleistift, r. u. „Gehansberg", l. o. „heiter herbstlich"
Fol. 20r. Die Weschnitz bei Weinheim/Bergstr., Feder in Braun über Bleistift, r. u. „die Weschnitz bei Weinheim in der Bergstraße"
Fol. 20v. Saal in der Brömserburg, Rüdesheim, Bleistift, r. u. „im Brömser Schloß."
Fol. 21r. Birkenau im Weschnitztal/Bergstr., Feder in Braun über Bleistift, r. u. „Birckenau"
Fol. 21v. Saal in der Brömserburg, Rüdesheim, Bleistift, r. u. „im Brömser Schloß"
Fol. 22r. Mühle im Birkenauer Tal/Bergstraße, Feder in Braun über Bleistift, r. u. „im Birkenauer Thal in der Bergstr..."
Fol. 22v. Heilig Kreuz bei Mainz, Bleistift, r. u. „Heilig Kreuz bei Mainz"
Fol. 23r. Hohe Rossel auf dem Niederwald und Rheintal, Feder in Braun über Bleistift, l. o. „Abendlich", r. u. „hohe Rossel"

Fol. 23v. Der Rhein bei Weisenau, Bleistift, r. u. „bei Weisenau"

Fol. 24r. Burgruine Landskrone bei Oppenheim, Feder in Braun, Pinsel in Grau, über Bleistift, r. o. „zu Oppenheim"

Fol. 24v. Klosterruine Marienthal/Rheingau, Feder in Braun, r. u. „Ruine Marienthal"

Fol. 25r. Ruine in Oppenheim, Feder in Braun, Pinsel in Grau, über Bleistift, r. u. „Oppenheim"

Fol. 25v. leer

Fol. 26r. Blick von Wackernheim in den Rheingau – Skizze zu Kat. Nr. 112, Feder in Braun über Bleistift, in der Mitte u. „Wakernheimer Loch"

Fol. 26v. leer

Fol. 27r. Burgruine Sonnenberg bei Wiesbaden, Feder in Braun, Pinsel in Grau, über Bleistift, r. u. „Sonnenberg zu Wißbaden"

Fol. 27v. Flüchtige Skizze – Blick auf Mainz vom rechten Rheinufer, Bleistift, r. u. „Mainz"

Fol. 28r. Burgruine Sonnenberg bei Wiesbaden, Feder in Braun, Pinsel in Grau, über Bleistift, l. von der Mitte o. „Eine alte Ruine/bei Wiesbaden genannt Sonnenberg.", r. u. „Sonnenberg bei Wißbaden"

Fol. 28v. Flüchtige Skizze – Blick auf Kostheim von der linken Mainseite, Bleistift, r. u. „Kostheim", l. o. „duftiger Abend"

Fol. 29r. Wassermühle und Gehöfte in Birkenau/Bergstr., Feder in Braun, Pinsel in Grau, über Bleistift, in der Mitte u. „zu Birkenau in der Bergstraße."

Fol. 29v. Burgruine Ehrenfels und Mäuseturm, Bleistift, r. u. „Ehrenfels"

Fol. 30r. Blick auf Rüdesheim von Nordwesten, Feder in Braun, Pinsel in Grau, über Bleistift, r. u. „Rüdesheim"

Fol. 30v. Flüchtige Skizze - Blick auf Bingen von der rechten Rheinseite, Bleistift, r. u. „Bingen"

Fol. 31r. Assmannshausen von Süden, Feder in Braun, Pinsel in Grau, über Spuren von Bleistift, in der Mitte o. „Asmannshausen.", r. u. „Aßmanshausen"

Fol. 31v. leer

Fol. 32r. Flüchtige Skizze – Blick ins Nahetal, Bleistift, r. u. „Nahtal"

Fol. 32v. leer

Fol. 33r. Blick von der Höhe über Bingen in den Rheingau, Feder in Braun, Pinsel in Grau, über Spuren von Bleistift, l. o. „heiterer (?) Abend", l. von der Mitte u. „von Bingen nach ..." (?)

Fol. 33v. leer

Fol. 34r. Wassermühle in Birkenau/Bergstr., Feder in Braun, Pinsel in Grau, Graubraun und Braun, über Spuren von Bleistift, u. „eine Mühle in der Bergstraße. zu Birkenau"

Fol. 34v. leer

Fol. 35r. Schloß Mosburg im Biebricher Schloßpark bei Wiesbaden, Feder in Braun, Pinsel in Grau, Graubraun und Braun, über Spuren von Bleistift, in der Mitte u. „ein Altes Schloß bei Mosbach"

Fol. 35v. Zeichnung von fremder, dilettantischer Hand – Mann mit zwei Pferden, Bleistift, „F. Kitz 1871"

Fol. 36r. Klosterruine Rupertsberg/Nahe (vgl. Kat. Nr. 115), Feder in Braun und Grau, Pinsel in Grau, Graubraun und Braun, in der Mitte u. „ein Altes Kloster bei Bingen" (Lehmann 1998, S. 11f., Abb. 7). Danach Pinselzeichnung im Zeughaus-Museum, Köln, Inv. Nr. G 4269a (Lehmann 1998, S. 12, Abb. 8, S. 13).

Fol. 36v. leer

Fol. 37r. Blick über Oberingelheim in den Rheingau, Feder in Braun über Spuren von Bleistift, l. von der Mitte o. „Oberingelheim/ im Rheingau"

Fol. 37v. leer

Fol. 38r. Blick auf Kiedrich/Rheingau, Feder in Braun über Bleistift, r. o. „Kidrich", r. u. „Kidrich", l. o. „Gewitter oder Abend"

Fol. 38v. leer

Fol. 39r. Burgruine Landskrone bei Oppenheim, Feder in Braun über Bleistift, r. o. „zu Oppenheim", r. u. „Oppenheim"

Fol. 39v. leer

Fol. 40r. Birkenau und die Stahrenburg (?), Feder in Braun über Bleistift, r. o. „Birkenau u die Stahrenburg" (?)

Fol. 40v. Klosterruine Marienthal/ Rheingau, Bleistift, r. u. „Marienthal"

Fol. 41r. Blick aus einem Seitental ins Rheintal, Feder in Braun über Bleistift, l. o. „heiterer Abend", r. o. „Rheingegend"

Fol. 41v. leer

Fol. 42r. Johannisberger Grund/Rheingau, Feder in Braun über Bleistift, r. o. „Gehansberger Thal"

Fol. 42v. leer

Fol. 43r. Im Nahetal, Feder in Braun über Bleistift, r. o. „im Nahtal"

Fol. 43v. leer

Fol. 44r. Johannisberger Grund/Rheingau, Feder in Braun über Bleistift, r. o. „Gehansberger Thal"

Fol. 44v. leer

Fol. 45r. Gehöft im Johannisberger Grund/ Rheingau, Feder in Braun über Bleistift, r. o. „Gehansberger Thal"

Fol. 45v. Zeichnung von fremder, dilettantischer Hand – Niederheimbach (?), Bleistift, l. u. „F Kitz 1871.", r. u. „Niderheimbach"

Fol. 50r.

Fol. 46r. Brücke und Gehöft im Johannisberger Grund/Rheingau, Feder in Braun über Bleistift, r. o. „Gehansberger Thal"

Fol. 46v. Zeichnung von fremder, dilettantischer Hand – Adlerturm in Rüdesheim und Rhein, Bleistift, r. u. „zu Rüdesheim"

Fol. 47r. Brücke im Johannisberger Grund/Rheingau, Feder in Braun über Bleistift, r. o. „Gehansberger Thal"

Fol. 47v. leer

Fol. 48r. Gehöft im Johannisberger Grund/Rheingau, Feder in Braun, Pinsel in Grau und Braun, über Bleistift, r. o. „Gehansberger Thal"

Fol. 48 v. leer

Fol. 49r. Gehöfte im Johannisberger Grund/Rheingau, Feder in Braun, Pinsel in Grau und Graubraun, über Bleistift, r. von der Mitte o. „Gehansberger Grund"

Fol. 49v. leer; Rechnung

Fol. 50r. Landschaft mit Bäumen, Feder in Braun, Pinsel in Grau und Braun, über Spuren von Bleistift, r. o. „nach Waterlo"

Fol. 50v. Flüchtige Skizze – Baumstudie, Bleistift

Fol. 51r. Assmannshausen und Rheintal, Feder in Braun über Bleistift, l. o. „Abendlich", r. o. „Aßmanshausen", r. u. „Aßmanshausen"

Fol. 51v. leer

Fol. 52r. Landschaft mit Wassermühle bei Heddernheim, Feder in Braun über Bleistift, r. o. „zu Ha (oder He)tternheim"

Fol. 52v. leer

Fol. 53r. Heddernheim, Feder in Braun über Bleistift, r. o. „Hetternheim bei Frankfurt"

Fol. 53v. Bäume, Pinsel in Grau und Graubraun über Bleistift, r. o. „nach Waterlo"

Fol. 54r. Blick von Weisenau nach Mainz, Feder in Braun über Spuren von Bleistift, r. o. „Mainz", r. u. „Main"

Fol. 54v. leer

Fol. 55r. Blick vom Johannisberg über den Rheingau, Feder in Braun über Bleistift, r. o. „Aussicht vom Johannesberg"

Fol. 55v. leer

Fol. 56r. Das Rheintal zwischen Mainz und Oppenheim, Feder in Braun über Bleistift, l. o. „heiter", r. o. „Rheingegend von Mainz gegen Oppenheim"

Fol. 56v. leer

Fol. 57r. Weisenau vom Heilig Kreuz-Berg, Feder in Braun über Bleistift, l. o. „heiter wie man bergabwärts sieht", r. o. „Weisenau vom Heiligkreuz Berg"

Fol. 57v. leer

Fol. 58r. Das Rheintal zwischen Mainz und Bingen von der linken Flußseite aus, Feder in Braun über Bleistift, l. o. „heiter/…(?)", r. o. „Rheingegend zwischen Mainz u: Bingen"

Fol. 58v. leer

Fol. 59r. Klosterruine Rupertsberg/Nahe, Feder in Braun über Bleistift, l. o. „Gewitter", r. o. „Rubertus Kloster", r. u. „Rubertus Kloster" (Lehmann 1998, S. 9, Abb. 4, S. 10)

Fol. 59v. leer

Fol. 60r. Katharinenkirche und Michaelskapelle in Oppenheim, Feder in Braun über Bleistift, r. o. „Ruinen zu Oppenheim"

Fol. 60v. leer

Fol. 61r. Die Weisenauer Kirche und Blick über den Rhein, Feder in Braun über Bleistift, l. o. „Mondaufgang". r. o. „Weisenau"

Fol. 61v. leer

Fol. 62r. Die Weisenauer Kirche und Blick über den Rhein, Feder in Braun über Bleistift, r. o. „Weisenau"

Fol. 62v. leer

Fol. 63r. Burgruine Sonnenberg bei Wiesbaden, Feder in Braun über Bleistift, r. o. „Ruine Sonnenberg zu Wißbaden"

Fol. 63v. leer

Fol. 64r. Flüchtige Skizze – Boote, Bleistift, r. o. „nach einem Gemälde"

Fol. 64v. Blick auf Bingen und den Rhein von der linken Flußseite aus, Feder in Braun über Bleistift, l. o. „heiterer duftiger Morgen/…(?)", r. o. „Bingen vom Rubertusberg", r. u. „Bingen"

Fol. 65r. Blick von Weisenau nach Mainz, Feder in Braun über Spuren von Bleistift, r. o. „von Weisenau nach Mainz", r. u. „Weisenau", l. o. „Brand"

Fol. 65v. Blick über Kloster Eibingen und Rüdesheim zum linken Rheinufer, Bleistift, r. o. „vom Kloster Eibingen über Rüdesheim/nach dem Rochusberg", r. u. „Kloster Eibingen u Rüdesheim"

Fol. 66r. Burgruine Reichenstein und Clemenskirche, Bleistift, r. o. „Schloß Sonneck u die Klemenskirch", r. u. „Sonneck."

Fol. 66v. Burgruine Ehrenfels und Blick nach Bingen, Feder in Braun über Bleistift, l. o. „heiter", r. o. „Schloß Ehrenfels nach Bing(en)"

Fol. 67r. Zimmer, Bleistift, l. u. „Zimmer in Kölln wo mein Vater logirte"

Fol. 67v. Burgruine Reichenstein, Gehöft und Clemenskirche, Feder in Braun über Bleistift, l. o. „Gewitter", r. o. „Sonneck.", r. u. „Sonnek u die Clemenskirche"

Fol. 68r. Der Adlerturm in Rüdesheim mit Rhein, Feder in Braun über Bleistift, l. o. „Mondschein/Nro 2" oder „7", r. o. „von Rüdesheim auf den Rochusberg", r. u. „zu Rüdesheim"

Fol. 68v. leer

Fol. 69r. Tor in Oberingelheim (Uffhuber Tor?), Feder in Braun über Bleistift, l. o. „Thor zu Oberingelheim", r. o. „Thor zu Oberingelheim"

Fol. 69v. leer

Fol. 70r. Turm, Mauer und Brücke in Oberingelheim (Kirchhofbefestigung?), Feder in Braun über Bleistift, l. o. „zu Oberingelheim ein alter Thurn", r. o. „Ein alter Thurn zu Oberingelheim", r. u. unleserlich

Fol. 70v. leer

Fol. 71r. Blick vom Niederwald über den Rhein zum Rochusberg, Feder in Braun und Grau über Spuren von Bleistift, l. o. „Sonne Untergang/Nro 1", r. o. „Rochusberg/vom Niderwald", r. u. „Rochusberg"

Fol. 71v. leer

Fol. 72r. Burgruine Rheinstein, Feder in Braun über Bleistift, in der Mitte o. „Schloß Wildburg", r. u. „Wildburg". Ein nach dieser Skizze entstandenes Aquarell (195 x 260 mm) befindet sich im Frankfurter Kunsthandel (H. W. Fichter), eine das Motiv variierende große Gouache (nach 1810, Wz.!) im Landesmuseum Mainz, Inv. Nr. GS 0/2089.

Fol. 72v. leer

Fol. 73r. Blick auf die Hl. Kreuz-Kirche und Weisenau, Feder in Braun über Spuren von Bleistift, l. o. „in Nebel", r. o. „Vom Heiligen Kreutz bei Weisenau", darunter „Vom Heiligenkreuz bei Weisenau."

Fol. 73v. leer

Fol. 74r. Blick von Mainz-Budenheim in den Rheingau, Feder in Braun und Grau über Bleistift, r. o. „Von Budenheim nach dem jenseitigen ober und unter Waluf/u Rauenthal", darunter „Ansichten: Bei Budenheim ober Mainz/zu Budenheim nach dem jenseitigen ober unter Walluf u Rauenthal"

Fol. 74v. leer

Fol. 75r. Zwei Gruppen Figurenstudien – Paar und zwei an einem Tau Ziehende, Feder in Grau über Bleistift

Fol. 75v. Sehr flüchtige Skizze – Rind (?), Bleistift

Fol. 76r. Figuren- und Tierstudien – sitzendes Paar, Lastenträger, liegende Rinder, Feder in Grau, Bleistift

Fol. 76v. Pferdekarren, Bleistift, von fremder, dilettantischer Hand hineingezeichnet

Fol. 77r. Ein Pferd haltender Mann, Bleistift, Pinsel in Grau, von fremder, dilettantischer Hand hineingezeichnet

Fol. 77v. Figürliche Studien, Bleistift

Fol. 78r. Junger Mann vor einem Standbild, Bleistift, wenig Feder

Fol. 78v. Figürliche Studien, Bleistift

Fol. 79r. Zeichnung von fremder, dilettantischer Hand – Pferdefuhrwerk, Bleistift

Fol. 79v. Rechnungen, unleserliche Zeilen

Innendeckel: Rechnungen   Su

Fol. 47

121 Klebeband
1792/93

Marmorierter, brauner Pappeinband mit Lederrücken und aufgeklebtem Etikett „55 Nach der Natur/abgezeichnete Gegenden von/Georg Schneider/1792 und 1793", verschiedene, aufgezogene Papiersorten, 265 x 415 mm
Provenienz: Aus dem Besitz von Franz Graf von Kesselstatt. Kurz vor 1890 von einem Mainzer in Antwerpen erworben. 1890 von der Stadtbibliothek erworben. 1915 an die Städtische Gemäldegalerie überwiesen.

Landesmuseum Mainz, Inv. Nr. GS 1915/2020

Lit.: Catalog der Gemälde-Galerie und der Sammlung von Kupferstichen, Handzeichnungen, Alterthümern und Curiositäten, aus dem Nachlasse des verlebten Herrn Grafen Franz von Kesselstatt ... 1. Juni 1842 ff. Mainz, Nr. 754; Mainzer Journal Nr. 160/161, 11./13. Juli 1891 (Georg Schneider zugeschrieben); Mz. Zs. XII/XIII, 1917/18, S.86 (Georg Schneider zugeschrieben); Landschulz 1977, S.91 f., WV-Nr. 93, S.109 (Georg Schneider zugeschrieben).

Die geographisch ungeordnete Abfolge der Blätter und die Tatsache, daß sie montiert oder in wenigen Fällen eingebunden sind, spricht für einen später – nach 1792/93 – zusammengestellten Klebeband. Das häufig vorkommende Maß ca. 207 x 273 mm bei den Zeichnungen von Nahe und Bergstraße läßt den Schluß zu, daß sie aus einem aufgelösten Skizzenbuch stammen. Die mit Feder geschriebenen Toponyme dürften aus der Zeit der Zeichnungen stammen, die Eintragungen mit Bleistift, vor allem die Jahreszahlen, dürften vom Künstler oder vom Grafen Kesselstatt (laut Mainzer Journal) später hinzugefügt worden sein. Die mit Rotstift vorgenommenen Bezeichnungen „G. Schneider", „G Sch" oder „G.S." stammen wohl von späterer Hand. Im Skizzenbuch Kat. Nr. 92 ist der Name Carl Dessauer mit demselben Rotstift geschrieben.

Innendeckel: bez. „Franz Graf v. Kesselstatt"
Fol. 1 Der Main mit Burgruine Schenkenschloßhof/Unterdürrbach bei Würzburg, Pinsel in Grau über Spuren von Bleistift, 133 x 206, unter dem Bild auf dem Untersatzpapier „Das alte Schloß Schenck am Mayn ohnweit Würzburg"
Fol. 2 Flüchtige Skizze – Klosterruine Marienthal/Rheingau, Bleistift, 205 x 266, r. von der Mitte u. „Marien Thal in dem Rheingau"
Fol. 3 Ortschaft und Burgruine Winterburg im oberen Ellerbachtal im Soonwald, Feder und Pinsel in Grau über Bleistift, 262 x 388, r.o. „Winterburg bey Creuznach/1793", „G. Schneider" (mit Rotstift von fremder Hand)
Fol. 4 Ruinenstück, wohl von der Winterburg, Feder und Pinsel in Grau über Bleistift, 256 x 206, unter dem Bild auf dem Untersatzpapier „G. Schneider" (mit Rotstift von fremder Hand)
Fol. 5 Bergige Landschaft, Feder und Pinsel in Grau über Bleistift, 206 x 272, in der Mitte o. „In der Bergstraße 1792", „G Sch" (mit Rotstift von fremder Hand)
Fol. 6 Ortschaft und Burgruine Winterburg, Feder und Pinsel in Grau über Bleistift, 206 x 272, l. von der Mitte o. „Ost Seite von alten Schlos Winterburg./1793"

Fol. 7 Burgruine Winterburg mit Umgebung, Feder und Pinsel in Grau über Spuren von Bleistift, 205 x 273, l. von der Mitte o. „Nord Seite von dem alten Burg Schlos Winterburg/1793", r. u. „G Sch" (mit Rotstift von fremder Hand)

Fol. 8 Salinenbrücke und Salinen bei Bad Kreuznach, Feder in Graubraun, Pinsel in Grau, über Bleistift, 206 x 273, l. von der Mitte o. „Bey der Sallinenbrücke ohnweit Creuznach./1793", r. u. „G Sch" (mit Rotstift von fremder Hand)

Fol. 9 Teilansicht von Ortschaft und Burgruine Winterburg, Feder in Braun, Pinsel in Grau, über Bleistift, 207 x 273, in der Mitte o. „Ein Theil des Schloß Winterburg/ohnweit Creuznach 1793"

Fol. 10 Das Nahetal bei Bad Kreuznach mit „Gans", Rheingrafenstein und Stegfels, Feder in Graubraun, Pinsel in Grau, über Bleistift, 206 x 273, in der Mitte o. „ohnweit Creuznach/1793", auf dem Untersatzpapier „G Schneider" (mit Rotstift von fremder Hand)

Fol. 11 Blick auf Bad Kreuznach, Feder in Graubraun, Pinsel in Grau, über Bleistift, 207 x 273, o. „Aussicht von einem Berg. hinter dem alten Schlos Kauzenburg. gegen Creuznach. 1793"

Fol. 12 Zwingenberg an der Bergstraße mit Melibokus und dem Auerbacher Schloß, Bleistift, Pinsel in Grau, 206 x 273, l. von der Mitte o. „bey Zwingenberg an der Bergstras/1793", auf dem Untersatzpapier „G Sch" (mit Rotstift von fremder Hand)

Fol. 13 Burgruine, Feder in Graubraun und Grauschwarz, Pinsel in Grau, über Bleistift, 267 x 205, l. o. „Ruine in der Gegend/ von Creuznach/1793", r. o. „für Ran..." (?), auf dem Untersatzpapier „G Sch" (mit Rotstift von fremder Hand)

Fol. 14 Blick von den Hängen der Bergstraße in die Rheinebene, Feder in Graubraun, Pinsel in Grau, über Bleistift, 206 x 273, in der Mitte o. „Bergstraße 1792"

Fol. 15 Blick von den Hängen der Bergstraße in die Rheinebene, Feder in Graubraun, Pinsel in Grau, über Bleistift, 206 x 272, in der Mitte o. „Bergstraße 1792", auf dem Untersatzpapier „G Sch" (mit Rotstift von fremder Hand)

Fol. 16 Burgruine, Feder in Graubraun, Pinsel in Grau, über Bleistift, 207 x 273, l. o. „bey Creuznach 1793", auf dem Untersatzpapier „G Sch" (mit Rotstift von fremder Hand)

Fol. 17 Laubbaum am Hang, Bleistift, 207 x 273

Fol. 18 Blick von der Hartenmühle bei Mainz über die Ingelheimer Aue zum rechten Rheinufer, Feder in Graubraun über Spuren von Bleistift, 206 x 273, in der Mitte o. „Die harte Mühle bey Maynz/1792". Vgl. die Gemälde Caspar Schneiders (Kat. Nr. 20) und Georg Schneiders (Kat. Nr. 49).

Fol. 19 Flüchtige Skizze – gotische Kirchenruine von innen (Dominikanerkirche in Mainz?), Bleistift, 207 x 272

Fol. 20 Hügelige Landschaft – Blick auf den Rand des Odenwaldes von der Rheinebene?, Feder in Graubraun, Pinsel in Grau, über Bleistift, 206 x 270, r. u. „G.S" (mit Rotstift von fremder Hand)

Fol. 21 Tief eingeschnittenes Bachtal (Ellerbach?) mit Ortschaft, Feder in Graubraun, Pinsel in Grau, über Spuren von Bleistift, 203 x 273, in der Mitte o. „Gegend bei Winterburg auf dem Hundsrücken/1793", „G.Sch." (mit Rotstift von fremder Hand)

Fol. 22 Blick von der „Gans" ins Nahetal, Feder in Graubraun, Pinsel in Grau, über Bleistift, 205 x 273, in der Mitte o. „Creu (gestrichen) die Salinner bei Creuznach aufgenohmen/von dem Berg die Ganz 1793", „G.S." (mit Rotstift von fremder Hand)

Fol. 23 Burgruine Falkenstein mit Ortschaft, Feder in Graubraun, Pinsel in Grau, über Bleistift, 204 x 273, l. o. „Schloß Falkenstein/1793"

Fol. 24 Blick von der Höhe auf Burgruine Falkenstein und ihre Umgebung, Feder in Graubraun, Pinsel in Grau, über Bleistift, 206 x 272, r. u. „Schloss Falckenstein. 1793", „G.S." (mit Rotstift von fremder Hand)

Fol. 25 Blick vom Kuhberg auf Bad Kreuznach, Feder in Graubraun, Pinsel in Grau, über Spuren von Bleistift, 205 x 272, in der Mitte o. „Ansicht von Creuznach/aufgenohmen von dem Kühberg 1793", „G.S." (mit Rotstift von fremder Hand), r. von der Mitte u. „Ansicht vom Kühberg bei Kreuznach."

Fol. 26. Burgruine, Feder in Graubraun, Pinsel in Grau, über Spuren von Bleistift, 204 x 272, in der Mitte o. „Ruinen in der Gegend von Creuznach/1793"

Fol. 27 Burgruine Winterburg, Feder und Pinsel in Grau über Bleistift, 267 x 205, o. „Haupt Partie vom Ruin des Schloses Winterburg bei Kreuznach./1793", „G.S" (mit Rotstift von fremder Hand)

Fol. 28 Ruine der Dominikanerkirche in Mainz, Feder in Graubraun, Pinsel in Grau und Graubraun, über Bleistift, 183/214 x 336, u. „Die Dominicaner Kirche In Maynz nach der Belagerung von 1793", „G.S" (mit Rotstift von fremder Hand)

Fol. 29 Blick von der „Favorite" nach Mainz, Feder in Braun über Bleistift, 213 x 346, r. von der Mitte o. „Die Favoritte ober Maynz/vor 1792", „G.S" (mit Rotstift von fremder Hand). Vgl. der Stich von Cöntgen (Kat. Nr. 129).

Fol. 30 Die Burgkirche in Oberingelheim von Nordwesten, Feder in Grau, Pinsel in Grau, über Bleistift, 234 x 380, r. o. „Die reformirte Kirche zu/Oberingelheim", „G.S." (mit Rotstift von fremder Hand)

Fol. 31 Blick auf Aschaffenburg, Pinsel in Grau über Bleistift, 211 x 341, in der Mitte o. „Aschaffenburg.", „G.S" (mit Rotstift von fremder Hand)

Fol. 32 Großheubach mit dem Main, Feder in Grauschwarz, Pinsel in Grau über Spuren von Bleistift, 201 x 525, l. von der Mitte u. „Groß Heibach/am Main", „G.S." (mit Rotstift von fremder Hand)

Fol. 33 Blick auf Rüdesheim und den Rhein von Nordosten, Feder in Graubraun, Pinsel in Grau, über Spuren von Bleistift, 231 x 393, in der Mitte o. „Riedesheim in dem Rheingau", „GS." (mit Rotstift von fremder Hand), im Bild „Kempten, Rochusberg, Bingen, Rüdesheim, Eibingen, Niederwald"

Fol. 34 Stadtprozelten am Main mit Burgruine Henneburg (Klingenberg, Lauffenberg), Feder in Graubraun über Spuren von Bleistift, 256/262 x 400, r. von der Mitte o. „Die Bohlenburg am Main", „G.S" (mit Rotstift von fremder Hand), im Fluß „proceltеn"

Fol. 35 Burgruine Sonnenberg bei Wiesbaden, Pinsel in Grau und Braun über Bleistift, 126 x 207, l. o. auf dem Untersatzpapier „Sonnenberg/Bey Wiesbaden", r. u. auf dem Untersatzpapier „G.S." (mit Rotstift von fremder Hand)

Fol. 36 Blick von der Höhe in das Maintal zwischen Aschaffenburg und Obernau (?), Pinsel in Grau über Bleistift, 217 x 346/349, o. im Bild „Eine Maingegend bey Aschaffenburg/bey Obernau" (?), „G.S." (mit Rotstift von fremder Hand)

Fol. 37 Burg und Ortschaft Gamburg im Taubertal, Pinsel in Grau über Bleistift, 155 x 586, l. von der Mitte o. „Gamburg", „G.S" (mit Rotstift von fremder Hand), im Fluß „die Tauber"

Fol. 38 Blick auf Michelstadt und Schloß Fürstenau mit dem Ort Steinbach im Odenwald, Feder in Braun über Bleistift, blaugraues Bütten, 218 x 346, l.o. „Breiberg (gestrichen) in dem Odenwald", „G.S." (mit Rotstift von fremder Hand), auf dem Untersatzpapier „Michelstadt v. d. Messender (?) Höhe"

Fol. 39 Burg und Ortschaft Gamburg im Taubertal, Pinsel in Grau über Bleistift, 190 x 518, l. von der Mitte o. „Gamburg", „G.S." (mit Rotstift von fremder Hand), im Fluß „die Tauber"

Fol. 40 Das Aulhausener (?) Tal oberhalb von Assmannshausen, Feder in Graubraun, Pinsel in Grau, 211 x 281/507, l. von der Mitte o. „Ahlhaußer Thal/hinter Asmanshaußen an dem Rhein", „G.S." (mit Rotstift von fremder Hand)

Fol. 41 Burg und Ortschaft Gamburg im Taubertal, Pinsel in Grau über Spuren von Bleistift, 137 x 207, r. u. „Gamburg/dem Grafen Ingelheim …" (?), auf dem Untersatzpapier „G.S." (mit Rotstift von fremder Hand)

Fol. 42 Wassermühle bei Bad Kreuznach, Pinsel in Grau über Bleistift, 199 x 325, in der Mitte o. „Mühle bey Kreuznach", „G.S." (mit Rotstift von fremder Hand)

Fol. 43 Blick von der Höhe auf Aschaffenburg, Feder in Schwarzgrau, Pinsel in Grau, über Spuren von Bleistift, grüngraues Bütten, 202 x 400 (linke obere Ecke herausgeschnitten), r. von der Mitte o. „Aschaffenburg", „G.S." (mit Rotstift von fremder Hand). Vgl. das Gemälde der Sammlung Schäfer, Schweinfurt und die Gouache im Martin von Wagner-Museum, Würzburg.

Fol. 44 Ruine bei Oppenheim, im Hintergrund St. Bartholomäus (?), Pinsel in Grau über Bleistift, 190 x 340, in der Mitte u. „bey Openheim", „G.S." (mit Rotstift von fremder Hand)

Fol. 45 Der Rhein südlich von Bonn (?), Pinsel in Grau über Bleistift, 210 x 345, l. von der Mitte o. „reingegend bey Bon", „G.S" (mit Rotstift von fremder Hand)

Fol. 46 Blick nach Aschaffenburg, Pinsel in Grau über Bleistift, 207 x 358, o. im Bild „Aschaffenburg aus dem schönen busch", „G.S." (mit Rotstift von fremder Hand)

Fol. 47 Die Pfalz mit Kaub und Burg Gutenfels, im Hintergrund Oberwesel mit der Schönburg, Pinsel in Grau über Bleistift, 210 x 346 (rechte obere Ecke ausgerissen), l. von der Mitte o. „Kaub", „G.S." (mit Rotstift von fremder Hand), r. o. „D"

Fol. 48 Burg Otzberg mit Ortschaft Hering im Odenwald, Feder in Braun, Pinsel in Grau, über Bleistift, grüngraues Bütten, 166/216 x 339 (rechte obere Ecke herausgeschnitten), im Bild „Acker (?), Weg, Gebüsch, 3 Stunden, gold… (?)", in der Mitte u. „im Oden Wald", „G.S." (mit Rotstift von fremder Hand), auf dem Untersatzpapier „Otzberg"

Fol. 49 Burg Otzberg mit Ortschaft Hering, Pinsel in Grau über Bleistift, 207 x 340, l. von der Mitte o. „Otzperg", „GS." (mit Rotstift von fremder Hand)

Fol. 50 Blick auf Rüdesheim und den Rhein vom Niederwald, Feder in Schwarzgrau und Braungrau, Pinsel in Grau, über Spuren von Bleistift, 257 x 393, r. von der Mitte o. „reingegend Vom niederwald", „G.S." (mit Rotstift von fremder Hand). Vgl. das Gemälde Georg Schneiders Kat. Nr. 46.

Fol. 51 Blick auf Kiedrich im Rheingau von der Burgruine Scharffenstein, Feder in Graubraun, Pinsel in Grau, über Spuren von Bleistift, 260 x 399, in der Mitte o. und r. von der Mitte o. „Gegend bei Volratz (gestrichen), im Rheingau", „G.S. (mit Rotstift von fremder Hand)/Kidrich nach Mainz"

Fol. 52 Clemenskirche, Clemensmühle und Burgruine Reichenstein bei Trechtingshausen am Rhein, Pinsel in Grau über Bleistift, 251 x 373, o. „Das alte Schlos Soneck bey asmanshausen gegenüber", „G.S." (mit Rotstift von fremder Hand), im Fluß „Rhein". Vgl. Gemälde in Ingelheimer Privatbesitz.

Fol. 53 Blick über die Katharinenkirche und Oppenheim in die Rheinebene, Feder in Schwarzbraun, Pinsel in Grau, über Spuren von Bleistift, 265 x 395, l. von der Mitte o. „Openheim"

Fol. 54 Blick von Bonn zum Siebengebirge, Pinsel in Grau über Bleistift, 262 x 395, links von der Mitte o. „Die sieben Berge von Bonn anzusehen", „G.S" (mit Rotstift von fremder Hand), im Fluß „der Rhein". Vgl. das Aquarell Kat.Nr. 103.

Fol. 55 Die Gamburg im Taubertal, Feder in Grau und Schwarzgrau, Pinsel in Grau, über Spuren von Bleistift, 157 x 203, l. von der Mitte o. „Gamburg", in der Mitte o. „G.S." (mit Rotstift von fremder Hand)

Su

Druckgraphiken nach Caspar und Georg Schneider

Johann Peter Rücker nach
Caspar Schneider

122 Flußlandschaft mit Angler

*Kupferstich, Bütten, 247 x 323 mm (Platte),
331 x 448 mm (Blatt)
Bez. l. u.: „C. Schneider Pinx", r. u.: „P. Rücker Sculp."*

Landesmuseum Mainz, Inv. Nr. GS 3839

Lit.: Neugarten 1922, WV-Nr. 41 – vgl. auch Kat. Nr. 123.

Ein kleiner Fluß schlängelt sich durch eine baumreiche Landschaft. Auf den bewachsenen Felsen des Felsufers lagert ein Hirte, der spielerisch eine Angelrute in das Wasser hält. Sein Vieh, Schafe und Rinder, liegt eng zusammengekauert in der Sonne, nur zwei Schafe grasen abseits im Schatten eines Baumes. Im Mittelgrund befindet sich eine Holzbrücke, die gerade von einem in intensives Gespräch vertieften Paar überquert wird. Zwei Männer, einer auf einem Esel reitend, treiben weitere Rinder zu einem unbekannten Ziel. Im Hintergrund erkennt man eben noch die vor den Bergen verschwimmende Silhouette einer Stadt. Die Komposition des Bildes wirkt relativ spannungslos. Sie wird vor allem von Horizontale und Vertikale bestimmt. Der bildbeherrschende Baum im linken Bilddrittel erhält sein kompositorisches Gegengewicht durch die kleinen Bäume am rechten Bildrand.

Die bei Neugarten beschriebene Vorlage wurde seitenverkehrt reproduziert. Das Öl auf Holz gemalte, 23 x 30 cm große, signierte Bild befand sich ehemals in Mainzer Privatbesitz. Der heutige Besitzer ist nicht bekannt.

Johann Peter Rücker stach etliche Gemälde Caspar Schneiders.[1] Er wurde am 06.04.1757 als Sohn des Kupferstechers Wilhelm Christian getauft. Nach dem Tod von Vater und Bruder führte er den Mainzer Adelskalender fort, floh 1782 wegen Schulden aus Mainz und kehrte erst nach der zweiten französischen Okkupation (1793) nach Mainz zurück. Rücker starb zu einem unbekannten Zeitpunkt nach 1807.[2] Nach Nagler, Schrohe und Thieme-Becker ist eine Reihe von Arbeiten Rückers – vor allem Landschaften nach C. Schneider und Chr. Schütz – bekannt, jedoch wurden weder diese noch die folgenden in der Literatur aufgeführt.

Aufgrund der beinahe identischen Maße (auch der Vorlage), des gleichen Papiers und nicht zuletzt wegen des Bildthemas, der in eine Landschaft eingebetteten Hirtenidylle, wird es sich bei diesem und dem folgenden Blatt um Pendants handeln, auch wenn beide Arbeiten in der Komposition keinen Bezug aufeinander nehmen.[3]   K.S.

---

1 Die ausführlichste Beschreibung seines Werkes und Lebens gibt Schrohe 1912, S. 149; 159 f.
2 Thieme-Becker, Bd. 29, S. 164.
3 Vgl. Kat. Nrn. 53 und 54, bzw. 127 und 128, bei denen die haltgebende Architektur der Bilder quasi spiegelbildlich gemalt wurde und so einen Rahmen bildet, auch wenn es sich in jenem Fall wahrscheinlich nicht um als Pendants konzipierte Bilder handelt.

Johann Peter Rücker nach
Caspar Schneider

123 Landschaft mit Paar unter einem
Baum

*Kupferstich, Bütten, 247 x 319 mm (Platte),
332 x 458 mm (Blatt)*
*Bez. l. u.: „C. Schneider Pinx.", r. u.: „P. Rücker
Sculp."*

Landesmuseum Mainz, Inv. Nr. GS 3837

*Lit.: Neugarten 1922, WV-Nr. 49 – vgl. auch Kat.
Nr. 122.*

In einer dichtbewachsenen, felsigen Landschaft sitzt ein junges Paar einander zugewandt im Schatten einiger Bäume. Vor ihm steht ein Korb mit Obst. Der Frau zur Seite schläft zusammengerollt ein Hund. Weidevieh umgibt das Paar und verdeutlicht so das ländliche Ambiente. Am linken Bildrand erkennt man einen wildreißenden Bach, über den ein Baumstamm als Brücke gelegt wurde. Im Mittelgrund befinden sich weiteres Vieh, ein Reiter, Häuser und eine Flußlandschaft vor Bergen.

Die Kompositionslinien werden von der Baumgruppe bestimmt. Die Landschaft wurde aus sanft fallenden Diagonalen heraus entwickelt und kulissenartig hintereinandergestaffelt.

Mit Hilfe alter Photoplatten Neugartens konnte die Vorlage dieses Stichs ermittelt werden. Diese 23 x 30 cm große, auf Holz gemalte, signierte Landschaft befand sich ebenfalls in dem oben erwähnten Mainzer Privatbesitz. Auch hier arbeitete Rücker seitenverkehrt.

K.S.

1 Im Besitz des Landesmuseums befindet sich noch ein zweiter Druck der gleichen Platte auf einem größeren Blatt Papier anderer Qualität (Inv. Nr. 3858).

Johann Peter Rücker nach
Caspar Schneider

124 Vue des environs de Düsseldorf
sur le Rhin
1796

Kupferstich, Bütten, 249 x 324 mm (Platte)
Bez. l. u.: „C. Schneider Pinx", r. u.: „P. Rücker
Sculp: 1796. 10.", Mitte u.: „Vue des Environs de
Düsseldorff sur le Rhin by Fietta et Compagnie à
Strasbourg"

Landesmuseum Mainz, Inv. Nr. GS 3315

Dem Betrachter bietet sich eine lebhafte ländliche Szene an einem Flußufer. Es scheint sich um eine Furt zu handeln, über die Waren und Menschen in flachen Kähnen an die andere Uferseite transportiert werden.

Ein Brückenhaus befindet sich im Blickzentrum. Dahinter erheben sich steile Hügel mit kleinen Wasserfällen und reichem Baumbewuchs. Im Hintergrund erkennt man die Türme und Dächer einer größeren Stadt.

Das Bild ist kompositorisch in zwei Hälften geteilt, bei der die linke vom Ufer, die rechte vom Fluß eingenommen wird. Die Komposition selber wird von einer großen Diagonale bestimmt, die etwa 1,5 cm von der linken oberen Bildecke entfernt beginnt und steil nach rechts unten abfällt. Die Halbinsel im rechten Bildmittelgrund bildet ein optisches Gegengewicht zu der linken Bildhälfte.

Dieses Bild macht deutlich, daß Schneider seine Werke zumindest teilweise aus Versatzstücken zusammensetzte. So findet sich die Figuren- und Tierstaffage vor dem Brückenhaus vor anderer Architekturkulisse seitenverkehrt, aber identisch auf dem im Werkverzeichnis von Neugarten unter Nr. 100 registrierten Gemälde.[1] Das Brückenhaus und das ins Gespräch vertiefte Paar am Ufer finden sich ebenfalls seitenverkehrt unter Nr. 64.[2]

Diese Landschaftsdarstellung ist das 10. Blatt einer nicht näher zu identifizierenden Folge, die in Straßburg erschien. Der Verleger Fietta ließ sich in Straßburg nicht nachweisen, wohl aber in dem Ort Kriegshaber bei Augsburg.[3] Eine bei Nagler aufgeführte Folge von Stichen Rückers nach C. Schneider bestand aus sechs Blättern mit Ansichten des Mittel- und Oberrheins.[4] Diese entstand bereits in den Jahren 1790–94. Schrohe führt eine weitere von Rücker gestochene Folge auf, die allerdings die Bilder verschiedener Künstler wiedergab und auch nur sechs Blätter umfaßte, so daß dieses Blatt ebenfalls nicht dazugehören dürfte.[5]

Die Vorlage für diese Arbeit konnte bisher noch nicht ermittelt werden und befindet sich auch nicht im Werkverzeichnis Neugartens. Es muß sich aber nicht um eine tatsächliche Wiedergabe der Gegend um Düsseldorf handeln, obwohl Caspar Schneider auf seiner Flucht vor den Kriegswirren nach Köln diesen Landstrich durchaus kennengelernt und studiert haben dürfte.[6]

K.S.

1 Öl auf Holz, 54 x 59 cm, ehemals Privatbesitz Mainz.
2 Öl auf Holz, 20,5 x 29 cm, unsigniert, ehemals Privatbesitz Mainz.
3 Vgl. A. Spamer, Das Kleine Andachtsbild, 1930, S. 229; B. Schoch-Joswig, „Da flamt die gräuliche Bastille", Die Französische Revolution im Spiegel der deutschen Bildpropaganda, Worms, o. J., S. 63; Georg Füsslin u. a., Der Guckkasten, Einblick-Durchblick-Ausblick. o. O. o. J., S. 33. Für die Hinweise danken wir Herrn Dr. H. Gier, Augsburg. Ein 15seitiger Verlagskatalog der Firma von 1789 befindet sich im Deutschen Buch- und Schriftmuseum der Deutschen Bibliothek, Leipzig (frdl. schriftl. Mitteilung von Carola Staniek).
4 Nagler, Bd. 17, S. 402.
5 Schrohe 1912, S. 159, Nr. 1a–c. Im Frankfurter Goethe-Museum – Freies Deutsches Hochstift befindet sich folgende Radierung Rückers nach C. Schneider: „Vue de Mayn Flus pres Francfort/à Strasbourg et Kriegshaber pres d'Auxburg chez Fietta et Compagnie Marchand d'Estampes a Londres." (Inv. Nr. 12940).
6 Ein weiterer Stich Rückers nach C. Schneider, der die Gegend von Köln in einer Nachtszene zeigen soll, ist nach einem Gemälde im Landesmuseum Oldenburg entstanden (Kat. Nr. 16). Rücker stach dieses Blatt bereits 1792. Es handelt sich um das 11. Blatt einer Folge „à Kriegshaber chez Fietta et Compagnie." und befindet sich im Wallraf-Richartz-Museum, Köln (Vergleichsabb. zu Kat. Nr. 16). Ein ebenfalls dort befindliches Gemälde gleichen Motivs entstand wohl nach dem Stich.

Druckgraphiken nach Caspar und Georg Schneider

Johann Peter Rücker nach
Caspar Schneider

125   Vue des environs de Bonn
1789

*Kupferstich, Bütten, 254 x 331 mm (Platte),
296 x 389 mm (Blatt)*
*Bez. l. u.: „C. Schneider Pinx:" , r. u.:
„P. Rücker Sculp. 1789" , Mitte u.: „Vue des
Environs de Bonn"*

Landesmuseum Mainz, Inv. Nr. GS 3314

Lit.: Siehe Kat. Nr. 17.

Dieser Stich geht auf das Darmstädter Gemälde zurück, das Rücker aber seitenverkehrt reproduzierte (Kat. Nr. 17). Eine seitenverkehrte Reproduktion ist für den Stecher immer einfacher zu bewerkstelligen, da er die Vorlage direkt auf die Platte übertragen kann und nicht spiegelverkehrt arbeiten muß. Dies wurde von Rücker nur dann getan, wenn er eine genaue topographische Situation wiedergeben mußte (vgl. Kat. Nr. 127 – Blick von Mainz nach Hochheim und umgekehrt). Dieses Blatt ist durch seinen Titel zwar geographisch bezeichnet, jedoch ist die Landschaft so beliebig, daß man keine reale Wiedergabe des Umlands von Bonn annehmen muß. Die Annahme, daß es sich um ein Blatt aus einer bei „Fietta et Compagnie" erschienenen Reihe von Rheinansichten handelt (vgl. „Environs de Düsseldorf", Kat. Nr. 124), konnte sich nicht bestätigen. Das Blatt mit der Ansicht von Bonn unterscheidet sich von dem Düsseldorfer in allen wesentlichen Punkten (Größe der Platte und des Stichs, Schriftbild des Titels, fehlender Verweis auf Fietta, Papier, Wasserzeichen).   K.S.

Johann Peter Rücker nach
Georg Schneider

126 Vue de Mayence à Zahlbach

Radierung, Bütten, 250 x 335 mm (Platte)
Bez. l. u.: „G: Schneider pinx.", r. u.: „P: Rücker Sculp.", Mitte u.: „Vue de Mayence à Zahlbach"
Provenienz: Ankauf bei Galerie Brumme, Mainz.

Landesmuseum Mainz, Inv. Nr. GS 1997/64

Lit.: Landschulz 1977, S. 110, Nr. 96 mit weiterführender Literatur.

Kürzlich gelang dem Museum der Ankauf dieser schönen Radierung nach einem Gemälde von Georg Schneider. Ein weiterer Abzug dieses Blatts befindet sich im Stadtarchiv.

Ein Weg schlängelt sich in die Tiefe und verbindet die Häusergruppe von Zahlbach, die Lindenmühle in der Mitte und führt dann in einigem Abstand an der auf der Höhe der Bergkuppe gelegenen Kirche von Bretzenheim vorbei. Der Hintergrund wird von einigen mit dem Horizont verschwimmenden Bergen gebildet. Den rechten Bildrand begrenzt ein dürrer Baum, der aus einem Felsen herauswächst. Der linke Bildraum bleibt offen, so daß man eventuell über ein Pendantbild spekulieren kann. Die Landschaft wird von ländlicher Staffage belebt. Im Vordergrund sitzen zwei Männer einander zugewandt im Gras und unterhalten sich. Ein dritter ist mit seinem Eselskarren dazugekommen und mischt sich ins Gespräch. Ein immer wiederkehrendes Element in den Landschaften Georg Schneiders ist der Rauch, der auch hier aus einem der Schornsteine emporsteigt (vgl. auch Blick von Hochheim nach Mainz).

Das Bild ist horizontal in zwei Hälften geteilt, wobei die Landschaft den unteren, kleineren Teil einnimmt. Eine leicht ansteigende Linie bildet den Abschluß des Mittelgrundes. Auf diese antwortet eine nur leicht differierend verlaufende Horizontlinie. Gegenläufig zu dieser Steigung ist die Begrenzung des Vordergrundes mit der Schattenzone und eine fast parallel dazu verlaufende zweite Linie. Die Komposition wird durch den Baum und den im Hintergrund verschwimmenden Berg als vertikale Blickfänge belebt.

Nach einer handschriftlichen Notiz im Stadtarchiv sind Dach und Turm der Bretzenheimer Kirche im Mai 1793 abgebrannt. Da, wie bereits dargestellt, beide Brüder historische Tatsachen gelegentlich außer acht ließen, kann man dieses Datum nicht als Terminus ante quem für die Entstehung des Gemäldes ansetzen.

Bei diesem Blatt handelt es sich um die einzige gesicherte Arbeit Rückers nach Georg Schneider. K.S.

Johann Peter Rücker nach Caspar oder Georg Schneider

127   Aussicht von Hochheim nach Mainz

128   Aussicht von Mainz nach Hochheim

Radierung, Bütten, 247 x 325 mm (Platte), 289 x 373 mm (Blatt)
Bez. l. u.: „Gemalt von C. Schneider", r. u.: „Gestochen von P. Rücker", Mitte u.: „Aussicht von Hochheim nach Mainz", bzw.: „Aussicht von Mainz nach Hochheim"

Landesmuseum Mainz, Inv. Nrn. GS D 1916/2027 und D 1916/2028

Lit.: siehe Kat. Nrn. 53 und 54.

Diese in barocker Tradition als Pendantbilder angelegten Blätter zeigen im ersten Fall den Blick von Hochheim über Kostheim nach Mainz, im zweiten Fall den Blick von Weisenau über Kostheim nach Hochheim. Zahlreiche ländliche Staffage belebt die Szene. Ein wolkenbedeckter Himmel ermöglicht die Darstellung von Licht- und Schattenspiel.

Die Weisenauer Kirche existiert in ihrer damaligen Form heute nicht mehr, sie wurde 1825 – also noch zu Lebzeiten der Brüder Schneider – durch einen Neubau ersetzt. Die Brüder haben die Weisenauer Kirche mehrmals im Bild festgehalten.[1] Auch die alte Stadtbefestigung in Hochheim wurde bis auf das jetzige Küsterhaus abgebrochen. Man erkennt den Turm der Kostheimer Kirche, der bei der Belagerung 1793 abbrannte, ohne daß man daraus schließen könnte, daß die Gemälde vor diesem Zeitpunkt entstanden, da beide Brüder ein festes Repertoire von Motiven immer wieder verwendeten und dabei gelegentlich die historische Realität vernachlässigten.

Bei diesen Arbeiten handelt es sich um Gegenstücke mit genau bezeichneter Ortsangabe. Trotzdem kann man sich vor Ort überzeugen, daß es sich um eine nach Naturstudien im Atelier komponierte topographische Darstellung handelt, bei der der Künstler von mindestens zwei Standorten aus arbeitete.

Die Vorlage für das Blatt mit Blick von Hochheim nach Mainz ist bekannt und befindet sich in Mainzer Privatbesitz. Im Vergleich mit diesem Gemälde kann man die akkurate Arbeitsweise Rückers nachvollziehen. Es ist nicht signiert, wird aber Georg Schneider zugeschrieben.[2] Ein weiteres, nicht signiertes und auch Georg Schneider zugeschriebenes Gemälde befindet sich im Besitz des Landesmuseums (Inv. Nr. 373, vgl. Kat. Nr. 54).

Es zeigt die gleiche Landschaft, weist jedoch Unterschiede in der Staffage auf. Die Ansicht von Mainz nach Hochheim entspricht einem Gemälde im Besitz des Landesmuseums (Inv. Nr. 372, Kat. Nr. 53), das ebenfalls Georg Schneider zugeschrieben wird. Es finden sich jedoch kleine Veränderungen, deren bedeutenste das Einfügen eines Baumes am linken Bildrand ist, ein den allgemeinen Sehgewohnheiten angepaßtes Repoussoir. Auch die Personenstaffage wurde leicht abgeändert, ein Boot zusätzlich zu Wasser gelassen und ein Teil des Viehs verändert (übernommen wurde die Rindergruppe links). Falls Rücker keine eigenständigen Veränderungen anbrachte – und es ist eher unwahrscheinlich, daß er dies tat, wenn man die exakte Übernahme des zuvor beschriebenen Pendants betrachtet – muß es noch ein heute nicht mehr bekanntes, fast identisches und beinahe maßgleiches [3] Gemälde eines der Brüder gegeben haben.

Unklar bleibt die Frage der Zuschreibung. Da der Stil der Gemälde Georg eher entspricht als dem seines Bruders, bleibt offen, warum der Stich mit C. Schneider untertitelt ist. Man kann nur spekulieren, ob der Bekanntheitsgrad Caspars größer und sein Marktwert höher war, so daß man die Arbeiten lieber unter seinem Namen verkaufte.

Im Besitz des Museums befinden sich zwei Blätter (ohne Inv. Nr.), die von J. P. (oder S.) Knüpfer nach den gleichen Vorlagen gearbeitet wurden. Der nicht näher zu fassende Künstler [4] veränderte jedoch die Staffage. Aus dem arbeitenden Landvolk wurden bildungsbürgerliche Spaziergänger, die sich an der Landschaft erfreuen und vor der Natur malen. Die Qualität der in Aquatinta und Umrißradierung gearbeiteten Blätter ist jedoch deutlich bescheidener als die Rückers.

K.S.

1 Bei diesem Bild fällt die ungenaue Wiedergabe der Kirche auf, die eigentlich als Saalbau mit fünf oder sechs schmalen Fensterachsen in Form von Lanzettfenstern und mit einem Walmdach gedeckt errichtet wurde. Vgl. dagegen die wesentlich genauere Wiedergabe der Architektur auf einem Aquarell in Mainzer Privatbesitz.
2 Eine im gleichen Privatbesitz befindliche Ideallandschaft mit Staffage wird wegen der sehr ähnlichen Maße (33 x 47 cm, bzw. 31,8 x 47 cm der Ideallandschaft) als Pendant betrachtet. Die Bilder sind allerdings weder inhaltlich noch kompositorisch aufeinander bezogen, so daß man eher davon ausgehen muß, daß die Maßgleichheit zufällig ist.
3 Die Maße des Bildes im Landesmuseum sind 32,5 x 46,5 cm.
4 Thieme-Becker, Bd. 21, S. 36f. führt einen J. S. Knüpfer an, der in den 1790er Jahren zum Teil kolorierte Darstellungen unter anderem von Mainz, Mannheim und Heidelberg anfertigte.

Franz Anton Cöntgen nach Georg Schneider

129   Rheingegend bei der Stadt Mainz
       (Blick auf Mainz von der Favorite)

*Radierung, Bütten, 224 x 359 mm (Platte),
240 x 379 mm (Blatt)
Bez. l. u.: „Schneider delin.", r. u.: „Cöntgen
Sculps. Mog.", Mitte u.: „RheinGegend bei der
Stadt Mainz/in der Himmessischen Buchhand-
lung in Koblenz zu haben"
Provenienz: Vermächtnis A. M. Laské.*

Landesmuseum Mainz, Inv. Nr. GS D 03/109

*Lit.: Schrohe 1912, S. 148, Nr. 8; Ausst. Kat.
Mainz 1993, S. 154, Kat. Nr. 32.*

Die Radierung zeigt den Rhein und einen großen Teil des Rheinufers links und das Kostheimer Ufer rechts. Der Blick folgt den am Ufer aufgereihten Gebäuden; durch die Diagonalkomposition wurde dem Bild Tiefe gegeben. Im Vordergrund erkennt man einen Teil der Favorite, Lustschloß des Kurfürsten Lothar Franz von Schönborn, das bei der französischen Belagerung der Stadt 1793 völlig zerstört wurde.

Im Mittelgrund des Bildes erheben sich die Türme der Stadt Mainz. Deutlich ist der westliche Vierungsturm des Doms zu erkennen, der östliche ist jedoch stark zerstört. Dies irritiert, erfolgte die Zerstörung doch auch 1793. Der Künstler muß also die Ansicht nach der Zerstörung gemalt und teilweise den Zustand vor 1793 wiedergegeben haben. Staffage nimmt dem Bild das Sachliche der reinen Vedute.

Stadtansichten, die auf diese Art wiedergegeben wurden, waren nicht ungewöhnlich und bildeten eine Mischung aus Vedute und Idylle.[1]

Zu diesem Blatt existiert eine Skizze in dem Klebeband aus dem Besitz des Zeichners und Aquarellisten Franz Graf von Kesselstatt (Kat. Nr. 121, fol. 29, Vergleichsabb.). Die Skizze, eine Federzeichnung über Bleistift, trägt die Beschriftung: „Die favoritte Ober Maynz vor 1792" in Bleistift und mit Rötel das Monogramm „G.S". Daher kann man diese Skizze, die sicherlich in Öl umgesetzt wurde, wohl Georg Schneider zuschreiben.

Der Radierer Cöntgen setzte die Vorlage seitenrichtig um. Nach Schrohe handelte es sich um Franz Anton Cöntgen, einen Sohn des Kupferstechers und Zeichenlehrers Heinrich Hugo. Franz Anton wurde am 24.12.1757 in Mainz getauft. Sein Taufpate war der bekannte Hofschreiner Franz Anton Hermann, der unter anderem das Chorgestühl des Mainzer Doms schuf. Cöntgen bewohnte später ein Haus im Kirschgarten.[2] Der bekannteste aus dieser Familie von Kupferstechern war wohl Franz Antons Bruder Georg Josef, der seit 1776 in Frankfurt/Main lebte.[3]

Die Himmesische Buchhandlung in Koblenz gab unter anderem 1789 Josef Gregor Langs „Reise auf dem Rhein" heraus. Der Verfasser widmete in seinem Buch einen Absatz der Buchhandlung und ihrem rührigen Besitzer und berichtet: „Er zeigte mir bei dieser Gelegenheit einige Kupferstiche, die die neue Kurfürstliche Residenz so wohl von der Stadt- als Rheinseite vorstellten, und die er auch in seinem Verlage hatte."[4]   K.S.

1 Vgl. dazu zum Beispiel die Pinselzeichnung von Johann Caspar Zehender: Ansicht der Stadt Frankfurt (Main) von Westen, um 1780, Historisches Museum der Stadt Frankfurt, Inv. Nr. C 15170.
2 Quelle: „Der Wegweiser der Stadt und Gemeinde Mainz (...) im ersten Trimester des neunten Jahres der fränkischen Republik (=1801)".
3 Gwinner 1862, S. 332.
4 Reprint, hrsg. von Georg Breitwieser, Lorch 1992, S. 81.

G. Schneider, Blick von der „Favorite" nach Mainz (Kat. Nr. 121, fol. 29)

Druckgraphiken nach Caspar und Georg Schneider

Carl Kuntz nach Caspar Schneider

130 Ruine der Liebfrauenkirche

*Aquatinta mit Umrißradierung, Bütten,
516 x 681 mm (Platte)
Bez. l. u.: „Nach der Natur gezeichnet von Casp:
Schneider", r. u.: „Gestochen von Carl Kuntz in
Mannh:", Mitte u.: „Ruin der Lieben
Frau=Kirche in Maynz."/„Nach der Belagerung
im Jahre 1793./in Mannheim bey Domenico
Artaria"*

Landesmuseum Mainz, Inv. Nr. GS D 0/789

*Lit.: Le Blanc, 18; Nagler, Bd. 8, S. 119 ff;
E. Neeb, Bilder aus dem alten Mainz, Mainz
1898(2), Taf. XVI und S. 7; Thieme-Becker, Bd. 22,
S. 114 ff; Ausst. Kat. London 1994, S. 101,
Kat. Nr. 56; Dictionary of Art 1996, Bd. 18, S. 523 –
vgl. auch Kat. Nr. 131.*

Dieses Blatt ist eines von zwei Pendantbildern, die den nach dem Bombardement der Alliierten im Juli 1793 zerstörten Dombereich zeigen.

Der Mannheimer Maler und Kupferstecher Carl Kuntz (1770–1830) ist wohl der bekannteste der Stecher nach den Brüdern Schneider. Seit 1805 war er badischer Hofmaler in Karlsruhe. Kurz vor seinem Tode wurde er Direktor der Karlsruher Gemäldegalerie.

Dargestellt ist die 1793 zerstörte Liebfrauenkirche, die östlich des Doms stand und wegen der starken Zerstörungen gänzlich abgetragen wurde. Der Bau wurde 1285 als gotische Hallenkirche errichtet und 1311 von Peter von Aspelt geweiht. Rechts erkennt man den linken Risalit des „Haus zum Römischen Kaiser", das heute als Sitz des Gutenberg-Museums dient. Er weist ebenfalls Zerstörungen auf. Das Alltagsleben geht jedoch weiter. Staffage belebt die Szene. Reger Handel wird getrieben. Einzig zwei Mönche scheinen die zerstörte Kirche und die wie durch ein Wunder unzerstört gebliebene Darstellung Mariens als Himmelskörigin in einer Barocknische zu betrachten.

Im Besitz des Landesmuseums befinden sich drei motivgleiche Bilder in Öl, in Aquarell und als lavierte Federzeichnung (Kat. Nr. 56, 65 und 79). Betrachtet man jedoch das Aquarell, sieht man deutlich, daß hier eine vielfältigere und zahlenmäßig reichere Staffage verwendet wurde. Die beiden in Rückansicht gegebenen Mönche im Vordergrund werden dort nicht wiedergegeben, jedoch im Ölgemälde und in der Zeichnung.

Das Ölgemälde wird Georg Schneider zugeschrieben. Im Besitz der Graphischen Sammlung Albertina, Wien, befinden sich zwei Blätter, die Caspar Schneider zugeschrieben werden und höchstwahrscheinlich als Vorlagen für diesen und den folgenden Stich Kuntz' (Kat. Nr. 131) dienten.[1] Allerdings nahm Kuntz sich die Freiheit, einige Unterschiede in den Details anzubringen. Am deutlichsten wird dies bei der Hinzufügung der wie Flammen hinter dem Turm der Kirche hervorschießenden Wolken, die dem Bild eine dramatischere Ausstrahlung geben, aber auch bei Kleinigkeiten wie dem Verzicht auf den Zipfel an der Kapuze des linken Mönchs. Andere Details sind dagegen mit geradezu photographischer Präzision und Könnerschaft abgebildet.

Die Datierung der Arbeiten ist nicht eindeutig zu klären. Nach 1793 war Kuntz für den Kurfürsten Carl Theodor tätig, 1804 befand er sich am Hofe des schwedischen Königs, ab 1805 im Dienst des badischen Großherzogs. Wahrscheinlich entstand die Arbeit noch in der Zeit vor 1804, vermutlich sogar noch vor 1800, da eine von Schneider abhängige Arbeit Johann Adam Ackermanns in jenes Jahr datiert ist. Ackermann bildet die Leichhofhäuser bereits im wiederaufgebauten Zustand ab.[2]

Der Verleger dieses Stichs, Domenico Artaria, übernahm 1791 das Mainzer Geschäft seines Vaters Giovanni, verlegte es jedoch im folgenden Jahr nach Mannheim. Gemeinsam mit seinem Schwiegervater, dem französischen Buchhändler Fontaine, wurde Artaria zum größten Buchhändler Deutschlands.[3]

K.S.

1 Wien, Graphische Sammlung Albertina, Inv. Nrn. 14924 und 14925, Feder und Pinsel in Grau, Aquarell, weiß gehöht.
2 Vgl. Ausst. Kat. Mainz 1995, S. 276, Kat. Nr. 144.
3 Ausst. Kat. London 1994, S. 101 mit Verweis auf die Veröffentlichung Helmut Tenners, Mannheimer Kunstsammler und Kunsthändler, Heidelberg 1966, S. 127–159 und 206–210.

C. Schneider, Ruine der Liebfrauenkirche

Druckgraphiken nach Caspar und Georg Schneider

Carl Kuntz nach Caspar Schneider

131 Ruine des Doms und Leichhofs

*Aquatinta mit Umrißradierung, Bütten,
557 x 698 mm (Platte)*
*Bez. l. u.: „Nach der Natur gezeichnet von Casp:
Schneider", r. u.: „Gestochen von Carl Kuntz in
Mannh:", Mitte u.: „Ruin des Doms und
Leichhofes in Maynz/Nach der Belagerung im
Jahre 1793./in Mannheim bei Domenico Artaria"*

Landesmuseum Mainz, Inv. Nr. GS D 0/790

*Lit.: Siehe Kat. Nr. 130, zusätzlich: Ausst. Kat.
Mainz 1993, S. 276, Kat. Nr. 145.*

Deutlich erkennt man die intakt gebliebenen Westteile des Doms. Die östliche Turmgruppe und das Dach des Schiffs wurden jedoch durch den Krieg zerstört. Südlich schließen sich der ebenfalls zerstörte Kreuzgang und die in Trümmern liegenden Stiftsgebäude und Privathäuser am Leichhof an. Zwei Männer sind gerade dabei, den Schutt auf einen Pferdekarren zu laden. Vielfältige Staffage bevölkert die Szene. Man erkennt spielende Kinder, Frauen und Männer, ins Gespräch vertieft oder bei alltäglichen Handlungen.

Durch eine Verkleinerung der Staffage wurde versucht, Bildtiefe zu erreichen, jedoch ist der Maßstab in diesem Blatt Kuntz' bei den weiter entfernt dargestellten Personen viel zu klein geraten.

Auch für dieses Blatt befindet sich die Vorlage in Wien (Vergleichsabb.)[1]. K.S.

1 Graphische Sammlung Albertina, Inv. Nr. 14925.

C. Schneider,
Ruine des Doms und
Leichhofs

Druckgraphiken nach Caspar und Georg Schneider

Johann Georg Reinheimer nach
Caspar Schneider

132 Ansicht der Stadt Mainz

Kolorierte Radierung, Vélin, 365 x 500 mm (Platte)
Bez. l. u.: „nach der Natur gez von Caspar Schneider", r. u.: „gest. und herausgegeben von J. G. Reinheimer", Mitte u.: „Ansicht der Stadt Mainz – Frankfurt a/M bei J. G. Reinheimer"

Landesmuseum Mainz, Inv. Nr. GS D 0/ 791

Lit.: Gwinner 1862, S. 377, Nr. 17 – siehe auch Kat. Nr. 88.

Ein breiter Weg, die Mombacher Straße, belebt durch Spaziergänger und arbeitende Landbevölkerung, zieht sich diagonal in die Tiefe. Rechts von ihm erkennt man den Jüdischen Friedhof, links breitet sich die Allmendewiese aus. Über den Mittelgrund erstreckt sich die Stadt Mainz. Man erkennt die Stephanskirche, halb davon verdeckt die Windmühle auf dem Windmühlenberg, die 1840 abgerissen wurde, den Dom ohne den bei der Belagerung abgebrannten östlichen Vierungsturm,[1] links die Peterskirche und das Schloß, im Hintergrund die Orte Kastel am Rheinufer und Hochheim. Die eleganten Spaziergänger im Vordergrund sind in der Mode des Biedermeier gekleidet.

Komposition und Farbe des Bildes sind in barocker Tradition mit einer dominierenden, Tiefe erzeugenden Diagonale und in perspektivischer Farbgebung von grün – braun – bläulich angelegt.

Johann Georg Reinheimer (1777–1820), ein Vedutenstecher und Kunsthändler aus Frankfurt/Main, kann in dieser Arbeit wegen ihrer späten Entstehungszeit nicht die Gouache aus dem Bestand der Burg Sooneck (Kat. Nr. 88) wiedergegeben haben, obwohl die Motive bis auf geringe Abweichungen (siehe vor allem die Wiedergabe der Ruine im Vordergrund) identisch sind. Wahrscheinlich hat Schneider 1815 ein Pendant zu der im Hessischen Landesmuseum Darmstadt befindlichen Mainz-Ansicht von Süden[2] geschaffen, die Reinheimer hier reproduziert hat. Von Reinheimer ist eine zweite, etwas kleinformatigere Aquatinta nach dem gleichen Vorbild bekannt[3].

K.S.

1 Gwinner schreibt allerdings, daß eine Ansicht von Mainz vor der Belagerung wiedergegeben sein soll.
2 Neugarten 1922, WV-Nr. 73.
3 Lt. Katalog des Buch- und Kunstantiquariats Siegfried Brumme, 13, 1970, S. 46, Nr. 150.

Druckgraphiken nach Caspar und Georg Schneider

Schüler Caspar Schneiders

Johann Jakob Hoch
(Mainz 1750–1829 Mainz)

Maler und Kunstsammler. Erster Unterricht wahrscheinlich bei seinem Vater Johann Gustav Heinrich Hoch, der Lehrer an der Mainzer Bau- und Zeichnungsakademie war. 1778–1782 Studium in Wien. 1783–1788 Studium in Paris. 1788 Rückkehr nach Mainz. 1820 Heirat mit Kunigunde Beckhaus. Ein Aufenthalt in Rom ist nicht bewiesen.

Hoch zählte in Mainz zu dem Freundeskreis um Johann Caspar Schneider. Außer dem Landschaftsfach widmete er sich auch weiteren Bildthemen wie z. B. der Porträt-, Historien- und Genremalerei. Hochs Kunstauffassung gründet im 18. Jahrhundert. Seine Werke weisen Stilmerkmale des Rokoko, des Klassizismus, aber auch der Romantik auf. Das ehemals umfangreiche Gesamtwerk des Künstlers ist weit verstreut.

133   Landschaft mit Kirchenruine
      (Hl. Kreuz?), Hirte und Herde

*Aquarell, Feder in Grau über Bleistift, 230 x 335 mm
Unbez.*

Landesmuseum Mainz, Inv. Nr. GS 0/2020

Lit.: Landschulz 1977, Nr. 34, S. 40; S. 32.

Die Ruine auf Johann Jakob Hochs Darstellung einer „Landschaft mit Kirchenruine" läßt sich nicht mit Sicherheit eindeutig benennen. Doch der Vergleich mit Johann Caspar Schneiders Ansicht der „Ruine der Hl. Kreuz-Kirche" bei Mainz von Süden (Kat. Nr. 68) läßt vermuten, daß hier als Motiv dieselbe Ruine gewählt wurde, jedoch von einer anderen Perspektive aus; denn beide Ansichten sind in Inhalt und Komposition ähnlich.

Die Kirche auf Hochs Aquarell zeigt sich in ihrem teilweise schon von Büschen und Bäumen überwucherten ruinösen Zustand. Als Symbole der Vergänglichkeit mögen die beiden Grabreliefs rechts im Vordergrund gedeutet werden. Das Motiv des Hirten mit seiner Herde, das sich der malerischen Landschaft einfügt, geht auf die im Rokoko beliebte Schäferidylle zurück. Im Kupferstichkabinett der Staatlichen Museen Preußischer Kulturbesitz in Berlin findet sich eine fast identische Gouache von Johann Caspar Schneider. Die Übereinstimmung beider Ruinenbilder bestätigt die enge Zusammenarbeit der Mainzer Maler um 1800. Auch in Mainz waren um die Jahrhundertwende Erinnerungsbilder mit Ruinendarstellungen als Zeugnisse der Vergangenheit bei Kunstfreunden sehr gefragt. Dies erklärt auch die häufige Wiedergabe der außerhalb der Stadt gelegenen „Hl. Kreuz-Ruine". Die Baugeschichte der ehemaligen Kirche, mit der ein Stift verbunden war, reicht in das frühe Mittelalter zurück. Während der Belagerung von Mainz wurde sie 1792 stark beschädigt und 1793 von den Franzosen angezündet. 1799 oder 1801 versuchte man die Kirche zu sprengen; 1806 wurde der Rest der Kirchenruine abgetragen. Demnach müssen die Ruinenansichten der Mainzer Künstler vor 1806 entstanden sein. Auch Georg Schneider[1] und Caspar Anton Dillenius widmeten sich der Hl. Kreuz-Ruine[2].

M.L.

1   Vgl. Skizzenbuch, 1792/93, Kat. Nr. 120, fol. 22 v. und 73 r.
2   Siehe Ausst. Kat. Mainz 1995, Nr. 155, S. 284, mit Abb.

Franz Ludwig Hyazinth Xaver Willibald Maria Graf von Kesselstatt
(Trier 1753–1841 Mainz)

Kunstdilettant, Kunstsammler und Mäzen. Von 1770–1774 Studium der Rechtsgeschichte und Finanzwissenschaften in Wien. Anschließend Aufenthalte in Straßburg und Nancy. 1778 Kapitular des Mainzer Erzstiftes. 1814/15 Mitglied der Mainzer Delegation beim Wiener Kongreß. Freund und Schüler der Maler Johann Caspar Schneider und Johann Jakob Hoch.

Kesselstatt wurde vor allem durch seine Mainzer Stadtansichten bekannt, die eher von stadtgeschichtlicher denn von kunsthistorischer Bedeutung sind. In enger Anlehnung an Werke der Brüder Schneider verfertigte er auch nach den Revolutionskriegen Veduten einer noch intakten Stadt, obwohl sie in der Realität stark beschädigt war. Die große Nachfrage nach derartigen Erinnerungsbildern mag den Grafen veranlaßt haben, etliche seiner Veduten als Druckgraphiken vervielfältigen zu lassen und sie an Kunstfreunde zu verteilen.

Sein Skizzenbuch[1] zeigt Ansichten der Städte Mainz, Trier, Koblenz und Landschaften von Rheingau, Taunus, Westerwald und Eifel.

134 Blick von Hl. Kreuz nach Mainz
1799

*Gouache, 130 x 176 mm (Bild), 185 x 230 mm (Blatt)
Bez. auf dem Grenzstein im Bild: „1799", r. u.: „Gemahlt von Franz Graf von Kesselstatt.", unter dem Bild: „Die h. Kreuz Kirche ohnweit Maynz./ Diese Kirche wurde bey einem Ausfall, den die französische Besatzung, gegen die alliirten Deutschen so Maynz/belagerten, am 10 July 1793 machten um 1 Uhr Nachts in Brand gesteckt und in der Folge von Ihnen gänzlich zerstört."*

Landesmuseum Mainz, Inv. Nr. GS 0/2087

Lit.: Landschulz 1977, Nr. 22, S. 69.

Die kleinformatige Gouache zählt zu einer Reihe von Mainzer Stadtansichten, die Kesselstatt zwar nach der teilweisen Stadtzerstörung von 1793 ausführte, Mainz aber in seinem unversehrten Zustand vor der Belagerung zeigen. Für die Ansicht ist ein Standort außerhalb der Stadt gewählt, und zwar die Anhöhe, auf der die Stiftskirche Hl. Kreuz lag. Den Vordergrund bildet die ländliche Umgebung der Kirche; nach ihr wurde sie auch „St. Maria im Felde" genannt. Die Stiftskirche am linken Bildrand ist durch ihre Größe und exponierte Lage hervorgehoben. Ihr gegenüber, am rechten Bildrand, sind Kirche und Klosterzellen der Kartause zu erkennen. Dazwischen, im Hintergrund, erscheint die Silhouette der Stadt mit St. Stephan und dem Dom. Auf der gegenüberliegenden Rheinseite, die durch die Schiffbrücke mit Mainz verbunden ist, sind die Orte Kastel, Kostheim und Hochheim zu sehen. Am Horizont erstrecken sich die Berghügel des Taunus. Die Ansicht von Kesselstatt ist nahezu identisch mit einer Darstellung von Caspar Schneider (Kat. Nr. 62), die dem Grafen als Vorlage diente. Geringfügige Unterschiede ergeben sich bei Kesselstatts Ansicht durch das kleinere Bildformat, das intensivere Kolorit und das Hinzufügen von Staffagefiguren.

Derartige detailgetreue Übereinstimmungen mit Mainzer Stadtveduten der Brüder Schneider finden sich oft innerhalb Kesselstatts Œuvre[2].

Ob die Staffagefiguren von Kesselstatts Hand stammen, ist fraglich, da er im Figurenzeichnen ungeübt war. Auch ist überliefert, daß er seine Gouachen sowohl von Johann Caspar Schneider als auch von Johann Jakob Hoch überarbeiten und teilweise ergänzen ließ[3].

M.L.

1 Landschulz 1977, Nr. 33, S. 70.
2 Siehe „Mainz von Süden" und „Mainz von Norden" (Kat. Nrn. 88, 89).
3 Neugarten 1922, S. 5.

Johann Adam Ackermann
(Mainz 1781–1853 Frankfurt a. M.)

Landschaftsmaler. Erster Unterricht bei Johann Caspar Schneider in Mainz. 1801–1803 Studium an der Pariser Akademie, u. a. bei Jacques-Louis David. Anschließend Aufenthalt in Aschaffenburg, wo er von seinem Gönner, dem Fürstprimas und späteren Großherzog Karl von Dalberg, zum Hofmaler ernannt wurde. 1804 Übersiedlung nach Frankfurt a. M. 1818 Reise nach Italien als Begleiter und Berater des Kunstsammlers Esaias Philipp von Schneider.

Ackermanns Hauptwerk entsteht in enger Anlehnung an die Künstler der Dresdner Romantik. Seiner ersten Schaffensperiode in der Tradition der Landschaften und Stadtansichten seines Lehrers Caspar Schneider war eine durch den Klassizismus geprägte Schaffensperiode gefolgt, bis Ackermann in den 30er Jahren seinen typischen Stil als Landschaftsmaler der Romantik gefunden hatte.

135 Blick aus dem Fenster (Sonnenaufgang in Oestrich am Rhein)
1841

*Aquarell, Deckweiß, Bleistift, 290 x 164 mm
Bez. l. u.: „65", in der Fensterscheibe: „J A A/ 1841", verso: „No 65/in Oestrich am Rhein – Sonnenaufgang/J. A. A.October 1841"*

Landesmuseum Mainz, Inv. Nr. GS 0/734

Lit.: Landschulz 1977, Nr. 21, S. 165, S. 154 f.; Ausst. Kat. Zeichnungen und Aquarelle der deutschen Romantik. Landesmuseum Mainz 1991, Nr. 3, Farbabb. S. 58.

Das Motiv des Fensterbildes war für die deutsche Malerei der Romantik von zentraler Bedeutung, versinnbildlicht doch der Fensterausblick die Sehnsucht des romantischen Menschen nach der Ferne, nach dem Unendlichen. Caspar David Friedrich widmete sich 1805 im „Blick aus dem rechten Atelierfenster"[1] dem Motiv des Fensterblickes. Maler seines Umkreises, darunter Carl Gustav Carus und Carl Ludwig Kaaz, folgten ihm.

Das Fenster in Ackermanns Bild füllt fast die ganze Bildfläche aus. Der linke Fensterflügel ist weit geöffnet und lenkt den Blick des Betrachters über einige Staffagefiguren unterhalb des Fensters hinweg auf das Naturschauspiel des Sonnenaufgangs. Die Sonne, die gerade hinter den Hügeln des Rheingaus am jenseitigen Ufer aufgeht, spiegelt sich im Rhein wider. Durch den geschlossenen rechten Fensterflügel ist ein Boot am Uferrand sichtbar. Ein Monokular und ein Tuch auf der Fensterbank im Innern des Raumes sind als Hinweise auf den Zimmerbewohner zu werten. Dem Schwebezustand der Tageszeit entsprechend ist das Kolorit des Aquarells überwiegend in blaugrauen und bräunlichen Zwischentönen ausgeführt. Das Ocker des Tuches auf der Fensterbank korrespondiert mit der Farbe der Sonne, die – wie ihr Spiegelbild – Übergänge von Weiß über Gelb und Orange bis ins Rötliche aufweist.

Richtungsweisend für Ackermanns „Blick aus dem Fenster" mag ein Fensterausblick von Karl Ludwig Kaaz gewesen sein. Dessen Zeichnung „Fensterblick auf die Elblandschaft bei Dresden" von 1809[2] ist Bestandteil des Stammbuchs des Fürsten Heinrich XLIII. und der Fürstin Louise Reuß-Köstritz. Die Zeichnung von Kaaz ist eine Variante seines Gemäldes „Aussicht aus einem Fenster in der Villa des Malers Grassi" von 1807[3] und gibt den Blick auf eine Flußlandschaft wieder. In seinem erst viel später (1841) entstandenen Aquarell übernimmt Ackermann Details wie den herabhängenden Vorhang und Gegenstände auf der Fensterbank. Das Monokular findet sich auf den Bildern beider Künstler; statt des Buches wählte Ackermann ein Tuch.

M.L.

---

1 H. Börsch-Supan, Caspar David Friedrich, München 1973, Abb. 21, S. 26 u. Abb. 22, S.27.
2 Jahrbuch des Freien Deutschen Hochstifts. 1993, S. 324 f. u. Abb. 5.
3 H. Börsch-Supan, Deutsche Romantiker. Deutsche Maler zwischen 1800 und 1850, München, Gütersloh, Wien 1972, Taf. 54.

Schüler Ackermann

136 Mainüberfahrt – Schnee
1839

Pinsel in Schwarz und Grau, Feder in Schwarzgrau, Deckweiß, 228 x 281 mm
Bez. l. u.: „63. J. A. A. 1839.", verso: „No 63.
Mainüberfahrt Schnee."

Landesmuseum Mainz, Inv. Nr. GS 0/735

Lit.: Landschulz 1977, Nr. 34, S. 166.

Das Aquarell „Mainüberfahrt – Schnee", von Ackermann auf das Jahr 1839 datiert, läßt sich einer Reihe von Winterlandschaften des Künstlers zuordnen. Auf seinen Winterlandschaften – Friedhofsdarstellungen und Mainlandschaften – intensiviert Ackermann durch völligen Verzicht auf Staffagefiguren das Gefühl der Einsamkeit und Trostlosigkeit. Vor allem bei seinen Mainlandschaften beschränkt er sich auf wenige wesentliche Merkmale, um die Kargheit in der kalten Jahreszeit nachzuempfinden. Die winterliche Stimmung der „Mainüberfahrt" überzeugt sowohl durch die Farbgebung als auch durch die Komposition: Die Landschaft ist in ein leicht braunes, ins Rötliche übergehendes Licht getaucht. Die matt-weiße Wintersonne links oben im Bild spiegelt sich im Fluß wider. Repoussoirartig wirkt der schmale Uferstreifen im Vordergrund mit seinen dunklen, knorrigen Bäumen, dem Boot und dem querliegenden Baumstamm. Die Übergänge von Uferzone, Rhein und Himmel, welcher zwei Drittel der Bildfläche ausfüllt, sind fließend. Am Horizont ist das gegenüberliegende Ufer nur schwach angedeutet. Zwei winzige Türme könnten – wie bei einem Aquarell ähnlichen Bildinhalts, der „Mainmündung" von 1838[1], – auf die Silhouette von Mainz hinweisen.

In den Winterlandschaften Ackermanns ist seine Orientierung an Dresdner Malern wie Caspar David Friedrich und Carl Gustav Carus offenkundig. Vorerst noch ungeklärt ist, wie Ackermann seine Kenntnisse über die Dresdner Romantik erlangte. Erste Berührungsmöglichkeiten könnten sich bei der Nürnberger Dürerfeier 1828 ergeben haben, bei der Ackermann mit einem Beitrag für das zu diesem Zwecke entstandene „Dürer-Stammbuch" ebenso vertreten war wie Caspar David Friedrich und die mit ihm befreundeten Maler Johann Christian Clausen Dahl und Georg Friedrich Kersting[2].

M.L.

[1] Landesmuseum Mainz, Inv. Nr. GS 0/727.
[2] Siehe Ausst. Kat. Das Dürer-Stammbuch von 1828, Nürnberg 1973.

Schüler Ackermann

Johann Caspar Anton Dillenius

(Mainz 1791–1869 Mainz)

Arzt und Kunstdilettant. Promovierte 1816 an der Medizinischen Fakultät in Mainz. Malte vor allem Stilleben und Landschaften. Hatte Unterricht bei Johann Caspar Schneider, dessen Stil und Kompositionsschemata er bei seinen eigenen Landschaften und Stadtansichten übernahm. Ansonsten war Dillenius Autodidakt. Vorbilder, nach denen er auch kopierte, waren Jan van Huysum, Johann Georg Wille, Philipp Hackert, Ferdinand Kobell, Johann Christian Reinhart und Johann Martin Usteri.

137 Die zerstörte Dominikanerkirche in Mainz

Aquarell, Feder in Braun und Grau über Bleistift, 491 x 677 mm
Bez. r. u.: „J. C. A. Dillenius pinxt."

Landesmuseum Mainz, Inv. Nr. GS 0/324

Lit.: Arens 1961, S. 184; Landschulz 1977, Nr. 176, S. 201; Ausst. Kat. Mainz 1993, Nr. 156, S. 285, mit Farbabb.

Während der Beschießung von Mainz im Juli 1793 wurden etliche Kirchen der Stadt stark beschädigt und später im Zuge der Säkularisation gänzlich abgerissen. Diese Ruinen im Bilde festzuhalten, war den Malern im Umkreis von Johann Caspar Schneider ein Anliegen. Vor diesem Hintergrund ist die Entstehung der Ruinen-Ansicht von Dillenius zu verstehen. Seine Darstellung gewährt einen Blick in die Ruine von Südosten; in der linken Bildseite sieht man zudem noch einige benachbarte Gebäude. Arbeiter sind mit Abbrucharbeiten an der Kirchenruine beschäftigt. Ihnen gilt das Interesse von vier Personen, die sich im Vordergrundsbereich des Bildes aufhalten. Die in der zweiten Hälfte des 13. Jahrhunderts entstandene Dominikanerkirche wurde 1806 gänzlich abgebrochen. Der Kirchenruinendarstellung von Dillenius gehen zwei ähnliche, ebenfalls als Aquarelle ausgeführte Ansichten anderer Maler voraus: eine Vedute von Johann Caspar Schneider aus dem Jahre 1795[1] und die seines Schülers Johann Adam Ackermann von 1796[2]. Die Ansicht von Dillenius ist zwar nicht datiert, läßt sich aber anhand der Kleidung der Figurengruppe im Vordergrund und unter Berücksichtigung des Lebensalters des Künstlers etwa um 1810 zeitlich einordnen. Da die Ruine schon 1806 abgetragen wurde, entstand die Ansicht wahrscheinlich nach Vorzeichnungen. Diese Vorgehensweise, nämlich Ruinen auch nach ihrem völligen Abbruch noch wiederzugeben, findet sich öfter bei Mainzer Malern.   M.L.

[1] Vgl. Kat. Nr. 64.
[2] Landschulz 1977, Nr. 1, S. 163.

Schüler Dillenius

Karl August Freiherr von Klein
(Ulm 1794–1870 Assmannshausen)

Multitalent: Kunstdilettant, Kunstsammler, Komponist, Wiederentdecker der Lithionquellen in Assmannshausen und Erfinder der Chorographimetrie, einer Methode zur Bestimmung von Berghöhen und Entfernungen.

Bei vielen seiner Rheinlandschaften dienten dem Maler Klein Werke seines Lehrers Johann Caspar Schneider als Vorbild. Auch eine Beeinflussung durch Georg Schneider ist in etlichen seiner realistisch wiedergegebenen Landschaften erkennbar. Bei der Konzeption seiner Fernblick- und Panoramabilder wandte Klein seine Chorographimetrie-Methode an. Viele seiner Werke, darunter drei aneinanderpassende Panoramaansichten von Mainz, ließ er in Form von Stichen vervielfältigen.

Ein Kuriosum innerhalb seines Œuvres stellte eine Skizze der „Rochuskapelle von Bingen" dar, die Klein 1824 mit rotem Assmannshäuser Traubenmost gemalt hatte, die leider aber seit dem 2. Weltkrieg als verloren gilt.

138 Blick auf einen Teil von Assmannshausen

Aquarell, Feder in Braun, 453 x 580 mm
Bez. verso: „Ein Theil von Asmannshausen. Im Hintergrund der Faatsberg"

Landesmuseum Mainz, Inv. Nr. GS 1953/2

Lit.: Biehn 1975, S. 56 f., mit Farbtaf.; Landschulz 1977, Nr. 5, S. 237.

Die Ansicht von Assmannshausen ist vom Künstler in Nahsicht in horizontaler Komposition festgehalten; sie zeigt einen Teil des Rheinstädtchens. Die Wahl der Lichtführung und der Farben auf dem Aquarell sind der heiteren Stimmung eines Spätsommertages am Rhein adäquat. In verschiedenen Grüntönen zeigen sich die in voller Reife stehenden Weinreben im Vordergrund, dem sich ein Komplex von Gehöften anschließt. Die für diese Rheingegend typischen Häuser sind teilweise in Fachwerk gebaut. Ihre Backsteine sind in Rot bis Braun, ihre schiefergedeckten Dächer in Blau bis Grau ausgeführt. Ein kräftiges Blau wählte Klein für den Rhein, der weitgehend von den Häusern verdeckt, nur zu etwa einem Drittel der Bildbreite auf der linken Seite sichtbar ist. Jenseits des Flusses erstrecken sich die Berghügel der gegenüberliegenden Uferseite mit dem Faatsberg. Ihre von der Sonne beschienenen Weinberge erstrahlen in warmem Gelb bis hellem Grün. Den oberen Bildteil schließt ein hellblauer Himmelsstreifen ab.
   Die Ansicht ist detailgetreu im Sinne biedermeierlicher Realität erfaßt und wird – wie etliche von Kleins Landschaften – in den 20er Jahren entstanden sein. Da er die Figurenmalerei nicht beherrschte, verzichtete der Maler hier, wie meistens, auf Staffagefiguren und stellte statt dessen deren Präsenz indirekt durch ein Boot auf dem Fluß und eine an eine Häuserwand gelehnte Leiter dar.

M.L.

Schüler Klein

Abgekürzt zitierte Literatur

Arens 1961
Fritz V. Arens, Die Kunstdenkmäler der Stadt Mainz. Die Kirchen St. Agnes bis Hl. Kreuz.
München 1961

Ausst. Kat. Bad Homburg 1931
Mittelrheinische Landschaftsmalerei 1750 bis 1930.
Bad Homburg 1931

Ausst. Kat. Bonn 1960/61
Rheinische Landschaften und Städtebilder 1600–1850.
Rheinisches Landesmuseum Bonn 1960/61

Ausst. Kat. Düsseldorf 1986
„… auf classischem Boden begeistert".
Goethe in Italien.
Goethe-Museum Düsseldorf u.a. 1986

Ausst. Kat. Frankfurt a. M. 1992
Christian Georg Schütz der Ältere.
Historisches Museum Frankfurt a. M. 1992

Ausst. Kat. Frankfurt a. M. 1994
Goethe und die Kunst.
Schirn Kunsthalle Frankfurt a. M.,
Kunstsammlungen zu Weimar,
Stiftung Weimarer Klassik 1994

Ausst. Kat. Heidelberg 1965
Schlösser, Burgen, Ruinen in der Malerei der Romantik.
Kurpfälzisches Museum Heidelberg 1965

Ausst. Kat. Kaiserslautern 1985
Der Tiermaler Johann Heinrich Roos 1631–1685.
Pfalzgalerie Kaiserslautern 1985

Ausst. Kat. Koblenz 1992
Vom Zauber des Rheins ergriffen. Zur Entdeckung der Rheinlandschaft vom 17. bis 19. Jahrhundert.
Mittelrhein-Museum Koblenz,
Rheinisches Landesmuseum Bonn 1992

Ausst. Kat. Köln 1984
Heroismus und Idylle.
Formen der Landschaft um 1800.
Wallraf-Richartz-Museum Köln 1984

Ausst. Kat. London 1994
German Printmaking in the Age of Goethe.
British Museum London 1994

Ausst. Kat. Ludwigshafen 1992
Mythos Rhein. Ein Fluß – Bild und Bedeutung.
Wilhelm-Hack-Museum Ludwigshafen am Rhein 1992

Ausst. Kat. Mainz 1957
Aus Kurmainzer Zeit.
Altertumsmuseum und Gemäldegalerie der Stadt Mainz 1957

Ausst. Kat. Mainz 1980
Bildnisse des 19. Jahrhunderts.
Mittelrheinisches Landesmuseum Mainz 1980

Ausst. Kat. Mainz 1982
Mainz in napoleonischer Zeit.
Mittelrheinisches Landesmuseum Mainz 1982

Ausst. Kat. Mainz 1986/87
Wenzel Hollar 1607–1677. Reisebilder vom Rhein.
Städte und Burgen am Mittelrhein in Zeichnungen und Radierungen.
Landesmuseum Mainz 1986/87

Ausst. Kat. Mainz 1993
Goethe: „Die Belagerung von Mainz 1793."
Ursachen und Auswirkungen.
Landesmuseum Mainz 1993

Ausst. Kat. Mainz 1995/96
Vor 100 Jahren. Die Gründung des Kupferstichkabinetts 1895.
Landesmuseum Mainz 1995/96

Ausst. Kat. Nürnberg 1983/84
Zeichnungen der Goethezeit.
Germanisches Nationalmuseum Nürnberg 1983/84

Ausst. Kat. Stuttgart 1987
Baden und Württemberg im Zeitalter Napoleons.
2 Bde.
Württembergisches Landesmuseum Stuttgart 1987

Ausst. Kat. Wien 1982
Niederländer und Italien. Italianisante Landschafts- und Genremalerei von Niederländern des 17. Jahrhunderts.
Gemäldegalerie der Akademie der Bildenden Künste in Wien 1982

Ausst. Kat. Zweibrücken 1989
Das Herzogtum Pfalz-Zweibrücken und die Französische Revolution.
Zweibrücken 1989

Bernhard 1976
Klaus Bernhard, Idylle. Theorie, Geschichte, Darstellung in der Malerei, 1750–1850.
Köln/Wien 1976

Biedermann 1973
Margret Biedermann, Ferdinand Kobell, 1740–1799.
Das malerische und zeichnerische Werk.
München 1973

Biehn 1975
Heinz Biehn, Romantiker malen am Rhein.
Amorbach 1975

Börsch-Supan 1988
Helmut Börsch-Supan, Die deutsche Malerei von Anton Graff bis Hans von Marées 1760–1870.
München 1988

Busch 1925/26
Rudolf Busch, Ein unbekanntes Bild des Innern der Mainzer Liebfrauenkirche, in:
Mz. Zs. 20/21, 1925/26, S. 56 ff.

Busch 1926
Rudolf Busch, Caspar Schneider als Porträtist, in:
Kurmainzer Bilder, Almanach für das Jahr 1926,
S. 30 f.

Busch 1933
Rudolf Busch, Geschichte der Städtischen Gemäldegalerie in Mainz, in:
Mz. Zs. 28, 1933, S. 7 ff.

Caspary 1980
Zur Geschichte und Rekonstruktion der Klosterkirche der hl. Hildegard auf dem Rupertsberg bei Bingen, in:
Denkmalpflege in Rheinland-Pfalz.
Festschrift für Werner Bornheim gen. Schilling.
Mainz 1980, S. 59 ff.

Coudenhove-Erthal 1935
Eduard Coudenhove-Erthal, Die Kunst am Hofe des letzten Kurfürsten von Mainz, in:
Wiener Jahrbuch für Kunstgeschichte
Bd. X, 1935, S. 56 ff.

Dengel-Wink 1990
Beate Dengel-Wink, Die ehemalige Liebfrauenkirche in Mainz. Ein Beitrag zur Baukunst und Skulptur der Hochgotik am Mittelrhein und in Hessen.
Diss. Mainz 1986
(=Neues Jahrbuch für das Bistum Mainz).
Mainz 1990

Engelhardt 1979
Friedrich Rudolf Engelhardt, Hildegard von Bingen. Die Lebensgeschichte der heiligen Hildegard und die Geschichte des Klosters Rupertsberg.
Bingen/Rhein 1979

Gassner 1988
August Gassner, Goethe und Mainz.
Bern 1988

Goethe 1816
Johann Wolfgang von Goethe, Kunst und Alterthum am Rhein und Mayn. Stuttgart,
Cottaische Buchhandlung 1816

Gwinner 1862
Philipp Friedrich Gwinner, Kunst und Künstler in Frankfurt a. M. vom dreizehnten Jahrhundert bis zur Eröffnung des Städel'schen Kunstinstituts.
Frankfurt a. M. 1862. Neudruck Leipzig 1975

Hagedorn 1762
Christian Ludwig von Hagedorn,
Betrachtungen über die Mahlerey. Erster Theil.
Leipzig 1762

Hefner-Alteneck 1899
Jacob Heinrich von Hefner-Alteneck,
Lebenserinnerungen.
München 1899

Heinemann 1997
Hartmut Heinemann, Der Niederwald bei Rüdesheim – ein Wald und seine Geschichte, in:
Rheingau Forum 6. Jg., 2, 1997, S. 2 ff.

Kat. Berlin 1976
Nationalgalerie Berlin. Verzeichnis der Gemälde und Skulpturen des 19. Jahrhunderts.
Berlin 1976

Kat. München 1978
Bayerische Staatsgemäldesammlungen Neue Pinakothek, München. Nach-Barock und Klassizismus. Bearbeitet von B. Hardtwig.
München 1978

Klein 1825
J. K(lein), Biographische Notizen aus dem Leben unsers geehrten Landsmannes des um die Malerei so verdienstvollen Malers Caspar Schneider von Mainz, in: Verein der Freunde für Litteratur und Kunst, Nr. 1, November 1825; Nr. 2, Dezember 1825

Kölsch 1996
Gerhard Kölsch, Johann Georg Trautmann (1713–1769), Leben und Werk.
Diss. Mainz 1996.

Landschulz 1977
Marlene Landschulz, Mainzer Maler aus der ersten Hälfte des 19. Jahrhunderts. Die Meister und ihre Werke.
Diss. Mainz 1977

Le Blanc
M. Charles Le Blanc, Manuel de l'amateur d'estampes. 4 Bde.
Paris 1854–89

Lehmann 1998
Matthias Lehmann, Die Klosterruine Rupertsberg in Künstlerarbeiten vom Ende des 18. Jahrhunderts, in: Hildegard-Jubiläumsausgabe der Binger Geschichtsblätter. Bingen 1998

Ludwig 1997
Heidrun Ludwig, Die Gemälde des 18. Jahrhunderts im Hessischen Landesmuseum Darmstadt.
Eurasburg 1997

Mälzer 1986
Gottfried Mälzer, Der Main. Geschichte eines Flusses.
Würzburg 1986

Martin 1979
Gerald P. R. Martin, Zu einigen Bildern von Rupertsberg und Eibingen, in:
Blätter der Carl-Zuckmayer-Gesellschaft, 5. Jg., Heft 2, 1979

Meißner 1990
Jan Meißner, Die historischen Sammlungen der Verwaltung der staatlichen Schlösser Rheinland-Pfalz in den Jahren 1987 und 1988, in: Denkmalpflege in Rheinland-Pfalz Jg. 42–43, 1987–1988. Worms 1990

Miller/Nordhoff 1997
Norbert Miller, Claudia Nordhoff, Lehrreiche Nähe. Goethe und Hackert.
Stiftung Weimarer Klassik.
München 1997

Müller 1825
Nikolaus Müller, Kritische Beurtheilung der öffentlichen Kunstausstellung in Mainz vom Jahre 1825.
Mainz 1825

Mz. Zs.
Mainzer Zeitschrift

Nagler
Georg K. Nagler, Neues allgemeines Künstler-Lexikon. 22 Bde.
München 1835–52

Neugarten 1922
Elsa Neugarten, Johann Caspar Schneider. Ein Mainzer Maler.
Diss. Frankfurt a. M., Mainz 1922

Ost 1971
Hans Ost, Einsiedler und Mönche in der deutschen Malerei des 19. Jahrhunderts.
Düsseldorf 1971

Reiniger/Faust 1994
Wolfgang Reiniger/Ingrid Faust, Bingen am Rhein. Bilder einer alten Stadt.
Bad Kreuznach 1994

Schaab 1859
Karl Anton Schaab, Nekrolog von Caspar Schneider, in: Mainzer Unterhaltungsblätter, Nr. 79/80, 20./21. März 1859

Schefold 1971
Max Schefold, Der Wasserfall als Bildmotiv – Anregungen zu einer Ikonographie, in: Aachener Kunstblätter Bd. 41, 1971 (=Festschrift für Wolfgang Krönig)

Schneider 1879
Darstellungen der Stadt Mainz und ihrer Denkmäler.
Mainz 1879 (Friedrich Schneider)

Schmidt 1922
Paul Ferdinand Schmidt, Deutsche Landschaftsmalerei von 1750 bis 1830.
München 1922

Schrohe 1912
Heinrich Schrohe, Aufsätze und Nachweise zur Mainzer Kunstgeschichte.
Mainz 1912 (=Beiträge zur Geschichte der Stadt Mainz Bd. 2)

Stukenbrock 1997
Christiane Stukenbrock, Niederländische Gemälde des 16. und 17. Jahrhunderts, hrsg. vom Landesmuseum Mainz.
Mainz 1997

Thieme-Becker
U. Thieme/F. Becker, Allgemeines Lexikon der bildenden Künstler von der Antike bis zur Gegenwart. 36 Bde., Leipzig 1907–1947

Tümmler 1995
Hans Tümmler, Weimar, Wartburg, Fürstenbund 1776–1820. Geist und Politik im Thüringen der Goethezeit. Gesammelte Aufsätze.
Bad Neustadt, Saale 1995

Veit 1924
A. Ludwig Veit, Mainzer Domherren vom Ende des 16. bis zum Anfang des 18. Jahrhunderts in Leben, Haus und Habe.
Mainz 1924

Verzeichniss Mainz 1887
Verzeichniss der im Stadttheater zu Mainz ausgestellten Bilder aus Privatbesitz.
Mainz 1887

Verzeichniss Mainz 1889
Verzeichniss der Gemälde in der Städtischen Gallerie zu Mainz.
Mainz 1889

Verzeichnis Mainz 1898
Verzeichnis der Gemälde-Sammlung der Stadt Mainz.
Mainz 1898

Verzeichnis Mainz 1900
Verzeichnis der Gemälde-Sammlung der Stadt Mainz.
Mainz 1900

Verzeichnis Mainz 1902
Verzeichnis der Gemälde-Sammlung der Stadt Mainz.
Mainz 1902

Verzeichnis Mainz 1908
Verzeichnis der Gemälde-Sammlung der Stadt Mainz.
Mainz 1908

Verzeichnis Mainz 1911
Verzeichnis der Gemälde-Sammlung der Stadt Mainz.
Mainz 1911

Verzeichnis Mainz 1917
Verzeichnis der Gemälde-Sammlung der Stadt Mainz.
Mainz 1917

Verzeichnis Mainz 1925
Verzeichnis der Gemäldesammlung der Stadt Mainz.
Mainz 1925

Abkürzungen

Bez.	Bezeichnet
Fol.	Folio
l. u.	links unten
r. o.	rechts oben
r.	recto
v.	verso
Unbez.	Unbezeichnet
Wz.	Wasserzeichen

Personenregister

In das Register sind die Personennamen (ihre Lebensdaten, bei Bischöfen nur die Amtszeiten) aus den Essays, den Katalogtexten, den Provenienzen und den Anmerkungen aufgenommen.

Unberücksichtigt bleiben dagegen die Literaturangaben der Katalognummern sowie die ab dem Jahre 1900 publizierte Literatur der Anmerkungen.

A

Aberli (1723–1786)
  Johann Ludwig 49, 50
Achenbach
  Anna Maria 20
  Rosa (1815–1870) 19, 25, 26, 27, 30, 31, 32
Ackermann
  Georg Friedrich (1787–1843) 19
  Johann Adam (1781–1853) 19, 20, 21, 23, 24, 32, 47, 48, 53, 153, 161, 226, 246, 254, 256, 258
Aleiter-Sieglitz
  Familie 27
Andreossi (General) 11
Appiani (1706–1785)
  Giuseppe Ignazio 9, 18, 19, 45
Arbeiter
  Familie 32
  Johann Christian (1764–1825) 16, 32
Artaria (1792–1866)
  Giovanni 246
  Karl Dominik (Domenico) 53, 246
Arundel (1585–1646)
  Sir Thomas Howard Earl von 34
Aspelt
  Peter von (Kurfürst und Erzbischof, 1306–1320) 246
Asselyn (1610–1652)
  Jan 112
Atzener
  Johann Georg 18

B

Bachta (1782–1856)
  Johann 61, 71
Bayern (1786–1868)
  Ludwig I. von (König) 139
Becker (1769–1850)
  Johann Alois 16
Bellotto (1720–1780)
  Bernardo 40
Berchem (1620–1683)
  Nicolaes 34, 39, 51, 57, 112, 164, 174, 196
Berckheyde
  Gerrit Adriaensz (1638–1698) 40
  Job Adriaensz (1630–1693) 40
Beusing (1768–1805)
  Gerhard 16
Birke (?) = Birgi ? 16
Bissel (1773–1847)
  Andreas Ludwig 215
Binterim (gest. 1776)
  Nikolaus 19
Bitterich
  Johann Georg (1724–1789) 16, 18, 19
  Johann Balthasar Wilhelm 16, 18
Blücher (1742–1819)
  Gebhard Leberecht von (Feldmarschall) 30
Borch (1617–1681)
  Gerard ter 88
Börckel
  A. 43, 44
Bogel
  Joseph 16, 18
Boisserée (1783–1854)
  Sulpiz 11, 22, 134
Bollermann
  Anton oder Johann Baptist (um 1758) 16, 18
  Familie 32
Bonaparte (1763–1814)
  Joséphine, geb. Tascher de la Pagerie (Kaiserin) 41
  Napoléon I. (1769–1821) (Kaiser) 21, 41, 55, 130, 176
Both (um 1618–1652)
  Jan 112
Boucher (1703–1770)
  François 118
Braj (1773–vor 1828)
  Jacob 16
Bramer (1596–1674)
  Leonaert 118
Braun
  Adelheid Friederike, geb. von Cychansky (1778–1856) 19, 21, 27, 28, 31, 48
  Prof. Dr. Georg Christian (1783–1834) 26, 31, 32
Brentano (1778–1842)
  Clemens 55
Bril (1554–1626)
  Paul 39
Brueghel (1568–1625)
  Jan d. Ä. 22, 118
Brühl (1773–1832)
  Heinrich (Henri) 127
Bürgi (geb. 1745)
  Jakob 169

C

Canal (1697–1768)
  Giovanni Antonio, gen. „Canaletto" 40
Canaletto
  (s.: Canal)
Canton (1813–1885)
  Gustav Jacob 20
Carus (1789–1869)
  Carl Gustav 226, 254, 256
Catoir
  Louis (1792–1841) 19, 20, 24, 31, 32
  Justina Friederike, geb. Linse 19
Chabord (1786–1848)
  Joseph 47
Chailly
  Victor 22, 134
Chaptal (1756–1832)
  Jean Antoine Graf von Chanteloup und Pair (franz. Chemiker und Minister) 21
Chodowiecki (1726–1801)
  Daniel 45, 48
Cöntgen
  Franz Anton (getauft, 24.12.1757) 234, 244
  Georg Josef 244
  Heinrich Hugo 244
Cornelius (1783–1867)
  Peter von 50
Coudenhoven
  Georg Ludwig Baron von 10, 90
  Sophie Gräfin von, geb. Freifrau von Hatzfeld-Wildenburg (1747–1825) 10, 25, 90, 91, 106
Cranach (1472–1553)
  Lucas d. Ä. 22
Credi (um 1459–1537)
  Lorenzo di 32
Crowne
  William 34
Custine (1740–1793)
  Adam Philippe Graf von (General) 10, 91

D

Dael
  Georg von (1784–1854) 114
  Maria von 114
  Therese von 114
Dael von Köth-Wanscheid (Provenienz) (Stiftung) 102, 108, 114, 115, 188, 197, 198
Dahl (1788–1857)
  Johann Christian Clausen 256
Dalberg
  Carl Theodor Freiherr von (Kurfürst und Erzbischof, 1802–1803) 20, 47, 91, 246, 254
David (1748–1825)
  Jacques-Louis 29, 32, 46, 84, 87, 118, 254
Dessauer
  Carl 196, 230, 233
Diefenbach
  Familie 32
Diehl
  Familie 27
Dielhelm
  Johann Hermann 71
Dielmann (1809–1885)
  Jakob Fürchtegott 68
Dietrich (1712–1774)
  Christian Wilhelm Ernst (Dietricy) 51
Dillenius (1791–1869)
  Johann Caspar Anton 19, 20, 21, 24, 28, 30, 31, 32, 51, 53, 153, 161, 164, 252, 258
Dillis (1759–1841)
  Johann Georg von 17, 58, 184, 206, 208
Dreimühlen
  (Kanonikus) 22
Dughet (1615–1678)
  Gaspard 174
Dujardin (1622–1678)
  Karel 51, 57, 196
Dyck (1599–1641)
  Antonis van 22, 47, 88, 126

E

Einsle (1801–1871)
  Anton 185
Elsheimer (1578–1610)
  Adam 10, 39, 96, 102
Eltz
  Familie 88, 92
  Philipp Karl von (Kurfürst und Erzbischof, 1732–1743) 31
  Hugo Franz Karl Graf von (Domkantor und Dompropst) 9, 20, 22, 38, 40, 41, 45, 74, 102, 127
  Hugo Philipp Carl Graf zu Eltz, Herr zu Kempenich (1742–1818) 47, 92
  Maria Sophia Walperge, Freiin Boos zu Waldeck und Montfort 92
Erthal
  Friedrich Karl Joseph von (Kurfürst und Erzbischof, 1774–1802) 10, 11, 13, 20, 37, 41, 53, 77, 78, 90, 146, 154
  Lothar Franz von 22
Everdingen (1621–1675)
  Allaert van 55
Eyß
  Freiherr von 72

F

Falciola
  Franz Joseph (1770–1811) 16
  Georg Karl F. (1740–1799) 16
  Johann Karl F. (Kanonikus) 16
Fernow (1753–1808)
  Carl Ludwig 54
Fesel (1737–1805)
  Christoph 9, 41, 45, 48
Flegel (1566–1638)
  Georg 22, 28
Foelix (1752–1803)
  Heinrich 9, 85
Fohr (1795–1818)
  Carl Philipp 26, 158, 204
Fontaine (Buchhändler) 246
Forster (1754–1794)
  Georg 47
Francken (1581–1642)
  Frans II. 118
Frank 32
Frankenstein
  Freiherr von 22
Frauenlob
  (s.: Meißen)
Friedrich (1774–1840)
  Caspar David 54, 153, 226, 254, 256
Friedrich II. (1712–1786)
  der Große (König) 90
Füger (1751–1818)
  Heinrich Friedrich 22, 45, 48, 88
Füßli (1706–1782)
  Johann Kaspar 51
Fyt (1611–1661)
  Jan 118

G

Gainsborough (1727–1788)
  Thomas 47, 48, 88, 107
Gall (1758–1828)
  Franz Joseph 48
Gardnor (1729–1808)
  John 202, 225
Gassner (1822–1895)
  Dr. Karl Josef Viktor 118
Gassner (Provenienz)
  Dr. Karl Josef Viktor 180
Gellée (1600–1682)
  Claude, gen. „Lorrain" 22, 24, 33, 36, 39, 40, 41, 53, 55, 77, 82, 105, 109, 112, 117, 174
Geßner (1730–1788)
  Salomon 51, 55, 184
Gmelin (1760–1820)
  Wilhelm Friedrich 158
Görtz
  Heinrich Carl 107
  Joseph 106, 107
  Maria Caezilia Catharina 106, 107
  Maria Franziska, geb. Wilberger (1749–1808) 106
Görz
  Cecilie (s.: Görtz, Maria Caezilia)
Goethe
  Johann Wolfgang von (1749–1832) 11, 12, 19, 21, 22, 28, 29, 31, 36, 37, 40, 41, 43, 44, 45, 47, 53, 54, 60, 78, 81, 82, 90, 91, 92, 134, 148, 149, 153, 161, 163
  Katharina Elisabeth, geb. Textor, gen. „Frau Rath" (1731–1805) 45
Gore (1726–1807)
  Charles 41, 53, 54, 161, 163
Goudt (nach 1580–nach 1626)
  Hendrik 96
Goya y Lucientes (1746–1828)
  Francisco José de 84, 87
Goyen (1596–1656)
  Jan van 39, 58, 104, 117, 171
Graf 16
Graff (1736–1813)
  Anton 46, 48
Grassi 254
Griffier (1652–1718)
  Jan d. Ä. 25, 34, 35, 58
Gröser
  Familie 32
Gutenberg (1400–1468)
  Johannes 30, 130
Gwinner
  Friedrich 31, 78, 81, 244, 250

H

Hack? 16
Hackert (1737–1807)
  Jacob Philipp 22, 36, 37, 39, 49, 50, 53, 54, 60, 82, 105, 112, 117, 148, 158, 258
Häckel
  Baron Heinrich Jacob von 58
Hagedorn (1712–1780)
  Christian Ludwig von 36, 37, 38, 40, 44, 54, 74, 81, 170
Halein (1801–1877)
  Kathinka 26
Hals (1581/85–1666)
  Frans 22
Hatzfeld-Wildenburg
  Carl Ferdinand Graf von 90
  Charlotte Sophie, geb. von Bettendorf 90
Hauck
  J. M. 31
Hefner-Alteneck (1811–1903)
  Jacob Heinrich von 18
Hegel (1770–1831)
  Georg Wilhelm Friedrich 31
Heideloff (1750–nach 1827)
  Joseph d. J. 9, 18, 20, 38, 45, 88, 92, 102
Heidenheimer (Provenienz)
  Professor 184, 186
Heinefetter
  Sabina 26
Hemerlein (1807–1884)
  Carl Johann Nepomuk 32
Hemmerling 32
Henke (um 1720/25–1777)
  Peter Heinrich 19
Herder (1744–1803)
  Johann Gottfried von 47
Herrmann (1711–1770)
  Franz Anton 244
Heuß (1808–1880)
  Franz Eduard von 20, 32
Hickel
  Anton (1750–1798) 9, 41, 45, 48, 88
  Joseph (1734–1807) 9, 41
Hildegard von Bingen (1098–1179)
  (Heilige) 142, 202
Hirschfeld (1742–1792)
  Christian Cay Lorenz 181
Hirt (1721–1772)
  Friedrich Wilhelm 10, 22, 158
Hoch
  Georg Friedrich (1751–1812) 18, 19, 20, 29, 30, 31, 48
  Johann (Job) Gustav Heinrich (1716–1779) 19, 24, 32, 252
  Johann Jakob (1750–1829) 19, 20, 21, 24, 25, 29, 30, 32, 47, 48, 51, 53, 134, 164, 181, 215, 252, 253
  Johann Peter (geb. 1741) 31
  Kunigunde, geb. Beckhaus 252
Hogarth (1697–1764)
  William 47, 48
Hoheneck
  Joh. Franz Freiherr von 31
Hollar (1607–1677)
  Wenzel 34, 139, 207
Honthorst (1590–1656)
  Gerard (Gerrit) van 22
Horix
  Christoph 16, 18
Horn (1798–1867)
  Wilhelm Oertel von 66, 71
Horny (1798–1824)
  Franz Theobald 28
Hüsgen (1745–1807)
  Sebastian 38
Humboldt (1769–1859)
  Alexander von 47
Huysum (1682–1749)
  Jan van 28, 258

I

Ingelheim
　Friedrich Carl Josef von (1777–1847) 10, 47, 88
　Maria Antonie, geb. Reichsgräfin von Westfalen zu Fürstenberg 88
Issel (1785–1870)
　Georg Wilhelm 17

J

Jacobi
　Fritz 91
Jäger (1708–1790)
　Johann Peter 19
Janscha (1749–1812)
　Lorenz 212, 224
Joséphine
　(s.: Bonaparte)
Juncker (1703–1767)
　Justus 12, 22, 31, 118
Jung
　Wilhelm 26, 32
Juttel (Provenienz)
　Elisabeth 162

K

Kaaz (1773–1810)
　Karl Ludwig 254
Kalf (1619–1693)
　Willem 22
Kant (1724–1804)
　Immanuel 47, 174
Kauffmann
　Angelika (1741–1807) 31, 158
　Johann Joseph (1707–1782) 31
Kauf(f)mann
　F. Joseph, gen. „Vetter Joseph" 9, 19, 31, 45
Kaufmann
　Paul 145
Kellermann
　Familie 32
Kempf (1814–1852)
　Heinrich 19, 25, 26, 32
Kersting (1785–1847)
　Georg Friedrich 256
Kesselstatt (1753–1841)
　Franz Ludwig Hyazinth Xaver Willibald Maria Graf von 11, 13, 19, 20, 21, 22, 24, 32, 53, 122, 134, 159, 178, 189, 233, 244, 253
Kesselstatt (Provenienz) 233
Kieffer (1774–1845)
　Philipp Jakob Xaver 19, 25, 26, 27, 32, 134
Kindlinger
　Familie 32
Kirchner 16
Klaubrecht (geb. 1767)
　(Glaubrecht) Daniel 16
Klauprecht (Provenienz)
　Frau 224
Klein
　Familie 27
　Karl August Freiherr von (1794–1870) 19, 20, 21, 24, 31, 32, 47, 48, 260
　Professor 32
Klein (Biograph Caspar Schneiders)
　J. 12, 43, 44, 54, 60, 169
Klein (Provenienz)
　J. (Ankauf, 1898) 174
Klemm
　Joseph Amor 26
Knapp (1798–1839)
　Anton 19, 20, 21, 24, 32
Knebel
　Carl Ludwig von 90
Kneipp
　Georg (1793–1862) 19, 22, 24, 26, 28, 32, 134
　Johann (1818–1868) 19
Knüpfer
　J. S. 243
Kobell
　Ferdinand (1740–1799) 22, 36, 37, 39, 46, 48, 50, 51, 54, 58, 76, 77, 78, 112, 118, 154, 158, 168, 184, 204, 258
　Franz (1749–1822) 36, 54, 168, 174, 184, 215
　Wilhelm von (1766–1855) 18, 69, 174
Koch (1768–1839)
　Joseph Anton 82, 170
Koch (Provenienz)
　Karl 86
Köbel (1807–1894)
　Georg 15, 18, 203
Köck
　Bernhard 18
Koekkoek (1803–1862)
　B. C. 66
Köth-Wanscheid
　Familie von 55, 56
　Friedrich Dael von 162
Kohlhaus 16
Konrad († 1855)
　Johannes (Pater) 32
Kraetzer 32
Krätzer
　Familie 27, 32
Kraul (1754–1796)
　Karl 140
Kraus (1737–1806)
　Georg Melchior 43, 53, 54, 153, 161, 163
Kraus (1765–1858)
　Marianne 10, 50, 96, 158
Kuntz (1770–1830)
　Carl 53, 60, 176, 246, 248

L

Lairesse (1641–1711)
　Gérard de 43
Lambinet (Provenienz)
　Frau Dr. Justizrat u. Dr. Karl 150
Landry (1633–1701)
　Pierre 126, 127
Lang
　Josef Gregor 244
Lang
　Wilhelm 68
Laské (1819–1865)
　Johann Baptist Joseph 32
　Margarethe 32
Laské (Provenienz)
　A. M. (Vermächtnis, 1905) 164, 169, 170, 171, 244
Lauteren
　Familie 27
Lavater (1741–1801)
　Johann Caspar 45, 46, 47, 48
Lebrun (1619–1690)
　Charles 45, 48
Lefèvre (1755–1820)
　Pierre-Franc (General/Marschall) 17, 18
Lehne (1771–1836)
　Prof. Friedrich 11, 16
Lennig
　Herr 46
　Fräulein 136
Leydecker (Provenienz) 187, 222
Lichtenberg (1742–1799)
　Georg Christoph 47, 48
Lichtenberg (1784–1845)
　Ludwig Christian Christoph Freiherr von 26, 32
Lindenschmit
　Johann (1771–1845) 16, 20, 178
　Ludwig d. Ä. (1809–1893) 19, 20, 21, 24, 29, 30, 31, 32
　Ludwig d. J. (1850–1922) 15
　Wilhelm d. Ä. (1806–1848) 20, 30
Lindenschmit (Provenienz)
　Frau 90
Lindenschmit (Provenienz)
　Prof. Ludwig d. J. (Nachlaß) 159, 164, 183
Lindner (1765–1807)
　Nikolaus 16
Litzendorff (Architekt) 19
Löhr (Löcher) (geb. 1768)
　Franz 16
Lorrain
　(s.: Gellée)
Loutherbourg (1740–1812)
　Philipp Jakob de 9, 41

M

Macké (1756–1844)
　Franz Konrad 20, 26, 32
Malte
　(s.: Welte)
Manskirsch (1768–1830)
　Franz Josef 39, 96, 210
Maratti (1625–1713)
　Carlo 22
Mayer (Provenienz)
　Commerzienrat M. M. u. Roselie 134
Mayer
　Familie 32
Mees (Provenienz)
　Frau Th., geb. Scholl (Vermächtnis 1895) 84
Meiners
　Christoph 149
Meißen (1250/60–1318)
　Heinrich, gen. „Frauenlob" 50
Meißner
　Daniel 72
Melzer
　Johann Gerhard (geb. 1766) 16
　Peter Joseph Alois (geb. 1769) 16
Memminger
　Anna Maria (1822–1853) 136, 137
　Catharina Elisabeth (1820–1895) 136
　Elisabeth Ottilie (1817–1897) 136
　Familie 32, 136, 137
　Fritz (Jakob Friedrich) (1815–1848) 136, 137
　Georg Abraham (1824–1876) 136, 137
　Heinrich Joseph (1816–1887) 136
　Johann Friedrich (1788–1855) 11, 47, 136
　Nicolaus (1814–1818) 136, 137
　Ottilie Margarete, geb. Lennig (1791–1842) 47, 136, 137

Mengs (1728–1779)
  Anton Raffael 45
Merian
  Maria Sibylla (1647–1717) 28
  Matthäus d. Ä. (1593–1650) 54, 139
Metternich
  Clemens Lothar Wenzel Fürst von (Staatskanzler, 1773–1859) 20
  Prof. Dr. Matthias (1747–1825) 128
Metz (1789–1850)
  Stephan 32
Metzger
  Richard 18
Meyer
  Heinrich 28
Michel (Provenienz)
  Stephan Karl (Vermächtnis, Mainz, 1916) 140, 142
Moller (1784–1852)
  Georg 20, 178
Momper (1564–1635)
  Joos de 118
Morgenstern (1738–1819)
  Johann Ludwig Ernst 100, 213
Moscher (tätig um 1635/55)
  Jakob van 172
Mosdorf
  Familie 32
Müller
  Caspar (geb. 1772) 16
  Friedrich, gen. „Maler" (1749–1825) 54, 58, 208
Müller
  Anna Maria, geb. Achenbach 19, 20, 45
  Johann Baptist Eduard 20
  Nikolaus (1770–1851) 11, 16, 17, 18, 19, 20, 21, 26, 29, 30, 31, 32, 33, 41, 44, 45, 47, 48, 56, 60, 65, 69, 84, 88, 100, 126, 127, 131, 148, 152, 154, 156, 161
  Rosa, geb. Achenbach (1815–um 1870) 19, 20
Müller-Hardy
  Familie 32
Murillo (1618–1682)
  Bartolomé Esteban 22

N

Napoleon I.
  (s.: Bonaparte)
Nathe (1753–1806)
  Christoph 58, 208
Neer (1603/04–1677)
  Aert van der 39, 96
Nerly (1807–1878)
  Friedrich 57
Nigg (1782–1863)
  Joseph 28

O

Oechsner (Provenienz)
  Dr. 178
Oertel
  (s.: Horn)
Österreich
  Franz II. Kaiser von (1768–1835) 183
  Karl Erzherzog von (1771–1847) 183
Okelly
  Graf von 90

Orth
  Benjamin Heinrich (1803–1875) 19, 23, 24, 25, 27, 31, 32
  Jakob d. Ä. (1780–1861) 19, 20
  Jakob Friedrich d. J. (1801–1859) 19, 20, 32
Ostein
  Carl Maximilian von 55, 181
  Johann Friedrich Carl von (Kurfürst und Erzbischof, 1743–1763) 19, 181
Overbeck (1789–1869)
  Friedrich 26

P

Pfaff
  Apollonia, geb. Nagel (1760–1809) 9, 12, 25, 45, 46, 84, 85
  Johann Sebastian Barnabas (1747–1794) 9, 16, 45, 48, 84, 85
Peletier de Saint Fargeau
  Suzanne de 118
Pforr (1788–1812)
  Franz 26
Pforr (1745–1798)
  Johann Georg 158
Pitschaft
  Familie 32
Porta
  Giambattista Della 45, 48
Poussin (1593–1665)
  Nicolas 33, 36, 39, 77, 82, 105, 112
Prehn (1749–1821)
  Johann Valentin 38
Preußen
  Friedrich Wilhelm III. König von (1770–1840) 163

Q

Quaglio (1787–1857)
  Domenico 61
Querfurt (um 1700–1757)
  Johann Hermann 12

R

Raffael
  (s.: Santi)
Ranucci (tätig um 1800)
  Carlo 41
Regnault 47
Reinhart (1761–1847)
  Johann Christian 82, 112, 229, 258
Reinheimer (1777–1820)
  Johann Georg 187, 189, 250
Reinhold (1729–1798)
  Johann 47
Rembrandt
  (s.: Rijn)
Reni (1575–1642)
  Guido 22, 126, 127
Rethel (1816–1859)
  Alfred 18
Retzer
  Joseph Freiherr von 48
Reusch
  (s.: Rysch)
Reuß-Köstritz
  Heinrich Fürst von 254
  Louise Fürstin von 254

Reynolds (1723–1792)
  Sir Joshua 47, 48, 85, 107
Ridinger (1568–1628)
  Georg 154
Rijn (1606–1669)
  Rembrandt Harmensz. van 9, 22
Rodríguez de Silva y Velázquez (1599–1660)
  Diego 88
Roos (1631–1685)
  Heinrich 22, 39, 118
Rosa (1615–1673)
  Salvator 51, 56, 192
Rousseau (1712–1778)
  Jean-Jacques 86
Rubens (1577–1640)
  Peter Paul 22, 88
Rücker
  Johann Peter (1757–nach 1807) 98, 100, 146, 150, 152, 169, 236, 237, 238, 240, 241, 242, 243
  Wilhelm Christian 256
Runge (1777–1810)
  Philipp Otto 26
Ruysch (1664–1750)
  Rachel 28
Ruysdael
  Jacob van (1629/30–1681) 22, 39, 55, 58, 59, 104
  Salomon van (1600/02–1670) 171

S

Sachsen-Weimar
  Karl August Herzog von (1757–1828) 11, 90, 91
  Anna Amalia Herzogin von (1739–1807) 11, 54
Saftleven (1609–1685)
  Herman 10, 13, 22, 23, 24, 34, 35, 37, 58, 39, 58, 74, 81, 105, 118, 120, 203
Santi (1483–1520)
  Raffaelo, gen. „Raffael" 22, 32
Sappho (617/612 v. Chr.–um 560 v. Chr.) (Dichterin) 26
Savery (1576–1639)
  Roelant 22, 34, 38
Schaab
  Familie 32
  Karl Anton (1761–1855) 11, 12, 31, 39, 43, 44, 47, 48, 130, 131
Schalck (1791–1832)
  Heinrich Franz 19, 25, 26, 31, 32, 154
Schall (geb. 1765)
  Georg 16, 18
Schellenberg (Provenienz)
  A. 87
Schiller (1759–1805)
  Friedrich von 55, 92
Schirmer (1807–1863)
  Johann Wilhelm 57
Schlegel (1767–1845)
  August Wilhelm 54
Schlemmer (1767–1850)
  Joseph 13, 16, 57, 63, 203, 204
Schlesinger
  Adolf (1817–1870) 19, 32
  Johann Georg (1775–1841) 19, 118
Schlichten
  van der 32
Schmidt (1804–1880)
  Ignaz 19
Schmitt (gest. 1793?) 16, 18

Schmutz
  Herr 118
Schneider
  Agnes Maria, geb. Mann 9, 12, 13, 15
  Anna Maria, geb. Engelhardt 15
  Hermann Caspar (1764–1846) 9, 10, 15, 16, 18, 20, 34, 41, 53, 60, 161, 173, 203
  Juliana (geb. 1756) 18
  Kaspar d. J. 200
  Maria Magdalena (geb. 1761) 18
  Simon 9, 12, 13, 15
  Wolpert (geb. 1758) 18
Schneider (1757–1835) (Kunstsammler)
  Esaias Philipp von 20, 254
Schneider (1856–1907)
  Dr. Friedrich (Prälat) 144, 213
Schönborn
  Familie von 205
  Johann Philipp von (Kurfürst und Erzbischof, 1647–1673) 115
  Lothar Franz von (Kurfürst und Erzbischof, 1695–1729) 94, 122, 244
Schopenhauer (1788–1860)
  Arthur 48
Schott
  Familie 27
Schuck
  G. Joseph 19
Schulz (1759–1826)
  Johann Ludwig Ernst 19, 31
Schut (1597–1655)
  Cornelius 28
Schütz
  Christian Georg d. Ä. (1718–1791) 10, 12, 22, 23, 31, 33, 37, 38, 39, 40, 43, 49, 51, 52, 53, 58, 74, 78, 81, 100, 103, 105, 120, 122, 146, 158, 159, 162, 163, 169, 202, 213, 236
  Christian Georg d. J. 18, 58
Schwachhofer (1772–1828)
  Johann Joseph 16, 58
Seekatz (1719–1768)
  Johann Konrad 12, 22, 39, 98, 100, 118
Seghers (1590–1661)
  Daniel 28, 118
Sei(t)z (1770–1803)
  Ferdinand 16
Simmler (1801–1872)
  Friedrich Karl Joseph 20, 52, 68
Simrock (1802–1876)
  Karl 71
Sponheim
  Grafen von 71
Stadion (1761–1811)
  Lothar Georg Joseph Graf von 22
Stebert 16
Steen (1625/26–1679)
  Jan 22
Stieler
  Jacob Friedrich (1772–1799) 10, 16
  Joseph (1781–1858) 16
Stöcklin (1741–1795)
  Christian 213
Stöhr
  Elise, geb. Schmutz (1778–1873) 43, 118, 119
  Georg Friedrich (1779–1853) 118
Stöhr (Provenienz)
  Elise (Vermächtnis, Mainz, 1873) 74, 80, 109, 116, 117, 120, 150, 151

Stubenrauch
  Familie 32
Strauß-Dürckheim (Provenienz) (Sammlung) 98
Sulzer (1720–1779)
  Johann Georg 36, 40, 44, 170, 181
Swaneveld (um 1600–1655)
  Herman van 51, 58, 77, 170

T

Teniers (1610–1690)
  David d. J. 22
Terborch
  (s.: Borch)
Thielen (1618–1667)
  Jean Philipp van 28
Thorvaldsen (um 1768/70–1844)
  Bertel 30
Tielker (1763–1832)
  Johann Friedrich 163
Tiepolo (1696–1770)
  Giovanni Battista 22
Tischbein
  Johann Heinrich Wilhelm (1751–1829) 12, 46, 48, 158
Trautmann (1713–1769)
  Johann Georg 22, 31, 39, 98, 100, 148, 149

U

Uden (1595–1672/73)
  Lucas van 39
Unterheiß (?)
  Anton 16
Unzal 16
Urlaub (1744–1788)
  Georg Anton Abraham 90
Usinger
  Familie 27
  Heinrich (1745–1815) 18
Usteri (1763–1827)
  Johann Martin 30, 258

V

Veit (1793–1877)
  Philipp 29
Velázquez
  (s.: Rodríguez de Silva)
Vergil (70–19 v. Chr.)
  Publius 39
Verhelst (1742–1818)
  Egidius 53, 60
Vicari
  Familie 130
Vigée-Lebrun (1755–1842)
  Elisabeth Louise 46
Vogt (Provenienz)
  Carl (Nachlaß, Mainz, 1965) 136
Vogt (1756–1836)
  Prof. Niklas 16
Volaire (1729–vor 1802)
  Pierre-Jacques, gen. „le chevalier" 148
Vouet (1590–1649)
  Simon 126, 127

W

Waldeck
  Graf Boos von 205
Wallau
  Anna Maria 32
  Carl (1825–1877) 32
Waterloo (1610–1690)
  Anthonie 51, 55, 56, 58, 170, 184, 192, 232
Weenix (1640–1719)
  Jan 28
Wegmayr (1776–1857)
  Sebastian 28
Weidmann
  Professor Johann Peter 32
Weirotter (1730–1771)
  Franz Edmund 50
Wellington (1769–1852)
  Arthur W. von (Staatsmann) 30
Welsch (1671–1745)
  Maximilian von 213
Welte (um 1745–nach 1790)
  Gottlieb 16, 18, 69
Wille (1715–1808)
  Johann Georg 22, 46, 48, 49, 50, 77, 257
Wiltberg
  Familie von 72
Winterhalter (1805–1873)
  Franz Xaver 27
Winterheld (Kunstsammler) 15
Wischen (1768–vor 1828) 26
Withoos (1621–1703)
  Matthias 118
Wocher (1760–1830)
  Marquard 51
Wolf (1770–1833)
  Peter 16
Wolf-Metternich
  Familie 87
Wouwerman (1619–1668)
  Philips 22, 29, 39, 50, 174

Z

Zehender (1742–1805)
  Johann Caspar 244
Zick (1730–1797)
  Januarius 22
Ziegler
  Johann 212, 224
Zingg (1734–1806)
  Adrian 50

J. P. Schneider jr.

Gegründet 1824

Inh. Familie Kurt Andreas

Kunsthandlung

Rossmarkt 23

60311 Frankfurt a. M.

Telefon (0 69) 28 10 33

Telefax (0 69) 28 74 16